Noël Janis-Norton

ENTSPANNTER und GLÜCKLICHER KINDER ERZIEHEN

Noël Janis-Norton

ENTSPANNTER und GLÜCKLICHER KINDER ERZIEHEN

Mit diesen 5 Strategien vermeiden Sie die täglichen Kämpfe und bringen Ruhe in Ihren gemeinsamen Alltag

mvgverlag

Bibliografische Information der Deutschen Nationalbibliothek
Die Deutsche Nationalbibliothek verzeichnet diese Publikation in der Deutschen Nationalbibliografie. Detaillierte bibliografische Daten sind im Internet über http://dnb.d-nb.de abrufbar.

Für Fragen und Anregungen
info@mvg-verlag.de

Wichtiger Hinweis
Ausschließlich zum Zweck der besseren Lesbarkeit wurde auf eine genderspezifische Schreib weise sowie eine Mehrfachbezeichnung verzichtet. Alle personenbezogenen Bezeichnungen sind somit geschlechtsneutral zu verstehen.

1. Auflage 2021

Türkenstraße 89
80799 München
Tel.: 089 651285-0
Fax: 089 652096

Die englische Originalausgabe erschien 2012 bei Hodder & Stoughton unter dem Titel *Calmer, easier, happier parenting.*

Übersetzung: Simone Fischer
Redaktion: Annett Stütze
Umschlaggestaltung: Pamela Machleidt
Umschlagabbildung: Shutterstock/Ihnatovich Maryia/Asya Alexandrova
Satz: Carsten Klein, Torgau
Druck: GGP Media GmbH, Pößneck
Printed in Germany

ISBN Print 978-3-7474-0338-9
ISBN E-Book (PDF) 978-3-96121-705-2
ISBN E-Book (EPUB, Mobi) 978-3-96121-706-9

*Dieses Buch ist allen Eltern gewidmet,
die auf der Suche nach einem entspannteren, leichteren
und glücklicheren Leben für ihre Kinder und sich selbst sind.*

Inhalt

Einleitung

Vor vielen Jahren war ich eine neue und unerfahrene Lehrerin, frisch aus dem Lehrerseminar der New York University. Bei meiner ersten Stelle fiel mir auf, dass die Kinder in einigen Klassenräumen herumschrien, Ausreden fanden, um von ihren Plätzen aufzustehen, Papierflieger quer durch den Raum warfen, sobald sich der Lehrer abwandte, und die wiederholten Bitten des Lehrers um Ruhe ignorierten. In anderen Klassenräumen saßen die Schüler still, sie konzentrierten sich, lernten – und lächelten. Offensichtlich hatten sie Spaß an der Schule und waren stolz auf das, was sie erreichten.

Ich war beeindruckt von den hervorragenden Lehrern, die in der Lage waren, die Kinder so zu motivieren und zu inspirieren. Und ich erkannte, dass es kein Zufall war, dass dies auch genau jene Lehrer waren, die Anweisungen gaben und wussten, dass diese ausgeführt werden würden. In meinen ersten Tagen im Klassenzimmer wurde mir schmerzlich bewusst, dass ich in meinen vier Jahren der Lehrerausbildung fast nichts darüber gelernt hatte, wie man eine Schulklasse führt. Ich hatte viel darüber gelernt, wie man unterrichtet, aber die unausgesprochene Annahme meiner Professoren war immer gewesen, dass ich nur aufzutauchen brauchte und von einer Klasse voller ruhiger, motivierter Kinder begrüßt werden würde, die mit strahlenden Gesichtern zu mir aufblickten und begierig darauf waren, alles aufzusaugen, was ich ihnen beibringen konnte.

Ohne groß darüber nachzudenken, hatte ich angenommen, dass mir das Unterrichten Spaß machen und ich gut darin sein würde. Aber ich merkte sofort, dass ich für die Realität nicht gerüstet war. Die Schüler an dieser Schule hatten nicht automatisch Respekt vor den Lehrern. Diese Kinder glaubten nicht, dass es ihre Aufgabe war, aufmerksam zu sein oder ihr Bestes zu geben. Also hörte ich während meiner Mittagspause im Lehrerzimmer aufmerksam den Gesprächen der erfahrenen Kollegen zu, in der Hoffnung, die Geheimnisse ihres Erfolgs zu erfahren. Ich sprach die Lehrer an, die ich bewunderte, und fragte sie, wie sie es schafften, so eine ruhige, konzentrierte Atmosphäre im Klassenzimmer zu schaffen.

Eine freundliche Lehrerin versuchte, mich zu beruhigen: »Machen Sie sich keine Sorgen, meine Liebe. In ein paar Jahren werden Sie den Dreh raushaben.« Das beruhigte mich *nicht*, denn ich hatte Angst, dass ich die paar Jahre nicht überleben würde, wenn ich nicht Ordnung in mein Klassenzimmer bringen konnte. Eine andere Lehrerin, bei der ich häufig hörte, wie sie ihre widerspenstige Klasse anschrie, unterbrach uns, um mir diesen Rat zu geben: »Diese Kinder! Sie sind Tiere! Erwarten Sie nicht zu viel von ihnen, und Sie werden nicht enttäuscht.« Ich wusste, dass das nicht stimmen konnte, denn es gab eine Handvoll Lehrer an der Schule, die sich den Respekt ihrer Schüler verdient hatten. Diese Lehrer erwarteten sehr viel von ihren Schülern, und sie wurden nicht enttäuscht.

Ein Lehrer versuchte, es mir so zu erklären: »Sie müssen ihnen nur zeigen, dass Sie es ernst meinen.« Das klang vielversprechend, aber es verriet mir nicht, *wie*. Ein anderer Lehrer sagte: »Sie müssen ihnen zeigen, dass Sie daran glauben, dass die Kinder gute Arbeit leisten können.« Das hörte sich auch gut an, aber wieder wusste ich nicht, *wie* ich das anstellen sollte. Ein weiterer Lehrer meinte: »Sie müssen ihnen zeigen, wer der Boss ist.« Als ich nach dem alles entscheidenden »Wie« fragte, wurde mir gesagt: »Sie müssen einfach ein Machtwort sprechen.« Mir war danach, zu fragen: »Und welches, bitte?«

Mir wurde klar, dass diese exzellenten Lehrer schon so viele Jahre lang ihren Job gut machten, dass sie nicht mehr darüber nachdenken mussten, wie sie die Ergebnisse erzielten, die sie erreichten. Sie wussten einfach nicht, wie sie in Worte fassen sollten, was sie taten. Daher waren sie leider nicht in der Lage, mir irgendwelche nützlichen Ratschläge zu geben.

Von diesem Zeitpunkt an begann ich, diese Lehrer aufmerksam zu beobachten und detaillierte Notizen darüber zu machen, was sie taten und wie sie es taten, was sie sagten und wie sie es sagten. Durch das Aufschreiben und Studieren meiner Notizen wurde mir klar, dass es nicht irgendeine intrinsische Qualität eines Lehrers war, die die Kinder dazu brachte, sich zu benehmen und lernen zu wollen, sondern bestimmte Techniken zugrunde lagen, die diese Lehrer anwandten. Ich dachte, ich hätte nichts zu verlieren, und begann, diese Techniken auch in meiner Klasse einzusetzen, obwohl ich kaum glaubte, dass mir das gelingen würde. Ich hoffte, dass ich mit der Zeit und mit etwas Übung irgendwann gute Ergebnisse erzielen würde.

Zu meiner großen Freude begannen die Techniken innerhalb weniger Tage zu greifen. Als ich anfing, das zu tun, was diese effektiven Lehrer taten, reagierten die Kinder schnell so auf mich, als ob ich einer dieser älteren, von mir bewunderten Lehrer wäre. Innerhalb von Wochen, und nicht erst nach Jahren, wie es der Lehrer im Lehrerzimmer vorausgesagt hatte, begann ich daran zu glauben, dass ich das, was ich mir vorgenommen hatte, erreichen konnte.

Ich war erstaunt, als andere Lehrer das bemerkten. Ein Lehrer sagte: »Hat Frank B. in letzter Zeit gefehlt? Ich musste ihn schon eine Weile nicht mehr in der Schulversammlung rügen«, und ein anderer Lehrer antwortete: »Nein, er hat nicht gefehlt. Er ist nur viel ruhiger geworden. Noëls Magie wirkt auf ihn.« Bald stellte ich fest, dass die Lehrer mich, eine blutige Anfängerin, um Rat im Umgang mit schwierigen Kindern fragten!

Dann begannen auch die Eltern, mich um Rat zu fragen. Sie erkannten, dass ich in der Lage war, ihre kleinen Rabauken dazu zu bringen, in der Schule still zu sitzen, zuzuhören und ihre Aufgaben zu erledigen. Also wusste ich sicher auch, wie man sie dazu bringt, ihre Hausaufgaben zu machen, ohne Wutanfall ins Bett zu gehen oder das zu tun, was ihnen aufgetragen wurde. Ich war geschmeichelt, dass ich gefragt wurde, aber da ich zu dieser Zeit selbst noch keine Kinder hatte, hatte ich nicht das Gefühl, dass ich diesen Eltern nützliche Ratschläge geben konnte. Die einzige Antwort, die mir einfiel, war: »So mache ich das im Klassenzimmer, und es funktioniert. Warum versuchen Sie es nicht zu Hause?« Innerhalb weniger Tage kamen die Eltern zurück und berichteten: »Es funktioniert!«

Da wurde mir klar, dass ein großer Teil der Erziehung in Wirklichkeit Unterrichten ist, und dass jeder die Techniken lernen kann, um ein besserer Lehrer und folglich ein besserer Elternteil zu werden. Ich lernte, dass die Verhaltensweisen und Gewohnheiten, die uns an unseren Kindern stören oder ärgern, verbessert und in vielen Fällen sogar behoben werden können, wenn wir anfangen, jedes Problem als eine Unterrichtsmöglichkeit zu betrachten.

Im Laufe meiner weiteren Arbeit mit Kindern und später auch mit Eltern und Lehrern lernte ich immer mehr darüber, wie man Kindern helfen kann, kooperativer, zufriedener, motivierter, selbstständiger und rücksichtsvoller zu werden. Meine Faszination für dieses Thema führte mich zu weiteren Studien. Als Mutter, Stief- und Pflegemutter (und jetzt als Großmutter) lernte ich noch mehr. Im Laufe der Jahre fand ich heraus, welche Auswirkungen das Temperament auf das Verhalten hat und wie man Kindern mit extremen Temperamentsschwankungen helfen kann, ausgeglichener zu reagieren. Ich lernte, dass viele Kinder mit Verhaltensproblemen unter fast unmerklichen und oft unerkannten Lernschwierigkeiten leiden und dass das Ansprechen der Lernprobleme immer das Verhalten und die Einstellung verbessert. Ich erkannte, dass chronischer Stress jede noch so gute Bemühung der Eltern untergräbt, und was man tun kann, um den Stress zu reduzieren. Nach und nach stellte ich alle Techniken, Fertigkeiten, Strategien und Prinzipien, von denen ich sah, dass sie funktionierten, in einem umfassenden Paket zusammen. Ich nenne diese Methode *Calmer, Easier, Happier Parenting and Teaching*, zu Deutsch: *Entspannter, leichter und glücklicher Kinder erziehen*.

Mit der Zeit ging ich von der Beratung von Eltern in der Schule dazu über, Seminare, Kurse und Vorträge zu halten. Mein nächster Schritt war die Eröffnung eines Zentrums für Familien. Dann habe ich das, was ich gelernt hatte, in Bücher, CDs und DVDs gepackt, damit auch Eltern, die nicht in der Nähe von London wohnen, von diesen Techniken profitieren konnten. Als es sich herumsprach, begann ich, den Bedarf zu decken, indem ich *Calmer, Easier, Happier Parenting*-Trainer ausbildete, die Eltern auf der ganzen Welt coachen, sowohl persönlich als auch per Telefon.

Viele Eltern erzählen uns, dass ihre größte Frustration darin besteht, Anweisungen mehrmals wiederholen zu müssen, bevor ihre Kinder zuhören und kooperieren. Bei der Lektüre dieses Buches werden Sie sehen, dass der *Entspannter, leichter und glücklicher Kinder erziehen*-Ansatz Ihnen eine Schritt-für-Schritt-Methode bietet, um dieses Problem (und andere typische Familienprobleme) zu lösen. Mit positiven und respektvollen Techniken können Eltern ihre Kinder dazu bringen, zu kooperieren und größtenteils ohne viel Aufhebens mitzuarbeiten.

In diesem Buch finden Sie Strategien, die viele typische Familienprobleme verändern werden – alles von Hausaufgaben und Musikunterricht über Rivalität unter Geschwistern bis hin zu Aufräumen, Schlafens- und Essenszeiten. Diese Strategien lehren Kinder, sich selbst als fähig, rücksichtsvoll und wertschätzend wahrzunehmen. Diese Methoden helfen Eltern, sich entspannter und zufriedener in ihrer Rolle als Eltern zu fühlen. Sie machen das Familienleben deutlich entspannter, leichter und glücklicher.

In den 40 Jahren, in denen ich nun Eltern berate, habe ich noch nie erlebt, dass diese Techniken versagt haben. Es ist mir eine große Freude, sie jetzt mit Ihnen zu teilen.

Teil 1:

Basisstrategien für ein entspanntere, leichteres und glücklicheres Familienleben

Kapitel 1:

Was das moderne Elterndasein so schwierig macht und was wir dagegen tun können

Frustration in Freiheit verwandeln

Früher habe ich meine Kinder regelmäßig vor dem Schlafengehen angeschrien. Wenn sie dann endlich schliefen, sackte ich regelmäßig mit den Tränen kämpfend aufs Sofa, so frustriert und schlecht gelaunt war ich. Das passierte an vielen Abenden. Ich schwor mir, geduldiger und ruhiger zu werden. Was ich damals nicht begriff, war, dass ich keine Ahnung hatte, wie ich sie dazu bringen sollte, zu tun, was ich verlangte. Also legte ich ein Gelübde ab, das ich einfach nicht einhalten konnte.

Jetzt habe ich die Werkzeuge, sodass meine Kinder fast immer kooperieren. Das Leben ist ruhiger, ich verbringe keine Zeit mit Feilschen, Verhandeln und Schreien, und ich habe tatsächlich Zeit, einige der Dinge zu erledigen, die ich erledigen muss!

Mutter von drei Kindern, 9, 7 und 4 Jahre alt

Wenn ich in einem Raum voller Eltern spreche, bricht immer Gelächter aus, wenn ich zu ihnen sage: »Es wäre viel einfacher, Eltern zu sein, wenn wir keine Kinder hätten. Sie bremsen einen aus. Sie kommen einem in die

Quere. Sie machen Theater, während man versucht, etwas zu erledigen.«

Als Eltern können wir uns alle damit identifizieren. Unsere To-do-Liste ist seitenlang. Als wir unser Neugeborenes in den Armen hielten und ihm liebevoll in die Augen schauten, dachten wir nicht: »Ich kann es kaum erwarten, dich jemand anderem zu überlassen, damit ich meinen Aufgaben nachgehen kann.« Natürlich wollten wir uns um unser Kind kümmern und Zeit mit ihm verbringen. Wir stellten uns ein Leben mit einer ruhigen und glücklichen Elternschaft vor.

Aber die Realität sieht so aus, dass viele von uns mit der Arbeit, den Terminen der Kinder, ehrenamtlichen Verpflichtungen, dem Haushalt und so weiter jonglieren. Wir haben einen vollen Terminkalender und überlegen ständig, was noch getan werden muss. Wenn unsere Kinder nicht zuhören oder nicht tun, was wir verlangen, ist das frustrierend. Dann verlieren wir die Geduld und fühlen uns wegen des ganzen Ärgers gestresst – wegen des Wiederholens, Erinnerns, Verhandelns und Schreiens, das notwendig ist, um unsere Kinder dazu zu bringen, all die Dinge zu tun, die jeden Tag getan werden müssen!

Kommt Ihnen das bekannt vor? Vielleicht haben Sie dieses Buch in die Hand genommen, weil Sie angesichts all der Nörgeleien, Trotzanfälle, Wutausbrüche, Respektlosigkeiten oder Auseinandersetzungen hinsichtlich Essenszeiten, Schlafenszeiten oder Hausaufgaben mit den Nerven am Ende sind. Möglicherweise hat eines Ihrer Kinder ein etwas extremes Temperament – sensibler, ausgeprägter und unflexibler – und Sie sind unsicher, wie Sie dieses Kind erziehen sollen. Vielleicht sind die Probleme, mit denen Sie es zu tun haben, auch recht mild, und Sie möchten einfach nur positive und effektive Strategien lernen, die Ihnen helfen, die bestmöglichen Eltern zu sein, die Sie sein können. Eventuell hat Ihr Kind ein diagnostiziertes besonderes Bedürfnis und Sie möchten wissen, wie Sie das Beste in ihm zum Vorschein bringen können.

Dieses Buch ist für Sie alle geeignet. In diesem Buch gebe ich Ihnen Strategien und Fähigkeiten an die Hand, mit denen Sie die Zusammenarbeit und all die anderen Gewohnheiten, die Ihr Kind entwickeln soll, deutlich verbessern können. Ich werde Ihnen Wege aufzeigen, wie Sie die Aufgabe der Elternschaft ruhiger, einfacher und glücklicher gestalten können.

Die Herausforderungen, denen moderne Eltern gegenüberstehen

Warum ist das Elternsein heute stressiger, und was macht unsere To-do-Listen so lang? Sicherlich stellt das Elternsein in der heutigen Zeit neue und andere Herausforderungen dar als die, mit denen unsere Eltern konfrontiert waren. Eltern erleben heute aus verschiedenen Gründen mehr Stress.

Die meisten haben keine Großfamilie in der Nähe, die sie unterstützt. Eltern stehen unter dem Druck, eine unmögliche Anzahl von Rollen zu erfüllen, was sich vor allem in Familien mit zwei berufstätigen Elternteilen bemerkbar macht – und dies ist ein immer größer werdender Prozentsatz. Da viele Eltern häufig lange arbeiten, werden Aufgaben wie Lebensmitteleinkauf, Putzen und Kochen zunehmend als hektisch und stressig erlebt.

Die moderne Telekommunikation macht es Eltern fast unmöglich, komplett abzuschalten. Mobiltelefone und Internet haben sich in jeden Winkel des Lebens geschlichen – in unsere Wohnungen, Autos, Handtaschen, Hosentaschen – und sich an unsere Ohren geklemmt. Auf der einen Seite macht die Technologie das Leben einfacher, auf der anderen Seite prasseln die Kommunikation und der Druck, zu reagieren, rund um die Uhr auf uns ein!

Eine weitere Rolle, die den Stresspegel beeinflusst, ist die des »Familientaxifahrers«. Die Anzahl der bereichernden Aktivitäten, die Kindern heute zur Verfügung stehen, ist atemberaubend, und das beginnt schon im Kleinkindalter! Dies ist eine enorme Veränderung gegenüber der Generation unserer Eltern, denn heute fängt alles früher an: Fußball, Ballett, Musikunterricht oder sogar Yoga können schon mit drei Jahren oder früher gelernt werden! Das ist eine Chance, aber auch eine Belastung. Wir wollen unseren Kindern viele wunderbare Erfahrungen ermöglichen, deshalb locken uns all diese bereichernden Programme. Doch sosehr unser Kind die Aktivität auch genießen mag, wir enden damit, den Chauffeur zu spielen. All dieses Hin- und Herfahren zum Unterricht und zum Spielen zehrt an unseren Nerven und erhöht unseren Stresspegel. Wir sind genauso überlastet wie unsere Kinder.

Die wahrgenommene Bedrohung durch »fremde Gefahren« hat auch die Art und Weise, wie Kinder spielen, und damit unser Aufgabenfeld drastisch verändert. Zusätzlich zu den anderen Rollen sind wir auch zu »Unterhaltungsdirektoren« geworden. Früher war es so, dass Kinder, wenn sie von der Schule nach Hause kamen, eine Kleinigkeit zu essen bekamen und dann rausgingen. Die Eltern hatten Zeit, Dinge zu erledigen, während die Kinder mit anderen Kindern aus der Nachbarschaft auf Entdeckungstour gingen, Verstecken spielten, auf Bäume kletterten und so weiter. Vor dem Abendessen kamen die Kinder nicht nach Hause. Hausaufgaben gab es entweder nicht, oder sie waren so minimal, dass die Eltern sie kaum auf dem Radar hatten. Unsere Eltern machten sich kaum Sorgen über Sexualstraftäter, sodass die Kinder die Freiheit hatten, alles zu erkunden. Jetzt spielen die Kinder mehr zu Hause, bitten um mehr Bildschirmzeit, machen weniger Sport und wollen, dass wir mit ihnen spielen oder sie zu Verabredungen zum Spielen fahren.

Angesichts der Herausforderungen, mit denen moderne Eltern konfrontiert sind, ist es kein Wunder, dass wir uns gestresst fühlen und uns veranlasst sehen, zu nörgeln, zu drohen, zu kritisieren und zu schreien, um sicherzustellen, dass alles erledigt wird, was jeden Tag erledigt werden muss. Es ist unwahrscheinlich, dass einer dieser Stressoren verschwinden wird, also liegt es an uns, Wege zu finden, um den Familienstress zu reduzieren und unsere Kinder zu mehr Kooperation anzuleiten, damit die Elternschaft ruhiger, einfacher und glücklicher wird.

Elternschaft: Der Job ohne Ausbildung

Elternschaft ist zweifellos der wichtigste Job, den es gibt. Aber es ist ein Job, für den es in der Regel keine Ausbildung gibt, die über Geburtsvorbereitungskurse hinausgeht. Wie kann es sein, dass ein so vielfältiger und anspruchsvoller Job wie Kindererziehung ohne Ausbildung auskommt? Das ist kein Management-Job, den wir einfach hinschmeißen können, wenn es hart auf hart kommt und die Mitarbeiter uns nerven! Kindererziehung ist ein Job, für den wir jeden Tag aufstehen und den wir täglich ausüben müssen, ohne dafür bezahlt zu werden. Natürlich ist es auch ein Job, der unglaublich belohnend und bereichernd sein kann. Wir finden den Job des Elternseins am lohnendsten, wenn wir das gute Gefühl haben, dass die Art und Weise, wie wir als Eltern erziehen, einen positiven Einfluss auf unsere Kinder hat.

Als wir Eltern wurden, wurden wir plötzlich in die Rolle von Erziehern gestoßen. Die meisten von uns haben keine Lehrerausbildung absolviert, und doch üben wir diese Aufgabe jeden Tag bei unseren Kindern aus. Denn das Unterrichten ist unsere Hauptaufgabe. Ich spreche nicht davon, akademische Fächer zu unterrichten. Ich spreche davon, unseren Kindern jene Verhaltensweisen, Fähigkeiten und Werte beizubringen, die wir für wichtig und richtig halten. Aber wie lehren und vermitteln wir unseren Kindern effektiv die Verhaltensweisen, die uns wichtig sind?

Wie wir das Elternsein lernen

Wie lernen wir, gute Eltern zu sein, wenn es keine Berufsausbildung für das Elternsein gibt? Die meisten von uns erziehen wahrscheinlich so, wie sie selbst erzogen wurden. Louise, eine Mutter, die meine Seminare besuchte, berichtete, wie ihre Mutter mit Geschwisterstreitigkeiten umging. Louise erzählte, dass die berüchtigte Drohung ihrer Mutter immer lautete: »Wenn ihr Kinder nicht aufhört, euch zu streiten, werde ich eure drei Köpfe gegeneinanderschlagen!« Louise und ihre Geschwister rätselten immer darüber, wie ihre Mutter eine solche Aufgabe tatsächlich durchführen würde, was sie zum Glück nie versuchte. Aber was trieb ihre Mutter dazu, diese leere Drohung auszusprechen? Wahrscheinlich extreme Verärgerung über die Geschwisterzankereien. Zweifellos hatte Louises Mutter diese Drohungstaktik von ihrer eigenen Mutter gelernt und in Ermangelung anderer ihr bekannter Erziehungsmethoden sagte sie dasselbe zu ihren Kindern, unabhängig davon, ob es funktionierte oder nicht. Hätte Louise nicht die Fertigkeiten von *Entspannter, leichter und glücklicher Kinder erziehen* gelernt, würde sie wahrscheinlich ähnlich unwirksame Drohtechniken anwenden!

Die Standardausbildung der meisten Eltern

Als Sie ein Baby bekamen, haben Sie sich wahrscheinlich in vielerlei Hinsicht auf die Schwangerschaft und die Geburt vorbereitet. Vielleicht haben Sie Kurse besucht, um sich auf die Geburt und die Herausforderungen der Elternschaft eines Neugeborenen einzustimmen. Wahrscheinlich haben Sie alles über die Entwicklungsstufen eines Babys gelesen. Wenn Sie Probleme hatten, Ihr Baby zum Schlafen zu bringen, haben Sie bestimmt Bücher darüber konsultiert, wie Ihr Kind nachts durchschlafen kann. Und da endet die Ausbildung für die meisten. Damit sind Sie bis zum ersten Geburtstag Ihres Kindes gekommen. Das Training ist vorbei. Nun sind Sie für die nächsten 17 Jahre auf sich allein gestellt, herzlichen Dank auch!

Die Ausbildung, die Eltern wirklich brauchen

18 Monate sind also vergangen, und nun haben Sie ein liebes Kleinkind – meistens. Sie haben nämlich auch ein Kleinkind, das Wutanfälle hat, sein Essen auf den Boden wirft und mit Ihnen ringt, wenn Sie es in seinen Autositz setzen wollen. *Hilfe!* Ihr Kleinkind wird zweieinhalb und plötzlich heißt es nur noch »Nein!«. Es will nicht zum Essen auf seinem Stuhl sitzen bleiben. Sie können ihm nicht die Windel wechseln, ohne dass ein anderer es festhält. Es hat angefangen, das neue Baby zu schlagen. *Hilfe!* Im Alter zwischen drei und fünf Jahren wird Ihre willensstarke Tochter immer widerspenstiger, quengelt und sträubt sich so sehr, dass Sie kurz davor sind, den Verstand zu verlieren. Sie trödelt beim Anziehen, sodass Sie sich morgens gehetzt fühlen. Die Schlafenszeit ist zu einem allabendlichen Kampf geworden. *Hilfe!* Zwischen fünf und zehn Jahren fängt Ihr Sohn an, Sie zu ignorieren, und Sie ertappen sich dabei, wie Sie endlos wiederholen und mahnen. Ihr Stresspegel steigt. *Hilfe!* Und dann kommen die Teenagerjahre. *Hilfe!*

Mangelnde Kooperation ist sehr stressig!

Eltern kommen in der Regel zu meinen Seminaren, weil sie verzweifelt nach effektiveren Wegen suchen, um Fehlverhalten zu reduzieren und um das Zuhören und die Kooperationsbereitschaft zu verbessern. Die Eltern erkennen, dass das, was sie tun, nicht funktioniert, aber sie sind nicht sicher, wie sie ihre Kinder dazu bringen können, das zu tun, was sie ihnen sagen. Der Vater in der folgenden Geschichte hatte eine besonders schwierige Dreijährige, Katie.

So kann ein Mangel an Kooperation dazu führen, wie wir uns gegenüber diesen kleinen Menschen fühlen, von denen wir es kaum erwarten konnten, sie auf die Welt zu bringen. Bedeutet das, dass wir sie weniger lieben? Nein. Aber unsere Kinder zu mögen und mit ihnen zusammen sein zu wollen, ist gleichermaßen wichtig, und es macht keinen Spaß, Zeit mit einem unkooperativen Kind zu verbringen.

Die gute Nachricht ist, dass es viele einfache und effektive Werkzeuge gibt, die Sie schnell erlernen können und die Ihnen helfen werden, kooperative Kinder zu entwickeln – in jedem Alter. Wenn Sie die Anwendung dieser Techniken üben, können Sie vom Wiederholen, Erinnern und Anbrüllen dazu übergehen, nie mehr zweimal fragen zu müssen, und Sie können diese wundersame Verwandlung in bemerkenswert kurzer Zeit erreichen.

Eigensinnig und aufmüpfig

Unser erstes Kind, Thomas, hatte ein empfindsames Temperament, aber er war grundsätzlich kooperativ. Dann bekamen wir Katie, und alles änderte sich. Schon mit zwei Jahren war sie eigensinnig und aufsässig. Meine Frau und ich rauften uns die Haare, um herauszufinden, wie wir sie dazu bringen konnten, die Dinge zu tun, die sie täglich tun sollte. Sie wehrte sich, indem sie weinte, Wutanfälle bekam und biss.

Im Alter von drei Jahren wurde sie körperlich immer aggressiver. Der Tropfen, der das Fass zum Überlaufen brachte, war, als sie mit meiner Frau im Supermarkt war. Katie war frustriert, weil meine Frau sie dazu brachte, etwas in ein Regal zurückzustellen, das sie haben wollte. Katie drückte ihre Frustration dadurch aus, dass sie meiner Frau im Supermarkt in den Po biss.

Ein paar Tage später hatten wir eine Freundin zu Besuch und sie kommentierte ein Bild von Katie, das an der Wand hing, und erwähnte, wie süß sie sei. Ich sagte ihr, dass Katie nur zu zwei Zeiten süß ist. Sie ist süß auf Fotos und wenn sie schläft!

Vater von zwei Kindern, 6 und 3 Jahre alt

Eine Geschichte von zwei Jungen

Lassen Sie uns einmal zwei sehr unterschiedliche Momentaufnahmen eines Morgens bei einem fünfjährigen Jungen namens Jimmy betrachten. Das erste Szenario veranschaulicht, was passieren kann, wenn ein Kind noch nicht daran gewöhnt ist, das zu tun, was man morgens von ihm verlangt. Das zweite Szenario zeigt, wie der Morgen für denselben Jungen aussehen kann, nachdem seine Eltern die *Entspannter, leichter und glücklicher Kinder erziehen*-Fähigkeiten in die Praxis umgesetzt haben. Natürlich liebt Jimmys Mutter ihn sowohl in der Vorher- als auch in der Nachher-Version sehr, und natürlich tut sie ihr Bestes, um ihm gute Verhaltensweisen beizubringen. Im ersten Szenario erkannte sie einfach nicht, dass die Art und Weise, wie sie reagierte, zu Jimmys Trödeln und seinem unkooperativen Verhalten beitrug. Als diese Mutter effektivere Strategien lernte und anfing, Dinge anders zu handhaben, konnte sie auf eine Weise kommunizieren, die Jimmy ein gutes Gefühl gibt und ihm dabei hilft, das Richtige zu tun.

Ein schlechter Morgen mit einem unkooperativen Jimmy

»Jimmy! Bist du noch im Bett? Es ist Zeit aufzustehen – wir kommen sonst zu spät zur Schule!«

Zehn Minuten später geht seine Mutter wieder in sein Zimmer. Er hat seine Socken an und sonst nichts. »Du bist schon seit zehn Minuten wach und hast nur deine Socken an? Was hast du denn die ganze Zeit gemacht? Du musst dich beeilen, und vergiss nicht, dein Bett zu machen.«

Fünf Minuten später kommt seine Mutter zurück, und inzwischen hat Jimmy seine Unterwäsche an, aber er spielt mit Spielzeugautos. Ihre Frustration wächst. »Du spielst mit deinen Autos? Du weißt, dass jetzt Anziehzeit ist, nicht Spielzeit.« – »Aber Mum, ich darf nie spielen!« Jimmys Mutter beginnt, ihm beim Anziehen zu helfen, weil es schneller geht und sie befürchtet, zu spät zu kommen. Sie gibt die Hoffnung auf, dass sein Bett heute gemacht wird.

Jimmy kommt in die Küche und setzt sich hin, um zu frühstücken. Er steht während des Frühstücks mehrmals vom Tisch auf, um mit dem Hund zu spielen, ein Spielzeug zu finden und seine Schwester zu ärgern. »Jimmy, setz dich hin und iss. Wenn du noch ein einziges Mal vom Tisch aufstehst, ist das Frühstück vorbei.« Jimmy steht wieder auf. »Jimmy, ich meine es ernst.« Jimmy steht nochmals auf. »Okay, das ist die letzte Warnung. Wenn du noch einmal aufstehst, darfst du nach der Schule nicht fernsehen.«

Jimmy beendet sein Frühstück und geht vom Tisch weg. »Jimmy, du hast wieder vergessen, dein Geschirr abzuräumen! Wir haben das gestern besprochen.« Jimmy jammert und beschwert sich. »Warum muss ich das machen? Polly muss das nicht.« – »Polly ist zu klein. Benimm dich wie ein großer Junge und sei ein Vorbild für deine Schwester. Widersprich mir nicht.« Widerstrebend kommt er zurück und räumt sein Geschirr ab, wobei er gegen den Stuhl seiner Schwester tritt.

»Nun mach schon, wir müssen uns beeilen und deine Zähne putzen.« Jimmy geht langsam ins Bad und putzt sich etwa zehn Sekunden lang

die Zähne. »Okay, jetzt lauf und zieh deine Schuhe an, damit wir nicht zu spät zur Schule kommen!« Jimmy geht langsam dorthin, wo seine Schuhe stehen. Seine Mutter bindet ihm die Schuhe zu, obwohl er weiß, wie es geht, und hilft ihm in seine Jacke, obwohl er das selbst kann, denn sie sind spät dran.

Sie verlassen das Haus in großer Eile. Jimmy schweigt im Auto, und seine Mutter ist genervt und gestresst, wie an den meisten Vormittagen. Als sie bei der Schule ankommen, setzt sie ihn ab und sagt: »Ich wünsche dir einen schönen Tag!«

Eltern erzählen mir häufig, dass der stressigste Teil ihres Tages vorbei ist, sobald ihre Kinder in der Schule sind. Um neun Uhr morgens sind sie schon völlig fertig! Während der ersten zwei Stunden ihres Tages haben sie versucht, ein scheinbar unbewegliches Objekt dazu zu bringen, alle notwendigen morgendlichen Aufgaben zu erledigen. Aber die Kinder ignorieren die Anweisungen, trödeln und benehmen sich daneben. Wenn wir versuchen, sie dazu zu bringen, sich zu beeilen, scheinen sie noch langsamer zu werden.

Wir werden vielleicht ungeduldig und verlegen uns aufs Nörgeln, Wiederholen, Drohen und Anbrüllen. Mangelnde Kooperation bringt das Schlimmste in uns zum Vorschein. Selbst wenn wir merken, dass unsere verärgerten Reaktionen nicht dazu beitragen, eine Mitarbeit zu erreichen, wissen wir oft nicht, was wir sonst tun könnten. Damit wir diesen endlosen Kreislauf des Wiederholens und Erinnerns durchbrechen können, müssen wir etwas anderes tun. Wir müssen anders mit unseren Kindern kommunizieren, damit sie motiviert sind, das zu tun, was wir verlangen.

Lassen Sie uns vorspulen. Jimmys Eltern haben die *Entspannter, leichter und glücklicher Kinder erziehen*-Strategien angewandt, sodass er jetzt das tut, was er morgens tun muss – und zwar das meiste davon, ohne dass er daran erinnert werden muss.

Ein guter Morgen mit einem kooperativen Jimmy

Jimmy wird von einem Wecker geweckt, den er selbst am Abend zuvor gestellt hat. Er steht aus dem Bett auf, schaltet den Wecker aus, zieht die Kleidung an, die er am Abend zuvor bereitgelegt hat, und macht sein Bett. Als seine Mutter in sein Zimmer kommt, umarmt sie Jimmy und strahlt ihn an. Jimmy lächelt und umarmt sie zurück. Sie bemerkt, was er bereits geschafft hat, und spricht es an: »Jimmy, du denkst morgens schon an richtig viele Dinge, die du erledigst. Du stehst mit deinem eigenen Wecker auf, du ziehst dich an, ohne dass dir jemand hilft, und heute hast du dein Bett gemacht, ohne dass ich dich daran erinnert habe! Du wirst schon sehr selbstständig.«

Jimmy kommt die Treppe hinunter und erledigt seine morgendlichen Aufgaben. Beim Frühstück isst Jimmy, ohne vom Tisch aufzustehen, singt mit seiner kleinen Schwester ein lustiges Lied, räumt unaufgefordert seine Schüssel ab und stellt sie in die Spülmaschine. Seine Mutter bemerkt dies und kommentiert, dass er dabei hilft, die Küche aufzuräumen. Sie erwähnt auch, dass er, weil er alle seine Aufgaben erledigt hat, ohne daran ermahnt werden zu müssen, am Abend nach den Hausaufgaben am Computer spielen darf.

Seine Mutter bittet ihn, zum Zähneputzen ins Bad zu kommen, und er putzt sich bereitwillig die Zähne. Er bürstet sich schnell die Haare und übersieht dabei eine Stelle am Hinterkopf. »Da hinten ist noch eine Stelle, die aussieht, als müsste sie noch gebürstet werden.« Er schaut in den Spiegel, findet den abstehenden Teil und bürstet ihn. Seine Mutter sagt: »Klasse, jetzt hast du alle Haare glatt gebürstet.«

Dann geht er raus, zieht sich die Schuhe an und bindet sie selbst zu. Er ist ein bisschen früher für die Schule fertig, sodass er noch etwas Zeit hat, mit seinen Autos zu spielen. Mutter und Sohn sind bereit, die Wohnung zu verlassen, als sie bemerkt, dass er seinen Rucksack nicht dabeihat. Sie wird nicht ärgerlich, sondern gibt ihm nur einen kleinen Hinweis. »Jimmy, du musst noch an etwas denken, das du für die Schule brauchst.« Jimmy schaut sich um, sieht seinen Rucksack und rennt zurück, um ihn zu holen.

Sie fahren früh genug los, um pünktlich zur Schule zu kommen. Während der Fahrt unterhalten sie sich und kommen etwas früher an, damit er noch mit seinen Freunden auf dem Schulhof spielen kann. Sie verabschieden sich und umarmen sich kurz. Seine Mutter schenkt ihm ein breites Lächeln und sagt, dass sie sich darauf freut, ihn nach der Schule zu sehen.

Vielleicht klingt dieses zweite Szenario viel zu schön, um wahr zu sein, aber es ist durchaus realisierbar, wenn Eltern mit den richtigen Werkzeugen ausgestattet sind. Stellen Sie sich vor, wie viel ruhiger wir morgens sein könnten, wenn unsere Kinder so kooperativ und selbstständig wären! Wir könnten unsere morgendlichen Aufgaben mit Leichtigkeit erledigen, wären nicht genervt oder frustriert, und wir hätten tatsächlich Zeit, uns an unseren Kindern zu erfreuen. Tausende von Familien, die diese Strategien praktizieren, haben diese Veränderung erlebt.

Wie unser Verhalten unsere Kinder beeinflusst

Betrachten wir einmal den kooperativen Jimmy. Er erhält positive Aufmerksamkeit von seinen Eltern, weil er selbstständig und kooperativ ist. Er bekommt ein Lächeln und eine Umarmung statt Ärger. Er hört alles darüber, was er richtig macht, statt Kritik darüber, was er nicht macht. Er entwickelt Selbstvertrauen, weil er so viele Dinge eigenständig erledigt. Er ist stolz auf sich. Er wird für sein Verhalten mit extra Spielzeit und entspannten, nicht gestressten Eltern belohnt. Er beginnt seinen Schultag mit einem guten Gefühl.

Der unkooperative Jimmy hingegen bekommt vom Aufwachen bis zum Schulbeginn nur zu hören, was er alles falsch macht. Statt eines Lächelns erntet er nur genervte Blicke. Er sieht sich als jemand, der alles falsch macht und alles vergisst, weil er das an den meisten Tagen immer wieder hört. Natürlich fängt er an, seine Eltern zu ignorieren, denn alles, was sie zu tun scheinen, ist nörgeln und drohen. Er hört auf, seinen Eltern in die Augen zu schauen, weil es keinen Spaß macht, wenn man ständig ausgeschimpft wird. Weil von Jimmy nicht verlangt wird, das zu tun, wozu er fähig ist, bekommt er nicht die Gelegenheit, in seinem Selbstvertrauen zu wachsen. Er ärgert sich über seine kleine Schwester, weil sie das Baby sein darf – wo bleibt der Spaß, wenn man älter wird? Er hat das Gefühl, dass es nichts gibt, was er tun kann, um es seinen Eltern recht zu machen. Er beginnt seinen Schultag mit einem unguten Gefühl.

Ich habe zur Veranschaulichung zwei Szenarien dargestellt, die extrem erscheinen mögen. Doch für viele Familien ist das erste Szenario gar nicht so extrem! Viele von uns erkennen ihre Kinder und sich selbst wieder. Vielleicht haben wir gemeckert, gebrüllt und unseren Kindern zu viel abgenommen. Vielleicht sind wir noch weiter gegangen und haben unsere Kinder aus Frustration über die mangelnde Kooperation sogar geschlagen. Die beiden Szenarien verdeutlichen, wie unsere Kommunikation unsere Kinder beeinflusst. Wir wollen kooperative, selbstbewusste und selbstständige Kinder, und wenn wir das nicht bekommen, sind wir frustriert und wütend.

Ich setze diese Vorher-Nachher-Szenarien ein, um Eltern dabei zu helfen, zu verstehen, dass das, was wir sagen und tun, unseren Kindern entweder hilft, die Verhaltensweisen zu entwickeln, die wir uns wünschen, oder sie ungewollt dieser Möglichkeit beraubt. Der wohlerzogene Jimmy wurde nicht so kooperativ und selbstständig geboren. Er entwickelte diese Verhaltensweisen, weil seine Eltern gelernt hatten, ihn dazu zu motivieren, kooperativ und selbstständig sein zu wollen. Sie hatten einfache, proaktive Strategien erlernt, die dabei helfen, die meisten Verhaltensprobleme zu vermeiden.

Wenn Sie ein etwas älteres Kind haben, vielleicht 11 bis 13, kann die Art des unkooperativen morgendlichen Verhaltens, mit dem Sie konfrontiert werden, anders sein. Ihre Teenager- oder Preteen-Tochter stöhnt vielleicht oder redet respektlos mit Ihnen: »Ich bin zu müde zum Aufstehen – geh mir nicht immer auf die Nerven.« Es ist leicht, sich in eine Diskussion darüber zu verstricken, warum sie müde ist und was sie tun muss: »Also, wenn du nicht so lange aufbleiben und mit deinen Freundinnen simsen würdest, wärst du nicht so müde und grantig. Wenn du jetzt nicht aufstehst, kommen wir alle zu spät. Sei nicht so selbstsüchtig.«

So verständlich diese Reaktion auch sein mag, Streit ist nicht die Art und Weise, mit der der Tag unseres Kindes (oder unser Tag) beginnen sollte, und er wird das Kind nicht dazu motivieren, bessere Gewohnheiten anzunehmen. Die proaktiven Strategien, die ich mit Ihnen teilen werde, werden dies erzielen. Ich kenne viele 13-Jährige, die sich den Wecker stellen, aufstehen, ihr Bett machen, ihre Eltern mit Wärme und Respekt begrüßen, vor der Schule ihr Instrument üben und sogar ein paar morgendliche Aufgaben erledigen, ohne dass sie von ihren Eltern dazu aufgefordert werden. Es ist machbar.

Jede Familie kann den Wandel von einem typisch gestressten Haushalt zu einem entspannteren, leichteren, glücklicheren Haushalt schaffen. Es ist nie zu spät, auch wenn Ihre Kinder bereits Teenager sind.

Für wen dieses Buch ist und wie Sie es anwenden

Egal, ob Sie Eltern, Großeltern, Lehrer oder ein Profi sind, der mit Kindern und Familien arbeitet, ich habe dieses Buch für Sie geschrieben. Die hier vorgestellten Strategien werden das Beste in Ihren Kindern hervorbringen – und in Ihnen! Ob Sie nun wissen wollen, wie Sie effektiv mit schwerem oder leichtem Fehlverhalten oder irgendetwas dazwischen umgehen können, Sie finden in diesem Buch spezielle Strategien dafür. Diese Strategien sind bei allen Kindern wirksam, auch bei Kindern mit hitzigem Temperament oder mit diagnostizierten besonderen Bedürfnissen.

Mein wichtigstes Ziel ist es, dass dies ein Ratgeber ist, auf den Sie ein Leben lang als Eltern zurückgreifen können. Die vermittelten Strategien sind so wichtig für die Verbesserung der Zusammenarbeit und die Verringerung von Familienkonflikten und Stress, dass Sie nie wieder zu den alten Methoden zurückkehren wollen! Es sind Strategien, die Sie jeden Tag und dauerhaft bei Ihren Kindern anwenden werden. Alle Fähigkeiten sind positiv, alle sind praktisch, und das Entscheidende ist – sie funktionieren. In den 40 Jahren, in denen ich Familien coache, habe ich noch nie erlebt, dass diese Strategien versagt haben. Ich werde den Erfolg dieses Buches daran messen, wie viele Eselsohren, Knicke, Flecken, Hervorhebungen und Markierungen Sie ihm verpassen. Ein Buch, das regelmäßig benutzt wird, ist das größte Kompliment, das ich bekommen kann.

Obwohl dieses Buch in erster Linie für Eltern mit Kindern im Alter von drei bis 13 Jahren konzipiert wurde, funktionieren alle Strategien auch bei Teenagern. Möglicherweise müssen Sie die Formulierungen für Ihren »coolen Teenager« etwas abwandeln, und einige der Themen werden natürlich anders sein. Aber die in diesem Buch vermittelten Kernstrategien sind unerlässlich, um auch das Beste aus Teenagern herauszuholen.

Zwei Empfehlungen möchte ich Ihnen unbedingt geben. Die erste ist, dass Sie dieses Buch mit Ihrem Partner lesen, wenn Sie einen haben, und dass Sie die Strategien gemeinsam besprechen. Die Strategien werden effektiver sein, wenn Sie konsequent sind und Sie beide sie befolgen. Meine zweite Empfehlung ist, dass Sie vorne beginnen und dieses Buch von Anfang bis zum Ende lesen. Natürlich weiß ich, dass ich darauf keinen Einfluss habe, aber ich kann Sie bitten! Es gibt einen Grund, warum das Buch so aufgebaut ist. Sie werden mehr Erfolg haben und größere Verbesserungen im Verhalten Ihrer Kinder beobachten, wenn Sie die Kapitel nacheinander lesen und die Strategien in der angegebenen Reihenfolge umsetzen.

Es ist verständlich, dass Sie sofort zu den Kapiteln springen wollen, in denen es darum geht, wie Sie Fehlverhalten abstellen können. Genau hier liegt das Problem. Wenn Sie mit den Konsequenzen beginnen und damit, wie man Fehlverhalten stoppen kann, wird das nicht dazu führen, dass weniger Fehlverhalten auftritt. Es mag Ihnen helfen, das, was schiefläuft, schneller zu stoppen, aber es wird nichts dazu beitragen, zu verhindern, dass es wieder passiert. Sie geraten dadurch in einen Kreislauf des Krisenmanagements.

Wenn es Ihr Ziel ist, weniger Fehlverhalten zu erreichen, beginnen Sie am Anfang. In Kapitel 2 wird erklärt, was *Entspannter, leichter und glücklicher Kinder erziehen* ist und warum es so effektiv ist. Lesen Sie dann bitte den Rest des ersten Buchteils der Reihe nach. In jedem Kapitel wird eine Kernstrategie anhand vieler Beispiele eingehend erklärt. Sie werden echte Geschichten von echten Eltern lesen, wie sie durch die Anwendung dieser Strategien Verhaltensprobleme überwunden haben.

Am Ende eines jeden Kapitels finden Sie einen Aktionsplan, der Ihnen hilft, die neue Strategie erfolgreich in die Praxis umzusetzen. An diesem Punkt empfehle ich Ihnen, das Buch beiseitezulegen und die Strategie zwei Wochen lang zu üben (behalten Sie das Buch zum Nachschlagen in der Nähe!).

Wenn Sie die nächste Strategie erlernen, werden Sie in der Lage sein, sie mit der vorherigen zu kombinieren. Jedes Kapitel baut auf dem vorhergehenden auf, die Beispiele und Fallstudien ergeben keinen Sinn, wenn man die vorhergehenden Strategien nicht kennt. Die Strategien greifen ineinander, um ein entspannteres, leichteres und glücklicheres Elternsein zu schaffen.

Wenn Sie lernen, wie Sie Ihr Kind motivieren können, Ihnen zuzuhören und mit Ihnen zu kooperieren, und wenn Sie ein paar einfache Strategien erlernen, die das meiste Fehlverhalten von vornherein verhindern, werden Sie die Kapitel, die sich mit Fehlverhalten beschäftigen, besser verstehen.

Der zweite Teil des Buches bietet Ihnen einen Fahrplan, mit dem Sie alle Strategien und Fertigkeiten von *Entspannter, leichter und glücklicher Kinder erziehen* anwenden können, um die typischen familiären Krisenherde effektiv zu bewältigen. Das sind die Tageszeiten und die Themen, die am problematischsten sind. Ich empfehle Ihnen, mit dem Lesen des zweiten Teils zu warten, bis Sie die Kernstrategien von *Entspannter, leichter und glücklicher Kinder erziehen* geübt haben. Auf diese Weise haben Sie die Werkzeuge, die Sie brauchen, um die Punkte zu verbessern, die Sie als herausfordernd empfinden.

Viele Eltern kehren immer wieder zu unseren Kursen und unseren Unterstützungsmaterialien zurück, also rechnen Sie damit, dass Sie immer wieder auf dieses Buch zurückgreifen werden, während Sie diese Strategien lernen! Dieses Buch wird Ihr neues Unterstützungsnetzwerk werden.

Vielen Dank, dass Sie sich für dieses Hilfsmittel entschieden haben. Ich freue mich, wenn ich Eltern helfen kann, diese Fähigkeiten und Strategien erfolgreich in die Praxis umzusetzen. Sie können wirklich eine entspanntere, leichtere und glücklichere Elternschaft erreichen, und mit diesem Buch haben Sie die Werkzeuge dazu.

Kapitel 2:

Das Versprechen der *Entspannter, leichter und glücklicher Kinder erziehen*-Methode: Sie können sogar die frustrierendsten Aspekte der Elternschaft transformieren

Dieses Versprechen kann ich Ihnen geben: Sie werden innerhalb weniger Tage (bei manchen Familien sogar innerhalb der ersten Stunden) erste Verbesserungen im Verhalten Ihres Kindes sehen, wenn Sie mit den Strategien von *Entspannter, leichter und glücklicher Kinder erziehen* beginnen. Basierend auf meiner Erfahrung bei der Unterstützung von vielen Tausenden von Familien kann ich Ihnen dieses Versprechen mit voller Überzeugung geben. Wenn Sie diese Strategien weiter praktizieren – und ich werde Ihnen einen detaillierten Plan an die Hand geben, wie Sie sie erfolgreich in die Praxis umsetzen können –, werden Sie innerhalb von zwei bis vier Wochen positive Veränderungen zu Hause bemerken.

Wenn Eltern bereit sind, diese wirksamen Strategien zu erlernen und zu praktizieren, finden tiefgreifende Veränderungen statt. Innerhalb weniger Wochen wird das Familienleben ruhiger, die Kinder sind kooperativer, die Eltern sind weniger frustriert und fühlen sich souveräner, die Geschwister verstehen sich besser und es gibt weniger Streitigkeiten. Die gängigen familiären Konfliktpunkte wie Hausaufgaben, Hausarbeit, Schlafens- und Essenszeiten werden weniger zu einem Schlachtfeld.

Diese Ziele sind realisierbar! Die *Entspannter, leichter und glücklicher Kinder erziehen*-Werkzeuge wurden von Eltern auf der ganzen Welt eingesetzt. Natürlich gibt es Unterschiede im Temperament der Kinder, sodass es bei manchen Kindern länger dauern kann als bei anderen. Aber Sie werden es schaffen!

Je mehr Sie diese Erziehungsstrategien anwenden, desto überzeugter werden Sie sein. Schließlich wird die Umsetzung dieser Strategien zu einer Gewohnheit werden, über die Sie nicht mehr viel nachdenken müssen. Sie werden dann ganz natürlich und wie von selbst einfach aus Ihnen herauskommen.

Was ist an der *Entspannter, leichter und glücklicher Kinder erziehen*-Methode anders?

Angesichts der vielen Erziehungsbücher und Websites zu dem Themenbereich fragen Sie sich vielleicht, was an diesem Ansatz so anders sein könnte. Viele Eltern berichten, dass sie aus zwei Gründen von der *Entspannter, leichter und glücklicher Kinder erziehen*-Methode begeistert sind. Der erste ist, dass dieser Ansatz praktisch und anwendbar ist. Ich biete Schritt-für-Schritt-Techniken mit klaren Beispielen, sodass Sie sofort loslegen können und sehr schnell Ergebnisse sehen. Der zweite Grund ist, dass diese einfachen Techniken bei allen Verhaltensthemen funktionieren. Sie müssen nicht für jedes Verhaltensproblem Ihres Kindes, das mit dem Eintreten in eine neue Lebensphase auftaucht, eine neue Strategie erlernen. Sobald Sie die Kernstrategien verinnerlicht haben, haben Sie das Handwerkszeug, mit dem Sie typische und untypische Verhaltensprobleme bewältigen können. Das *Entspannter, leichter und glücklicher Kinder erziehen*-Programm fasst die effektivsten Techniken zusammen und unterteilt sie in praktische Schritte, die leicht zu verstehen und einfach anzuwenden sind.

Wenn wir Artikel oder Bücher über Kindererziehung lesen, stoßen wir häufig auf Strategien, die offensichtlich sinnvoll sind, und probieren sie aus. Vielleicht haben wir einen gewissen Erfolg, doch wir neigen dazu, die Technik in dem Moment aufzugeben, in dem wir auf Widerstand stoßen, weil das Buch oder der Artikel nicht weit genug gegangen sind. Es zeigt weder, wie man es in die Praxis umsetzt, noch, wie man Probleme behebt, wenn Schwierigkeiten auftauchen. Dieses Buch ist anders. Ich gebe Ihnen nicht nur einfache Schritte an die Hand, um die Strategien in die Praxis umzusetzen, sondern beantworte auch alle Fragen, die Eltern üblicherweise stellen, und gebe zusätzliche Tipps zum Überwinden von Hindernissen. Außerdem finden Sie in jedem Kapitel echte Geschichten von Eltern, die erklären, wie sie die Strategien von *Entspannter, leichter und glücklicher Kinder erziehen* eingesetzt und damit viele Aspekte des Familienlebens verändert haben. In den 40 Jahren, in denen ich mit Kindern und Familien arbeite, habe ich noch nie erlebt, dass diese Techniken das Familienleben nicht verbessert hätten.

Ein realistischer Ansatz

Als Erstes bitte ich die Eltern zu beachten, dass der Name dieses Programms nicht *Calm, Easy, Happy Parenting* (zu Deutsch: *Entspannt, leicht und glücklich Kinder erziehen*) lautet. Selbst mit den besten Erziehungsmethoden der Welt wird das Leben mit Kindern nie einfach nur entspannt, leicht und glücklich sein. Unsere Kinder sind keine Roboter oder Engel, und wir wollen auch nicht, dass sie das sind. Ich kann Ihnen also nicht alle Probleme abnehmen oder Ihnen Glückseligkeit anbieten. Was ich aber tun kann, ist, Strategien zu vermitteln, die die Erziehung deutlich entspannter, leichter und glücklicher machen können. Daher ganz bewusst die Komparativform mit -er am Ende.

Es gibt zwei Worte, die ich immer benutze, um die *Entspannter, leichter und glücklicher Kinder erziehen*-Strategien zu beschreiben: praktisch und effektiv. Praktisch bedeutet, dass Sie sie anwenden können. Effektiv bedeutet, dass sie funktionieren. Diese praktischen Strategien werden dazu beitragen, dass Kinder schon beim ersten Mal, wenn Sie sie bitten, etwas zu tun, kooperieren wollen. Und die Strategien funktionieren, sobald Sie mit ihrer Anwendung beginnen. Wenn Sie ein Kind mit einem unkomplizierten Temperament haben, werden Sie wahrscheinlich sofort Ergebnisse sehen. Wenn Ihr Kind ein schwierigeres Temperament hat – sensibler, intensiver, impulsiver oder willensstärker –, bemerken Sie vielleicht sofort eine gewisse Verbesserung, signifikante Ergebnisse können allerdings zwei bis vier Wochen dauern.

Manche Eltern halten zwei Wochen für eine kurze Zeit, andere für eine lange. Die Wirklichkeit sieht so aus: Wenn Sie seit Monaten oder gar Jahren mit problematischem Verhalten leben, sind zwei Wochen eine relativ kurze Zeit, um Strategien einzuüben, die das Familienleben verbessern. Betrachten Sie es bitte so: Wenn Sie nichts anders machen – wenn Sie keine dieser Strategien ausprobieren –, wird Ihr Leben in zwei bis vier Wochen noch genauso sein wie jetzt, und Sie werden immer noch vor den gleichen Herausforderungen stehen. Warum sollten Sie sich nicht bemühen, etwas zu tun, das zu einer Veränderung führen kann? Je intensiver Sie diese Techniken praktizieren, desto bessere Ergebnisse werden Sie erzielen.

Was Eltern am meisten frustriert

Wenn Ihr Familienleben entspannter, leichter und glücklicher wäre, was würde dann zu Hause anders laufen? Immer, wenn ich diese Frage in einem Seminar stelle, gehen die Hände in die Höhe, und die erste Antwort ist immer die gleiche:

> *Ich möchte, dass meine Kinder gleich beim ersten Mal zuhören. Ich kann es nicht ertragen, wenn sie widersprechen oder mich ignorieren! Ich will mich nicht ständig wiederholen müssen und sie irgendwann anschreien.*

Wenn wir uns gezwungen fühlen, Anweisungen zu wiederholen, steigt unsere Genervtheit und Verärgerung an, bis wir schließlich die Belastungsgrenze erreichen. Bei manchen ist die Belastungsgrenze erreicht, wenn sie sich dreimal wiederholt haben; bei anderen sind es zehnmal. Manche Eltern sagen, dass ihr Kind »nicht zuhört«, sie »ignoriert« oder »ausblendet«. Einige Eltern erzählen, dass sie oft schreien oder wütend werden müssen, bevor ihre Kinder sie ernst nehmen. Wie auch immer wir es beschreiben, dieser Mangel an anfänglicher Kooperation macht uns wahnsinnig und zwingt uns dazu, zu schimpfen, zu nörgeln, zu schreien, zu drohen oder zu bestrafen. Eltern wollen sich nicht wiederholen oder ihr Kind ständig an etwas erinnern. Eltern wollen, dass das Kind tut, worum sie es bitten, und zwar beim ersten Mal, wenn sie es bitten. Was Eltern wollen, ist Kooperation. Ich werde in diesem Buch viel über Kooperation sprechen, also lassen Sie mich erklären, wie ich sie definiere.

> **Kooperation:** Kinder tun das, worum sie gebeten werden, direkt beim ersten Mal und in 90 Prozent der Fälle ohne Aufhebens.

Stellen Sie sich vor, wie viel ruhiger und einfacher die Erziehung wäre, wenn Sie Ihre Tochter bitten würden, ihre Schuhe anzuziehen, und sie würde es direkt tun? Oder wenn Sie Ihren Sohn bitten würden, seine Brotdose auf den Küchentisch zu stellen, und er würde es tun? Wenn manche Eltern meine Definition von Kooperation hören, machen sie sich Sorgen, dass neunzig Prozent zu viel sind, dass dieser Grad der Kooperation den Geist ihres Kindes unterdrücken würde. Wenn Kinder lernen, sich vernünftig zu verhalten, passiert das Gegenteil: Wenn sie kooperativer werden, fühlen sie sich besser, weil sie weniger getadelt werden, weniger Ärger bekommen, öfter angelächelt werden und mehr Wertschätzung erfahren. Dies hilft Kindern, ein starkes Selbstwertgefühl zu entwickeln. Kooperation unterstützt Kinder dabei, Reife und gesunden Menschenverstand zu entwickeln. Mit der Zeit verinnerlicht ein weitgehend kooperatives Kind die Werte der Eltern, sodass es schließlich lernt, sich selbst zu sagen, was das Richtige ist.

Schlüsselkonzept

Was zeichnet diesen Ansatz aus?

Der Schlüssel ist Kooperation – den Eltern einfache und spezifische Strategien an die Hand zu geben, damit sie nie zweimal fragen müssen.

Jede Familie hat ihre eigenen Probleme und Konfliktpunkte. Einige der typischsten Probleme sind das pünktliche Verlassen der Wohnung am Morgen, Streitigkeiten mit Geschwistern, Probleme bei den Hausaufgaben sowie Probleme mit dem Essen und den Mahlzeiten. Das gemeinsame Thema bei all diesen Herausforderungen ist ein Kooperationsproblem. Mangelnde Kooperation ist eigentlich nur eine Gewohnheit, in die Kinder allmählich abdriften. Wenn Sie anfangen, die vorgestellten Strategien anzuwenden, werden Ihre Kinder anfangen zu kooperieren. Dann können Sie aufhören, zu wiederholen und zu ermahnen!

Warum Wiederholen und Erinnern nicht funktionieren

Wenn wir die Angewohnheit haben, uns zu wiederholen, lernen unsere Kinder allmählich, uns auszublenden und auf wiederholte Aufforderungen zu warten (ohne dass es ihnen bewusst ist). Nur wenn wir die Wichtigkeit der Angelegenheit signalisieren, indem wir unsere Stimme erheben oder eine Konsequenz androhen, nehmen unsere Kinder die Anweisung ernst. Wenn wir bereit sind, eine Anweisung fünfmal zu wiederholen, werden wir bald feststellen, dass wir sie irgendwann sechsmal wiederholen müssen! Dieses Phänomen, dass Kinder uns ausblenden, erklärt, warum Eltern oft berichten: »Meine Kinder nehmen keine Notiz von dem, was ich sage, bis ich wütend werde. Dann kooperieren sie. Aber warum muss ich erst schreien und drohen, bevor sie zuhören?« Verzweifeln Sie nicht. Ich werde Ihnen Strategien an die Hand geben, damit Sie nie wieder zweimal fragen müssen!

Ein weiterer Grund, warum unsere Kinder unsere Anweisungen ignorieren, ist, dass sie nicht davon ausgehen, dass wir es diesmal ernst meinen, wenn wir in der Vergangenheit unsere Anweisungen und Regeln nicht konsequent durchgezogen haben. Also warten sie ab und schauen, was passiert; denn das verschafft ihnen mehr Zeit, das zu tun, worauf sie Lust haben. Die Unvorhersehbarkeit der elterlichen Reaktionen lässt viel Raum für geschicktes Austesten und offenes Fehlverhalten. Selbst Kinder, die normalerweise kooperativ sind, testen sich in Situationen aus, in denen sie an der Ausgangsreaktion der Eltern spüren, dass es ihnen unangenehm ist, sich durchzusetzen. Die Kinder versuchen dann, die Regeln zu »verbiegen«, ohne sie ganz zu brechen. Dies geschieht oft in der Öffentlichkeit, insbesondere wenn Kinder merken, dass die Verlegenheit der Eltern diese davon abhält, die Regeln durchzusetzen. Manchmal sieht das, was wir als flexibel in Bezug auf Regeln betrachten, für das Kind so aus, als ob wir nachgeben würden. Je konsequenter wir uns durchsetzen, desto mehr werden unsere Kinder auf uns hören, Anweisungen ernst nehmen und kooperieren.

Unsere Hauptaufgabe als Eltern

Die Grundprämisse von *Entspannter, leichter und glücklicher Kinder erziehen* ist, dass unsere Hauptaufgabe als Eltern, neben der Liebe und Freude an unseren Kindern, darin besteht, die Werte, Fähigkeiten und Verhaltensweisen zu vermitteln, die wir für wichtig halten.

Unsere Kinder zu lieben, ist der leichte Teil der Aufgabe – das gehört einfach dazu. Der schwierige Teil der Aufgabe besteht darin, unseren Kindern jene Verhaltensweisen beizubringen, die für uns wichtig sind. Das erfordert Anstrengung, Entschlossenheit, Planung – und es erfordert die Kenntnis der Strategien, die funktionieren!

Die fünf wichtigsten Verhaltensweisen, die sich alle Eltern für ihre Kinder wünschen

Im Laufe der Jahre habe ich Eltern aus der ganzen Welt gefragt, welche Werte, Fähigkeiten und Verhaltensweisen sie sich für ihre Kinder wünschen. Unabhängig von geografischer Lage, Kultur, Religion oder sozioökonomischen Unterschieden werden stets dieselben Qualitäten genannt:

1. **Kooperation**: Das zu tun, was ein vertrauenswürdiger Erwachsener ihnen sagt, und zwar beim ersten Mal und ohne viel Aufhebens.

2. **Selbstvertrauen:** Seine Talente, Fähigkeiten und Stärken kennen, schätzen und nutzen; seine Schwächen kennen, akzeptieren und bereit sein, sie zu verbessern.
3. **Motivation:** Die Bereitschaft, alle zum Erreichen eines Ziels notwendigen Schritte zu beginnen und fortzusetzen, auch wenn sie vielleicht nicht alle Schritte angenehm finden (Hausaufgaben, Zähne putzen, mit dem Hund Gassi gehen, Musik üben und Geld sparen sind Beispiele für Handlungen, die Motivation erfordern, um Widerwillen oder Widerstand zu überwinden).
4. **Selbstständigkeit:** Alles, was sie selbst tun können, sollten sie auch selbst tun, anstatt zu erwarten, zu fordern oder darauf zu warten, dass jemand anderes es für sie tut.
5. **Rücksichtnahme:** Sich um die Gefühle anderer kümmern und verstehen, wie sich die eigenen Handlungen auf andere auswirken.

Diese fünf Eigenschaften sind die Bausteine für ein entspannteres, leichteres und glücklicheres Leben in der Gegenwart und auch in der Zukunft. Es sind die Eigenschaften, die Kindern helfen, ihre Familie zu genießen, Freunde zu finden und zu behalten, ihr Potenzial in der Schule auszuschöpfen und schließlich als Erwachsene in den Bereichen Beziehungen, Karriere und Freizeit Zufriedenheit zu finden.

Diese fünf Eigenschaften sind nicht angeboren, können aber entwickelt werden. Sie können zu Gewohnheiten werden. Und das Schöne daran ist: Wenn Sie lernen, wie Sie diese Gewohnheiten bei Ihren Kindern entwickeln können, erfüllen Sie damit zwei Ziele. Sie bringen Ihre Kinder dazu, während der Zeit ihres Aufwachsens mehr von ihrer besten Seite zu zeigen, und ihre Kinder bringen Sie dazu, mehr von Ihrer besten Seite als Erwachsener zu zeigen. Deshalb nennen wir diese positiven Eigenschaften die grundlegenden Verhaltensweisen. Sie sind die Grundlagen für ein entspannteres, leichteres, glücklicheres Leben – für uns und für unsere Kinder.

Wenn ich einen Raum voller Eltern fragen würde, welche dieser Qualitäten die wichtigste ist, würde jede dieser Verhaltensweisen wahrscheinlich eine Reihe von Stimmen erhalten, weil sie alle wichtig sind. Es gibt jedoch eine, die tatsächlich ein Sprungbrett für die Entwicklung der anderen vier ist.

Kooperation: Die Grundlage für alle anderen Verhaltensweisen

Bei *Entspannter, leichter und glücklicher Kinder erziehen* haben wir festgestellt, dass die erste dieser fünf grundlegenden Verhaltensweisen – Kooperation – die Grundlage für die anderen vier Verhaltensweisen bildet. Solange Kinder nicht kooperativ sind, werden sie nicht bereit sein, Dinge für sich selbst zu tun (Selbstvertrauen), überwiegend höflich zu sein (Rücksichtnahme), neue Dinge auszuprobieren (Vertrauen) oder an einer Aufgabe dranzubleiben, auch wenn sie schwierig ist (Motivation). Wenn Ihre Kinder lernen, kooperativ zu sein, werden sie zuversichtlicher, motivierter, selbstständiger und rücksichtsvoller. Anstatt sich also Gedanken darüber zu machen, wie Sie Ihren Kindern alle fünf Verhaltensweisen beibringen können, sollten Sie den größten Teil Ihres Unterrichts auf diese Verhaltensweise, die Kooperation, konzentrieren, dann werden die anderen vier einfach und ohne viel Aufwand folgen.

Training

Manche Eltern mögen das Wort »Training« in Zusammenhang mit Kindern nicht. Sie denken, das Wort sei erniedrigend und sollte nur verwendet werden, wenn wir über das Trainieren von Tieren sprechen. Aber lassen Sie uns einen Moment darüber nachdenken. Wenn Sie eine neue Stelle antreten, durchlaufen Sie in der Regel ein Trainingsprogramm. Das bedeutet, dass Ihnen neue Fähigkeiten beigebracht werden, danach folgt eine Zeitspanne, in der Sie die Fähigkeiten üben, bis sie zur Gewohnheit werden und Sie gar nicht mehr viel darüber nachdenken müssen. So ist es auch bei unseren Kindern. Es ist unsere Aufgabe, unseren Kindern viele Dinge beizubringen, damit die Fähigkeiten dann, mit der Zeit und genügend Übung, zu Gewohnheiten werden. Toilettentraining und Schuhe zubinden sind klassische Beispiele für Fähigkeiten, die wir unseren Kindern immer wieder vermitteln, bis sie zur Gewohnheit geworden sind. Genauso verhält es sich mit den fünf grundlegenden Verhaltensweisen. Je mehr Ihre Kinder üben, kooperativ zu sein, desto eher wird Kooperation zur Gewohnheit werden. Es ist unsere Aufgabe, unseren Kindern die Verhaltensweisen beizubringen, die für uns wichtig sind.

Schlüsselkonzept

Unterrichten vs. trainieren

Unterrichten führt dazu, dass ein Kind weiß, wie etwas zu tun ist. Trainieren führt dazu, dass ein Kind sich angewöhnt, etwas zu tun, ohne dass es daran erinnert werden muss.

Wie das Familienleben mit und ohne Kooperation aussieht

Überlegen wir einmal, wie das Familienleben aussähe, wenn unsere Kinder kooperativ wären, und wie es ist, wenn sie es nicht sind. Denken wir auch darüber nach, was wir normalerweise tun, um unsere Kinder zur Kooperation zu bewegen.

Schlüsselkonzept

Wenn Kooperation die Norm ist, erreichen wir Folgendes:

Gemeinsame Qualitätszeit
Ein friedliches Familienleben
Lächeln und Umarmungen
Mehr Zeit – weniger Hektik
Motivierte Kinder
Zufriedene Eltern und Kinder

Ohne Kooperation bekommen wir Folgendes:

Spannungen
Frustration und Stress
Schuldzuweisungen
Nörgeln
Streitereien
Trotz
Verhandeln
Wutausbrüche
Kritik

Strategien, die nicht zur Kooperation führen

Nachfolgend finden Sie eine Liste mit Strategien, mit denen Eltern versuchen, Kooperation zu erreichen. Wenn ich Eltern in Seminaren diese Liste zeige, stöhnen sie oft laut auf, weil sie die meisten oder alle dieser Strategien schon ausprobiert haben und erkennen, dass sie nicht effektiv sind:

- wiederholen
- erinnern
- kritisieren
- tadeln
- Ratschläge erteilen
- beruhigen
- drohen
- belehren
- fragen
- ablenken
- bestechen
- begründen
- verhandeln
- argumentieren
- nachgeben

Natürlich tun die meisten Eltern nicht alles, was auf dieser Liste steht – es sei denn, es ist ein wirklich mieser Tag! Wenn ich Eltern frage, ob diese Strategien funktionieren, schütteln sie meist den Kopf und antworten mit »Nein« oder gelegentlich mit »Manchmal«. Es ist wahr, dass all diese Strategien manchmal funktionieren, aber ich werde Ihnen positive Strategien beibringen, die in 90 Prozent der Fälle funktionieren.

Wünsche vs. Bedürfnisse

So wichtig Kooperation auch ist, sie ist nicht das, was die meisten als das ultimative Ziel für ihre Kinder ansehen. Aber mangelnde Kooperation ist das, was Eltern am meisten Frust und Stress bereitet, daher ist es immer das erste Thema, das Eltern erwähnen.

Manchmal erklären Eltern: »Ich möchte nur, dass mein Kind glücklich ist.« Das ist zwar völlig verständlich, aber das Problem bei der Konzentration auf dieses Ziel ist, dass es Familien auf einen Holzweg führen kann. Wenn wir uns vornehmen, unsere Kinder glücklich zu machen, erfüllen wir womöglich alle Wünsche unserer Kinder, anstatt ihre Bedürfnisse zu befriedigen. Wünsche und Bedürfnisse haben oft wenig gemeinsam. Was unsere Kinder brauchen, ist mehr Schlaf, mehr Gemüse, weniger Fernsehen, einen geregelten Tagesablauf et cetera. Was sie wollen, ist, so lange wie möglich aufzubleiben, Junkfood zu essen und den ganzen Tag fernzusehen! Die traurige Ironie ist, dass der Versuch, unsere Kinder glücklich zu machen, oft das Gegenteil bewirkt: unzufriedene und unmotivierte Kinder, die die Dinge und Freuden, die sie haben, nicht zu schätzen wissen.

Anstatt uns also darauf zu konzentrieren, was unsere Kinder wollen, sollten wir uns darauf konzentrieren, was sie brauchen, damit wir ihnen die Fähigkeiten geben können, sich selbst glücklicher zu machen. Das Interessante daran ist Folgendes: Je mehr wir unseren Kindern das geben, was sie brauchen, desto mehr wollen sie, was sie brauchen!

Selbstvertrauen und Selbstständigkeit

Was wünschen wir uns für unsere Kinder, wenn sie sich auf den Weg in die große, weite Welt machen? Welche Fähigkeiten sollen sie haben, damit sie ein produktives Leben und lohnende Beziehungen führen können? Die Antwort, die ich am häufigsten höre, ist Selbstvertrauen. Dafür gibt es einen guten Grund. Kinder, die selbstbewusst sind, genießen die Befriedigung, die sich daraus ergibt, Dinge selbst zu tun. Sie werden flexibler, sodass es ihnen leichter fällt, sich an neue und andere Umgebungen anzupassen und mit Widrigkeiten umzugehen. Wenn sie schließlich das Haus verlassen und in die Welt hinausgehen, verfügen sie über die notwendigen Lebenskompetenzen, um den Übergang zum Erwachsensein erfolgreich zu bewältigen.

Dies ist eine kleine Auswahl von Lebenskompetenzen, die wir Kindern vermitteln wollen:

- Verantwortungsvoll mit Geld umgehen
- Öffentliche Verkehrsmittel sicher nutzen
- In der Lage zu sein, ihre Besitztümer ordentlich, sauber und aufgeräumt zu halten
- Kenntnisse über die Zubereitung von Lebensmitteln haben und die Zubereitung selbst erledigen
- Sich in Geschäften, Restaurants und Banken zurechtzufinden
- Reife soziale Fähigkeiten zu entwickeln

All diese Lebenskompetenzen summieren sich zu Selbstvertrauen. Selbstvertrauen ist eine wichtige Fähigkeit, die über Kooperation hinausgeht. Normalerweise ist das die Fähigkeit, mit der sich die meisten Rat suchenden Eltern zunächst beschäftigen. Wenn ein Kind kooperiert, tut es, was wir verlangen, und zwar beim ersten Mal und ohne Aufhebens. Wenn ein Kind selbstständig ist, braucht es keine Eltern oder Lehrer, die ihm sagen, was es tun soll und wie es das tun soll. Ein selbstständiges Kind beziehungsweise ein selbstständiger Teenager hat das Stadium erreicht, in dem es sich selbst sagt, was es zu tun hat, und sich dann in 90 Prozent der Fälle daran erinnert, es zu tun.

Schlüsselkonzept

Selbstständigkeit ist das Sprungbrett zur Selbstsicherheit.

Je kompetenter, selbstständiger und zufriedener Ihre Kinder werden, desto angenehmer wird das Leben zu Hause. Wenn Ihre Kinder in der Lage und bereit sind, Dinge für sich selbst zu erledigen, werden Sie weniger tun müssen, sodass Sie mehr Zeit für sich selbst bekommen. Sie werden die Befriedigung und das Vertrauen erfahren, das sich aus dem Wissen ergibt, dass Ihre Kinder aktiv die Fähigkeiten, Verhaltensweisen und Werte erlernen, die für Sie wichtig sind.

Natürlich wissen wir alle, dass es schneller und einfacher ist, das Bett selbst zu machen oder die Spülmaschine selbst einzuräumen, als es unserem Kind beizubringen und zu beaufsichtigen, wie es Stück für Stück, Tag für Tag, lernt, es richtig zu tun. Aber es ist wichtig durchzuhalten! Unterrichten und Trainieren sind Investitionen, die sich früher auszahlen, als Eltern es sich vorstellen können. Wenn wir Dinge für unsere Kinder übernehmen, die sie selbst tun könnten, berauben wir sie ungewollt der Möglichkeit, selbstständig und zufrieden zu werden. Wir senden ihnen zudem die negative Botschaft, dass wir entweder denken, dass sie es nicht können, oder dass sie es nicht tun müssen. Ohne es zu realisieren, schlüpfen wir in die Rolle eines unbezahlten Dienstboten! Deshalb empfehle ich, dass Sie, wann immer Sie etwas für Ihr Kind tun, erst einmal überlegen: »Welchen Teil davon kann es lernen, selbst zu tun?«, und ihm dann beibringen, wie das geht. Es wird stolz auf sich sein, und Sie werden das gute Gefühl haben, ihm eine weitere Lebenskompetenz zu vermitteln!

Selbstständigkeit ist das Sprungbrett zum Selbstvertrauen. Je mehr Dinge Kinder selbst tun, desto selbstbewusster werden sie. Die Verhaltensweise der Kooperation ist nur der Türöffner – sie hilft Kindern, weniger widerstrebend gegenüber all den Dingen zu sein, die wir von ihnen verlangen, und sie hilft ihnen, eher bereit zu sein, Dinge selbst zu tun.

Wer hat das Sagen?

Dies ist natürlich eine rhetorische Frage. Wir alle wissen, dass wir das Sagen haben sollten. Das Sagen zu haben bedeutet, dass wir, die Eltern, die Entscheidungsträger in der Familie sind. Wir entscheiden über den Lebensstil der Familie, die Gewohnheiten, die Regeln, die Routinen und Traditionen. Wir bekommen Input von unseren Kindern, aber wir entscheiden, weil wir die nötige Erfahrung, Reife und Weisheit haben, um die besseren Entscheidungen zu treffen.

Ein Nachteil daran, Dinge für Kinder zu tun, die sie selbst tun könnten, ist, dass sie anfangen, den Respekt vor uns zu verlieren. Sie beginnen vielleicht, uns herumzukommandieren, weil es wirkt, als sei es unsere Aufgabe, Dinge für sie zu erledigen.

In vielen Familien haben Eltern ihren Kindern unbewusst erlaubt, das Sagen zu haben. Stellen Sie sich vor, dass Sie und Ihr Partner, falls Sie einen haben, beschlossen haben, dass Ihr Kind um 20 Uhr im Bett liegen und das Licht ausmachen soll, um zu schlafen. Sie wissen, dass dies das Beste für seine Gesundheit, seine Stimmung und auch für Ihre geistige Gesundheit ist. Aber öfter, als Sie es wahrhaben wollen, führen die Verzögerungstaktiken Ihres Kindes dazu, dass es erst gegen halb neun oder neun Uhr ins Bett geht. Wer hat in diesem Szenario das Sagen? Ihr Kind. Sein Ziel ist es, so lange wie möglich aufzubleiben, und dieses Ziel erreicht es. Sie erreichen Ihr Ziel nicht. Wenn Sie das Sagen haben, müssen Sie Entscheidungen treffen und diese dann auch *durchziehen*.

Wenn Sie dieses Beispiel nachvollziehen können, fragen Sie sich vielleicht: »Aber wie bekomme ich mein Kind um acht Uhr ins Bett, trotz Weigern und Trödeln?« Und natürlich geht es bei den Szenarien, in denen ein Elternteil nicht mehr Herr der Lage ist, nicht unbedingt nur um die Schlafenszeit. Es könnten Verzögerungstaktiken bei den Hausaufgaben sein; Trödeln beim Aufräumen der Spielsachen; das Kind könnte sich weigern, zu essen, was Sie auftischen; es könnte Sie jedes Mal, wenn Sie einkaufen gehen, zwingen, Süßigkeiten zu kaufen. Die Frage ist immer dieselbe: »Wie bringe ich meine Kinder dazu, das zu tun, was ich von ihnen will?«

Die Antwort lautet, dass wir unsere Kinder nicht physisch dazu zwingen können, etwas zu tun, obwohl wir vielleicht dazu in der Lage wären, zumindest solange sie noch klein sind. Wir können nicht kontrollieren, was andere Menschen tun, auch nicht unsere Kinder. Je mehr wir versuchen, Kinder dazu zu bringen, Dinge auf unsere Weise zu tun, desto mehr gehen wir unseren Kindern auf die Nerven und bringen sie dazu, uns das zu verübeln und sich gegen uns aufzulehnen.

Aber wir können unsere Kinder beeinflussen. Beim Beeinflussen geht es darum, es wahrscheinlicher zu machen, dass unsere Kinder die Dinge so tun wollen, wie wir es für richtig halten. Wenn wir uns auf Kontrolle konzentrieren, regen wir uns auf, wenn Dinge nicht so geschehen, wie wir es gerne wollen. Wenn wir beeinflussend auf die Kinder einwirken, können wir ruhiger und positiver bleiben, weil wir wissen, dass wir die richtigen Strategien anwenden, damit unsere Kinder mit der Zeit bessere Gewohnheiten annehmen. Natürlich können wir nicht im Voraus wissen, wie lange es dauern wird, gute Gewohnheiten zu etablieren, aber wir wissen, dass wir nicht aufgeben werden. Und deshalb ist uns klar, dass es passieren wird, früher oder später.

Die Fähigkeiten und Strategien, die Sie in diesem Buch lernen werden, werden Ihnen zeigen, wie Sie Ihre Kinder beeinflussen – nicht kontrollieren – können, sodass diese immer kooperativer, zufriedener, motivierter, selbstständiger und rücksichtsvoller werden. Sie werden sich immer seltener danebenbenehmen. Das Familienleben wird entspannter, leichter und glücklicher werden.

Kapitel 3:

Beschreibendes Lob: Der stärkste Motivator

Ich verliebe mich wieder in meine Kinder

Ich muss euch das erzählen … Ich war gestern Abend bei einem Vortrag über Entspannter, leichter und glücklicher Kinder erziehen, *aber nicht so recht davon überzeugt, dass beschreibendes Lob funktionieren würde. Einer meiner Jungs, Sean, schreit ständig – glücklich, traurig, es spielt keine Rolle – er sieht mir einfach ins Gesicht, reißt seinen Mund auf und stößt lautstarke Schreie aus.*

Ich verstand nicht, warum das Anerkennen seiner ruhigen Momente einen Unterschied machen sollte. Ich war eigentlich zu dem Seminar gegangen, um mit ein paar neuen Bestrafungstechniken nach Hause zu gehen! Ich war so skeptisch, dass ich nicht einmal meinem Mann davon erzählte. Aber ich dachte, ich hätte nichts zu verlieren, also probierte ich es aus.

Heute Morgen erwähnte ich jede Kleinigkeit, die die Kinder richtig machten. Ich habe Seans dreimaliges Schreien abgewartet, und jedes Mal, wenn er den Mund geschlossen hatte oder sprach, anstatt zu schreien, sagte ich: »Mir ist aufgefallen, wie still du bist, Sean. Jetzt möchte ich dir gerne zuhören.« Und wow! Anstatt den ganzen Vormittag zu schreien, war er still.

Auch in der Vorschule war er viel ruhiger, und als ich ihn abholte, nahm mich die Leiterin zur Seite und fragte, was heute Morgen anders sei. Ich erzählte ihr von dem Seminar und wie es nach nur zwei Stunden der Umsetzung funktionierte.

Sie können darauf wetten, dass ich mich heute Abend mit meinem Mann zusammensetze und ihm von meinem entspannteren, leichteren und glücklicheren Tag erzähle!

Mutter von zwei Kindern, 6 und 4 Jahre alt

Beschreibendes Lob, die erste Kernstrategie

Während all den Jahren in der Familienarbeit habe ich festgestellt, dass beschreibendes Lob die beste Strategie ist, um Kinder dazu zu motivieren, zu kooperieren und ihr Bestes zu geben. Wenn Sie diese Strategie lernen, kann das Ihr Familienleben verändern, das Verhalten Ihrer Kinder verbessern und diese dazu bringen, das Beste aus sich herauszuholen. Wie Sie in der obigen Geschichte gelesen haben, bezweifeln viele Eltern, dass beschreibendes Lob einen Unterschied im Verhalten ihres Kindes bewirken wird, weil es zu simpel erscheint, um effektiv zu sein. Sie müssen nicht unbedingt daran glauben, dass es funktioniert! Fangen Sie einfach an, es einzusetzen, und Sie werden die Ergebnisse sehen.

Was ist eigentlich beschreibendes Lob? Ganz einfach: Beschreibendes Lob bedeutet, dass Sie bemerken und dann beschreiben, was Ihr Kind getan hat, das Ihnen gefällt. Sobald Sie die Fähigkeit des beschreibenden Lobes beherrschen, sind Sie auf dem besten Weg zu einem entspannteren, einfacheren und glücklicheren Familienleben.

Wie wir unsere Kinder normalerweise loben

Wir haben alle schon gehört, dass wir unsere Kinder häufig loben sollten, um ihr Selbstwertgefühl zu stärken. Was sagen Sie üblicherweise, wenn Ihr Kind etwas tut, über das Sie sich freuen? Die meisten Eltern sagen so etwas wie »Gut gemacht!«, »wunderbar«, »klasse« oder »toll«. Sie hoffen, dass dieses Lob Ihrem Kind hilft, zufriedener zu werden und sich geliebt, sicher und besonders zu fühlen. Vielleicht möchten Sie, dass Ihr Kind eine neue Aktivität ausprobiert. Oder Sie wollen ihm helfen, belastbarer und zuversichtlicher zu werden, damit es nicht aufgibt, wenn sich eine Aufgabe schwierig anfühlt. Wir loben Kinder oft, um sie zu ermutigen, mehr von einem Verhalten auszuführen, vor dem sie vielleicht Angst haben. Sie sagen dann vielleicht: »Du machst das wirklich gut!«, »Du bist so schlau!«, »Mach weiter so!«, »Wow, das war super!«.

Warum es nicht funktioniert, mit Superlativen zu loben

So gut gemeint dieses Lob mit Sicherheit ist, das Problem liegt darin, dass diese Art des überschwänglichen Lobes nicht wirklich funktioniert. Es ist zu allgemein, zu vage und, ehrlich gesagt, auch übertrieben. Eltern neigen dazu, automatisch »wunderbar« und »toll« und »Das ist schön« und »Du bist der Beste« zu sagen. Aber Ihr Kind kann sehen, dass wir oftmals kaum einen Blick auf die Zeichnung, den Handstand oder Legobau geworfen haben. Es merkt auch, dass der Rest der Welt nicht sagt, wie toll und fantastisch es ist, also glaubt es diese Superlativ-Aussagen nicht. Ihr Kind schließt daraus zu Recht, dass überschwängliches Lob keine echte Bewertung seines Verhaltens oder seiner Arbeit ist, sondern ein Ausdruck Ihrer Liebe.

Was ist daran falsch? Natürlich wollen wir unseren Kindern häufig sagen, dass wir sie lieben, aber wir sollten es nicht mit übertriebenem oder unverdientem Lob tun. Das führt dazu, dass sie an unserem Urteilsvermögen und unserer Ehrlichkeit zweifeln. Wenn wir zudem noch eine mittelmäßige Leistung bejubeln, könnte sich das Kind fragen, ob wir ihm überhaupt zutrauen, es noch besser zu machen.

Es gibt noch ein weiteres Problem mit übertriebenem Lob. Aktuelle Forschungen in der pädagogischen Psychologie wie die von Carol Dweck deuten darauf hin, dass das Loben der Intelligenz oder der Ergebnisse tatsächlich die Motivation und die Leistung ausbremst und vermindert. Wirksam für die Steigerung von Motivation und der Bereitschaft, Herausforderungen anzunehmen, ist es, das Lob auf die Anstrengung des Kindes zu konzentrieren, auf das, was das Kind getan hat, und nicht auf eine Fähigkeit, die es nicht kontrollieren kann (wie Intelligenz) oder auf das Endergebnis (das es vielleicht nicht so leicht wiederholen kann).

Wenn es darum geht, Kinder zu motivieren, ihr Verhalten zu verbessern, ist Superlativ-Lob zu allgemein, um nützliche Informationen darüber zu vermitteln, was die Kinder in Zukunft tun können, um mehr elterliche Anerkennung und Wertschätzung zu bekommen. Wenn wir zum Beispiel sagen: »Du isst so schön« oder »Ihr spielt so schön zusammen«, wissen Kinder oft gar nicht, was uns daran gefällt, wie sie essen oder miteinander spielen. Wir beabsichtigen, dass das Lob ein Lehrmittel ist, das den Kindern zeigt, dass uns gefällt, was sie getan haben, damit sie motiviert sind, es wieder zu tun. Aber Aussagen wie diese sind dafür zu vage.

Vermeiden Sie all diese Superlative wie »toll«, »wunderbar«, »super« und »klasse«. Stattdessen zeige ich Ihnen eine neue Art zu loben, die effektiver ist, um das Verhalten, die Bereitschaft und das Selbstvertrauen Ihres Kindes zu verbessern.

Was wirklich funktioniert: Beschreibendes Lob!

Beim beschreibenden Lob geht es darum, im Tun Ihres Kindes genau zu bemerken und zu kommentieren, was richtig oder in Ordnung ist, oder auch, was es nicht falsch gemacht hat. Das bedeutet, dass wir für einen Moment innehalten und darauf achten müssen, was unser Kind tut oder nicht tut. Allein der Akt der Entschleunigung und Aufmerksamkeit verschafft uns ein wertvolles Zeitfenster, das wir nutzen können, um unsere Wertschätzung zu kommunizieren.

Schlüsselkonzept

Lob mit Superlativen = vage, übertrieben und ineffektiv

»Wow, deine Hausaufgaben sind super!«

Beschreibendes Lob = spezifisch, wahr und motivierend

»Du hast alle Fragen auf diesem Arbeitsblatt beantwortet, auch wenn du dir bei einigen Antworten nicht sicher warst. Du hast keine Lücken gelassen. Du hast dich selbst herausgefordert und zu jeder einzelnen Frage etwas aufgeschrieben.«

Wenn Ihr Kind ohne viel Aufhebens sein Abendessen isst, beschreiben Sie einfach genau, was Ihnen an seinem Verhalten gefällt. »Du isst dein Essen, ohne dich darüber zu beschweren, was es gibt.« Oder Sie könnten sagen: »Du hast die Erbsen probiert; das war mutig«, oder: »Obwohl deine Kartoffeln deine Linsen berühren, hast du nicht ›Igitt‹ gesagt.« Dies ist ein effektiver Weg, um Ihrem Kind Ihre Werte zu vermitteln, wie zum Beispiel das Essen zu schätzen, alles zu probieren, was auf dem Teller liegt, und flexibel zu sein, wenn sich Lebensmittel auf dem Teller berühren.

Wenn Ihre Kinder gut miteinander spielen, könnten Sie sagen: »Ihr teilt euch das Lego, und keiner nimmt es dem anderen weg«, oder: »Keiner zieht den anderen auf«, oder: »Seit zehn Minuten sitzt ihr beide da und malt, und keiner von euch ist zu mir gekommen und hat sich über den anderen beschwert.« Dieses anschauliche Lob bestärkt Ihre Kinder darin, dass Teilen, Rücksichtnahme und das eigenständige Lösen von Problemen unter Geschwistern wichtige Werte in Ihrer Familie sind.

Weil beschreibendes Lob so spezifisch ist, kann es nicht angefochten werden; es ist eine Tatsache. Sie machen keine pauschalen, übertriebenen Aussagen, die leicht bestritten oder widerlegt werden können. Stattdessen beschreiben Sie spezifisch und detailliert, was Ihnen am Tun Ihres Kindes gefallen hat. Vielleicht hat es das Richtige getan, vielleicht war es gerade noch in Ordnung, aber es war eine Verbesserung gegenüber dem, was es hätte tun können. Sie können sogar bemerken und erwähnen, wenn Ihr Kind nichts falsch macht.

Mit beschreibendem Lob wissen Kinder genau, was sie tun und nicht tun sollen. Es ist eine große Erleichterung für Kinder, nicht versuchen zu müssen herauszufinden, was wir mit »Benimm dich!« meinen. Indem Sie Ihren Kindern genau sagen, was sie richtig – oder nicht falsch –gemacht haben, gibt das beschreibende Lob ihnen eine Anleitung dazu, wie sie noch mehr positive Aufmerksamkeit bekommen. Mit dieser neuen Art von Lob sehen und hören Ihre Kinder mehrmals am Tag, dass Sie mit ihnen zufrieden sind. Das motiviert sie, sich noch mehr anzustrengen und das zu tun, was von ihnen erwartet wird. Beschreibendes Lob beweist Kindern, dass sie das Richtige tun können, weil sie es gerade getan haben. Dadurch wird es ihnen leichter fallen, das gute Verhalten zu wiederholen.

Schlüsselkonzept

Beschreibendes Lob verbessert das Verhalten

Das Konzept des beschreibenden Lobs ist einfach:

- Bemerken Sie jede Kleinigkeit, die Ihr Kind richtig macht – oder auch nur den kleinsten Schritt in die richtige Richtung!
- Sagen Sie Ihrem Kind genau, was Ihnen auffällt. Beschreiben Sie das Verhalten im Detail.

Lassen Sie übertriebene Superlative weg.

Sie sind vielleicht besorgt, dass beschreibendes Lob einen »Lob-Junkie« erzeugt, ein Kind, das sich nur gut benimmt, um die Anerkennung der Eltern zu bekommen. Das Gegenteil ist der Fall. Am Anfang sind Kinder motiviert, das Richtige zu tun, weil sie uns gefallen wollen. Aber je mehr sie hören, was sie richtig machen, desto eher verinnerlichen sie diese Verhaltensnormen. Nach einer Weile werden sie das Richtige tun, weil es sich richtig anfühlt, weil ihr Unterbewusstsein sie dazu anleitet, es zu tun. Gutes Verhalten wird zur Gewohnheit.

Je mehr Kinder davon überzeugt sind, dass sie sich gut verhalten können, desto geschulter wird ihr gesunder Menschenverstand. Sie sind eher bereit, ihr eigenes Verhalten zu kontrollieren, als impulsiv oder trotzig zu reagieren.

Beeindruckende Liebe zum Detail

Mein Sohn Andrew, der zwölf Jahre alt ist, hatte gerade einen Übungstest für eine bevorstehende Musiktheorieprüfung ausgefüllt, und ich bewertete ihn. Normalerweise lässt er mehrere Dinge aus, aber dieses Mal hatte er nichts ausgelassen. Ich weiß noch, dass ich zu meinem Mann sagte: »Wow, Andrew hat bei diesem Übungstest eine erstaunliche Leistung erbracht!« Als ich das sagte, erinnerte ich mich an das beschreibende Lob und nahm mir eine Minute Zeit, um darüber nachzudenken, was eigentlich so »erstaunlich« war.

Ich ging zu Andrew und sagte: »Ich habe mir deinen Übungstest angesehen, und das war die gründlichste und sorgfältigste Arbeit, die ich bisher von dir gesehen habe. Mir ist aufgefallen, dass du jeden Abschnitt noch einmal überprüft hast, bevor du abgegeben hast, und dass du sogar einige Fehler korrigiert hast – eine beeindruckende Liebe zum Detail! Rate mal, wie deine Punktzahl ist?« Er schaute mich grinsend an und fragte: »95 Prozent?« Ich schüttelte den Kopf und erwiderte: »Nein, 100 Prozent.« Er strahlte. An diesem Wochenende legte er die eigentliche Prüfung ab und erzielte auch dort 100 Prozent.

Mutter von zwei Kindern, 12 und 10 Jahre alt

Wie Sie an dieser Geschichte erkennen können, neigen wir dazu, hervorragende Leistungen als »erstaunlich« oder »toll« zu loben. Wenn Sie sich die Zeit nehmen, darüber nachzudenken, was so erstaunlich war, und es detailliert beschreiben, dann vermitteln Sie Ihrem Kind nützliche Informationen. Das stärkt sein Selbstvertrauen und führt dazu, dass es denkt: »Auf diese Weise habe ich bei dem Test so gut abgeschnitten; das kann ich wieder tun.«

Beschreibendes Lob ist sinnvoll, mag sich aber zunächst komisch anfühlen. Das ist eben nicht die Art, wie wir normalerweise mit unseren Kindern sprechen. Aber es ist effektiver als ein vages und übertriebenes »toll« oder »erstaunlich«.

Was Eltern wissen wollen

F: *Ich glaube, meine Preteen-Zwillinge werden mich ansehen, als wäre ich gerade vom Mars gelandet, wenn ich anfange, beschreibend zu loben. Wie kann ich ihnen erklären, was ich tue?*

A: *Anfangs werden Ihre Kinder, vor allem Teenager und Preteens, vielleicht denken, dass Sie bekloppt sind, aber bleiben Sie standhaft. Wenn etwas richtig ist (in diesem Fall sowohl respektvoll als auch effektiv), ist es richtig, auch wenn es unsere Kinder verwirrt. Sie können erklären: »In der Vergangenheit habe ich als Elternteil viele Fehler gemacht (das wird die Aufmerksamkeit Ihrer Kinder erregen, obwohl diese vielleicht beunruhigend bereit sind, Ihnen zuzustimmen!). Ich habe immer auf deine Fehler hingewiesen, gemeckert oder geschrien, wenn ich wollte, dass du tust, was ich sage. Jetzt verstehe ich, dass das nicht funktioniert. Es hat dafür gesorgt, dass du verärgert und genervt warst. Und ich habe mich auch schlecht gefühlt. Also werde ich jetzt etwas anderes anwenden. Ich werde die Dinge, die du richtig machst, bemerken und erwähnen. Ich kann nicht garantieren, dass ich immer perfekt sein werde, aber ich werde üben, damit ich mich verbessere.«*

Meine dreijährige Tochter hat mir im Supermarkt in den Po gebissen!

Ich hatte etwa ein Jahr lang beschreibendes Lob praktiziert, als mich dieser Vorfall verblüffte. Meine Dreijährige, Katie, und ich waren im Supermarkt, und sie wollte etwas haben, von dem ich sagte, dass wir es nicht kaufen würden. Mein willensstarkes kleines Mädchen reagierte darauf, indem sie mir tatsächlich in den Po biss. Anscheinend war es das Naheliegendste, was sie finden konnte, und es war genau auf der richtigen Höhe! Ich war fassungslos – und sauer.

Als wir das nächste Mal einkaufen gingen, sprach ich mit Katie über das richtige Verhalten, bevor wir losfuhren – neben mir bleiben, nicht beißen und so weiter. Als wir in den Laden kamen, sagte ich: »Du bist neben mir geblieben und hast mich nicht ein einziges Mal in den Po gebissen!« Die anderen Kunden sahen mich an, als wäre ich verrückt, aber das beschreibende Lob funktionierte. Sie blieb neben mir und hat mich nicht gebissen.

Mutter von zwei Kindern, 6 und 3 Jahre alt

Das beschreibende Lob half Katie, ihr Verhalten zu verbessern. Beachten Sie auch, dass diese Mutter, bevor sie wieder mit ihrer Tochter in den Supermarkt ging, sicherstellte, dass sie ihre Erwartungen an das Verhalten von Katie verdeutlichte. Im nächsten Kapitel werde ich erklären, wie Sie sicherstellen, dass Ihre Kinder genau wissen, was sie tun sollen, und nicht nur, was sie nicht tun sollen. Das wird den Kindern helfen, mehr und mehr Dinge richtig zu machen.

Wie man beschreibend lobt, um mehr von dem Verhalten zu bekommen, das wir wollen: Kleine Schritte in die richtige Richtung erwähnen

Wenn wir nach positivem Verhalten suchen, das wir loben können, müssen wir manchmal ein imaginäres Vergrößerungsglas benutzen. Wir müssen die kleinsten Schritte in die richtige Richtung wahrnehmen, die wir sonst vielleicht übersehen würden. Vielleicht sitzt Ihr Kind vor den Hausaufgaben, mit dem Bleistift in der Hand, und Sie bemerken, dass es tagträumt. Anstatt ihm zu sagen: »Konzentrier dich!«, könnten Sie sagen: »Du hältst deinen Bleistift; du bist bereit zu schreiben.« Wir müssen die kleinen Schritte erwähnen.

Vielleicht hat sich Ihr Kind noch nicht angewöhnt, etwas zu tun, was es eigentlich immer tun soll, macht es aber manchmal richtig. Nehmen wir an, Ihre Tochter vergisst normalerweise, ihr Handtuch nach dem Duschen aufzuhängen, aber bei dieser Gelegenheit hat sie sich daran erinnert. Sie erwähnen es vielleicht nicht, wenn sie es richtig macht, weil Sie das Gefühl haben, dass es immer klappen sollte. Anstatt also nichts zu sagen, könnten Sie bemerken: »Mir ist aufgefallen, dass du daran gedacht hast, dein Handtuch aufzuhängen. Du hilfst dabei, unser Haus ordentlich zu halten.« Vielleicht möchten Sie, dass Ihr Sohn sich angewöhnt, den Toilettensitz herunterzuklappen. Bei der seltenen Gelegenheit, wenn er es tut, können Sie sagen: »Du hast daran gedacht, den Toilettensitz herunterzuklappen. Das war rücksichtsvoll.« Falls Sie denken, dass beschreibendes Lob nicht ausreicht, um Ihren Kindern gute Gewohnheiten anzugewöhnen, haben Sie recht. Beschreibendes Lob wird nicht alle Probleme lösen. Aber wir haben noch mehr Werkzeuge im Werkzeugkasten für eine entspanntere, leichtere und glücklichere Elternschaft, und einige oder alle davon werden vielleicht noch benötigt, bis der Toilettensitz immer heruntergeklappt oder das Handtuch regelmäßig aufgehängt wird. Wir müssen unsere Kinder motivieren, damit sie bereit sind, auf das zu achten, was wir sagen. Nur dann werden auch die anderen Werkzeuge wirksam sein. Beschreibendes Lob ist der beste Motivator.

Wie Sie mehr von dem Verhalten bekommen, das Sie wollen

Weitere Beispiele für beschreibendes Lob für jene kleinen Schritte in die richtige Richtung:

- *Du hast schon deine Unterwäsche und eine Socke an! Du bist schon fast halb angezogen.*
- *Es Zeit ist, deine Zähne zu putzen, und du hast einen Schritt in Richtung Waschbecken gemacht.*
- *Du hast eine deiner Bonbonverpackungen in den Papierkorb geworfen.*

Während Sie diese Beispiele für beschreibendes Lob gelesen haben, ist Ihnen vielleicht aufgefallen, dass es keine Superlative gibt. Sie werden nicht erwähnen, dass es fantastisch oder wunderbar ist, weil Ihr Kind weiß, dass es eigentlich nicht wunderbar ist, ein Handtuch aufzuhängen oder den Toilettensitz herunterzuklappen. Aber Ihr Kind wird sehen und hören, dass Sie sich freuen, und weiß, was es getan hat, um diese Anerkennung zu verdienen. Da Kinder von Natur aus unsere Anerkennung anstreben, ist es wahrscheinlicher, dass sie die Handlungen wiederholen, für die sie das beschreibende Lob bekommen haben. Sie werden motivierter, das Richtige zu tun.

Wie ich meinen Sohn dazu bringe, beim Baden zu kooperieren

Was mir am beschreibenden Lob gefällt, ist, dass es mir eine konkrete Strategie gibt, die ich anwenden kann, wenn ich Probleme habe, meine Kinder zur Kooperation zu bewegen. Ich habe angefangen, beschreibendes Lob für all die kleinen Dinge zu verwenden, die meine Kinder richtig gemacht haben, und sie haben sofort darauf reagiert. Es war erstaunlich, wie viel glücklicher sie alle wurden und begannen, nach mehr Möglichkeiten zu suchen, mir zu gefallen. Sie brachten mir sogar Frühstück ans Bett!

Ich habe das beschreibende Lob auch eingesetzt, um mit einem speziellen Problem umzugehen. Als mein Sohn drei Jahre alt war, hatte ich große Mühe, ihn aus der Badewanne zu bekommen. Eines Abends beschloss ich, beschreibendes Lob auszuprobieren. Als es Zeit für ihn war, aus dem Bad zu steigen, sagte ich: »Die Badezeit ist vorbei. Es ist jetzt Zeit, aus der Wanne zu gehen.« Ich wartete, bis er auch nur die kleinste Bewegung in Richtung Badewannenrand machte, und begann dann sofort, ihn beschreibend zu loben. Ich sagte so etwas wie: »Du kommst ja direkt raus. Und das bei meiner ersten Bitte!« Er schenkte mir ein riesiges Lächeln und kam sofort aus der Badewanne, ohne weiteres Aufhebens.

Mutter von drei Kindern, 8, 6 und 3 Jahre alt

Beschreibendes Lob kann störendes Verhalten reduzieren

Eltern sind bestrebt zu lernen, wie sie die lästigen (oder vielleicht sogar beunruhigenden) Angewohnheiten ihrer Kinder loswerden oder reduzieren können. Auch hierfür ist beschreibendes Lob ein gut funktionierendes Werkzeug. Angewohnheiten wie Nägelkauen, Daumenlutschen, Nörgeln, Trödeln, Zanken mit Geschwistern, Ignorieren von Anweisungen – das sind Beispiele von negativen Verhaltensweisen, die wir einschränken wollen. So können Sie vorgehen: Beginnen Sie damit, zu bemerken, wann Ihr Kind die störende Angewohnheit nicht ausführt, und loben Sie beschreibend die Abwesenheit dieses negativen Verhaltens.

In der Vergangenheit haben wir wahrscheinlich bemerkt, was unser Kind falsch gemacht hat, und es dann gebeten, damit aufzuhören. Jetzt bitte ich Sie, nicht nur die großen Leistungen Ihres Kindes zu bemerken, sondern auch die kleinsten Anstrengungen, selbst wenn das Ergebnis noch nicht zufriedenstellend ist. Zunächst brauchen Sie vielleicht diese imaginäre Lupe, die Ihnen hilft, innezuhalten und sich auf die vielen Momente am Tag zu konzentrieren, in denen Ihr Kind Sie nicht verärgert.

Schlüsselkonzept

Wenn Sie die Abwesenheit eines störenden Verhaltens beschreibend loben, werden Sie bald weniger von diesem Verhalten sehen.

Selbst wenn es sich so anfühlt, als würde Ihr Kind im Moment nicht viel richtig machen, können Sie den guten Willen fördern und die Motivation steigern, indem Sie darüber sprechen, was es nicht falsch macht:

- *Du hast daran gedacht, dir nichts aus dem Regal zu nehmen. Du hast nur mit den Augen geschaut.*
- *Du hast mich nicht unterbrochen; du hast gewartet, bis ich fertig mit Telefonieren war.*
- *Du bist so leise auf dem Rücksitz.*
- *Du hast die ersten beiden Additionen fertiggestellt, ohne zu murren.*

Störende Angewohnheiten verringern

Weitere Beispiele für beschreibendes Lob zur Verringerung lästiger Angewohnheiten:

- *Du hast aufgehört zu diskutieren, obwohl ich sehen kann, dass du immer noch verärgert bist über das, was ich gesagt habe.*
- *Du denkst daran, nicht mit vollem Mund zu reden. Das ist höflich.*
- *Du ziehst nicht an den Haaren. Du bist rücksichtsvoll.*
- *Keiner schreit.*

Auch wenn es sich manchmal nicht so anfühlt, ist das meiste Fehlverhalten in Wirklichkeit eher geringfügig und nicht so schwerwiegend. Es fühlt sich so bedeutend an, weil wir so viel damit zu tun haben! Das meiste Fehlverhalten ist impulsiv und gedankenlos, und oft ist es so schnell vorbei, wie es angefangen hat, zum Beispiel grapschen, unterbrechen, auf ein Buch treten, anstatt einen Schritt darüber zu machen, oder »Warum?« als Reaktion auf eine Anweisung zu jammern. Eine nützliche Strategie, wenn Ihr Kind etwas Ärgerliches tut, ist, ein paar Sekunden zu warten. Sobald Ihr Kind aufhört oder eine Atempause einlegt, können Sie mit beschreibendem Lob einsteigen! In der Geschichte am Anfang dieses Kapitels reduzierte Seans Mutter sein Schreien, indem sie wartete, bis er aufhörte zu schreien, und ihn dann schnell dafür lobte, dass er ruhig war.

Wir neigen dazu, das negative Verhalten eines Kindes zu bemerken und zu erwähnen, weil es so lästig ist. Aber selbst ein impulsives oder aufmüpfiges Kind, das im Laufe eines Tages viele nervige Dinge tut, tut diese nervigen oder negativen Dinge nicht den ganzen Tag lang. Es ist also wichtig, zu bemerken, wenn das Kind das störende Verhalten nicht macht, und es dann beschreibend dafür zu loben. Je mehr Sie dies bemerken und erwähnen, desto kooperativer wird Ihr Kind werden. Je mehr Sie bemerken, wenn Ihr Kind nicht hänselt, grapscht oder mit etwas herumfuchtelt, desto reifer wird sein Verhalten werden.

Angenommen, Ihr Kind ist gerade in einem Nörgelmarathon, und Sie fragen sich, was Sie beschreibend loben könnten, dann seien Sie geduldig. Schon bald wird Ihr Kind eine Pause machen, und sei es nur, um Luft zu holen. In diesem Moment müssen Sie mit beschreibendem Lob einspringen und mit einem breiten Lächeln sagen (notfalls mit zusammengebissenen Zähnen): »Du hast aufgehört zu nörgeln.« Möglicherweise müssen Sie schnell reagieren, um diese Sekunden der Stille zu erwischen! Natürlich kann es sein, dass Ihr Kind wieder anfängt zu quengeln, besonders in den ersten Wochen dieser neuen Strategie. Vielleicht testet es Sie. Auch hier gilt: Warten Sie ein bisschen. Loben Sie es wieder dafür, wenn es nicht meckert. Früher oder später (es wird sich wahrscheinlich wie Stunden anfühlen, auch wenn es nur Minuten sind) wird Ihr Kind aufhören zu quengeln. Das passiert normalerweise schneller, als Sie sich vorstellen können. Und dann können Sie sagen: »Du hast aufgehört zu quengeln und jetzt so eine angenehme, freundliche Stimme. Jetzt höre ich dir gerne zu!« Das mag sich im ersten Moment kontraintuitiv anfühlen, aber es funktioniert!

Die Angewohnheit des Lippenleckens ablegen

Nach dem Besuch eines Entspannter, leichter und glücklicher Kinder erziehen-*Seminars wollten wir sehen, wie beschreibendes Loben bei Phoebes schlechten Angewohnheiten helfen könnte. Zu diesem Zeitpunkt war sie drei Jahre alt. Sie hatte die Angewohnheit, sich immer und immer wieder über die Unterlippe zu lecken, bis sie eine große, rote, rissige Stelle unter ihrer Lippe hatte. Ich hatte ihr schon oft gesagt, dass sie das nicht tun soll. »Leck nicht an deiner Lippe.« – »Phoebe, du leckst dir die Lippe.« – »Hör auf, dir die Lippe zu lecken.« Aber das funktionierte nicht. Sie leckte weiter, und es wurde immer schlimmer. Also beschlossen wir, beschreibendes Lob auszuprobieren und es wirklich durchzuziehen.*

Wenn sie also dasaß, spielte und sich nicht an der Lippe leckte, sagte ich: »Phoebe, du leckst dir gerade nicht an der Lippe.« Ich glaube, ich habe das an diesem Tag etwa zehnmal gemacht und zehnmal am nächsten Tag – jedes Mal, wenn ich bemerkte, dass sie sich nicht an der Lippe leckte. Drei Tage später war ihre Lippe besser. Ich sagte: »Phoebe, deine Lippe wird so viel besser. Ich kann sehen, dass du dir das abgewöhnst.« Ihr Gesicht leuchtete auf; sie war so zufrieden. Zwei Tage später war ihre Lippe völlig verheilt, und sie sagte tatsächlich zu mir: »Mami, schau, ich habe aufgehört, mir die Lippe zu lecken, und es ist viel besser geworden.«

Mutter einer 3-Jährigen

Ein weiteres Beispiel für eine lästige Angewohnheit ist das Nägelkauen. Wenn dies in Ihrer Familie kein Problem ist, setzen Sie gedanklich eine andere lästige Angewohnheit ein. Die alte Methode, Ihr Kind dazu zu bringen, mit dem Nägelkauen aufzuhören, wäre, es darauf aufmerksam zu machen, wenn es knabbert, und es zu bitten, aufzuhören und die Finger aus dem Mund zu nehmen. Sie könnten alle Gründe dafür darlegen: »Es ist kein gutes Benehmen«, »Es ist unhygienisch« und so weiter und so fort. Wenn ich in meinen Seminaren Eltern frage, ob Argumente, Erklärungen oder Hinweise dazu beitragen, lästige Angewohnheiten zu reduzieren, ist die Antwort fast immer ein klares »Nein«. Dennoch weisen Eltern weiterhin auf das störende Verhalten hin, erklären und argumentieren weiter, weil sie nicht wissen, was sie sonst tun sollen. Außerdem denken Sie vielleicht: »So haben es meine Eltern auch gemacht, und bei mir hat es auch geklappt. Was ist also falsch daran, zu korrigieren und zu mahnen?« Schenkt man unerwünschtem Verhalten Aufmerksamkeit, führt das in der Regel nicht dazu, dass dieses Verhalten abnimmt, ganz im Gegenteil, oftmals macht es das Verhalten sogar noch schlimmer.

Bemerken und erwähnen Sie also stattdessen, wenn Ihr Kind nicht an den Nägeln kaut. Sie könnten sagen: »Du kaust nicht an deinen Nägeln«, oder: »Ich habe deine Finger den ganzen Morgen nicht in deinem Mund gesehen«, oder: »Du hast daran gedacht, deine Hände vom Gesicht fernzuhalten. Das sind sehr gute Manieren«, oder: »Deine Hände sind unten«. Schon bald wird etwas sehr Erfreuliches passieren. Ihr Kind wird automatisch anfangen, die Finger in den Mund zu stecken, wie es das in der Vergangenheit so oft getan hat, aber dann wird es sich selbst stoppen und die Hände nach unten nehmen, ohne dass Sie es dazu auffordern mussten! Das wird passieren, weil beschreibendes Lob die Kinder motiviert, sich an unsere Regeln und Anweisungen zu erinnern. Versuchen Sie es, und Sie werden es selbst sehen.

Was Eltern wissen wollen

F: *Ich bin besorgt, dass das beschreibende Loben meiner Kinder, wenn sie sich nicht danebenbenehmen, sie daran erinnern könnte, sich danebenzubenehmen. Was kann ich tun, damit das nicht passiert?*

A: *In den ersten Wochen, besonders wenn Ihr Kind zu impulsivem Verhalten neigt, kann es auf beschreibendes Lob reagieren, indem es gelegentlich das genaue Gegenteil von dem tut, wofür Sie es gerade gelobt haben. Das liegt daran, dass es durch das beschreibende Lob an das Fehlverhalten erinnert wird und dann seine Impulsivität überhandnimmt. Natürlich ist das ärgerlich und fühlt sich an, als würden Sie eher einen Schritt zurückgehen. Bleiben Sie aber dran, auch wenn das Verhalten vorübergehend schlechter wird, bevor es sich verbessert. Bleiben Sie hartnäckig, dann wird diese Phase nicht lange andauern. Bald wird das Kind von Natur aus und automatisch versuchen, sich zu kontrollieren.*

Es ist wichtig, dass Sie dies zu einer Vollzeitaktion machen. Verpflichten Sie sich selbst dazu, einen Monat lang alle Momente zu bemerken und zu erwähnen, in denen Ihr Kind nicht an den Nägeln kaut, nicht mit der Gabel auf den Tisch schlägt, die Katze nicht kopfüber am Schwanz baumeln lässt, sein Geschwisterchen nicht korrigiert und so weiter. Jedes anhaltende Problem braucht eine anhaltende Lösung!

Fäkalsprache und gegenseitiges Unterbrechen reduzieren

Ich konnte nicht glauben, wie viel einfacher es war, meine vierjährigen Zwillinge dazu zu bringen, Dinge zu tun, wie zum Beispiel nach der Kinderbetreuung sofort zum Auto zu kommen, wenn ich sie beschreibend lobte. Allerdings muss ich sagen, dass ich bezweifelte, dass beschreibendes Lob funktionieren würde, um lästige Angewohnheiten abzustellen. Aber da es nicht half, sie auf die schlechten Angewohnheiten hinzuweisen, dachte ich, ich könnte es zumindest versuchen.

Als die Zwillinge eine lästige Phase durchmachten, in der sie immer die Fäkalsprache benutzten, beschloss ich, sie beschreibend zu loben, wenn sie sie nicht verwendeten. Das erste Mal, als ich sie lobte, fingen sie sofort wieder an, mit Fäkalsprache zu reden. Aber ich blieb hartnäckig, und nach einer Weile hörten sie einfach auf.

Gleichzeitig benutzte ich auch beschreibendes Lob, um sie davon abzuhalten, sich gegenseitig zu unterbrechen und ihre Stimme zu erheben, um sich Gehör zu verschaffen, was sie sonst ständig taten. Nach der Märchenstunde sagte ich eines Abends: »Du hast sehr freundlich mit deinem Bruder gesprochen, und ihr habt den ganzen Tag über abwechselnd geredet. Keiner hat den anderen unterbrochen. Sehr rücksichtsvoll.« Beide strahlten mich breit lächelnd an, und ich merkte, dass sie stolz auf ihre Leistung waren.

Mutter von Zwillingen, 4 Jahre alt

Es ist ganz natürlich, dass Ihre Kinder Sie testen, wenn Sie anfangen, die Abwesenheit des negativen Verhaltens beschreibend zu loben. Dann werden sie es möglicherweise impulsiv wieder tun, so wie die Zwillinge in der obigen Geschichte. Sie sind vielleicht daran gewöhnt, Ihre Aufmerksamkeit zu bekommen, indem sie sich danebenbenehmen. Aber wenn Sie anfangen, ihnen positive Aufmerksamkeit für das Unterlassen dieses Verhaltens zu geben, wird das störende Verhalten bald aufhören. Bleiben Sie dran!

Beschreibendes Lob ausführlich formulieren

Um einen maximalen positiven Effekt zu erzielen, sollten Sie Ihr beschreibendes Lob nicht in kurzen Sätzen ausdrücken, sondern ausführlich formulieren. Manchmal glaubt ein Kind, das für sein schlechtes Benehmen viel negative Aufmerksamkeit bekommen hat, nicht mehr, dass es in der Lage ist, seinen Eltern zu gefallen. Zur Selbstverteidigung kann es sich abkapseln und »elterntaub« werden. Seine Abwehr kann so stark sein, dass es kurze beschreibende Lobesworte wie »Danke, dass du deinen Teller in die Spüle gestellt hast« kaum hört oder registriert. Aber wenn wir uns die Zeit nehmen und uns die Mühe machen, diese Einzeiler in eine etwas längere Rede zu verwandeln, ist es wahrscheinlicher, dass das Kind uns hört. Sie könnten sagen: »Du hast daran gedacht, deinen Teller in die Spüle zu stellen. Ich musste es dir nicht einmal auftragen. Das zeigt ein reifes Verantwortungsbewusstsein. Du erwartest nicht, dass andere etwas für dich tun, wenn du es auch selbst tun kannst.« An diesem Punkt wird sich Ihr Kind wahrscheinlich umschauen, was es noch in die Spüle stellen kann!

Das Hinzufügen von »Qualitäten« macht Ihr beschreibendes Lob noch aussagekräftiger

Beschreibendes Lob wird noch aussagekräftiger, wenn Sie das, was Ihnen aufgefallen ist, durch die Erwähnung einer Eigenschaft zusammenfassen können, wie es in einigen der Beispiele und Geschichten in diesem Kapitel gezeigt wurde. Im Folgenden sind einige Qualitäten aufgeführt, von denen Eltern mir gewöhnlich sagen, dass sie möchten, dass ihre Kinder sie entwickeln:

- Kooperation
- Respektvoller, freundlicher Tonfall
- Großzügigkeit
- Geduld
- Rücksichtnahme
- Eigenständigkeit und Unabhängigkeit
- Flexibilität
- Ehrlichkeit
- Mut
- Selbstbeherrschung
- Aufmerksamkeit für Details, sein Bestes geben
- Kreativität
- Ausdauer

Schlüsselkonzept

Das Hinzufügen von »Qualitäten« zu Ihrem Lob hilft Ihrem Kind, Ihre Werte zu verinnerlichen.

Je öfter Sie erwähnen, dass Ihr Kind diese positiven Eigenschaften gezeigt hat, desto eher wird Ihr Kind in der Lage sein, sich als jemand zu sehen, der kooperativ, rücksichtsvoll, ehrlich, mutig und so weiter ist. Wenn Sie zum Beispiel möchten, dass Ihr Kind geduldiger ist, könnten Sie sagen: »Du hast so still dagesessen, während ich das Shampoo ausgespült habe. Das hat Geduld erfordert, und das hilft mir sehr.« Oder um die Selbstständigkeit zu fördern, könnten Sie sagen: »Du hast dir unsere neue Schlafenszeit-Routine gemerkt und hast einiges davon ganz allein gemacht, während ich telefoniert habe. Sehr selbstständig!«.

Beschreibendes Lob hat uns geholfen, mit der Impulsivität und dem Trotz unseres Sohnes umzugehen.

Unser Sohn Jack, acht Jahre alt, war zu Hause und in der Schule sehr impulsiv. Er grapschte, hasste es zu teilen, aß mit den Fingern, wehrte sich lautstark gegen Hausaufgaben und Schlafenszeiten.

Seine Lehrerin beschwerte sich, dass er schwatzte, anstatt seine Arbeit zu erledigen, und grob zu seinen Klassenkameraden war. In der ersten Familiensitzung mit Noël lief er ständig im Raum umher, unterbrach mich, griff in meine Handtasche, zog an den Kleidern seines Vaters, um seine Aufmerksamkeit zu erlangen, bat immer wieder um etwas, auch nachdem wir Nein gesagt hatten, hibbelte auf seinem Stuhl, kramte in allem, was verfügbar war, und schaute weg, wenn man mit ihm sprach. Das war typisch. Wir waren es gewohnt, uns für sein Verhalten zu schämen.

Unsere Freunde, Nachbarn und sogar seine Lehrer hatten angedeutet, dass Jack an ADHS (Aufmerksamkeitsdefizit-Hyperaktivitätsstörung) leiden könnte, weil sein Verhalten so anders war als das anderer Achtjähriger.

Noël brachte uns bei, jedes Mal zu bemerken und zu erwähnen, wenn er auch nur eine Minute auf seinem Platz sitzen blieb, wenn er auch nur ein paar Sekunden wartete, ohne uns zu unterbrechen, wenn er nicht in meine Handtasche griff oder an uns zog, um Aufmerksamkeit zu erlangen, wenn er aufrecht saß, nicht grabschte oder Augenkontakt herstellte und so weiter. Sie brachte uns auch bei, jeden winzig kleinen Schritt in die richtige Richtung zur Hausaufgabenzeit und zur Schlafenszeit beschreibend zu loben.

Dadurch, und weil wir die Regeln klarer machten, liefen die Hausaufgaben schnell besser. Sie nahmen weniger Zeit in Anspruch, sodass Jack mehr Freizeit hatte. Es war erstaunlich, wie viel weniger Spannungen es gab. Jack machte weniger Aufhebens um die Schlafenszeit, was dazu führte, dass er früher ins Bett ging und schneller einschlief, da er weniger gestresst war. Er war ausgeruhter und hatte dadurch auch eine bessere Impulskontrolle.

In einem Telefongespräch mit Jacks Lehrerin bat ich sie schließlich, ihn beschreibend zu loben, wenn er nicht schwatzte oder laut in die Klasse rief, wenn er seine Hände bei sich behielt, wenn er richtig antwortete, wenn er ein bisschen mehr schrieb als sonst und so weiter. Die Lehrerin war besorgt, dass die anderen Kinder sich ausgeschlossen fühlen könnten, also fragte ich sie, ob sie sich wohl damit fühlen würde, auch die anderen Kinder beschreibend zu loben. Sie war offen für diesen Vorschlag. Ein paar Wochen später berichtete sie, dass sich Jacks Verhalten und auch das der anderen Kinder verbessert hatte.

Jacks Verhalten verbesserte sich viel schneller, als ich es je geglaubt hätte – er wollte uns und seiner Lehrerin wirklich gefallen. Bevor wir von dem beschreibenden Lob erfuhren, ermahnten wir ihn und schimpften mit ihm, was mehr als nutzlos war, da es ihn glauben ließ, er würde immer etwas falsch machen. Er hatte sogar aufgegeben, sich selbst zu beherrschen.

Manchmal, besonders in den ersten Wochen, tat Jack das Gegenteil von dem, wofür wir ihn lobten. Aber wir erinnerten uns daran, abzuwarten und ihn dann beschreibend zu loben, wenn er aufhörte, anstatt ihn zu ermahnen oder zu wiederholen, was wir von ihm wollten.

Eine Zeit lang mussten wir wirklich aufpassen, uns an das beschreibende Loben zu erinnern. Ich wusste, dass ich es konsequent jeden Tag so oft wie möglich machen musste, sonst würde er wieder in seine alten Gewohnheiten zurückfallen. Aber bald fing er an, nach Lob zu fragen und sich sogar selbst zu loben. Nach einer Weile konnten wir ihn zehnmal am Tag loben statt zehnmal pro Stunde.

Jack ist jetzt viel ruhiger und vernünftiger. Er ist sogar reifer. Und wir alle sind glücklicher.

Mutter eines 8-Jährigen

Manchmal müssen wir selbst an die positiven Eigenschaften und Qualitäten unserer Kinder erinnert werden. Das gilt insbesondere dann, wenn wir ein Kind haben, das ein eher sensibles, stark ausgeprägtes oder impulsives

Temperament hat, was uns manchmal in den Wahnsinn treiben kann! Ein Ehepaar kam von einem meiner Seminare nach Hause und schrieb eine Liste mit allen Eigenschaften auf, die sie schätzten und die ihre Kinder entwickeln sollten. Das half ihnen, einen Fokus für ihr beschreibendes Loben zu entwickeln. Sie hängten die Liste an die Innenseite eines Küchenschranks, um sich daran zu erinnern, alle diese Eigenschaften zu loben, wann immer sie auch nur den kleinsten Hinweis darauf sahen! Je mehr Sie nach den guten Eigenschaften Ihres Kindes suchen, desto mehr gute Eigenschaften werden Sie finden. Bald werden Sie Ihrer Liste neue Wörter hinzufügen.

Was Eltern wissen wollen

F: *Die Idee des beschreibenden Lobes klingt großartig, aber ich mache mir Sorgen, dass es falsch klingt. Ich kann mir nicht vorstellen, es zu tun, vor allem, wenn ich von den Kindern genervt bin und mich überhaupt nicht wertschätzend fühle!*

A: *Beschreibendes Lob ist zunächst nicht natürlich, und es mag Ihnen falsch erscheinen. Aber tatsächlich ist beschreibendes Lob das Gegenteil von falsch, weil Sie genau beobachten und bemerken, was Sie sehen. Aber es mag sich anfangs unangenehm anfühlen.*

Zwingen Sie sich, beschreibend zu loben, auch wenn Sie so genervt sind, dass Sie nicht das Gefühl haben, aufrichtig zu sein oder aufrichtig zu klingen. Selbst ein unaufrichtiges beschreibendes Lob ist viel effektiver, um das Verhalten zu verbessern, als eine aufrichtige Korrektur und Anschreien. Mit der Zeit wird das beschreibende Loben zu Ihrer zweiten Natur, und Sie werden merken, dass Sie sich aufrichtig fühlen, wenn Sie es aussprechen.

Wenn Sie sich nicht wertschätzend fühlen, ist es schwer, daran zu glauben, dass Sie sich besser fühlen werden, wenn Sie beschreibendes Lob ausüben. Aber wir müssen uns nicht ruhig oder positiv fühlen. Alles, was wir tun müssen, ist, vorübergehend ruhiger zu handeln. Diese »Handlung« hilft Kindern, sich zu beruhigen und schneller zu kooperieren, etwas, das wir nicht erreichen, wenn wir ihnen unseren Verdruss zeigen. Ein schöner Bonus dieses ruhigen Handelns ist es, dass es oft schneller, als man denkt, dazu führt, sich auch selbst ruhig zu fühlen.

Erste Schritte – Ihr Wegweiser zum Erfolg

Jetzt ist es an der Zeit, beschreibendes Lob in Ihrer Familie einzusetzen.

So formulieren Sie beschreibendes Lob

Auch wenn das Konzept des beschreibenden Lobes einfach ist, kann sich die Umsetzung zunächst merkwürdig oder unangenehm anfühlen. Da wir so sehr daran gewöhnt sind, »klasse« oder »toll« zu sagen, sind Sie vielleicht unsicher, wie Sie Ihre Sätze mit beschreibendem Lob formulieren sollen.

Eine gute Art, um einen Satz mit beschreibendem Lob zu beginnen, ist die Formulierung »Mir ist aufgefallen …«. Sie könnten sagen: »Mir ist aufgefallen, dass du deine Serviette in den Schoß gelegt hast, sobald du dich hingesetzt hast«, oder: »Mir ist aufgefallen, dass du die Milch weggestellt hast, als ich dich darum gebeten habe.« Kinder werden hellhörig, wenn wir sagen: »Mir ist aufgefallen …«, denn das ist nicht die Sprache, in der wir sie korrigieren oder tadeln. Wenn wir also einen Satz mit »Mir ist aufgefallen« beginnen, erwarten sie schon bald, etwas Nettes über sich selbst zu hören, und sie sind motiviert zuzuhören.

Da wir beim beschreibenden Lob über das sprechen, was das Kind tut oder getan hat, können wir die meisten Sätze des beschreibenden Lobs mit dem Wort »du« beginnen. Das ist Ihnen bei den Beispielen wahrscheinlich schon aufgefallen.

Wenn Sie die Methode des »Anerkennens, wenn das Kind etwas Positives getan hat« verinnerlicht haben, können Sie damit experimentieren, mehr Abwechslung in die Art und Weise zu bringen, wie Sie Ihre beschreibenden Lobsätze beginnen. Zusätzlich zu einem Lächeln und einem zufriedenen Blick können Sie auch etwas sagen wie:

- Du hast daran gedacht, …
- Drei Nächte hintereinander hast du jetzt …
- Heute hast du nicht ein einziges Mal …
- Mir ist aufgefallen, dass du nicht vergessen hast …
- Ich höre dich …
- In der letzten Woche hast du …
- Ich erinnere mich, dass du …
- In der Vergangenheit hast du …, aber jetzt bist du …
- Du bist immer noch …
- Gestern hast du …
- Obwohl ich gemerkt habe, dass du es nicht wolltest, hast du …
- Inzwischen bist du meistens …
- Ich sehe, dass du …

Was Sie nicht loben sollten

Richten Sie den überwiegenden Teil Ihres beschreibenden Lobes auf jene Gewohnheiten, die Ihre Kinder noch nicht gemeistert haben. Kinder für Dinge zu loben, die sie bereits richtig machen, kann sich wie eine Beleidigung anfühlen, besonders für Teenager.

Bevor Sie anfangen, beschreibendes Loben zu üben

Ich empfehle, dass Sie sich verpflichten, zwei Wochen lang beschreibendes Lob zu üben, bevor Sie mit dem Erlernen und Üben der weiteren Strategien von *Entspannter, leichter und glücklicher Kinder erziehen* fortfahren. Natürlich bleibt es Ihnen überlassen, ob Sie hier aufhören und das beschreibende Loben üben oder ob Sie so begeistert sind, dass Sie es kaum erwarten können, weiterzumachen und noch weitere Strategien zu erlernen.

Es kann allerdings überwältigend sein, wenn wir zu viele Dinge auf einmal ändern. Die Wirkung des beschreibenden Lobes ist effektiv, daher sollten Sie sich etwas Zeit nehmen, um sich mit der Anwendung vertraut zu machen und die positiven Ergebnisse zu beobachten. Sobald Sie den Unterschied sehen, werden Sie zufriedener sein und darauf brennen, die nächste Strategie zu erlernen!

Auf einen wichtigen Punkt möchte ich Sie noch aufmerksam machen. Ich spreche in diesem Buch darüber, wie wir Verhalten beeinflussen und Gewohnheiten unserer Kinder ändern können. Aber um das zu tun, müssen wir zuerst unsere eigenen Gewohnheiten ändern. Wir müssen die Art und Weise ändern, wie wir mit unseren Kindern kommunizieren. Das Erlernen jeder neuen Fähigkeit erfordert Übung und Entschlossenheit, also geben Sie sich bitte ausreichend Zeit. Im letzten Abschnitt dieses Kapitels zeige ich weitere Beispiele für beschreibendes Lob und beantworte Fragen, die Eltern typischerweise stellen. Denken Sie bitte daran, dass Sie beschreibendes Lob bei allen Verhaltensproblemen einsetzen können; Sie brauchen nicht für jede Angewohnheit eine neue Strategie!

Beschreibendes Lob in die Praxis umsetzen: Ihr Aktionsplan für die ersten zwei Wochen.

So motivieren Sie Ihr Kind, mehr von dem Verhalten auszuführen, das Sie sich wünschen, und weniger von dem störenden Verhalten:

1. Wählen Sie zwei störende Verhaltensweisen aus, von denen Sie möchten, dass Ihr Kind sie verbessert, und schreiben Sie diese auf.
2. Achten Sie bei diesen Verhaltensweisen darauf, ob Ihr Kind sie richtig oder gerade noch okay oder ein bisschen besser als vorher macht, und loben Sie das Kind dann jedes Mal.
3. Bemerken und erwähnen Sie, wenn Ihr Kind das störende Verhalten nicht macht.

4. Vermeiden Sie Superlative!
5. Setzen Sie sich zum Ziel, einen Aspekt des verbesserten Verhaltens mindestens zehnmal am Tag beschreibend zu loben.

Beispiel für störendes Verhalten: Nicht direkt das tun, worum Sie bitten

Kooperation ist wirklich nützlich. Man sollte sie als Erstes anstreben, da sie das Tor zur Verbesserung vieler anderer wichtiger Verhaltensweisen ist.

Bemerken Sie jeden Tag, wenn Ihr Kind etwas tut, worum Sie es bitten, auch wenn es nur einen Teil von dem tut, worum Sie es gebeten haben. Sie können auch die Abwesenheit des negativen Verhaltens beschreiben. Hier einige Beispiele:

- *Ich habe dich gebeten, die Tür zu schließen, und du hast es sofort getan. Das war kooperativ.*

Ein wichtiger Tipp: Achten Sie darauf, die Tatsache zu loben, dass das Kind kooperiert hat, nicht nur das, was es getan hat. Im obigen Beispiel hat die Mutter nicht gesagt: »Danke, dass du die Tür zugemacht hast.« Das Lob muss sich auf die Kooperation konzentrieren.

- *Mir ist aufgefallen, dass du dich kaum beschwert hast, als Papa dir gesagt hat, du sollst den Hund füttern.*
- *Obwohl du länger spielen wolltest, bist du ins Haus gekommen, als ich dich darum gebeten habe.*
- *Heute hast du dreimal, als ich dich gebeten habe, etwas zu tun, es beim ersten Mal gemacht, ohne zu widersprechen.*
- *Ich habe dich gebeten, deine Jacke anzuziehen, und du hast sie vom Haken genommen.*
- *Du hast aufgehört, darüber zu diskutieren, den Fernseher auszuschalten.*
- *Du hast nicht mit den Augen gerollt, als ich dir gesagt habe, dass du dein Bett machen sollst.*

Beispiel für störendes Verhalten: Quengeln

Ein wichtiger Tipp: Sprechen Sie den quengelnden, ungeduldigen oder respektlosen Tonfall Ihres Kindes unbedingt an, auch wenn die Worte, die es sagt, vernünftig sind. Solange wir bereit sind, unseren Kindern entgegenzukommen, wenn sie quengeln, werden sie weiterquengeln!

- *Du hast aufgehört zu quengeln. Jetzt werde ich dir zuhören.*
- *Du hast mit freundlicher Stimme nach einer Süßigkeit gefragt.*
- *Die letzten fünf Minuten hast du mit mir geredet, ohne zu quengeln. Was für eine respektvolle Stimme!*
- *Du hast angefangen zu quengeln, aber dann hast du dich zurückgehalten. Das zeugt von Selbstbeherrschung.*
- *Es ist so angenehm, mit dir zusammen zu sein, wenn du einen höflichen Tonfall benutzt.*

Was Eltern wissen wollen

F: *Das ist alles so neu für mich, diese Vorstellung, die ganze Zeit zu loben – wie schaffe ich es, immer daran zu denken? Sind zehnmal am Tag wirklich notwendig?*

A: *Es gibt zwei Gründe, warum es wichtig ist, mindestens zehnmal am Tag ein beschreibendes Lob auszusprechen. Ein Grund ist natürlich, dass Sie das Verhalten Ihres Kindes so schnell wie möglich verbessern wollen. Der zweite Grund ist, dass Sie Ihr Erziehungsverhalten ändern, und das erfordert Übung.*

Setzen Sie sich also hohe Ziele und versuchen Sie es zehnmal am Tag oder sogar öfter. Wenn Sie das tun, werden Sie feststellen, dass es Ihnen innerhalb von ein, zwei Wochen leichter fällt, an das beschreibende Loben zu denken, und Sie werden sich vielleicht dabei ertappen, dass Sie öfter als zehnmal am Tag beschreibend loben!

Am Anfang werden Sie vielleicht vergessen, Ihre zehn beschreibenden Lobsätze zu sagen. Aber keine Sorge! Im Folgenden finden Sie einige Lösungen, um daran zu denken:

1. Wenn Sie Ihre Kinder zur Schlafenszeit ins Bett bringen, sprechen Sie alles an beschreibendem Lob aus, das Sie während des geschäftigen Tages vergessen haben.
2. Nutzen Sie die Essenszeiten, wenn Sie ein gefesseltes Publikum haben, um beschreibendes Loben nachzuholen.
3. Schreiben Sie »BL« auf Post-its und verteilen Sie diese in Ihrem Haus – auf dem Computer, dem Kühlschrank, den Küchenschränken, dem Badezimmerspiegel und so weiter. Jedes Mal, wenn Sie die Notiz sehen, wird sie Ihr Gedächtnis auffrischen.
4. Wenn der andere Elternteil nach Hause kommt oder wenn Sie Bekannte treffen, loben Sie Ihr Kind beschreibend in Gegenwart des Erwachsenen. Es wird zuhören und alles aufnehmen, auch wenn es unaufmerksam zu sein scheint.
5. Führen Sie bei sich selbst neue Gewohnheiten ein. Nehmen Sie sich zum Beispiel vor, jedes Mal ein beschreibendes Lob auszusprechen, wenn Sie:
   - *ins Auto steigen,*
   - *Ihr Kind absetzen oder von der Schule abholen,*
   - *das Baden beaufsichtigen,*
   - *Ihrem Kind bei den Hausaufgaben helfen.*

Ohne Zweifel hat beschreibendes Lob einen starken positiven Einfluss auf Verhalten, Vertrauen, Motivation und Selbstwertgefühl. Es ist ein viel zu wirksames Werkzeug, um es nicht täglich, mehrmals am Tag, einzusetzen!

F: *Ich habe es ein paarmal mit beschreibendem Lob versucht, aber es hat mich enttäuscht. Mein Sohn scheint es zu hassen, gelobt zu werden! Er steckte sich sogar die Finger in die Ohren und begann laut zu summen, um mich zu übertönen. Also habe ich damit aufgehört. Warum hat es nicht funktioniert?*

A: *So begeistert Sie auch von beschreibendem Lob sein mögen, erwarten Sie nicht, dass sich Ihr Kind über Nacht auf magische Weise verwandelt! Es kann sogar sein, dass Ihr Kind mit Ihnen über das beschreibende Loben streitet, sich sichtlich aufregt oder versucht, Sie auszublenden. Diese Phase hält nicht lange an. Nachfolgend finden Sie einige mögliche Gründe für die* *gelegentlichen negativen Reaktionen und erfahren, was Eltern tun können, um diese Phase so schnell wie möglich zu überwinden.*

Es kann sich für Kinder wie eine Beleidigung anfühlen, wenn wir für Verhaltensweisen, die sie bereits beherrschen, beschreibend »kleine Schritte in die richtige Richtung« loben. Um dies zu vermeiden, können wir die Tatsache, dass das Verhalten zur Gewohnheit wird, beschreibend loben. Anstatt zum Beispiel zu sagen: »Danke, dass du die Toilettenspülung benutzt hast«, können wir zu einem Kind, das jetzt meistens daran denkt, sagen: »Du denkst jetzt meistens daran, auf dem Klo abzuspülen und dir die Hände zu waschen, und du lässt das Handtuch nicht mehr auf dem Boden liegen.«

Ihrem Kind ist es vielleicht peinlich, sich einzugestehen, dass bestimmte reife Verhaltensweisen noch durch beschreibendes Lob verstärkt werden müssen. Es würde gerne glauben, dass es bestimmte Gewohnheiten schon längst beherrscht, wie zum Beispiel das Licht auszuschalten, wenn es den Raum verlässt, nicht auf dem Tisch zu trommeln, im Haus leise zu sprechen, »bitte« und »danke« zu sagen und so weiter. Um Ihr Kind nicht zu verärgern, sind Sie vielleicht versucht, nicht zu loben. Geben Sie das beschreibende Loben aber nicht auf. Ihr Kind wird es bald zu schätzen lernen und dadurch motiviert werden.

Leider werden Jungen oft als frech, rebellisch und aufsässig abgestempelt. Jungen werden häufiger korrigiert als Mädchen, sowohl zu Hause als auch in der Schule. Dies führt oftmals zu einer negativen Aufmerksamkeitssuche und zur allmählichen Entwicklung eines Selbstbildes, schlecht, unsympathisch oder »dumm« zu sein. Aufgrund dieses verfestigten geringen Selbstwertgefühls kann es bei manchen Jungen länger dauern, bis das beschreibende Loben zu wirken beginnt. Bleiben Sie dran!

Ihr Kind ist vielleicht schon seit Jahren daran gewöhnt, für Fehlverhalten negative Aufmerksamkeit zu bekommen. Positive Aufmerksamkeit kann anfangs verunsichern. Ein Kind, das schon oft geschimpft wurde, glaubt anfangs vielleicht nicht, dass Sie so viele Male am Tag mit ihm zufrieden sein könnten. Ihr Kind fühlt sich vielleicht so unwohl mit seiner neuen Persönlichkeit, dass es Sie sogar bittet, es nicht mehr zu loben. Hören Sie nicht auf, es zu loben! Beschreibendes Lob ist wie ein Medikament: Es wirkt, auch wenn wir den Geschmack nicht mögen. Es kann sogar ein paar Monate dauern, bis das Kind sich daran gewöhnt, für positives Verhalten positive Aufmerksamkeit zu bekommen.

Ein Kind, das relativ aggressiv oder wütend ist, scheint es fast zu genießen, wenn es beobachtet, wie sich ein Elternteil aufregt. Es ist nicht so interessant, wenn Sie ruhig und positiv bleiben. Das Kind ist möglicherweise geradezu süchtig nach der Macht, die es ausübt, wenn es Sie auf die Palme bringt, eine Fähigkeit, die es mittlerweile perfektioniert hat. Wenn Sie immer wieder das Positive erwähnen, erkennt das Kind, dass Sie die Kontrolle über Ihre Gefühle haben.

Das kann es wütend machen. Vielleicht hat es die elterliche Liebe mit den intensiven Emotionen assoziiert, die mit Schreien, Streiten, Schimpfen und Schlagen einhergehen. Wenn Sie ruhig und positiv bleiben, kann es dem Kind so vorkommen, als würden Sie sich nicht mehr für es interessieren. Ein Kind, das in vielen Dingen nicht sehr gut ist (zum Beispiel Hausaufgaben, Sport, Freundschaften schließen), kann den Eindruck gewinnen, dass das Einzige, worin es gut ist, ist, Erwachsene wütend zu machen. Wenn dieses Kind anfängt, viel beschreibendes Lob zu hören, kann es innerlich in Panik geraten, weil es sich Sorgen macht, dass es in dem einen Bereich, in dem es sich erfolgreich und stark gefühlt hat, an Boden verliert. Sein Selbstbild als jemand, der oft in Schwierigkeiten gerät, wird erschüttert. Ein Kind, das sich eine Nische geschaffen hat, indem es »böse« war, macht sich vielleicht Sorgen, dass es nicht mehr viel Besonderes an ihm gibt, wenn es »gut« wird. Es befürchtet vielleicht, dass es niemand mehr wahrnimmt. Sein gewohntes Selbstbild wird dieses Kind vielleicht nicht kampflos aufgeben.

Sicherlich ist es Ihr Ziel, mit Ihrem Kind auf eine positivere Art und Weise zu interagieren, auch wenn das Ihr Kind vorübergehend verunsichert. Und es ist wichtig, dass Sie selbst über Ihr Verhalten bestimmen und weiterhin das tun, was Sie für richtig halten. Bleiben Sie hartnäckig, und bald wird positive Aufmerksamkeit zur neuen Normalität in Ihrem Zuhause werden.

Zusammenfassung

Wenn Sie Ihre Kinder beschreibend loben und sich die Zeit nehmen, all das gute und sogar das gerade noch akzeptable Verhalten zu bemerken, werden Sie Ihre Kinder mehr zu schätzen wissen und es mehr genießen, mit ihnen zusammen zu sein! Und Sie werden schneller ein besseres Verhalten wahrnehmen, als Sie sich vorstellen können.

In meinen Kursen habe ich viele skeptische Eltern gehabt. Und genau diese Eltern wurden zu den größten Fans von *Entspannter, leichter und glücklicher Kinder erziehen*, nachdem sie selbst erlebt hatten, was für einen Unterschied beschreibendes Lob bei ihren Kindern erzielte.

Ihre Kinder werden selbstbewusster werden, weil sie öfter hören, was sie richtig machen, als das, was sie falsch machen. Und Sie werden anfangen, sich besser und zufriedener mit Ihrer Erziehung zu fühlen. Wie mir eine Mutter einmal sagte: »Jetzt, wo ich beschreibendes Lob einsetze, empfinde ich mich endlich als gute Mutter.«

Kapitel 4:

Vorbereitung auf den Erfolg: Einfache Techniken, die das meiste Fehlverhalten verhindern, indem Widerstand und Verweigerung reduziert werden

Meine Trödlerin hat sich verwandelt

Heute Morgen, nach nur zwei Tagen, in denen ich Noëls Techniken zur Vorbereitung auf den Erfolg geübt habe, ist meine zuvor widerspenstige, trödelnde achtjährige Tochter aufgewacht, hat sich angezogen, ihr Bett gemacht, sich selbst das Frühstück zubereitet und die Zähne geputzt, alles ohne ein Wort von mir. Und ich hatte das »Durchdenken« unserer Morgenroutinen nur einmal gemacht. Ich hätte nie geglaubt, dass das passieren würde!

Wie kommt es, dass ich, obwohl ich während meiner Psychotherapie-Ausbildung auch Familientherapie studiert habe, nie solche Fähigkeiten erworben habe? Das ist genial.

Mutter von drei Kindern, 8, 6 und 4 Jahre alt

Vorbereitung auf den Erfolg, die zweite Kernstrategie

Innerhalb von ein oder zwei Tagen nach dem Erlernen der *Vorbereitung auf den Erfolg*-Strategien kontaktieren mich Eltern häufig, um mir Ergebnisse wie die obige Anekdote mitzuteilen. Wir hatten sogar schon Eltern, die sich über sich selbst ärgerten, weil sie nicht selbst auf diese einfachen, vernünftigen Strategien gekommen waren! Eltern sind überrascht, dass kleine Veränderungen in der Art und Weise, wie wir mit unseren Kindern sprechen, solch positive Ergebnisse hervorbringen können. Bei dem kleinen Mädchen in der obigen Geschichte war eine Aufmerksamkeitsdefizitstörung diagnostiziert worden. Ihre Mutter glaubte nicht daran, dass es möglich sein würde, ihrer Tochter gute Gewohnheiten beizubringen. Die Mutter nahm an, dass sie für alle Zeiten schimpfen müsste.

Es ist so leicht, in die Falle zu geraten, immer wieder zu ermahnen und zu nörgeln, um die Kooperation unserer Kinder zu erzielen. Es funktioniert zwar nicht, doch weil wir keine bessere Strategie kennen, machen wir einfach so weiter wie gehabt. Und natürlich werden wir uns weiter ärgern, weil es nicht funktioniert! Es ist an der Zeit, einen besseren Weg einzuschlagen.

Bei der Vorbereitung auf den Erfolg geht es um Techniken, die wir anwenden können, damit unsere Kinder die Dinge richtig machen. Die Alternative ist, zu warten, bis etwas schiefgeht, und dann mit Verärgerung zu reagieren. Wenn Sie anfangen, diese Techniken zur Vorbereitung auf den Erfolg anzuwenden, werden Sie die Anzahl der Dinge, die Ihr Kind richtig macht, enorm erhöhen. Infolgedessen haben Sie mehr Dinge, die Sie beschreibend loben können! Diese praktischen Hilfsmittel sind bei der Minimierung von fast allen Verhaltensproblemen wirkungsvoll.

Vorbereitung auf den Erfolg ist die beste Methode, um den Widerstand unserer Kinder gegen fast alles, was wir von ihnen verlangen, zu verringern. Wenn Sie mit den Techniken der Erfolgsvorbereitung beginnen, werden Sie Ihre Kinder bald »okay« sagen hören anstatt »nein« oder »gleich« oder »Warum muss ich das machen?« oder den Lieblingssatz aller Eltern: »Du bist nicht mein Chef!«

Warum sagen unsere Kinder »Nein!«?

Einer der Hauptgründe, warum unsere Kinder sich weigern zu kooperieren, liegt darin, dass es sich für sie so anfühlt, als würden wir unerwartet Forderungen an sie stellen, auf die sie nicht vorbereitet sind. Kinder sind nicht in der Lage, so schnell von einer Aktivität zur nächsten überzugehen, wie wir es gerne hätten, besonders wenn sie nicht besonders motiviert sind, die nächste Sache zu tun!

Als Eltern haben wir eine Agenda; wir schauen oft voraus, um zu überlegen, was als Nächstes getan werden muss. Unsere Kinder hingegen leben im Moment. Ihre Agenda besteht darin, Spaß zu haben. Daher ist es kein Wunder, dass ihre erste Reaktion auf eine Bitte oder Anweisung oft »Nein« oder »Warum denn?« ist.

Sie könnten zum Beispiel mit Ihren Kindern im Park sein und dort viel Spaß haben, bis Sie ihnen sagen, dass es Zeit ist, zu gehen. Die Reaktion Ihrer Kinder wird wahrscheinlich ziemlich vorhersehbar sein. Je nach Alter oder Temperament könnte ein Kind »Nein« schreien, in die entgegengesetzte Richtung davonlaufen, quengeln, diskutieren oder darum betteln, noch eine Runde auf der Rutsche zu drehen oder zwei Minuten auf der Schaukel zu spielen. Aber es wird nicht sagen: »In Ordnung, Mama, lass uns jetzt nach Hause gehen. Ich weiß, dass ich heute baden muss, weil ich das gestern nicht gemacht habe, und ich soll ja auch nicht zu spät ins Bett gehen«. Das ist unsere Agenda, aber seine Agenda ist das genaue Gegenteil – nämlich so lange wie möglich zu spielen.

Da Kinder sich oft weigern, das zu tun, worum wir sie bitten, ergibt es keinen Sinn, auf dieselbe Art und Weise wie immer zu bitten und uns dann zu ärgern, wenn sie auf dieselbe widerstrebende Weise antworten. Wir müssen etwas anders machen, wenn wir ein anderes Ergebnis erzielen wollen.

Bei der Vorbereitung auf den Erfolg geht es darum, proaktiv zu sein, nicht reaktiv. Zu einer proaktiven Herangehensweise gehört es, darüber nachzudenken, was in der Vergangenheit schiefgelaufen ist, zu überlegen, was in der Zukunft schieflaufen könnte, und dann bereit zu sein, etwas anders zu machen, damit die Dinge beim nächsten Mal besser laufen.

Reaktiv zu sein bedeutet dagegen abzuwarten, bis die Dinge wieder schieflaufen, und dann mit denselben alten Methoden zu reagieren, von denen wir bereits wissen, dass sie Kinder nicht zur Kooperation motivieren: wiederholen, argumentieren, verhandeln, bestechen, drohen … oder sogar schreien.

Einer der Vorteile von Vorbereitung auf den Erfolg ist: Je mehr wir uns darauf konzentrieren, Fehlverhalten zu verhindern und zu minimieren, desto weniger Verhaltensprobleme werden wir haben. Daher werden wir weniger Krisenmanagement betreiben müssen und weniger Konsequenzen für Fehlverhalten und mangelnde Kooperation ziehen müssen.

Schlüsselkonzept

Konzentrieren Sie sich darauf, so zu planen, dass die Dinge richtig laufen, anstatt zu reagieren, nachdem etwas schiefgelaufen ist.

Technik A der Vorbereitung auf den Erfolg: Verwenden Sie »Durchdenken«, um Kindern zu helfen, sich an Regeln und Erwartungen zu erinnern und sie ernst zu nehmen.

Wie können wir uns also auf den Erfolg vorbereiten, um es unseren Kindern leichter zu machen, bei der ersten Aufforderung zu kooperieren, und um es ihnen schwerer zu machen, diese zu vergessen, uns zu ignorieren oder zu widersprechen? Wäre es nicht toll, wenn es eine Technik gäbe, die Kindern helfen würde zu verstehen, was sie tun müssen? Es gibt eine! Die Technik des *Durchdenkens* ist der Schlüssel zum Erreichen dieser Ziele.

Durchdenken ist eine wirkungsvolle Technik, um Kindern zu helfen, sich an Regeln und Routinen zu erinnern und sie zu befolgen. Es erhöht die Wahrscheinlichkeit, dass Ihr Kind kooperiert, indem es die Erwartung oder Regel fest in seinem Langzeitgedächtnis verankert. Aber es ist keine Erinnerung.

Haben Sie bemerkt, dass Kinder oft nicht wirklich zuhören, wenn wir sie daran erinnern, was und wie sie etwas tun sollen? Wenn wir Kindern sagen, was sie machen sollen, hoffen wir, dass sie uns ernst nehmen, darüber nachdenken und sich daran erinnern, es zu tun, ohne dass wir sie ermahnen. Leider klingt es für Kinder, wenn wir so reden, nur wie ein weiterer Vortrag – bla, bla, bla – und sie schalten ab.

Aber beim Durchdenken sind nicht Sie es, sondern Ihr Kind, das sagt, was es zu tun hat. Das hat einen positiven Einfluss auf sein Gedächtnis und auf seine Bereitschaft. Das Durchdenken ist eine effektive Technik, um jede Gewohnheit zu verbessern.

Das Durchdenken unterscheidet sich in zwei wichtigen Punkten vom Erinnern:

- Durchdenken findet statt, bevor das Fehlverhalten auftritt.
- Beim Durchdenken spricht Ihr Kind, nicht Sie.

Sie können Durchdenken nutzen, um neue Regeln zu etablieren und diese durchzusetzen, aber auch, um Ihren Kindern zu helfen, sich an bestehende Regeln und Routinen zu erinnern und sie wirklich ernst zu nehmen. Ich habe diese Technik *Durchdenken* genannt, weil sie sowohl von Ihnen als auch von Ihrem Kind verlangt, dass sie sorgfältig nachdenken.

Wie Durchdenken funktioniert

Im Folgenden finden Sie die grundlegenden Schritte zum *Durchdenken*, um Ihrem Kind zu helfen, sich an Regeln oder Routinen zu erinnern und sie ernst zu nehmen. Anstatt zu warten, bis Ihr Kind die Regel bricht oder ignoriert, müssen wir proaktiv sein und das Problem mithilfe des Durchdenkens ansprechen.

1. **Wählen Sie eine neutrale Zeit, um das Durchdenken durchzuführen.** Dies ist sehr wichtig. Versuchen Sie diese Technik niemals direkt nachdem etwas schiefgelaufen ist. Sie sind dann verärgert anstatt ruhig und

positiv, und Ihr Kind wird ungehalten und möglicherweise rebellisch sein. Eine neutrale Zeit ist eine Zeit, in der weder Sie noch Ihr Kind in Eile sind, und keiner genervt ist. Schauen Sie Ihr Kind an und warten Sie, lächelnd, bis Sie seine volle Aufmerksamkeit haben.

2. **Fragen Sie, erklären Sie nicht.** Stellen Sie Ihrem Kind nun mehrere Leitfragen, die sich auf das Verhalten beziehen, von dem Sie mehr sehen wollen. Denken Sie daran, dass Ihr Kind die Regel bereits kennt, wiederholen Sie sie also nicht. Formulieren Sie Ihre Fragen so, dass sie nicht nur mit einem »Ja« oder »Nein« beantwortet werden können. Sie möchten, dass Ihr Kind wirklich nachdenken muss, wie es die Fragen beantworten soll.
3. **Ihr Kind antwortet detailliert und erläutert Ihnen, was es tun soll.** Da Sie einen neutralen Zeitpunkt gewählt haben und es keine Reibereien und kein Schimpfen gibt, wird Ihr Kind in der Regel recht bereitwillig Ihre Fragen beantworten. Je detaillierter die Antworten Ihres Kindes sind, desto mehr wird es sich diese einprägen. Stellen Sie also eine Reihe von Folgefragen. Der einzige Zeitpunkt, an dem Sie vom Fragen zum Erklären übergehen sollten, ist, wenn die Antwort Ihres Kindes unvollständig oder ungenau ist. Klären Sie in diesem Fall, was Sie meinen, und stellen Sie weitere Fragen, bis Sie sicher sind, dass Ihr Kind die Regel oder Routine verstanden hat.

Sie denken vielleicht, dass diese Technik für die Kinder anderer Leute großartig klingt, aber dass sie bei Ihrem Kind nie und nimmer funktioniert! Diese Herangehensweise ist völlig anders als das, was Eltern normalerweise tun. Wahrscheinlich haben Sie an diesem Punkt eine Menge Fragen. Wenn Ihr Kind zum Beispiel nicht sehr kooperativ ist, fragen Sie sich vielleicht, wie Sie es dazu bringen können, Ihre Fragen zu beantworten! Keine Angst, in Kürze werde ich alle typischen Fragen beantworten und Ihnen Beispieldialoge zeigen, die Sie für Ihre Familie anpassen können.

Durchdenken in Aktion

In diesem Beispiel waren es die Tischmanieren, welche die Eltern verbessern wollten. Sie wollten nicht, dass ihr Sohn Jamie sich über das Essen beschwert, und sie wollten, dass er am Tisch sitzen bleibt, bis die Eltern ihm das Aufstehen gestatten.

Zuerst setzte sich die Mutter auf den Boden, wo Jamie spielte, und plauderte kurz über das, was er gerade machte. Dann verlief das Gespräch wie folgt:

Mutter: *Jamie, ich werde dir jetzt ein paar Fragen zur Essenszeit stellen. Sag mir bitte, was du beim Abendessen tun musst.*
Jamie: *Ich muss brav sein.*
Mutter: *Ich bin froh, dass du weißt, dass du brav sein musst. Was machst du, wenn du brav bist?*
Jamie: *(Lange Pause) Ich muss auf meinem Stuhl bleiben … und darf nicht »Igitt« sagen.*
Mutter: *Du hast dir zwei unserer Regeln gemerkt. Du bleibst während des ganzen Essens sitzen, bis was?*
Jamie: *Bis ich fertig bin.*
Mutter: *Nein. Du musst auf deinem Stuhl bleiben, bis Daddy und ich sagen, dass du aufstehen darfst. Du musst sitzen bleiben, bis Daddy und ich was sagen?*
Jamie: *Bis ihr sagt, dass ich aufstehen darf.*
Mutter: *Wie ich sehe, kennst du diese Regel jetzt. Und warum sagst du nicht »Igitt«,?*
Jamie: *Weil … es deine Gefühle verletzt?*
Mutter: *Ja, genau. Du willst meine Gefühle nicht verletzen. Was machst du, wenn du etwas auf deinem Teller hast, das du nicht möchtest, anstatt »Igitt« zu sagen?*
Jamie: *Ich lasse es einfach liegen und sage nichts Schreckliches.*
Mutter: *Das wäre sehr höflich. So machen das Erwachsene. Du wirst jeden Tag ein bisschen erwachsener.*

Schlüsselkonzept

Fragen, nicht erklären

Wenn Ihre Kinder aufzählen, was sie zu tun haben, erinnern sie sich eher daran, es auch wirklich zu tun. Aber wenn Sie es ihnen sagen, hören sie oft kaum zu.

Das obige Durchdenken, das etwa eine Minute dauerte, führte zu einem viel besseren (wenn auch nicht perfekten) Verhalten. An den nächsten Abenden legten beide Eltern beim Abendessen Wert darauf, Jamie beschreibend dafür zu loben, dass er die beiden Regeln befolgt hatte, über die er gerade in seinem *Durchdenken* gesprochen hatte. Außerdem lobten sie anschaulich viele andere Verhaltensweisen, die beim Durchdenken nicht einmal erwähnt worden waren: gelegentliches »Bitte« sagen, die Serviette statt des Ärmels benutzen, nicht unterbrechen, nicht zappeln, nicht grapschen, aufrecht sitzen. Die Eltern berichteten, dass Jamie in den anschließenden *Durchdenken*-Gesprächen die Verhaltensweisen, die die Eltern konsequent beschreibend gelobt hatten, als Regeln erwähnte. Dies ist ein Beispiel dafür, wie beschreibendes Lob Kindern die richtigen Verhaltensweisen beibringt; wir müssen sie nicht belehren oder kritisieren.

Weitere Beispiele für Fragen für das Durchdenken:

- *Wenn wir vom Fußballtraining nach Hause kommen, was ist dann das Erste, was du tun musst?*
- *Wo sollst du deine Sporttasche hinstellen?*
- *Was sollst du mit deinen sauberen Klamotten machen?*

Tipps für effektives Durchdenken

- *Nehmen Sie sich für jedes Durchdenken nicht mehr als eine Minute Zeit. In 60 Sekunden können Sie zwischen drei und acht Fragen stellen und Antworten erhalten, je nachdem, wie alt Ihr Kind, wie sprachgewandt und wie bereitwillig es ist. Ein kurzes Durchdenken hilft Kindern, bei der Sache zu bleiben.*
- *Führen Sie das Durchdenken mit jedem Kind einzeln durch, auch wenn Sie dieselbe Regel für mehrere Kinder verstärken wollen. Auf diese Weise stellen Sie sicher, dass jedes Kind jede Frage beantwortet, und Sie können das Vokabular und die Konzepte an das Verständnisniveau jedes Kindes anpassen. Wenn Sie das Durchdenken einzeln durchgehen, besteht auch nicht die Gefahr, dass Ihre Kinder sich gegenseitig in ihren Beschwerden bestärken oder sich zusammenschließen, um Sie zu veräppeln.*
- *Vergessen Sie nicht, Ihr Kind beschreibend zu loben, wenn es die Fragen zum Durchdenken beantwortet. Das wird es motivieren, Ihre Fragen beantworten zu wollen und Ihre Werte aufzunehmen.*

Ein andauerndes Problem braucht eine andauernde Lösung. Seien Sie also bereit, etwa eine Woche lang täglich mehrmals Durchdenken-Übungen durchzuführen, besonders wenn Sie ein Kind haben, das oft unkooperativ oder eher unbeweglich ist.

Hier ein weiteres Beispiel. Nehmen wir an, dass das Baden in Ihrer Familie ein Problem ist. Ihre Tochter liebt es, in der Badewanne zu planschen, ohne Rücksicht darauf zu nehmen, dass dabei Wasser auf den Boden spritzt. Also wünschen Sie sich, dass weniger geplanscht wird, damit das Wasser in der Wanne bleibt! Es ist verlockend zu sagen: »Hör auf zu spritzen« oder »Du machst den Boden nass« oder »Wenn du weiterplanschst, ist Schluss«. Das Problem bei diesen Aussagen ist, dass Ihr Kind so viel Spaß in der Badewanne hat, dass es Ihnen kaum zuhört. Und da Eltern dazu neigen, die meisten Drohungen nicht umzusetzen, kann Ihr Kind davon ausgehen, dass außer einer weiteren Anweisung oder einem weiteren Tadel nicht viel passieren wird.

Schlüsselkonzept

Probleme vorhersehen

Um Problemen vorzubeugen, sollten Sie *Durchdenken* über das richtige Verhalten mit Ihren Kindern durchführen. Machen Sie das zu neutralen Zeiten, lange bevor etwas schiefgehen kann.

Wenn das beim Baden schon öfter passiert ist, werden das Spritzen und Ignorieren Ihrer Anweisungen wahrscheinlich wieder vorkommen. Es ist an der Zeit, proaktiv zu werden! Wie ich bereits sagte, müssen Sie bei einem andauernden Problem wahrscheinlich täglich Durchdenken-Übungen machen, um das Problem zu reduzieren. Machen Sie jeden Tag zwei oder drei Durchdenken-Übungen dazu, zu völlig neutralen Zeiten, lange vor der Badezeit. Sie können Fragen stellen wie:

- Wenn du in der Badewanne bist, wo gehört das Wasser hin?
- Wie kannst du dafür sorgen, dass der Boden trocken bleibt?
- Was passiert, wenn du das ganze Wasser in der Badewanne lässt?
- Wenn Wasser auf den Boden kommt, wer wischt es auf?
- Was wirst du zum Aufwischen des Wassers benutzen?

Wenn Ihre Tochter 60 Sekunden lang Fragen wie diese beantwortet hat, wird sie sich eher an die Regeln erinnern und kooperieren. Und dann können Sie ihr kurz vor der Badezeit dieselben oder ähnliche Fragen noch einmal stellen. Sie machen sich vielleicht Sorgen, dass dies unnötig wiederholend erscheint, aber Wiederholungen sind notwendig, wenn wir die Kooperation maximieren wollen. Beachten Sie, dass es Ihre Tochter ist, die die Wiederholungen vornimmt. Dies führt dazu, dass die wichtigen Informationen in ihrem Langzeitgedächtnis gespeichert werden. Wenn der Elternteil die Wiederholungen macht, wie es oft der Fall ist, wird im Langzeitgedächtnis des Kindes nur der Gedanke »Mama ist eine Nervensäge« gespeichert.

Geben Sie Ihrer Tochter beim Baden ein beschreibendes Lob, wenn das Wasser in der Wanne bleibt. Innerhalb weniger Tage wird sich das Problem reduzieren, und innerhalb weniger Wochen werden Sie sich kaum noch daran erinnern, dass Wasser auf dem Badezimmerboden mal ein Problem war.

Den Widerstand gegen das Einsteigen und Verbleiben im Autositz verringern

Beispiele für Durchdenken-Fragen:

- *Was musst du tun, sobald du ins Auto steigst?*
- *Wer schnallt dich in deinem Autositz an?*
- *Wo solltest deine Arme sein, damit Papa und ich dich anschnallen können?*
- *Wann darfst du aus deinem Autositz aussteigen?*

Die sechs Ws: Die Schlüssel zum effektiven Durchdenken

Ihrem Kind Fragen zu stellen und es diese beantworten zu lassen, scheint ein einfaches Konzept zu sein. Aber wenn Sie versuchen, sich Durchdenken-Fragen auszudenken, kann es sein, dass Sie nicht weiterkommen und immer wieder auf die gleichen Fragen zurückgreifen, zum Beispiel »Was sollst du machen, wenn du von der Schule nach Hause kommst?« oder »Was sollst du tun, wenn du dich bettfertig machst?« und so weiter.

Die folgenden Tipps können Ihnen helfen, Ihre Fragen zu variieren, damit Ihr Kind aufmerksam und motiviert bleibt. Erinnern Sie sich: Als Sie vor Jahren in der Schule Aufsätze geschrieben haben, haben Sie wahrscheinlich etwas über die »sechs Fragewörter« gelernt:

- wer
- was
- wann
- wo
- warum
- wie

Diese gelten als die Grundlagen der Informationsbeschaffung. Durch die Beantwortung dieser sechs Fragewörter wird die vollständige Information erfasst.

In gewissem Sinne ist es das, was wir mit dem Durchdenken machen. Wir verwenden Fragen, um unser Kind zu veranlassen, über alle Aspekte des von ihm erwarteten Verhaltens nachzudenken. Wir wollen, dass es weiß, wie es sich in einer bestimmten Situation verhalten soll. Beachten Sie, dass es in dem obigen Beispiel über das Behalten des Wassers in der Badewanne vier Ws gab: wo, was, wer und wie. Eine »Warum«-Frage könnte etwa so lauten: »Warum soll das Wasser in der Badewanne bleiben?«, oder: »Warum wischst du das Wasser auf, das auf dem Boden landet?« Wenn Sie also eine Durchdenken-Übung durchführen, denken Sie an die sechs Ws. Das macht es einfacher, sich die Durchdenken-Fragen auszudenken.

Völlig erstaunt darüber, wie gut das funktioniert hat

Die Entspannter, leichter und glücklicher Kinder erziehen-*Strategie, die mich sofort ansprach, war Vorbereitung auf den Erfolg. Es ergab einfach Sinn. Ich konnte erkennen, dass die Erwartungen, die ich darüber hatte, wie sich unsere sieben- und zweijährigen Jungen verhalten sollten, eigentlich nur in meinem Kopf existierten. Ich hatte irgendwie übersehen, dass ich die Erwartungen ihnen gegenüber nicht deutlich gemacht hatte. Woher sollten sie also wissen, was sie tun sollten?*

Ich habe die Strategie des Durchdenkens zuerst bei den Problemen angewendet, die wir immer hatten, wenn wir nach Hause kamen. Dann brach grundsätzlich Chaos aus. Mein älterer Sohn rannte durch das Haus, ließ seine Jacke auf den Boden fallen, warf Tasche und Schuhe von sich und verschwand zum Spielen. Als wir dieses Mal im Auto auf dem Weg nach Hause waren, erklärte ich ihm, was er tun sollte, wenn wir nach Hause kommen. Dann bat ich ihn, mir zu sagen, was er machen sollte, um sicherzugehen, dass er es verstanden hatte.

Meine Frau und ich waren völlig erstaunt, wie gut das funktionierte. Als wir nach Hause kamen, hängte er seine Jacke auf und begann, sich für sein Bad auszuziehen, ohne dass wir es ihm noch einmal sagen mussten. Seitdem verwenden wir die Durchdenken-Übungen immer dann, wenn wir eine neue Regel aufstellen wollen oder wenn wir sicherstellen wollen, dass die Jungs sich daran erinnern, was sie tun sollen. Anstatt zu hoffen, dass sie tun, was wir von ihnen wollen, gehen wir mehrmals am Tag durch, was wir wollen, und sie wiederholen die Regeln. Und in neun von zehn Fällen geschieht es tatsächlich. Das hat uns eine Menge Zeit erspart, die wir früher mit Wiederholen, Nörgeln und Wutausbrüchen verbracht haben.

Vater von zwei Kindern, 7 und 2 Jahre alt

Durchdenken für Kinder, die noch nicht sehr sprachgewandt sind

Wenn Sie ein kleines Kind haben, das Fragen noch nicht so gut beantworten kann, fragen Sie sich wahrscheinlich, ob Sie diese Technik anwenden können. Die Antwort lautet: Ja, aber Sie müssen die Vorgehensweise ändern. Sie können die gleichen Arten von Fragen stellen, aber statt zu erwarten, dass Ihr Kind antwortet, werden Sie zunächst für es antworten.

Hier ein Beispiel für ein Durchdenken, das Sie mit einem kleinen Kind über den sanften Umgang mit einem Haustier durchführen könnten. Wir könnten die Frage so formulieren: »Stören wir Fluffy, wenn sie schläft?« Aber es gibt zwei Probleme mit dieser Art von Frage. Das erste Problem ist, dass wir unsere Betonung auf das negative Verhalten legen, auf das, was das Kind nicht tun sollte, nämlich die Katze zu stören. Wir wollen aber, dass es darüber nachdenkt, was es tun sollte. Das ist es, was wir verstärken wollen. Das andere Problem bei dieser Frage ist die Verwendung des Pronomens »wir«. Sie sind nicht derjenige, der Fluffy stört. Es kann für unsere Kinder verwirrend sein, wenn wir »wir« sagen, obwohl wir eigentlich »du« meinen. Daher sollten Sie diese Angewohnheit ändern und das richtige Pronomen verwenden, damit es für Ihr Kind klar ist, wer was tun muss.

So könnte Ihr Durchdenken ablaufen:

- Sie verdeutlichen und fragen: *Du kannst mit Fluffy spielen, solange du sie sanft berührst. Wie solltest du Fluffy halten?*
- Sie antworten (lächelnd): *Sanft, behutsam. Du musst sanft mit Fluffy sein.*
- Sie fragen noch einmal: *Wie solltest du Fluffy halten?*
- Sie antworten wieder (lächelnd): *Sanft.*

Schon bald werden Sie diese Frage stellen, und Ihr Kind wird »sanft« sagen, weil es das schon einige Male von Ihnen gehört hat. An diesem Punkt können Sie es begeistert loben, weil es Ihnen die richtige Antwort gegeben hat. Was auch immer Ihre Probleme mit Ihrem Kleinkind sind – Widerstand gegen das Anschnallen im Autositz, keine Lust, sich anzuziehen, grapschen, mit dem Essen spielen –, Sie können diese kleinen Durchdenken-Übungen anwenden, bei denen Sie die Frage stellen, und sie dann selbst beantworten. Sie werden überrascht sein, wie schnell Ihr Kleines lernt, zu antworten.

Einführen von Routinen beim Essen

Beispiele für Fragen zum Durchdenken:

- *Wenn ich dir sage, dass es Zeit zum Essen ist, was ist das Erste, was du tun solltest?*
- *Welche Aufgabe in der Küche musst du erledigen, bevor wir uns hinsetzen?*
- *Wann können wir alle mit dem Essen beginnen?*
- *Was muss in deinen Schoß, bevor du dein Besteck in die Hand nimmst?*

Denken Sie daran, diese Modifikation nur bei Kindern anzuwenden, die noch nicht sehr sprachgewandt sind. Ältere Kinder sind durchaus in der Lage zu antworten, auch wenn sie nichts sagen. Also sollten wir ihnen diese Aufgabe nicht abnehmen.

Was Eltern wissen wollen

F: *Mein Sohn ist 13 und er macht sich nicht einmal die Mühe, mir zu antworten, wenn ich ihn bitte, etwas zu tun. Wie bekomme ich seine Aufmerksamkeit, sodass ich überhaupt ein Durchdenken durchführen kann?*

A: *Dies ist ein wichtiges Thema. Manche Kinder sind so daran gewöhnt, dass Eltern ermahnen und nörgeln, dass sie gar nicht zuhören wollen. Sie erwarten, dass sie Kritik oder einen Vortrag zu hören bekommen. Um diese Erwartung zu ändern, müssen die Eltern lernen, beschreibendes Lob zu verwenden, die erste Fähigkeit, die wir im Programm* Entspannter, leichter und glücklicher Kinder erziehen *vermitteln.*

Beschreibendes Lob motiviert Kinder, uns gefallen zu wollen, weil sie viel darüber hören, was sie richtig machen, anstatt darüber, was sie falsch machen. Sie werden angenehm überrascht sein, wie schnell Ihre Kinder bereit sind, zuzuhören und positiv zu reagieren, wenn Sie all die kleinen guten Dinge, die sie den ganzen Tag über tun, bemerken und erwähnen.

Vielleicht müssen Sie zunächst einmal eine Durchdenken-Übung zum Durchdenken machen! Zu einem neutralen Zeitpunkt könnten Sie folgende Fragen stellen: »Gary, wenn Mama oder ich dir eine Frage stellen, was sollst du dann machen, anstatt uns zu ignorieren?« und »Wann sollst du uns antworten?« und »Wie solltest du uns antworten?«. Und achten Sie im Laufe des Tages darauf, wann immer er freundlich oder höflich mit Ihnen spricht, zu erwähnen: »Das war ein höflicher Ton. Sehr respektvoll.«

Klare Regeln und Erwartungen

Wenn uns weiterhin etwas am Verhalten unseres Kindes stört, liegt das oftmals daran, dass wir keine Regel dafür haben. Oder vielleicht hatten wir eine Regel, die wir aber vernachlässigt haben, sodass unsere Kinder jetzt denken, dass sie sie nicht mehr befolgen müssen. Klare Regeln und Erwartungen festzulegen, ist ein weiterer wichtiger Aspekt von *Vorbereitung auf den Erfolg*.

Bevor man eine neue Regel aufstellen kann, muss man sich zunächst darüber klar werden, was genau die neue Regel sein soll. Dieser erste Schritt wird inmitten unseres geschäftigen Lebens leicht übersehen. Wenn Sie einen Partner haben, müssen Sie sich beide darüber einig sein, wie die Regeln lauten sollen. Das nennen wir »eine vereinte Front« werden.

Wenn Sie und Ihr Partner sich einig sind, wird das viele Probleme verhindern. Und wenn Sie sich nicht einig sind, können Sie damit viele Probleme verursachen! Es ist wichtig, dass sich alle Erwachsenen in Ihrem Zuhause über die Regeln einig sind, damit alle bereit sind, diese konsequent durchzuziehen. Wenn sich die Eltern nicht einig sind, werden Regeln und Routinen nicht konsistent sein, und viel zu viel von der Zeit und den Gedanken des Kindes wird ins Austesten, Diskutieren, Bitten um Ausnahmen und Suchen nach Schlupflöchern fließen.

Es ist nicht immer leicht für Eltern, sich zu einigen. Und leider ist »sich darüber einig sein, dass man sich nicht einig ist« keine praktikable Option, weil Kinder so schlecht auf einen Mangel an Konsequenz reagieren. Sobald Eltern erkennen, wie wichtig Konsequenz für das Wohlbefinden ihrer Kinder ist, sind sie in der Regel bereit, daran zu arbeiten, ihre Differenzen beiseitezulegen und ihre Werte anzugleichen. Selbst wenn Eltern in vielen Dingen unterschiedlicher Meinung sind, stimmen sie im Allgemeinen darin überein, dass das Wohl ihrer Kinder an erster Stelle steht. Wenn Sie und Ihr Partner Hilfe brauchen, um sich auf Regeln zu einigen, damit Sie als Team funktionieren können, lesen Sie bitte *Technik E der Vorbereitung auf den Erfolg* ab Seite 124.

Sobald sich Eltern einig sind, ist der nächste Schritt, dafür zu sorgen, dass ihre Kinder die Regeln und Erwartungen kennen und verstehen, auch wenn diese ihnen vielleicht nicht gefallen. Wenn Kinder wissen, was sie tun und lassen sollen, ist es wahrscheinlicher, dass sie kooperieren, und weniger wahrscheinlich, dass sie Sie immer wieder auf die Probe stellen, um zu sehen, womit sie durchkommen können. Und je konsequenter Sie Ihre Regeln durchsetzen, desto mehr werden Ihre Kinder Sie respektieren. Ich werde in Kapitel 8 darüber sprechen, wie man sich durchsetzt, was für viele Eltern ziemlich schwierig ist.

Sie können Ihre Regeln jederzeit bei Bedarf ändern

Ich gebe Ihnen die Erlaubnis, jederzeit eine neue Regel aufzustellen, wenn die Dinge zu Hause nicht so laufen, wie Sie es gerne hätten. Sie können Regeln jederzeit ändern, wenn es notwendig ist. Vielleicht sorgen Sie sich, dass Sie, wenn Sie Dinge auf eine bestimmte Art und Weise getan haben, für immer an diese Regeln oder Routinen gebunden sind. Durchbrechen Sie das Muster und erstellen Sie eine bessere Regel mit diesen vier Zauberwörtern: *Die neue Regel ist …*

Zum Etablieren einer neuen Regel das Durchdenken anwenden

1. Wählen Sie einen neutralen Zeitpunkt und setzen Sie sich mit Ihrem Kind für eine Minute zusammen, so wie Sie es auch bei einem Durchdenken tun würden, um eine bestehende Regel zu etablieren.
2. Beginnen Sie das Durchdenken, indem Sie sagen: »Die neue Regel ist …«, oder indem Sie einen ähnlichen Satzanfang wählen. Sie könnten zum Beispiel sagen:

   - *Mama und ich haben eine neue Regel aufgestellt. Ab Montag darfst du den Fernseher oder Computer erst einschalten, wenn deine Hausaufgaben zu unserer Zufriedenheit erledigt sind.*
   - *Die neue Regel lautet, dass Papa von nun an zwei Geschichten zur Schlafenszeit vorliest. Du kannst dir jeden Abend eine dritte Geschichte verdienen, wenn du sofort ins Bett gehst, wenn wir dich darum bitten.*
   - *Die neue Regel ist, dass jeder sein Bett vor dem Frühstück macht, auch Mama und Papa.*

3. Sobald Sie oder Ihr Partner die neue Regel ausgesprochen haben, hören Sie auf zu reden! Warten Sie auf die Reaktion Ihres Kindes. Vielleicht sagt es ganz fröhlich »Okay«. Vielleicht reagiert es so koope-

rativ, weil Kinder sich im Allgemeinen wohler fühlen, wenn Regeln und Routinen klar formuliert sind. Das ist einer der Gründe dafür, dass sich die meisten Kinder in der Schule besser benehmen als zu Hause. Andererseits könnte das Kind auch so positiv reagieren, weil es nicht wirklich glaubt, dass sich etwas ändern wird! Vielleicht hat es schon mehrere neue Regelungen kommen und gehen sehen, sodass es nicht das Gefühl hat, dass es diese neue Regel ernst nehmen muss. Was auch immer seine tieferen Beweggründe sein mögen, Sie können es beschreibend dafür loben, dass es die neue Regel ohne Aufhebens akzeptiert hat.

Ihr Kind sagt vielleicht gar nichts und starrt Sie wütend an, oder versucht, Sie zu ignorieren, indem es demonstrativ aus dem Fenster schaut. Sein Schweigen könnte ein Versuch sein, die schlechte Nachricht zu verdrängen. Oder es probt im Geiste eine vernichtende Erwiderung. Oder es wartet darauf, dass Sie anfangen, sich zu rechtfertigen oder einen Vortrag zu halten. Tun Sie das nicht! Warten Sie einfach in der Stille auf seine Antwort. Das Kind wird antworten, wenn Sie ihm Zeit geben.

Bei den ersten paar Malen, die Sie eine Durchdenken-Übung durchführen, wird sich Ihr Kind vielleicht beschweren, weinen, über die neue Regel diskutieren oder sogar schreien: »Das ist nicht fair.« Tappen Sie nicht in die Falle, nun zu diskutieren, zu belehren, zu rechtfertigen oder einen Gegenangriff zu starten. Ihr Kind hat ein Recht auf seine Gefühle. Die hilfreichste Reaktion ist, einfach zuzuhören und seine Gefühle anzuerkennen: »Du bist wahrscheinlich wütend, dass wir diese neue Regel aufstellen. Wir haben dich bisher vor den Hausaufgaben fernsehen lassen, und du findest das gut.«

Ihr Kind wird vielleicht versuchen, zu verhandeln und zu feilschen. Lassen Sie sich darauf nicht ein! Stehen Sie fest zu Ihrer Überzeugung. Bleiben Sie bei Ihrer neuen Regel. Bleiben Sie hart. Ihr Kind weiß, was es will, aber Sie haben die Erfahrung, die Reife und die Weisheit, um zu entscheiden, was das Beste für Ihr Kind ist.

Es kann auch sein, dass Ihr Kind aus dem Zimmer stürmt, obwohl das seltener vorkommt, als Eltern sich das vorstellen. Denken Sie daran, die

Durchdenken-Fragen zu einem neutralen Zeitpunkt zu stellen und nicht zu einem Zeitpunkt, nachdem bereits etwas schiefgelaufen ist und Sie es ermahnt haben. Ihr Kind wird in der Regel bereit sein, zuzuhören und zu reden, vor allem, wenn Sie darauf achten, dass Sie den ganzen Tag über viele gute Verhaltensweisen finden, die Sie beschreibend loben können.

Wenn Ihr Kind dennoch weggeht, sollten Sie ihm nicht folgen. Ziemlich bald wird es etwas wollen. Kinder stellen uns ständig Fragen oder wollen etwas von uns. Ihr Kind möchte vielleicht wissen, was es zu Mittag gibt; es möchte zu einem Freund gehen; es möchte, dass Sie ihm helfen, den fehlenden Puppenschuh zu finden. Wenn Ihr Kind zu Ihnen kommt und etwas möchte, können Sie sagen: »Ich werde gerne mit dir darüber sprechen, sobald du meine Fragen beantwortet hast.« An diesem Punkt wird Ihr Kind anfangen, Sie ernster zu nehmen, weil Sie sich *durchsetzen*. Ziemlich bald wird es die Taktik des Herausstürmens aufgeben, weil sie nicht mehr funktioniert, um sich vor etwas zu drücken.

Ihr Kind wird vielleicht fragen, warum Sie diese neue Regel aufgestellt haben. Verzichten Sie darauf, eine Erklärung abzugeben. Wenn Kinder »Warum?« fragen, handelt es sich meistens nicht um eine echte Bitte um Informationen. Es ist eher ein Ablenkungsmanöver oder ein Versuch, ein Schlupfloch zu finden, damit es dagegen argumentieren kann. Kinder kennen normalerweise die Gründe für das, was wir von ihnen verlangen, oder können sie leicht selbst herausfinden. Anstatt die Gründe für die neue Regel zu erklären, antworten Sie mit: »Das ist eine gute Frage. Warum denkst du, dass wir diese neue Regel aufstellen?« Wenn Ihr Kind eine vernünftige Antwort gibt, können Sie beschreibend loben, indem Sie sagen: »Das ist die richtige Antwort, und ich brauchte es dir nicht einmal zu sagen. Du hast eine vernünftige Begründung gefunden.« Wenn Ihr Kind jedoch wiederholt, dass es den Grund für die neue Regel nicht kennt, fordern Sie es auf, eine Vermutung anzustellen.

Vielleicht will es zunächst keine vernünftige Überlegung anstellen. Das liegt daran, dass eine vernünftige Antwort der erste Schritt zu einem vernünftigen Verhalten ist und dass es sich die Möglichkeit eines Fehlverhaltens offenhalten möchte!

Was Eltern wissen wollen

F: *So wie ich meinen Sohn kenne, befürchte ich, dass er, wenn ich ihn frage, was er tun soll, nur mit den Schultern zuckt und sagt: »Weiß ich nicht.« Was soll ich dann tun?*

A: *Das kann bei den ersten Malen, die Sie das Durchdenken durchführen, passieren. Oft antworten Kinder automatisch »Ich weiß es nicht«, noch bevor sie über die Frage nachgedacht haben, weil sie herausgefunden haben, dass »Weiß ich nicht« eine gute Möglichkeit ist, damit die Eltern sie in Ruhe lassen. Die Lösung für die »Weiß ich nicht«- und »Kann ich mich nicht dran erinnern«-Angewohnheit ist, von den Kindern zu verlangen, dass sie eine vernünftige Vermutung äußern.*

Sie müssen nicht die richtige Antwort auf Ihre Frage wissen, aber sie müssen ihr Gehirn benutzen und überlegen.

Wenn Sie also Ihren Sohn fragen, was er tun soll, um sich auf seine Karate-Stunde vorzubereiten, antwortet er vielleicht: »Weiß ich nicht.« Und wenn Sie dann sagen: »Rate doch mal«, antwortet er vielleicht: »Aber Mama, ich weiß es wirklich nicht!« An diesem Punkt ist Ihnen vielleicht nach Schreien zumute. Bleiben Sie ruhig, damit Sie Ihrem Kind mit gutem Beispiel vorangehen. Sie können mit freundlicher Stimme sagen: »Du kennst die Antwort vielleicht nicht, aber du kannst überlegen.« Ihr Kind wird vielleicht meckern, diskutieren, mit den Augen rollen oder sich darüber beschweren, wie dumm Ihre Frage ist. Bleiben Sie standhaft. Übernehmen Sie nicht das Denken für Ihr Kind. Bestehen Sie darauf, dass es eine vernünftige Vermutung anstellt, und seien Sie bereit, länger zu warten, als Ihnen lieb ist, ohne einen Hinweis zu geben. Irgendwann wird das Kind Ihnen antworten, und wahrscheinlich wird seine Vermutung richtig sein, oder fast richtig, weil es nicht wirklich eine Vermutung war. Kinder wissen mehr, als sie zugeben! Finden Sie in seiner Antwort etwas, das Sie beschreibend loben können. Ziemlich bald wird es sich angewöhnen, Ihre Fragen vernünftig zu beantworten.

***F:** Mein Zwölfjähriger beschwert sich, dass sein Leben nur aus Regeln, Regeln und noch mal Regeln besteht. Ich möchte nicht, dass er aufwächst und sich über mich ärgert, so wie ich mich über meine Eltern geärgert habe. Wie schaffe ich es, dass er sich nicht über neue Regeln ärgert?*

***A:** Normalerweise ist es nicht die Tatsache, dass es Regeln gibt, die unsere Kinder stört. Was sie so ärgerlich finden, ist, dass die Erwachsenen wütend werden, wenn sie die Regeln vergessen. Es kann sehr verwirrend und ärgerlich sein, wenn Eltern sich nicht konsequent an Regeln halten. Wir sollten uns bewusst machen, dass es in der Schule, beim Sport und bei außerschulischen Aktivitäten viele Regeln gibt und unsere Kinder diese Regeln im Allgemeinen akzeptieren, sich in diesen beständigeren Umgebungen wohlfühlen und Spaß haben. Die meisten Kinder verhalten sich außerhalb des Hauses besser als zu Hause.*

Damit sich unsere Kinder mit Regeln wohlfühlen, sollten wir großzügig mit beschreibendem Lob umgehen. Denken Sie daran, zu bemerken und zu erwähnen, wenn die Kinder Regeln befolgen. Zum Beispiel:

- *Du hast dir die Regel mit dem Computer gemerkt. Du hast deine gesamten Hausaufgaben gemacht und deine Aufgaben im Haushalt erledigt, bevor du überhaupt gefragt hast, ob du an den Computer gehen darfst.*
- *Du denkst an die Regel, deine Serviette in den Schoß zu legen, sobald du dich hinsetzt.*
- *So eine freundliche, respektvolle Stimme. Du beherrschst die Regel, höflich zu sein.*

Indem Sie bereit sind, viel beschreibendes Lob zu geben, können Sie die Einstellung Ihres Kindes zu Regeln völlig verändern. Autorität wird nicht mehr als etwas gesehen, gegen das es ankämpfen muss.

Warum das Durchdenken so effektiv ist

Wie bereits erwähnt, ist es nicht effektiv, Kindern zu sagen, was sie tun sollen, und dann zu hoffen, dass sie sich daran erinnern. Das ist eine einseitige Kommunikation. Da die Gehirne unserer Kinder nicht beteiligt sind, geht es oft zum einen Ohr rein und zum anderen wieder raus. Beim Durchdenken hingegen ist das Kind dasjenige, das darüber nachdenkt, was es zu tun hat, und dann dasjenige, das sagt, was es machen soll. Das hat einen großen Einfluss auf sein Gedächtnis. Das menschliche Gehirn funktioniert so: Wenn wir etwas aussprechen, stellen wir uns das, worüber wir sprechen, automatisch vor. Man könnten auch sagen, dass es das ist, was wir unter Denken verstehen. Wenn wir also Durchdenken-Fragen stellen und unser Kind sagen soll, was das Richtige ist, hat sein Gehirn keine andere Wahl, als ein lebhaftes geistiges Bild von sich selbst zu erzeugen, wie es das tut, worüber es spricht.

Wenn Kinder sich genau vorstellen, was sie tun sollen und wo und wann und warum und wie und mit wem, ist es wahrscheinlicher, dass sie sich an die Kooperation gewöhnen. Aber selbst dann ist nicht garantiert, dass das Durchdenken stets zu Kooperation führt. Die Regeln klarzumachen, ist kein Zaubermittel, das Ihr Kind in einen Engel verwandeln wird! Aber das Durchdenken wird mit der Zeit dem Gehirn Ihres Kindes helfen, das, was Sie sagen, ernst zu nehmen. Das Durchdenken von Regeln erhöht die Wahrscheinlichkeit, dass Ihr Kind das Richtige tut. Je öfter Sie Ihr Kind bitten auszusprechen, was es richtig machen sollte, desto leichter wird es ihm fallen, sich anzugewöhnen, die Dinge richtig zu erledigen. Ohne dass Ihr Kind sich großartig bemühen muss, sich daran zu erinnern, wird es weniger in der Wanne planschen, weniger diskutieren, weniger meckern und mehr kooperieren.

Das Durchdenken verlangt von den Kindern, dass sie selbst darüber nachdenken, was sie tun sollten, und das macht es ihnen leichter, das Richtige zu tun. Sie können über den ganzen Tag verteilt immer wieder Durchdenken-Übungen einsetzen, um den Widerstand Ihres Kindes gegen alles, was Sie von ihm verlangen, zu verringern, unabhängig davon, ob der Widerstand aus Frustration, Wut oder Angst resultiert. Um Ihrem

Kind zu helfen, verantwortungsbewusster mit dem Aufräumen umzugehen, können Sie ihm zum Beispiel folgende Fragen zu einem neutralen Zeitpunkt stellen:

- *Sag mir bitte genau, was du mit allem, was in deinem Rucksack ist, machen sollst, wenn wir von der Schule nach Hause kommen.*
- *Wo sollst du deine Hausaufgaben hinpacken, wenn du fertig bist?*
- *Wenn du deinen Saft getrunken hast, wo stellst du dann deinen Becher ab?*
- *Wie lautet die Regel? Wo stellst du deine Fußballschuhe hin, wenn du sie ausziehst?*

In vielen Familien sind die Mütter diejenigen, die am stärksten an der Aufstellung und Durchsetzung von Regeln beteiligt sind. In der Schule sind die meisten Lehrer weiblich. Das führt häufig dazu, dass Jungen annehmen, dass Regeln zu befolgen, das Richtige zu tun, höflich zu sein, in der Schule zu kooperieren und so weiter Dinge sind, um die sich Frauen kümmern, Männer sich aber nicht wirklich um diese Aspekte des Lebens scheren. Kinder sind genetisch und kulturell darauf programmiert, alles sehr ernst zu nehmen, was der gleichgeschlechtliche Elternteil tut und sagt. Wenn Sie also einen Jungen haben, sollten Sie, wann immer es möglich ist, sicherstellen, dass der Vater häufig das Durchdenken zu Regeln und Erwartungen mit dem Jungen durchführt. Alleinerziehende Mütter können männliche Familienmitglieder oder ältere männliche Freunde bitten, mit ihnen gemeinsam das Durchdenken durchzuführen. Dies wird dem Jungen die Bedeutung der Regeln und Werte der Mutter vermitteln.

Was Eltern wissen wollen

F: *Es gibt einige Dinge, die ich meinem Kind beibringen möchte, von denen ich aber weiß, dass sie ihm emotional schwerfallen, wie zum Beispiel Leuten in die Augen zu schauen und »Hallo« zu sagen oder den Kellner im Restaurant um etwas zu bitten. Meinen Sie, dass das Durchdenken auch bei Ängsten funktioniert?*

A: Ja! Jedes Mal, wenn Ihr Kind Ihnen beschreibt, was es zu tun hat und wie und wann und wo und warum, erzeugt sein Gehirn automatisch ein lebhaftes geistiges Bild von sich selbst, wie es genau das tut. Je öfter es sich das vorstellt, desto wohler fühlt es sich mit dieser Vorstellung und desto weniger Angst wird es haben, wenn es dann so weit ist. Um Kindern zu helfen, sich mit einer Regel oder Routine wohler zu fühlen, sollten Sie diese mehrmals am Tag mit Durchdenken-Übungen durchgehen. Aus heiterem Himmel, völlig unabhängig von allem anderen, könnten Sie fragen:

- *Was machst du, wenn jemand »Hallo« zu dir sagt?*
- *Wo solltest du hinschauen, wenn du eine Frage von Miss Walker beantwortest?*
- *Was musst du dem Kellner sagen, wenn du noch ein Glas Wasser möchtest?*

Im ersten Moment mag Ihr Kind diese Fragen für seltsam halten, aber lassen Sie sich davon nicht abschrecken. Das Durchdenken funktioniert! Auch Proben sind bei solchen Ängsten sehr effektiv. Spielen Sie diese Szenarien zu Hause durch und lassen Sie Ihren Sohn Augenkontakt und eine feste Stimme üben. Achten Sie darauf, dass Sie ihn für jede kleine Verbesserung ausdrücklich loben.

Das folgende Beispiel zeigt, wie eine Familie das Durchdenken zusammen mit anderen *Entspannter, leichter und glücklicher Kinder erziehen*-Fähigkeiten eingesetzt hat, um die Autofahrten angenehmer zu gestalten.

Wildes oder lautes Verhalten im Auto ist nicht nur lästig, sondern kann auch gefährlich sein. Eine Familie, mit der ich gearbeitet habe, hatte drei Kinder im Alter von elf, sieben und vier Jahren. Wenn sie zusammen im Auto saßen, stritten sich die Kinder häufig, schrien, stießen, schlugen, stichelten und beschimpften sich gegenseitig. Die Eltern waren an einem Punkt angelangt, an dem sie sich davor fürchteten, mit ihren Kindern irgendwohin zu fahren.

Deshalb setzten sich die Eltern mit jedem Kind einzeln zusammen und besprachen die neuen Regeln mithilfe der Durchdenken-Technik:

»Leise Stimmen, freundliche Ausdrucksweise, eure Arme und Beine bei euch behalten.«

Sie formulierten ihre Regeln positiv und sprachen nicht darüber, was die Kinder nicht tun sollten. Als Nächstes fragten die Eltern jedes Kind, was es tun sollte, und sie akzeptierten keine vagen Antworten wie »Ich werde brav sein« oder »Ich werde freundlich reden«. Sie verlangten von jedem Kind, dass es sorgfältig nachdachte und umfassend antwortete. Die Eltern stellten auch Fragen dazu, wie die Kinder die unweigerlich auftretenden Geschwisterprobleme lösen könnten.

Die Belohnung für die Kinder, die sich an die Regeln hielten, war, dass die Eltern weiterfahren würden. Die Eltern fragten jedes Kind, was seiner Meinung nach passieren würde, wenn eines der Kinder die Regeln vergessen würde. Zuerst antwortete jedes Kind mit einer Version von »Du wirst sie uns noch mal sagen«. Als die Eltern erwiderten, dass sie nicht daran erinnern würden, sagte jedes Kind irgendwann: »Du wirst das Auto anhalten«. Der Siebenjährige, der wahrscheinlich später einmal Jurist wird, fragte: »Aber was, wenn viel Verkehr ist und du nicht anhalten kannst?« Die Eltern gingen nicht auf den Köder ein, sondern stellten eine Folgefrage, die mit einem beschreibenden Lob eingeleitet wurde: »Ich bin froh, dass du über die neue Regel nachdenkst. Was denkst du, werden wir tun, wenn wir nicht anhalten können?« Ihr Sohn antwortete, dass sie das Auto anhalten würden, sobald sie könnten. Er kannte die Antwort auf seine eigene Frage.

Die Eltern ahnten, dass zahlreiche Durchdenken-Übungen notwendig sein würden, um all das Fehlverhalten im Auto zu ändern. Also machten sie eine ganze Woche lang mit jedem Kind ein oder mehrere Durchdenken-Übungen pro Tag. Ein paarmal beschwerte sich eines der Kinder, dass das Durchdenken langweilig sei, aber die Eltern blieben ruhig und entschlossen. Sie wussten, dass ein einminütiges Durchdenken keine große Belastung darstellte.

In der Vergangenheit hatten die Eltern bei zahlreichen Gelegenheiten damit gedroht, das Auto anzuhalten, hatten es aber selten durchgezogen. Jetzt fühlten sich die Eltern eher in der Lage, konsequent zu sein, weil sie die Regel gemeinsam beschlossen hatten und es sich nicht um eine Drohung handelte, die in der Hitze des Gefechts ausgesprochen wurde. Und weil sie das tägliche Durchdenken durchführten, waren sie sicher, dass alle Kinder die Regel und die Konsequenzen kannten.

Die Eltern nutzten die Tatsache, dass das Fehlverhalten normalerweise nicht sofort einsetzte. Jedes Mal, wenn sie ins Auto stiegen, stellten sie sicher, dass sie jedes der Kinder mehrmals beschreibend dafür lobten, wenn es innerhalb der ersten fünf bis zehn Minuten kein Fehlverhalten zeigte.

Innerhalb von weniger als einer Woche waren die Autofahrten völlig anders! Die Eltern behielten das beschreibende Lob durchgehend bei und führten gelegentlich zusätzliche Durchdenken-Übungen durch, um die Regeln zu festigen.

Was Eltern wissen wollen

***F:** Ich habe die Durchdenken-Technik ausprobiert. Nach den ersten Durchläufen waren meine Kinder genervt. Sie wollten nicht antworten. Sie meinten: »Das habe ich dir doch schon gesagt. Warum muss ich es noch mal sagen?« Wie bringe ich sie dazu, zu antworten?*

***A:** Was Ihre Kinder am Durchdenken vielleicht als störend oder unangenehm empfinden, ist, dass die Möglichkeiten, sich falsch zu verhalten oder die Regeln zu ignorieren, systematisch reduziert werden. Ihre Kinder erkennen, dass Sie wieder das Sagen haben.*

Wenn sie sich weigern, Ihre Fragen zu beantworten, müssen Sie noch öfter die Durchdenken-Übungen mit ihnen durchführen! Denken Sie daran, dass Sie immer nur mit einem Kind gleichzeitig arbeiten sollten, nicht in der Gruppe. Bezüglich Ihrer Problematik könnten Sie zu einem neutralen Zeitpunkt fragen:

- *Was musst du tun, wenn Mama oder Papa oder der Lehrer dir eine Frage stellt?*
- *Warum musst du antworten, auch wenn du keine Lust dazu hast?*
- *Warum musst du Tag für Tag die gleichen Fragen beantworten?*

Dies wird dazu führen, dass Ihre Kinder selbst erkennen, warum sie Ihnen antworten müssen, wohingegen sie Sie höchstwahrscheinlich ausblenden würden, wenn Sie es erklären oder die Kinder belehren würden. Es ist wichtig, sich auch selbst daran zu erinnern, dass das Durchdenken effektiv ist, unabhängig davon, ob Ihre Kinder es anfangs als lästig empfinden. Denken Sie daran, dass Kinder in der Schule Fragen ohne Aufhebens beantworten, auch wenn sie die Fragen des Lehrers als lästig empfinden – also können sie durchaus lernen, dies auch zu Hause zu tun.

Technik B der Vorbereitung auf den Erfolg: Die Umgebung so vorbereiten, dass es für Kinder leichter ist, das Richtige zu tun

Wir alle haben festgestellt, dass es bestimmte Dinge gibt, die wir tun können, um es unseren Kindern leichter zu machen, das zu machen, was wir von ihnen verlangen, und es ihnen zu erleichtern, sich die Regeln und Routinen zu merken. Eine wichtige Technik der Vorbereitung auf den Erfolg besteht darin, dass wir etwas Zeit, Überlegung und Handeln in die Vorbereitung der Umgebung stecken. Statt zu wiederholen und zu mahnen, können wir die physische Umgebung so gestalten, dass die Versuchung, sich falsch zu verhalten, deutlich reduziert wird. Das hilft den Kindern, sich mehr und mehr daran zu gewöhnen, das Richtige zu tun. Diese wichtige Strategie ist einleuchtend, aber oft sind wir so abgelenkt, dass wir vergessen, die Umgebung vorzubereiten.

Sie haben die Umgebung Ihrer Familie bereits in vielerlei Hinsicht vorbereitet. Wenn wir eine Sicherheitsabdeckung an der Steckdose anbringen, bereiten wir die Umgebung vor. Wenn wir einen Haken so niedrig anbringen, dass ein Kind seine Jacke selbst aufhängen kann, oder wenn wir Spiele mitnehmen, um die Kinder auf einer langen Reise zu beschäftigen, bereiten wir die Umgebung vor. Im Folgenden finden Sie weitere Möglichkeiten, wie Sie die Umgebung vorbereiten können, um die Zusammenarbeit und Selbstständigkeit zu maximieren. Alle Vorschläge wurden von zahlreichen *Entspannter, leichter und glücklicher Kinder erziehen*-Familien erprobt und getestet:

- Um Streitigkeiten darüber zu vermeiden, ob man sich im Winter warm genug anzieht, entfernen Sie jegliche Sommerkleidung aus den Schränken und Kommoden der Kinder.
- Bevor die Hausaufgabenzeit beginnt, entfernen Sie alle Ablenkungen und stellen Sie sicher, dass Ihr Kind alle benötigten Materialien auf den Tisch legt, damit es seltener aufspringt, um etwas zu holen.
- Setzen Sie Geschwister am Esstisch diagonal gegenüber, damit sic sich nicht so leicht gegenseitig schubsen oder treten können.
- Sorgen Sie für beschriftete Behälter und aufgeräumte Regale, damit die Kinder leicht zugängliche Plätze für ihre Sachen haben. Das macht das Aufräumen einfacher und weniger entmutigend.
- Wenn Geschwister morgens vor der Schule gerne miteinander spielen oder streiten, wenn sie sich fertig machen sollten, bringen Sie die Kleidung jedes Kindes in einen separaten Raum und lassen sie sich dort anziehen.
- Wenn Ihr Kind sich selbst Saft einschenken möchte, besorgen Sie einen kleinen Krug, den es leichter heben kann als die schwere Saftflasche.

Die Umgebung vorzubereiten, erfordert, dass Sie sich einen Moment Zeit nehmen, um zu reflektieren, welches Verhalten Sie stört, und dann darüber nachdenken, wie Sie die Dinge so umgestalten können, dass es für Ihr Kind einfacher wird, das Richtige zu tun. Natürlich ist es einfacher, die Dinge so zu machen, wie wir sie schon immer gemacht haben. Wir vergessen, über den Tellerrand zu schauen – so, wie es bei der Familie im folgenden Beispiel der Fall war, deren morgendliche Routine überarbeitet werden musste.

Das Vorbereiten der Umgebung hat unserem Fünfjährigen geholfen, seine Schuhe zu binden!

Unser jüngerer Sohn ist fünf Jahre alt und hat gerade gelernt, sich die Schuhe zu binden. Seine feinmotorischen Fähigkeiten sind noch nicht sehr gut entwickelt, daher braucht er mehrere Minuten und seine volle Aufmerksamkeit, um das zu schaffen! Unsere Routine war, dass er seine Schuhe nach dem Frühstück anzieht, aber das ist auch die Zeit, in der Zähne geputzt, Haare gekämmt, Jacken angezogen werden müssen und so weiter. Es ist eine hektische, laute Tageszeit, und es war schwierig für meinen Sohn, sich zu konzentrieren, besonders wenn sein Bruder dabei war und ihn ablenkte. Alles, was er von mir hörte, war: »Komm, beeil dich. Wir kommen sonst zu spät zur Schule!«, was ihn überhaupt nicht motivierte. Die Nörgelei machte ihn noch langsamer!

Die Lösung – und das klingt jetzt offensichtlich – war, ihn vor dem Frühstück seine Schuhe anziehen zu lassen, wenn es ruhiger ist, damit er sich auf diese Aufgabe konzentrieren kann. Zu dieser Zeit ist sein älterer Bruder außerdem in einem anderen Teil des Hauses und übt Klavier. Dieser neue Plan funktioniert hervorragend, und jetzt sind die Vormittage fröhlich. Es gibt keine Hektik, es ist ruhiger, und alle sind glücklicher. Es war eine so einfache Lösung, aber wir hatten uns nie die Zeit genommen, darüber nachzudenken, wie wir die Dinge arrangieren können, um ihm zum Erfolg zu verhelfen.

Mutter von zwei Kindern, 6 und 5 Jahre alt

Visuelle Erinnerungen

Eine Liste oder Tabelle, auf die Sie zeigen können, ist eine sehr effektive Methode, um die Umgebung vorzubereiten und Kindern zu helfen, sich an Regeln und Routinen zu erinnern. Visuelle Erinnerungen können Sie davor bewahren, sich zu wiederholen.

Der Morgen ist für Familien oft eine schwierige Tageszeit. Eltern sind gehetzt und gestresst, um die Kinder rechtzeitig aus dem Haus zu bekommen. Daher ist dies oft die Tageszeit, die Eltern für eine Tabelle wählen. Tatsächlich ist es so wichtig, den Morgen zu entlasten, dass wir dem Morgen im zweiten Teil »Krisenherde in der Familie beseitigen« ein ganzes Kapitel gewidmet haben.

Listen und Tabellen können für Hausaufgaben, Badezeit, Schlafenszeit und sogar für Aktivitäten erstellt werden, die außerhalb des Hauses stattfinden, wie Geburtstagsfeiern, Gottesdienste und so weiter.

Eine Familie, mit der ich gearbeitet habe, erstellte eine Tabelle, um ihrem siebenjährigen Sohn zu helfen, eine bessere Routine bei den Hausaufgaben zu entwickeln und das Haus ordentlicher zu halten. Die Eltern und der Junge erstellten gemeinsam eine Liste mit Aufgaben, und der Junge zeichnete die Tabelle. Folgendes stand auf seiner Tabelle:

- Fahrradhelm an den Türhaken hängen.
- Hausaufgaben aus dem Rucksack nehmen und den Rucksack an den Türhaken hängen.
- Hausaufgaben und Material (Stifte, Radiergummi, Papier et cetera) auf den Esszimmertisch legen.
- Gesunden Snack essen.
- 20 Minuten draußen spielen.
- Hinsetzen und Hausaufgaben machen.

Die Mutter fand es gut, dass sie einfach auf die Tabelle zeigen konnte, anstatt zu nörgeln, und sie hatte dadurch auch eine Liste von Dingen, die sie beschreibend loben konnte. Wenn ihr Sohn etwas vergaß oder sich verzettelte, sagte sie einfach: »Du hast schon Nummer eins und Nummer zwei auf deiner Liste erledigt, ohne dass du daran erinnert wurdest.« Dann zeigte sie mit einem Lächeln stillschweigend auf die nächste Aufgabe auf der Liste. Manchmal schien ihr Sohn in seiner eigenen kleinen Welt zu sein, und sie musste dann doch etwas sagen, um ihn wieder auf den richtigen Weg zu bringen. Sie dachte aber daran, zu fragen, nicht zu erklären, und fragte einfach: »Was steht als Nächstes auf deiner Liste?« Die Tabelle ersetzte die Ermahnung, und innerhalb weniger Tage hatte ihr Sohn eine vernünftige Routine nach der Schule entwickelt.

Listen und Tabellen funktionieren am besten, wenn Sie sich mit Ihren Kindern zusammensetzen und gemeinsam entscheiden, welche Punkte darauf stehen sollen. Die Kinder können zunächst ihre Ideen einbringen, und dann können Sie ihnen Leitfragen stellen, um an Schritte zu erinnern, die sie übersehen haben. Geben Sie dem Kind Papier und lassen es die Tabelle zeichnen. Dies wird ihm helfen, der Tabelle Aufmerksamkeit zu schenken.

Achten Sie darauf, dass die Listen und Tabellen für Ihre Kinder leicht zu lesen und zu verstehen sind:

- Anfangs Plakatgröße
- Große Schrift
- Lesbare Schrift
- Möglichst wenige Wörter und viel Weißraum
- Bilder für Nicht-Leser
- Laminiert für Aktivitäten außerhalb des Hauses

Technik C der Vorbereitung auf den Erfolg: Den Tag realistisch planen, damit Sie genug Zeit haben

Beachten Sie, dass ich hier schreibe, dass Sie Ihren Tag *realistisch* planen sollten. Wir alle denken, dass wir in einer bestimmten Zeitspanne mehr erledigen können, als es in Wirklichkeit der Fall ist, besonders wenn wir Kinder im Schlepptau haben. Kinder bewegen sich in einem anderen Tempo als Erwachsene. Wir müssen also genügend Zeit einplanen, damit unsere Kinder die Dinge tun können, die sie tun müssen, und zwar in einem Tempo, das für sie angenehm ist, ohne sich gehetzt und genervt zu fühlen.

In meinen Seminaren sage ich Eltern, dass es vier Dinge gibt, die sie nie wieder zu ihren Kindern sagen sollten. Diese vier Dinge sind: »Komm schon«, »Beeil dich«, »Lass uns gehen«, »Wir kommen zu spät«. Das erntet immer ein Lachen und ein großes erkennendes Seufzen bei den Teilnehmern. Es ist einfach, diese Dinge automatisch zu sagen, ohne viel darüber nachzudenken. Aber was passiert, wenn wir unsere Kinder hetzen? Werden sie dadurch schneller? Wenn ich diese Frage stelle, antworten die Eltern immer mit »Nein!«.

Sie fragen sich vielleicht, was Sie sonst noch sagen könnten, damit sich Ihre Kinder schneller bewegen! Wenn wir wollen, dass sie motiviert sind, das zu tun, was wir verlangen, müssen wir sicherstellen, dass wir sie nicht drängen. Denn wenn Kinder sich gehetzt und gescheucht fühlen, versuchen sie, uns auszublenden, weil es sich unangenehm anfühlt, genervt zu werden. Manchmal werden Kinder sogar langsamer und fangen an, sich schlecht zu benehmen, weil es sich für sie stressig anfühlt, wenn sie gehetzt werden.

Wir müssen uns daran erinnern, dass Kinder sich in einem anderen Tempo bewegen. Es ist leicht zu vergessen, dass Kinder meistens versuchen, in der Gegenwart zu leben, und darüber nachdenken, was sie in diesem Moment tun. Das gilt für alle Kinder, aber es gilt besonders für Kinder, die von Natur aus ein schwierigeres Temperament haben. Diese Kinder gehen oft völlig in ihrem Spiel auf. Es fällt ihnen schwer, sich von dem, was sie gerade tun, loszureißen, um sich dem nächsten Punkt auf der elterlichen Agenda zu widmen, vor allem, wenn sie vor einem Bildschirm sitzen.

Zusätzlich zu dem morgendlichen Chaos hetzen die Kinder nach der Schule oft zu außerschulischen Aktivitäten, danach herrscht Hektik, um die Hausaufgaben zu erledigen, schnell etwas zu essen, zu baden und ins Bett zu kommen. Diese Hektik bringt nicht das Beste in unseren Kindern zum Vorschein. Ein zu voller Terminkalender ist nicht nur für Kinder stressig, sondern erzeugt auch überlastete, gestresste Eltern. Das macht es für alle schwieriger, ihr Bestes zu geben! Wenn unsere Lebensqualität sinkt, werden wir leichter reizbar und reaktiver.

Für viele Eltern fühlt sich dieser enge Zeitplan unausweichlich an. Wenn Eltern jedoch bereit sind, für einen Moment innezuhalten und sorgfältig zu prüfen, wie die Familie ihre Zeit verbringt und warum, wird oft klar, dass die Familie diese hektischen Tage weder genießt noch von ihnen profitiert. »Qualität vor Quantität« ist eine wichtige Priorität, wenn wir über die Bedürfnisse unserer Kinder und unsere eigenen Bedürfnisse nachdenken.

Wie ich bereits erwähnt habe, wird der Vormittag von vielen Eltern als am stressigsten empfunden, weil er so hektisch ist und so viele Wiederholungen und Erinnerungen mit sich bringt. Da Kinder nicht schneller werden, wenn wir versuchen, sie zu hetzen, müssen wir etwas anders machen, wenn wir sie pünktlich aus dem Haus bekommen wollen. Etwas, das wir vielleicht vorübergehend tun müssen, ist, früher aufzustehen als wir es gewohnt sind. Vielleicht müssen wir nur 10 oder 20 Minuten früher aufstehen, aber wir müssen sicherstellen, dass die Kinder die Zeit haben, das zu erledigen, was sie tun müssen, und zwar in einem Tempo, das sich für sie angenehm anfühlt. Und wir müssen auch etwas zusätzliche Zeit für die Kinder einplanen, in der sie sich ein bisschen aufregen können, wenn etwas nicht so läuft, wie sie es wollen, und dann darüber hinwegkommen. Das ist besonders wichtig, wenn Ihre Kinder noch nicht die Angewohnheit haben, gleich bei der ersten Aufforderung zu tun, was Sie sagen, oder wenn sie noch nicht alles selbst machen, wozu sie in der Lage sind, insbesondere beim Anziehen.

Wenn wir uns für jede Aktivität am Morgen etwas mehr Zeit nehmen, sind wir weniger gestresst und nicht so unruhig, und das führt dazu, dass wir uns weniger ärgern, wenn etwas schiefgeht. Wenn wir gelassener sind, erinnern wir uns auch eher daran, jeden Schritt in die richtige Richtung beschreibend zu loben. Das wird das Verhalten und die Gewohnheiten der Kinder weiter verbessern. Im zweiten Teil des Buches werde ich intensiver darüber sprechen, wie man den Morgen so reibungslos wie möglich gestalten kann.

Wir fühlten uns, als wären wir zu morgendlichen Exerziermeistern geworden!

Uns lief morgens immer die Zeit davon, um unsere Jungs, sieben und fünf Jahre alt, pünktlich zur Schule zu bringen. Wir versuchten, nichts für sie zu erledigen, was sie selbst tun konnten, wie ihnen beim Anziehen zu helfen, weil wir uns daran erinnerten, das Noël gesagt hatte, dass Kinder Selbst-

vertrauen entwickeln, indem sie Dinge selbst tun. Aber wir hatten nicht genug Zeit. Also waren wir ungeduldig, während sie sich selbst anzogen, ungeduldig während der Cello-Übungen, drängten sie beim Frühstück zur Eile und so weiter. Unsere Zeit am Morgen enthielt keinerlei Qualität – wir waren zu morgendlichen Exerziermeistern geworden!

Meine Frau und ich wussten, dass wir etwas verändern mussten, damit wir alles schaffen und einen angenehmen Morgen zusammen verbringen konnten. Unsere Lösung bestand darin, zehn Minuten früher aufzustehen. Wir ließen auch die Jungs ihre Wecker zehn Minuten früher stellen, damit sie mehr Zeit hatten, die Dinge zu erledigen, die sie tun mussten, wie sich anzuziehen, ihre Betten zu machen und Musik zu üben. Diese zusätzlichen zehn Minuten reichten aus, um weniger Stress bei der Zubereitung der Schulbrote, weniger Hektik bei der morgendlichen Musikprobe und mehr Zeit für das Frühstück, Zähneputzen, Schuheanziehen und Aus-dem-Haus-Gehen zu haben.

Auch wenn wir nicht begeistert darüber waren, früher aufstehen zu müssen, war das, was wir gewonnen haben, es absolut wert. Es veränderte unseren Morgen. Es war überraschend, dass zehn Minuten einen solchen Unterschied machen konnten, aber es war so.

Vater von zwei Kindern, 7 und 5 Jahre alt

Technik D der Vorbereitung auf den Erfolg: Öfter besondere Zeit einplanen, um die Motivation zu steigern

Vielleicht haben Sie schon einmal gehört, dass für Kinder Liebe darin besteht, Zeit für sie zu haben. Jedes Kind hat das Bedürfnis, mit jedem Elternteil Zeit allein zu verbringen. Dieses Bedürfnis ist so stark wie das Bedürfnis nach Nahrung oder Wasser. Es gibt eine bestimmte Art von Zeit allein mit jedem Elternteil, die Kinder brauchen. Es ist etwas ganz anderes, als nur zusammen in einem Raum zu sein, wo Elternteil und Kind jeweils in ihre eigenen Aktivitäten eingebunden sind. Es ist auch etwas anderes, als wenn man ihnen etwas Süßes gibt. Die Art von Zeit mit den Eltern, die Kinder brauchen und nach der sie sich sehnen, nenne ich *besondere Zeit.*

Schlüsselkonzept

Besondere Zeit

- ein Elternteil mit einem Kind
- etwas tun, das beiden Spaß macht und kein Geld kostet
- die nicht vor einem Bildschirm stattfindet
- die vorhersehbar ist
- täglich, wenn möglich
- für mindestens zehn Minuten

Es hat sich gezeigt, dass die tägliche besondere Zeit mit jedem Elternteil viel Widerstand, negative Suche nach Aufmerksamkeit und geringfügiges, aber ärgerliches Fehlverhalten reduziert, einschließlich Jammern und Wutanfälle, wenn die Dinge nicht so laufen, wie das Kind es möchte. Die besondere Zeit ist am effektivsten, wenn sie regelmäßig und vorhersehbar stattfindet und als solche gekennzeichnet wird, damit Ihr Kind sie einplanen kann. Sie hilft Ihrem Kind, kooperieren zu wollen. Sie weckt in Ihrem Kind auch den Wunsch, die positiven Gewohnheiten, Eigenschaften und Werte dieses Elternteils zu imitieren.

Unsere Kinder wissen, dass wir sie lieben und dass wir, wenn es sein muss, sogar für sie sterben würden. Wenn wir diese besondere Zeit aber konsequent einrichten, zeigt das unseren Kindern, dass wir sie nicht nur lieben, sondern dass wir sie auch mögen und Zeit mit ihnen verbringen wollen.

Die besondere Zeit bedeutet: ein Elternteil mit einem Kind. Auch Geschwister, die sich normalerweise gut verstehen, brauchen und verdienen die ungeteilte Aufmerksamkeit jedes Elternteils. Für Geschwister, die die Angewohnheit haben, sich gegenseitig zu hänseln, zu provozieren oder zu ärgern, ist diese besondere Zeit allein mit einem Elternteil eine Wohltat. Für kurze Zeit können sie die Konkurrenz und Rivalität vergessen. Kinder erreichen ihre Bestform, wenn sie sich entspannen können, weil sie wissen, dass sie unsere Aufmerksamkeit nicht teilen (oder um sie kämpfen) müssen.

In einer idealen Welt wäre es schön, wenn wir uns jeden Tag eine halbe Stunde lang auf jedes Kind konzentrieren könnten und mit ihm eine Aktivität ausüben, die beiden Spaß macht. Für die meisten Eltern, die ein geschäftiges Leben führen, ist das unmöglich zu schaffen, vor allem, wenn es drei oder vier Kinder in der Familie gibt. Es ist unrealistisch, von einem Elternteil zu erwarten, dass er mehr als eine zusätzliche Stunde aus einem ohnehin schon überfüllten Tagesplan freischaufeln kann. Diese besondere Zeit lässt sich mit etwas Überlegung jedoch häufig durch eine Umstellung des Familienzeitplans erreichen. Wenn Sie es nicht schaffen, jeden Tag eine halbe Stunde einzuplanen, fangen Sie mit kleineren Zeitabschnitten an, zum Beispiel 10 bis 15 Minuten.

Sie werden meist sofort merken, wie diese gemeinsame Zeit die Bindung zwischen Ihnen und Ihrem Kind stärkt. Weil Ihr Kind etwas bekommt, was es braucht, nämlich Ihre ungeteilte Aufmerksamkeit, wird es immer kooperativer und zeigt weniger aufmerksamkeitsheischendes Fehlverhalten.

Auch Eltern genießen diese besondere Zeit und merken, dass sie sich darauf freuen und sich dadurch gestärkt fühlen. Infolgedessen wird die Herausforderung, sich diese Zeit zu nehmen, weniger entmutigend. Wahrscheinlich werden Sie feststellen, dass Sie noch mehr besondere Zeit mit jedem Kind einplanen möchten, wann immer es möglich ist, zum Beispiel an den Wochenenden und in den Ferien. Wenn zehn Minuten pro Tag mit jedem Kind nicht möglich sind, sollten Sie Ihren Tagesablauf überdenken und überlegen, was Sie streichen oder neu organisieren können, um Überlastung und Stress zu reduzieren.

Die besondere Zeit veränderte meine Beziehung zu meinem ältesten Kind und eliminierte viel negatives aufmerksamkeitsheischendes Verhalten

Mein Mann war regelmäßig auf Geschäftsreise, und ich war mit der Betreuung von drei kleinen Kindern ziemlich überfordert. Mein Sohn war fünf, seine Schwester drei, und wir hatten auch ein Baby.

Mein Sohn hatte die irritierende Angewohnheit, mich zu stoßen oder zu schlagen, wenn er an mir in der Küche vorbeiging. Das passierte häufig, und er bekam jedes Mal, wenn er es tat, eine ungehaltene Reaktion von mir. Ich begann, darüber nachzudenken, welche Entspannter, leichter und glücklicher Kinder erziehen-*Strategien ich anwenden könnte, um ihm zu helfen, damit aufzuhören. Mir wurde klar, dass ich zwar viel Zeit mit meinen Kindern verbringe, aber fast immer Multitasking betreibe und ihnen im Laufe des Tages nicht wirklich meine volle Aufmerksamkeit schenke. Ich glaube, die Art und Weise, wie mein Sohn mit seinem Unmut über die Zeit umging, die ich mit der Betreuung seiner Geschwister verbrachte, war, meine Aufmerksamkeit auf jede erdenkliche Weise erhaschen zu wollen.*

Ich beschloss, mir jeden Tag eine besondere Zeit mit ihm zu nehmen, und ich wusste, dass ich diese Zeit so heilig wie möglich gestalten musste. Ich hatte die Schlafenszeiten der Kinder bereits um eine halbe Stunde verschoben, sodass dies das perfekte Zeitfenster für die besondere Zeit darstellte. Nachdem ich meiner Tochter eine Gutenachtgeschichte vorgelesen hatte, verbrachten mein Sohn und ich unsere besondere Zeit zusammen und spielten Karten. Innerhalb kürzester Zeit verschwanden das Stoßen und das Schlagen völlig.

Ich erinnere mich, dass Noël sagte, ich solle mir die besondere Zeit als eine Art Nahrung vorstellen, die ein Kind braucht, und dass wir den Kin-

dern zeigen, dass wir sie nicht nur lieben, sondern auch mögen, wenn wir Zeit mit ihnen allein verbringen. Das hat mich sehr beeindruckt und mir geholfen, es zu einer Priorität zu machen. Seit fünf Jahren haben wir nun diese vorhersehbare besondere Zeit, und ich fühle mich wirklich gut, weil ich weiß, dass ich meinem Sohn gebe, was er braucht. Er ist glücklicher, ich bin glücklicher und er muss meine Aufmerksamkeit nicht mehr auf negative Weise erkämpfen.

Mutter von drei Kindern, 10, 8 und 5 Jahre alt

Sich diese besondere Zeit zu nehmen, kann für Eltern anfangs sehr anstrengend sein. Deshalb empfehle ich, mit zehn Minuten anzufangen; so wird es etwas überschaubarer. Die Schlafenszeiten zu staffeln, wie es diese Mutter getan hat, kann beispielsweise eine sehr schmerzlose Art sein, sich diese Zeit zu verschaffen. Sie werden bald schon merken, dass Sie aus drei Gründen süchtig nach der besonderen Zeit werden: Ihr Kind beginnt, mehr zu kooperieren und weniger nerviges und aufmerksamkeitsheischendes Verhalten an den Tag zu legen; Sie fühlen sich als Eltern besser, weil Sie wissen, dass Sie Ihrem Kind das geben, was es braucht; und es macht Spaß! Im Folgenden finden Sie weitere Möglichkeiten, wie Sie besondere Zeit einrichten können.

Kinder in unsere Aktivitäten einbeziehen

Ich höre oft, dass Eltern sagen, dass sie sich schuldig fühlen, weil sie nicht mit Barbies, Transformers oder Spiderman et cetera spielen wollen.

Das müssen Sie auch nicht! Wir gehen davon aus, dass wir spielen müssen, was unser Kind spielen möchte, aber Kinder lieben es auch, in Aktivitäten der Erwachsenen einbezogen zu werden. Was uns banal erscheint, weil wir es schon hunderte Male gemacht haben, ist für Kinder immer noch neu und aufregend. Nehmen Sie sich also die Zeit, Ihre Kinder in all die alltäglichen Aufgaben und Besorgungen einzubeziehen, die Sie zu erledigen haben, anstatt zu denken, dass Sie diese Aufgaben erst hinter sich bringen müssen, bevor Sie mit den Kindern spielen können.

Es ist unvermeidlich, dass das Einbeziehen eines der Kinder in Ihre eigenen Aufgaben Sie ein wenig ausbremst. Aber Sie werden feststellen, dass es sich lohnt, die zusätzliche Zeit zu investieren, weil Sie sich gleichzeitig um drei wichtige Dinge kümmern: Sie erledigen die Aufgabe; Sie bringen Ihrem Kind wertvolle Lebenskompetenzen bei, die zu Selbstständigkeit führen; und Sie verbringen eine besondere Zeit mit Ihrem Kind.

Hier sind einige Beispiele dafür, wie Eltern, die an den *Entspannter, leichter und glücklicher Kinder erziehen*-Kursen teilgenommen haben, erfolgreich besondere Zeit in ihre täglichen Aufgaben eingeflochten haben:

1. Zubereitung des Essens: Wenn Sie kochen, geben Sie einem Kind eine Aufgabe, die es erledigen soll. Stellen Sie zunächst sicher, dass es sich um eine kurze Aufgabe handelt, damit das Kind nicht das Interesse verliert, und auch um eine einfache Aufgabe, um das Vertrauen zu stärken. Um Ihr Kind bei der Stange zu halten und Ihr Wissen und Ihre Fähigkeiten weiterzugeben, ohne dass Sie viele unangenehme Anweisungen geben müssen, empfehle ich Ihnen, alle Gedanken, die Sie normalerweise in Ihrem Kopf behalten würden, laut auszusprechen:

- *Ich frage mich, ob wir noch Zwiebeln haben. Ich sehe besser mal nach.*
- *Da muss mehr Flüssigkeit rein. Ich sollte aufpassen, dass ich nicht zu viel reinkippe.*
- *Ich habe keine Schüssel, die groß genug ist, also muss ich zwei kleinere Schüsseln nehmen.*
- *Das Gemüse sollte jetzt fertig sein. Probieren wir es mal.*

Schon bald wird Ihr Kind mit eigenen Kommentaren reagieren und versuchen, behilflich zu sein, indem es Ihnen eine Zwiebel reicht oder im Schrank nach Schüsseln sucht.

Ein Bonus der Einbeziehung von Kindern in die Essenszubereitung ist, dass Kinder viel eher bereit sind, Lebensmittel zu probieren, bei deren Zubereitung sie geholfen haben!

2. Mit dem Hund spazieren gehen: Dies ist eine perfekte Gelegenheit, um zu plaudern oder einfach in geselliger Stille zusammen zu sein. Sie können ein Spiel daraus machen, zu bemerken, was Sie sehen: Häuser, Geschäfte, öffentliche Gebäude, Tiere, Blumen und Bäume und so weiter.

3. Besorgungen: Wann immer es möglich ist, nehmen Sie nur eines Ihrer Kinder mit zu einer Besorgung, und beziehen Sie Ihr Kind dann in die Aufgabe mit ein. Bevor Sie das Haus verlassen, um einzukaufen, stellen Sie sicher, dass Ihr Kind weiß, dass es eine Rolle zu spielen hat, dass es etwas suchen, auswählen, tragen oder danach fragen muss.

4. Gartenarbeit: Wenn Sie einen Garten oder einen Blumenkasten haben, beziehen Sie jeweils ein Kind in das Einpflanzen von Samen, das Unkrautjäten, das Entfernen abgestorbener Blüten, das Zurückschneiden oder das Setzen von Stecklingen ein. Wenn Sie den nötigen Platz haben, legen Sie einen kleinen Gemüsegarten an und beziehen Sie die Kinder (wieder eines nach dem anderen) in die Pflege mit ein. Sie werden sich schon bald dafür begeistern, ihre Pflanzen wachsen zu sehen, und gerne bei der Ernte von Gemüse oder Kräutern für die Mahlzeiten helfen. Wenn Kinder bei der Gartenarbeit mithelfen, beginnen sie zu verstehen, was benötigt wird, um einen Garten oder ein Grundstück zu pflegen, und sie werden ihr Haus und ihre Umgebung mehr respektieren.

5. Bezahlen von Rechnungen: Die meisten Kinder sind von Geld fasziniert. Zeigen Sie ihnen, wie Sie Ihren Haushalt führen und Rechnungen bezahlen, und beziehen Sie sie in einen Teil des Prozesses ein. So werden die Kinder allmählich an die Realität herangeführt, wie viel Geld in den Haushalt kommt, aus welchen Quellen es stammt und wie viel Geld ausgegeben wird und wofür. Dies wird (natürlich nicht über Nacht) zu einer reiferen, verantwortungsvolleren Haltung und zu einem Verständnis für die begrenzten Ressourcen der Familie und die Notwendigkeit, Prioritäten zu setzen und zu haushalten, führen.

Wie Sie sich mehr Zeit für die besondere Zeit nehmen können

Auch wenn Sie nicht so viel Zeit dafür einplanen können, wie Sie es sich wünschen, können Sie die besondere Zeit in Ihren Tagesablauf einbauen, indem Sie kleine Zeitabschnitte nutzen, in denen Sie ohnehin mit Ihren Kindern zusammen sind:

- Setzen Sie sich bei den Mahlzeiten zu Ihren Kindern und unterhalten Sie sich abwechselnd mit jedem ein paar Minuten.
- Wann immer Sie mit nur einem Kind zusammen sind (im Auto, im Bus, auf dem Markt, auf dem Weg zur Schule, beim Warten auf ein anderes Kind, beim Warten auf einen Termin und so weiter), nutzen Sie die Zeit, um Ihre Beziehung zu diesem Kind zu verbessern und zu vertiefen. Sie können darüber sprechen, was Sie um sich herum sehen, was Sie gerade getan haben und was Sie gleich tun werden. Zeigen Sie Interesse an dem, wofür sich Ihr Kind interessiert, und teilen Sie Ihre eigene Begeisterung.
- Nutzen Sie den Mittagsschlaf Ihres jüngeren Kindes nicht nur dazu, die Hausarbeit nachzuholen, sondern auch, um ein paar Minuten mit dem älteren Kind zu spielen.
- Versetzen Sie die Schlafenszeiten Ihrer Kinder so, dass das jüngste am frühesten ins Bett gebracht wird, dann das nächstälteste und so weiter. Ich empfehle dies aus mehreren Gründen sehr:

Schlüsselkonzept

Die besondere Zeit reduziert negatives aufmerksamkeitsheischendes Verhalten.

Wenn das ältere länger aufbleiben darf als sein jüngeres Geschwisterkind, zeigt ihm das, dass es einige Vorteile hat, älter zu sein. Es hilft ihm auch, zu erkennen, dass es sich lohnt, der Vernünftigere und Verantwortlichere zu sein.

Die besondere Zeit ist für Eltern einfacher zu handhaben, wenn sie nicht auf das jüngere Kind aufpassen müssen, da dies bereits im Bett ist.

Tipps, um die besondere Zeit effektiver zu gestalten

- *Verbringen Sie Ihre besondere Zeit gemeinsam auf eine Weise, die kein Geld kostet. Andernfalls könnten Sie sich leicht dazu verleiten lassen, die Kinder für ihre besondere Zeit regelmäßig ins Kino, zum Einkaufsbummel oder zum Essen auszuführen.*
- *Das älteste Kind wird wahrscheinlich immer ein bisschen mehr besondere Zeit brauchen als die anderen Kinder. Das liegt daran, dass das Älteste von seiner Geburt bis zum Auftauchen des zweiten Kindes immer der König von allem war, was es überblicken konnte. Es hatte eine exklusive Beziehung zu seinen Eltern, und das vermisst es vielleicht noch Jahre nach der Geburt der Geschwister. Das ist einer der Gründe, warum das älteste Kind häufig am eifersüchtigsten oder am konkurrenzorientiertesten ist. Die zweiten und dritten Kinder in der Familie wurden in eine Kinderwelt hineingeboren und mussten ihre Eltern immer teilen, deshalb akzeptieren sie das als etwas Natürliches. Sorgen Sie also dafür, dass Ihr ältestes Kind täglich seine besondere Zeit bekommt, auch wenn es so tut, als wolle oder brauche es das nicht.*
- *Kinder brauchen besondere Zeit mit beiden Elternteilen, aber sie brauchen sie besonders mit dem gleichgeschlechtlichen Elternteil. Für ein Kind ist die wichtigste Person in seinem Universum der gleichgeschlechtliche Elternteil. Das ist die Person, von der Ihr Kind annimmt, dass es zu ihr heranwachsen wird. Wenn die wichtigste Person in seiner Welt eindeutig mit ihm zusammen sein will, gerne Zeit mit ihm verbringt und sicherstellt, dass diese besondere Zeit eingeplant wird, wirkt das Wunder für das Vertrauen und das Selbstwertgefühl des Kindes.*
- *Das kann ein Problem für Jungen sein, die oft mehr Zeit mit ihren Müttern als mit ihren Vätern verbringen. Deshalb hier meine eindringliche Bitte an alle Väter: Egal, wie beschäftigt oder gestresst Sie sind, nehmen Sie*

sich wenigstens zehn Minuten am Tag für eine besondere Zeit mit Ihrem Sohn. Wenn Sie regelmäßig nach der Schlafenszeit der Kinder nach Hause kommen, könnten Sie und Ihr Sohn vielleicht früher aufstehen und morgens vor der Schule zehn Minuten zusammen verbringen. Nutzen Sie jede zusätzliche Zeit, die Sie an Wochenenden und in den Ferien haben, um mehr besondere Zeit einzuplanen. Wenn Sie beruflich unterwegs sind, vereinbaren Sie, dass Sie täglich mit jedem Kind per Telefon, SMS, E-Mail oder den guten alten Postkarten kommunizieren.

- *Wenn ein Junge, aus welchem Grund auch immer, keine regelmäßige besondere Zeit mit seinem Vater oder Stiefvater verbringen kann, empfehle ich der Mutter, ein männliches Vorbild zu finden, das einspringt. Das kann ein Verwandter, ein Freund der Familie, ein Nachbar oder sogar ein Lehrer sein.*
- *Häufige, vorhersehbare und als solche gekennzeichnete besondere Zeit kommt allen in der Familie zugute:*
  - *Wenn die wichtigsten Menschen in seiner Welt immer wieder den Wunsch zeigen, Zeit mit ihm zu verbringen, wächst das Selbstvertrauen Ihres Kindes, seine Begeisterung für das Leben, seine Bereitschaft, auch unangenehme Aufgaben anzugehen, und seine Motivation, es Ihnen recht zu machen, stetig.*
  - *Sowohl für Eltern als auch für das Kind entsteht durch die besondere Zeit ein Vorrat an angenehmen Erinnerungen. Dies macht es Ihnen leichter, sich bei jeder unangenehmen Konfrontation an die guten Eigenschaften Ihres Kindes zu erinnern. Und Ihrem Kind hilft es, sich an Ihre guten Eigenschaften zu erinnern. Alle bleiben ruhiger.*

Aus rein praktischer Sicht verbessert die besondere Zeit das Verhalten – sowohl unseres als auch das des Kindes! Sie werden weniger aufmerksamkeitsheischendes Verhalten, weniger Rivalität zwischen den Geschwistern und mehr Kooperation feststellen.

Technik E der Vorbereitung auf den Erfolg: Sich über Familienregeln und Erwartungen einig werden

Warum es so wichtig ist, eine vereinte Front zu bilden, und wie man sie erreicht

Kinder profitieren von Beständigkeit. Konsistente Regeln und Routinen ermöglichen es Ihrem Kind, sich wohlzufühlen, weil seine Umgebung vorhersehbar und damit emotional sicher ist. Wie bereits erwähnt, wird Ihr Kind bei konsistenten Regeln und Routinen weniger Zeit mit Verhandlungen, Streit und Austesten verbringen.

Manchmal möchte man als Elternteil vielleicht nicht mit konsistenten Regeln und Routinen leben, weil diese für Eltern genauso bindend sind und es unsere Freiheit, spontan zu sein, einschränkt! Aber Beständigkeit ist das, was unsere Kinder brauchen. Das gilt besonders für das sensible, anstrengende oder emotional unreife Kind, dessen natürliche Rhythmen oft unbeständig und unberechenbar sind. Es braucht unsere Hilfe, um auf den Boden der Tatsachen zu kommen und dort zu bleiben. Das Kind, das uns ständig um eine Ausnahme bittet, ist genau das Kind, das mit Ausnahmen nicht gut umgehen kann. Es speichert die Ungereimtheiten in seinem Langzeitgedächtnis und benutzt sie später, um uns umzustimmen. Es wird süchtig nach dem Versuch, mit kleinerem und größerem Fehlverhalten durchzukommen. Wenn Sie sich mit Ihrem Partner einig werden, schaffen Sie es, konsequenter zu werden.

Warum es herausfordernd sein kann, eine Einheit zu werden

Selbst in Familien, in denen beide Elternteile Vollzeit arbeiten, verbringen die Mütter oft mehr Zeit mit den Kindern. Mütter übernehmen in der Regel einen größeren Teil der täglichen Disziplinierung und überwachen den Tagesablauf der Kinder, indem sie sie pünktlich aus dem Haus bringen, dafür sorgen, dass die Musikübungen gemacht werden, sie ein Bad nehmen und so weiter. Daher ist es für Mütter leicht, einseitig Regeln zu erklären und Konsequenzen zu verhängen, ohne vorher den Partner zu konsultieren. Das ist verständlich, führt aber zu Problemen.

Sich zu einigen, ist nicht immer einfach, und dies kann einer der Gründe dafür sein: Sie kennen wahrscheinlich das Sprichwort »Gegensätze ziehen sich an«. Nachdem ich Tausenden von Familien geholfen habe, eine Einheit zu bilden, ist meine Erfahrung: »Gegensätze ziehen sich an – am Anfang. Und dann nerven sie!« Im Allgemeinen fühlen wir uns zunächst zu unseren Gegensätzen hingezogen, aber dann stellen wir oft fest, dass wir entgegengesetzte Werte oder entgegengesetzte Vorstellungen von Kindererziehung haben. Eine Frau, die organisiert und detailorientiert ist, wählt vielleicht einen Partner, der eher entspannt ist und somit ihre Persönlichkeit ausgleicht. Wenn sie Kinder haben, könnte sich die Mutter darüber ärgern, dass der Vater in seiner Herangehensweise an die Kindererziehung flexibler und spontaner ist. Das kann zu Streit zwischen den Eltern führen.

Wenn der Vater nach Hause kommt, ist er vielleicht verwirrt über die Routinen, ein bisschen wie ein Außenstehender. Deshalb zögert er, sie durchzusetzen, und überlässt das meiste lieber der Mutter. Außerdem möchte er in den wenigen kostbaren Stunden mit seinen Kindern nicht als der »Bösewicht« dastehen, also lässt er die Kinder Dinge tun, die die Mutter nicht erlauben würde. Die Mutter wiederum ist wütend, dass der Vater sie nicht »unterstützt«. Diese Situation frustriert beide Elternteile und kann die Mutter in den Augen der Kinder zur Hexe und den Vater zum Spielkameraden machen, auf den man nicht hören muss. Es kann sogar die Mutter in den Augen des Vaters zu einer launenhaften, hysterischen Frau machen. Und, wie wir alle wissen, sind Kinder schnell dabei, zu teilen und zu erobern, wobei sie Verwirrung, Schuldgefühle und Verstimmungen voll ausnutzen.

Der grundlegendste Punkt einer vereinten Front ist, nicht vor den Kindern zu streiten. Zum Streiten gehören immer zwei, also muss jeder Elternteil darauf achten, nicht negativ zu reagieren, wenn der andere anfängt zu zanken, sich zu beschweren oder zu kritisieren. Dies wird einfacher, wenn Eltern sich regelmäßig die Zeit nehmen, sich zusammenzusetzen und darüber zu sprechen, welche Regeln, Routinen, welche Belohnungen und Konsequenzen sie umsetzen wollen.

Es ist wichtig, dass Sie sich gegenseitig unterstützen. Manchmal zögern Eltern, dies zu tun, weil sie die falsche Vorstellung haben, dass das Kind das Gefühl habe, die Eltern würden sich gegen es »verbünden«, und sich dadurch eingeschüchtert fühlen könnte. Es ist nichts Ungerechtes an einer vereinten Front! Sie sendet dem Kind die klare Botschaft, dass sich beide Elternteile über das geforderte Verhalten einig sind und dass es ihnen wichtig genug ist, aktiv auf dieses Verhalten zu bestehen.

Oft berichten mir Mütter, dass selbst dann, wenn sie sich mit ihrem Partner zusammensetzen und eine Regel vereinbaren, der Ehemann diese dann vergisst und sich nicht daran hält. Ein Grund dafür ist, dass es keine echte Diskussion war. Wahrscheinlich wollte sich der Vater nach der Arbeit entspannen, Zeitung lesen oder Nachrichten sehen, als sich die Mutter neben ihn aufs Sofa setzte und sich über ein Problem beschwerte, mit dem sie schon seit Stunden beschäftigt war. Der Vater hörte nur halb zu, weil er sich noch nicht von dem gelöst hatte, was er gerade getan oder gedacht hat. Die Mutter sagte, was ihrer Meinung nach die Lösung sein sollte, und der Vater murmelte eine Version von »Ja, Schatz, einverstanden, klingt nach einer guten Idee«. Die Mutter nahm nun an, dass dies eine gemeinsam vereinbarte Lösung ist, aber wir sehen, dass das nicht der Fall war. Gemeinsame Lösungen zu finden, erfordert die Aufmerksamkeit beider Elternteile. Interessanterweise ist keine Einigkeit darüber erforderlich, was das Problem ist. Was benötigt wird, ist die Bereitschaft, Lösungen zu finden, auch wenn dies mit Kompromissen verbunden sein wird.

Eine Strategie, um sich zu vereinen

Lösungsgespräch

Wenn Sie feststellen, dass es schwierig ist, die vereinte Front aufrechtzuerhalten, nehmen Sie sich nach Möglichkeit jeden Tag 15 Minuten Zeit für das, was ich Lösungsgespräch nenne. Wenn ein Elternteil nicht in der Stadt ist, kann das Lösungsgespräch per Telefon stattfinden. Während dieser heiligen Viertelstunde wählen die Eltern einen Bereich der Unstimmigkeiten oder Konflikte aus, und beide Elternteile tragen Ideen für mögliche Lösungen bei. Damit das Lösungsgespräch funktioniert, ist es wichtig, diese Richtlinien zu beachten:

- Verbringen Sie nicht mehr als 15 Minuten damit. Andernfalls driftet Ihr Fokus von den Lösungen weg und auf das Reden über die Probleme.
- Schildern Sie das Problem in nicht mehr als einem Satz. Konzentrieren Sie sich dann sofort auf mögliche Lösungen. Sonst kann es passieren, dass man die 15 Minuten damit verbringt, das Problem wiederzukäuen (was in der Regel auch Schuldzuweisungen beinhaltet), weil man zwar das Problem kennt, nicht aber die Lösung.
- Wenn Sie Lösungsgespräche führen, überlegen Sie sich jedes Mal abwechselnd ein Problem, für das Sie beide eine Lösung finden wollen.
- Wechseln Sie sich innerhalb des Lösungsgesprächs mit möglichen Lösungen ab, damit nicht ein Elternteil das Gespräch monopolisiert, während der andere passiv und möglicherweise skeptisch und verärgert bleibt.
- Kritisieren Sie niemals die Vorschläge des anderen.
- Beide Elternteile sollten alle möglichen Lösungen aufschreiben.
- Beide Elternteile müssen sich verpflichten, alle Lösungsmöglichkeiten, die sich nicht gegenseitig widersprechen, umzusetzen.
- Achten Sie darauf, ein Lösungsgespräch nicht nach halb zehn Uhr abends zu führen, denn müde Eltern sind reizbare Eltern.

Ein Ehepaar, das an einem *Entspannter, leichter und glücklicher Kinder erziehen*-Kurs teilnahm, zeichnete diesen Ausschnitt aus einem ihrer Lösungsgespräche auf:

Mutter: *Lass uns über das Frühstück sprechen.*
Vater: *Wo ist das Problem? Erschaffe kein Problem, wenn es keins gibt.*

Mutter: *Es gibt eins. Es gibt ein Problem. Für mich, weil ich hier bin. Die Kinder sind zu beschäftigt damit, Cartoons zu gucken, um vernünftig zu essen. Tom braucht ewig, um fertig zu werden, und dann spielt er, wenn er sich anziehen sollte. Und Wendy …*
Vater: *Moment! Keine weiteren Probleme! Lass uns einfach das lösen, was du gesagt hast. Über den Rest können wir morgen reden.*
Mutter: *In Ordnung. Lösungen. Ähm … Ich weiß eigentlich, dass wir den Fernseher auslassen sollten, während sie essen.*
Vater: *Warum müssen sie ihn morgens überhaupt anmachen? Ich wäre froh, wenn der Fernseher morgens nicht laufen würde. Dann könnte man sich auch mal unterhalten.*
Mutter: *Aber, aber … na gut. Sie werden einen Aufstand machen … aber ich denke, sie werden sich daran gewöhnen.*
Vater: *Und dann können sie sich auf ihr Müsli konzentrieren.*
Mutter: *Eine Mutter aus der Klasse hat erzählt, dass sie eingeführt hat, dass sich ihre Kinder jetzt vor dem Frühstück komplett anziehen. Sogar ihre Rucksäcke neben die Tür stellen. Und die Haare kämmen.*
Vater: *Das würde bei Wendy nicht funktionieren. Sie ist so ein Trödelkind.*
Mutter: *Bleib positiv!*
Vater: *(stöhnt) Okay. Positiv. Lass es uns versuchen.*
Mutter: *Für wie lange? Zwei Wochen?*
Vater: *Ja. Zwei Wochen. Aber was, wenn sie mit dem Frühstück nicht fertig werden, wenn es Zeit ist, aus dem Haus zu gehen?*
Mutter: *Dann wecke ich sie zehn Minuten früher.*
Vater: *Okay. Aber wir müssen es ihnen vorher sagen. Sonst ist es nicht fair.*
Mutter: *Geben wir ihnen ein bisschen Vorlaufzeit, sodass es am Mittwoch losgeht. So haben sie noch zwei Tage Morgenfernsehen. Danach nicht mehr.*
Vater: *Hey, die Zeit ist um! Wir sind positiv geblieben!*

Alleinerziehende haben natürlich nicht dieses Problem, eine vereinte Front aufrechterhalten zu müssen. Aber auch Alleinerziehende brauchen Unterstützung, und häufige Lösungsgespräche mit einem Freund oder einer Freundin sind eine hervorragende Möglichkeit, um Feedback und Unterstützung zu bekommen. Zur Not muss der Freund nicht einmal selbst ein

Kind haben. Ein offenes Ohr und eine mitfühlende Anwesenheit reichen oft schon aus, um den Fokus vom Jammern auf die Suche nach Lösungen zu verlagern und diese dann auch umzusetzen.

Eltern fragen oft, wie wichtig es ist, eine vereinte Front bei getrennten oder geschiedenen Eltern zu haben. Glücklicherweise lernen Kinder sehr früh, sich abzugrenzen. Sie erkennen bald, dass an verschiedenen Orten unterschiedliches Verhalten akzeptabel ist. Schule, Kirche, Großeltern, bei Freunden zu Hause, Tanzunterricht et cetera – all diese unterschiedlichen Orte haben ihre eigenen Regeln. Kinder können das gut verkraften. Natürlich wäre es unter dem Gesichtspunkt der Beständigkeit besser, wenn Eltern, die in verschiedenen Haushalten leben, dieselben Regeln und Erwartungen, dieselben Belohnungen und Konsequenzen, dieselben Werte hätten. Aber das ist nicht notwendig. Was für Kinder verwirrend ist, sind unterschiedliche Erwartungen am selben Ort. Deshalb ist Beständigkeit so wichtig.

Die Vorbereitung auf den Erfolg in die Praxis umsetzen: Ihr Aktionsplan für die ersten zwei Wochen

Mein Ziel ist, dass Sie die *Entspannter, leichter und glücklicher Kinder erziehen*-Strategien sofort in die Praxis umsetzen können. Jetzt werde ich zeigen, wie Sie fast jedes störende Verhalten deutlich reduzieren können, indem Sie die Techniken der *Vorbereitung auf den Erfolg* mit dem *beschreibenden Loben* kombinieren. Immer, wenn Sie Ihrem Kind eine neue Routine oder Verhaltensweise beibringen möchten, gibt es eine Reihe entscheidender Fragen, die Sie sich im Zusammenhang mit den *Vorbereitung auf den Erfolg*-Techniken stellen sollten. Jede Frage bezieht sich auf eine separate Technik.

Wenden wir nun diese Fragen auf eine neue Routine oder Erwartung an. Wählen Sie zwei Verhaltensweisen aus, die Sie verbessern möchten, und folgen Sie diesen Schritten. Um die Anwendung der Fragen zu veranschaulichen, habe ich zwei lästige Angewohnheiten ausgewählt, über die sich Eltern oft beschweren:

Beispiel: Kinder trödeln oder machen viel Theater beim Anziehen

1. Vorbereitung auf den Erfolg

- **Vereinte Front: »Sind mein Partner und ich uns einig, was die Regel oder die Erwartung ist?«**
  Entscheiden Sie mit Ihrem Partner, falls Sie einen haben, wie die Regel aussehen soll. Finden Sie einen Kompromiss, falls Sie unterschiedliche Ansichten haben. Das mag nicht immer leicht sein, wird aber mit etwas Übung leichter. Wenn Sie keinen Partner haben, können Sie diese Frage überspringen. Aber oft hilft es trotzdem, das Problem mit jemandem zu besprechen.
  In diesem Beispiel könnte die Regel lauten: Bevor du ins Bett gehst, musst du deine Kleidung für den nächsten Tag herauslegen. Und die musst du dann morgens anziehen.
- **Klare Regeln und Erwartungen: »Habe ich meinem Kind ausdrücklich gesagt, wie die Regel lautet?«**
  Vergewissern Sie sich, dass Ihr Kind die Regel oder Routine kennt und versteht. Nehmen Sie nicht an, dass es sie kennt, auch wenn sie Ihnen offensichtlich erscheint. Denken Sie daran, dass Sie die vier magischen Worte verwenden können: »Die neue Regel ist …« Bitten Sie das Kind dann, Ihnen die neue Regel zu erläutern.
  Sie können diesen Schritt überspringen, wenn Sie eine alte Regel verbessern, anstatt eine neue Regel einzuführen.
- **»Machen wir jeden Tag ein paar Durchenken-Übungen dazu, indem wir mehrere »W«-Fragen (siehe Seite 91) zu dieser Regel stellen und das Kind in seinen eigenen Worten antworten lassen?«**
  Hier einige mögliche Durchdenken-Fragen, die Ihr Kind beantworten könnte:

  - *Wer legt deine Kleidung für die Schule bereit?*
  - *Wann musst du deine Kleidung für den nächsten Schultag heraussuchen?*
  - *Was musst du tun, bevor wir Gutenachtgeschichten lesen?*
  - *Warum musst du das anziehen, was du am Abend zuvor ausgesucht hast?*

Ihr Kind muss erklären, wie die Regel lautet, und die Fragen zu Ihrer Zufriedenheit beantworten. Zunächst wird es Ihnen vielleicht eine Antwort geben, die fast, aber nicht ganz richtig ist. Präzisieren Sie bei Bedarf die Regel und fragen Sie es erneut. Eventuell antwortet Ihr Kind in einem unfreundlichen Tonfall. Dann muss es die Antwort in einem respektvollen Tonfall wiederholen. Wenn es das tut, denken Sie daran, es beschreibend zu loben: »Das ist genau richtig. Du hast dir die Regel gemerkt und hast sie höflich erklärt.«

- **Die Umgebung vorbereiten: »Wie kann ich es meinem Kind leichter machen, die Regel zu befolgen?«**
  Zum Beispiel kann die Kleidung für die Schule in einem niedrigen Regal oder auf einer niedrig hängenden Stange aufbewahrt werden, sodass Ihr Kind sie leicht erreichen kann. Sie können dafür sorgen, dass nur saisonal passende Kleidung zur Verfügung steht. Wenn Ihr Kind überfordert ist, weil es zu viele Auswahlmöglichkeiten hat, begrenzen Sie die Auswahl auf zwei, drei Sachen, die für Sie akzeptabel sind.

Visuelle Erinnerungen: »Wie kann ich vermeiden, mich Tag für Tag zu wiederholen?«

Eine Tabelle für die Zubettgeh-Routine kann Stress und Nörgelei reduzieren. Eine andere Art der visuellen Erinnerung ist das einfache Zeigen auf die Kommode oder den Kleiderschrank. Je weniger wir sagen, desto mehr hören unsere Kinder zu, wenn wir eine Anweisung geben.

- **Realistisch planen: »Lasse ich in der Zubettgeh-Routine genug Zeit für das Herauslegen der Kleidung?«**
- **Besondere Zeit: »Verbringen wir regelmäßige Einzelzeit mit jedem Kind?«**
  Mit der Zeit wird dies den Drang Ihres Kindes verringern, sich danebenzubenehmen, um Ihre Aufmerksamkeit zu bekommen. Kinder werden weniger widerspenstig, das zu tun, was wir von ihnen verlangen, wenn sie regelmäßig Zeit mit jedem Elternteil allein verbringen.

2. Beschreibendes Lob

- **»Bemerke und erwähne ich jedes Mal, wenn mein Kind sich an die Regel erinnert oder einen kleinen Schritt in die richtige Richtung macht?«**
  Wir müssen positives Verhalten verstärken, aber manchmal fällt es am schwersten, an diesen Teil zu denken. Denn es ist leicht, gutes Verhalten für selbstverständlich zu halten.

  – *Du hast schon deine Socken und Schuhe rausgelegt. Und ich habe dich nur einmal darum gebeten.*
  – *Du hast noch nicht nach einer Geschichte gefragt. Du erinnerst dich, dass du noch etwas erledigen musst.*
  – *Du hast schon alles vorbereitet, was du morgen für die Schule brauchst. Sehr verantwortungsbewusst!*

Beispiel: Nörgeln/Quengeln

Das Beispiel des Nörgelns oder Quengelns habe ich im Abschnitt »Beschreibendes Lob« verwendet, aber jetzt wollen wir die *Vorbereitung auf den Erfolg*-Strategien hinzufügen, um dieses lästige Verhalten noch schneller zu reduzieren.

1. Vorbereitung auf den Erfolg

- **Vereinte Front: »Sind mein Partner und ich uns einig, was die Regel beziehungsweise Erwartung ist?«**
  In diesem Beispiel lautet die neue einzuführende Regel: Solange du mit mir in einer respektvollen (höflichen oder freundlichen) Stimme sprichst, werde ich dir antworten.
- **Klare Regeln und Erwartungen: »Habe ich meinem Kind explizit gesagt, wie die Regel lautet?«**
- **»Machen wir jeden Tag ein paar Durchdenken-Übungen dazu, indem wir mehrere »W«-Fragen (siehe Seite 91) zu dieser Regel stellen und das Kind mit eigenen Worten antworten lassen?«**
  Hier mögliche Durchdenken-Fragen, die Ihr Kind beantworten könnte:

  - *Wenn du mir eine Frage stellen willst, welche Art von Stimme solltest du benutzen?*
  - *Warum sollst du eine respektvolle Stimme benutzen?*
  - *Wie verhalte ich mich, wenn du höflich mit mir sprichst?*
  - *Wer entscheidet, ob deine Stimme respektvoll ist?*

  Wenn Ihr Kind richtig antwortet, denken Sie daran, beschreibend zu loben: »Ja, du hast dich erinnert. Ich antworte nur, wenn du mich mit freundlicher Stimme ansprichst.«

- **Die Umgebung vorbereiten: »Mache ich es meinem Kind leicht, das Richtige zu tun?«**
  Wenn Sie sich zum Beispiel mit gesunden Snacks eindecken und zuckerhaltige Knabbereien abschaffen, werden Sie viele Nörgeleien vermeiden.

Visuelle Erinnerungen: »Habe ich mir eine Möglichkeit überlegt, mein Kind zu erinnern, ohne mich zu wiederholen?«

Das kann eine Tabelle, ein Schild oder eine einfache Geste sein; all das ist freundlicher und weniger emotional aufgeladen als eine verbale Erinnerung.

- **Realistisch planen: »Habe ich darauf geachtet, dass mein Kind nicht zu hungrig oder zu müde ist? Habe ich dafür gesorgt, dass mein Kind ausreichend Bewegung und frische Luft bekommt?«**
  Diese Faktoren machen einen großen Unterschied beim Nörgeln aus.

- **Besondere Zeit: »Verbringe ich mit jedem Kind häufige, vorhersehbare Einzelzeit?«**
  Kinder quengeln weniger, wenn sie mit jedem Elternteil regelmäßig Einzelzeit haben.

2. Beschreibendes Loben

- **»Bemerke und erwähne ich jedes Mal, wenn mein Kind sich an die Regel erinnert oder einen Schritt in die richtige Richtung macht?«**
  – *Was für eine höfliche, freundliche Stimme! Jetzt höre ich dir gerne zu.*
  – *Du hast angefangen zu quengeln, aber dann hast du dich an die Regel erinnert und aufgehört.*
  – *In der letzten halben Stunde habe ich kein Gejammer gehört, nur eine respektvolle, ruhige Stimme!*

Was Eltern wissen wollen

F: *Mein zehnjähriger Sohn ärgert mich gerne absichtlich, deshalb gibt er mir manchmal dumme Antworten, wenn ich mit den Durchdenken-Fragen anfange. Wie kann ich ihn dazu bringen, mich ernst zu nehmen?*
A: *Manchen Kindern gefällt es, ihre Eltern zu ärgern, und sie werden sogar abhängig nach negativer Aufmerksamkeit. Oder Albernheit ist einfach die Art und Weise, wie Ihr Kind es gewohnt ist, in der Familie wahrgenommen zu werden. Wenn Ihr Sohn versucht, einen Witz aus dem Durchdenken zu machen, lächeln Sie einfach und sagen: »Du hast einen guten Sinn für Humor. Jetzt antworte mir richtig.« Wenn er die Albernheit wiederholt, sagen Sie: »Ich sehe, du bist nicht bereit, vernünftig zu antworten. Ich werde dich später fragen«, und gehen Sie weg. Ziemlich bald wird er zu Ihnen kommen und etwas von Ihnen wollen. An diesem Punkt können Sie etwas sagen wie: »Ich unterhalte mich gerne mit dir darüber, nachdem du meine Fragen vernünftig beantwortet hast.« Es wird nicht lange dauern, bis Ihr Sohn einsieht, dass Sie das Sagen haben, und daraufhin wird er Sie mehr und mehr respektieren. Denken Sie daran, dass Kinder unsere positive Aufmerksamkeit brauchen und sich danach sehnen. Wenn Sie sich nicht aufregen, werden Ihre Kinder bald erkennen, dass es einfacher ist, Ihre positive Aufmerksamkeit zu bekommen, indem sie das Richtige tun, als Ihre negative Aufmerksamkeit zu bekommen, indem sie das Falsche tun.*

Zusammenfassung

Wenn Sie die *Vorbereitung auf den Erfolg* ausführen, planen Sie vorausschauend und denken Sie darüber nach, was passieren könnte, basierend auf Ihren Erfahrungen in der Vergangenheit. Sie können mögliche Probleme vermeiden, indem Sie Dinge in die Wege leiten, die es Ihren Kindern leichter machen, das Richtige zu tun.

- Bilden Sie mit Ihrem Partner, falls Sie einen haben, eine vereinte Front und einigen Sie sich auf die Regeln und Routinen, die Ihre Kinder befolgen sollen.
- Verwenden Sie Durchdenken, um Regeln und angemessenes Verhalten zu klären und zu verstärken. Führen Sie das Durchdenken über den Tag verteilt zu neutralen Zeiten durch, bevor ein Fehlverhalten auftritt. Achten Sie darauf, dass Ihr Kind das Reden übernimmt und dass jedes Durchdenken nur 60 Sekunden dauert.
- Bereiten Sie die Umgebung so vor, dass es für Ihr Kind leichter ist, das Richtige zu tun.
- Planen Sie Ihren Tag realistisch, damit Sie und Ihre Kinder mehr Zeit haben, Dinge richtig zu machen, und es sich nicht so stressig anfühlt, wenn etwas schiefläuft.
- Nehmen Sie sich Zeit für die besondere Zeit, da sie negative Aufmerksamkeit und Geschwisterrivalität erheblich reduziert.

Das Ziel der Vorbereitung bei den Erfolg-Strategien ist es, es unseren Kindern immer leichter zu machen, das Richtige zu tun und sich immer öfter gut zu verhalten. All diese Techniken helfen Kindern, kooperativer, zufriedener, motivierter, selbstständiger und rücksichtsvoller zu werden. Im Ergebnis werden wir so viel mehr Dinge haben, um die Kinder beschreibend zu loben! Unsere Kinder werden entspannter, ruhiger und glücklicher sein – und wir auch.

Kapitel 5:

Reflektierendes Zuhören: Wie man Nörgeleien und Fehlverhalten minimiert, indem man Frustration, Wut und Ängste entschärft

Belehren, argumentieren und drohen hat einfach nicht funktioniert

Als mein Sohn sechs Jahre alt war, war er in einer Fußballmannschaft. Er hatte ursprünglich erwartet, in eine Mannschaft mit seinen Freunden zu kommen, aber leider war in dieser Mannschaft kein Platz mehr frei. Es kam der Tag, an dem seine Mannschaft gegen die Mannschaft spielen musste, in der seine Freunde waren. Ich dachte, es würde ihm Spaß machen, mit all seinen Freunden auf dem Feld zu spielen, aber nach etwa einer Minute Spielzeit kam mein Sohn vom Feld, sah traurig aus und sagte, er wolle nicht mehr spielen.

Zuerst versuchte ich, ihn zu ermutigen, wieder auf das Spielfeld zu gehen. Als das nicht funktionierte, versuchte ich, ihm einen Vortrag darüber zu halten, wie wichtig es ist, Teil eines Teams zu sein. Als ihn das nicht überzeugte, drohte ich ihm damit, dass er keine Süßigkeit bekommen würde, wenn er nicht wieder mitspielen würde. Nichts funktionierte.

Mir wurde klar, dass ich die Dinge nicht besser machte, also dachte ich, ich versuche es mit reflektierendem Zuhören. Ich wusste nicht genau, wie ich anfangen sollte, also sagte ich: »Es scheint, als ginge es dir nicht so gut.« Er erwiderte: »Nein, mir geht's gut.« Also versuchte ich es noch einmal mit: »Vielleicht hast du Angst, dass du nicht so gut bist wie die anderen Spieler.« Er schüttelte den Kopf. Ich hatte ihn auf meinem Schoß und redete freundlich mit ihm, anstatt verärgert zu sein.

Dann öffnete er sich und erklärte unter Tränen, dass seine Freunde ihn hänselten und sagten, er sei in einem Verliererteam und dass sein Team »untergehen« würde, und er wolle nicht gegen sie spielen. Ich versuchte, gut zuzuhören, wie er sich fühlte, und antwortete: »Es tut dir weh, wenn du gehänselt wirst, auch wenn deine Freunde denken, dass sie nur ein bisschen Spaß machen.« Er bestätigte das mit einem »Ja«.

Er schien erleichtert zu sein, dass ich es verstand, und war dann in der Lage, viel schneller über seinen Kummer hinwegzukommen, als es normalerweise der Fall gewesen wäre. Ich fühlte mich auch besser, weil ich wusste, dass ich ihm wirklich geholfen hatte.

Mutter von zwei Kindern, 8 und 6 Jahre alt

Nachdem Sie nun die ersten beiden *Entspannter, leichter und glücklicher Kinder erziehen*-Strategien in die Praxis umgesetzt haben, stehen die Chancen gut, dass Ihre Kinder beginnen, anders zu reagieren, und sich ihr Verhalten verbessert. Ich spreche nicht von perfektem Verhalten, aber von deutlich verbessertem Verhalten. Das Familienleben wird immer entspannter, leichter und glücklicher. Das liegt daran, dass Sie mit dem beschreibenden Lob eine effektivere Methode haben, Ihre Kinder zu motivieren, sich gut verhalten zu wollen. Und Sie haben einige Vorbereitungen für die Erfolg-Techniken erlernt, die es Ihren Kindern leichter machen, Dinge richtig zu tun, und die dadurch eine Menge Fehlverhalten verhindern. Diese beiden Fertigkeiten sind untrennbar miteinander verbunden: Je mehr Ihre Kinder das Richtige tun, desto mehr Dinge werden Sie finden, die Sie beschreibend loben können!

So effektiv die ersten beiden Strategien auch sind, um Fehlverhalten zu reduzieren, wollen Eltern doch wissen, was zu tun ist, wenn etwas schiefläuft. Wahrscheinlich sind Ihnen schon Gedanken wie diese durch den Kopf gegangen: »Aber was, wenn er einen Wutanfall bekommt?«, oder: »Was, wenn sie losstampft und die Tür zuschlägt, während ich versuche, mit ihr zu reden?«, oder: »Was, wenn er seinen Bruder tritt?« Verzweifeln Sie nicht. Hier kommt unsere nächste Strategie ins Spiel. Am Ende dieses Kapitels werden wir Ihnen zeigen, wie Sie alle drei Fähigkeiten zusammen einsetzen können, um die meisten Probleme zu lösen, die Ihnen wahrscheinlich begegnen werden.

Reflektierendes Zuhören, die dritte Kernstrategie

Wenn unsere Kinder sich schlecht fühlen, verhalten sie sich oft auch schlecht. Sie sind unwillig zu kooperieren oder sie verweigern sich ganz wie der Junge in der obigen Geschichte. Unsere natürlichste Reaktion, wenn Kinder sich schlecht benehmen, ist, genau das zu tun, was diese Mutter tat. Sie belehrte ihn und führte alle Gründe an, warum er wieder auf das Feld gehen sollte, und dann begann sie zu drohen.

Es hilft, sich daran zu erinnern, dass ein Großteil des Fehlverhaltens auf starke Emotionen zurückzuführen ist, die Ihr Kind empfindet. Es kennt keine andere Möglichkeit zu kommunizieren, wie wütend, enttäuscht oder besorgt es ist. Wenn Kinder sich schlecht benehmen, ist es nicht verwunderlich, dass das nicht das Beste in uns hervorbringt! Wir können jedoch tun, was die Mutter in der Geschichte getan hat. Sie nahm sich einen Moment Zeit, um zu überlegen, warum ihr Sohn sich so benahm. Sie sah, dass ihr Sohn nicht absichtlich unkooperativ war; er wusste einfach nicht, was er sonst mit seinen intensiven Gefühlen anfangen sollte. Wenn Sie die dritte Kernstrategie, das reflektierende Zuhören, lernen, können Sie Ihren Kindern helfen, sich besser zu fühlen und sich deshalb auch besser zu verhalten.

Was ist reflektierendes Zuhören?

Reflektierendes oder empathisches Zuhören, wie es manchmal genannt wird, ist eine unschätzbare Strategie für unseren Erziehungswerkzeugkasten. Es hilft Kindern (und auch Erwachsenen), sich schneller und leichter durch ihre unangenehmen Gefühle zu bewegen, hin zur Akzeptanz oder zur Problemlösung. Reflektierendes Zuhören ist eine besondere Art zu reagieren, wenn wir sehen, hören oder spüren, dass unser Kind aufgewühlt ist oder eine unangenehme Emotion durchlebt. Bei manchen Kindern, besonders bei denen, die von Natur aus ein sensibleres, ausgeprägteres oder unflexibleres Temperament haben, können diese aufwühlenden Gefühle mehrmals am Tag ausbrechen.

Schlüsselkonzept

Reflektierendes Zuhören hilft, die Verstimmungen Ihres Kindes zu entschärfen.

Wann wenden Sie reflektierendes Zuhören bei Ihrem Kind an?

Und jetzt kommt die Herausforderung. Die Fähigkeiten, die ich bisher vermittelt habe, sind recht einfach – leicht zu verstehen und einfach genug, um sie sofort anzuwenden. Wenn ich das reflektierende Zuhören erkläre, werden Sie sehen, dass es Sinn ergibt und sogar einfach scheint. Die Herausforderung besteht darin, zu wissen, wann man es anwenden muss.

Wir sollten es anwenden, wenn unsere Kinder ein starkes, unangenehmes Gefühl haben. Aber Kinder können oft nicht artikulieren, was sie fühlen, sodass ihre großen Emotionen als Fehlverhalten zum Ausdruck kommen können – Verweigerung, Wutanfälle, Schlagen, Nörgeln. Wir neigen dazu, auf das Fehlverhalten des Kindes zu reagieren, anstatt zu erkennen, dass wir auch das Gefühl ansprechen müssen, das es auslöst.

Wenn zum Beispiel eines Ihrer Kinder das andere tritt, wie reagieren Sie dann? Wahrscheinlich werden Sie eingreifen und sagen: »Hör sofort auf, deinen Bruder zu treten! Geh in dein Zimmer!« Kommt Ihnen das bekannt vor? Oder vielleicht hat Ihre Tochter einen Wutanfall und schreit: »Ich hasse dich!« Eltern reagieren dann oft mit Argumentieren, Schimpfen, Zurückschreien oder der Androhung einer Konsequenz. Das ist eine verständliche Reaktion, aber leider hilft sie dem Kind nicht weiter. Denn unsere Aufgabe ist es in diesem Moment nicht nur, mit dem Fehlverhalten zurechtzukommen; sondern wir wollen dem Kind helfen, konstruktiver mit den Gefühlen umzugehen, die den Ausbruch ausgelöst haben. Wenn Sie reflektierendes Zuhören lernen, also jene zugewandte Art, die Gefühle Ihres Kindes konstruktiver wahrzunehmen, klären sich Fehlverhalten und Wutanfälle meist recht schnell.

Die moderne Hirnforschung kann dabei helfen, dies zu verstehen. Wenn unsere Kinder mitten in einer starken Emotion stecken, hat ihre »emotionale« rechte Gehirnhälfte die Kontrolle übernommen. Wir reagieren auf emotionale Ausbrüche in der Regel mit Logik und Vernunft, was Eigenschaften der linken Gehirnhälfte sind. Die Quintessenz ist, dass diese entgegengesetzten Gehirnhälften in diesem Moment nicht zusammenarbeiten können. Kinder können nicht auf die Logik der linken Gehirnhälfte reagieren, wenn sie von den Emotionen der rechten Gehirnhälfte beherrscht werden. Wenn Sie jedoch lernen, die Emotionen anzuerkennen, können die beiden Gehirnhälften zusammenarbeiten. Dies reduziert Fehlverhalten oft schneller, als Sie sich vorstellen können.

Warum wir unseren Kindern reflektierend zuhören müssen

Zu wissen, wie wir unseren Kindern helfen können, mit ihren Emotionen konstruktiv umzugehen, ist wichtig, sowohl um ihrer als auch um unserer selbst willen. Weil wir unsere Kinder lieben, werden wir schnell unruhig, wenn sie aufgebracht sind. Wir wollen ihnen helfen, damit es ihnen so schnell wie möglich besser geht. So fühlen auch wir uns besser. Je eher sich unsere Kinder besser fühlen – weniger wütend, frustriert, eifersüchtig oder verärgert sind –, desto leichter wird es für sie sein, zu kooperieren und sich besser zu verhalten.

Reflektierendes Zuhören ist mehr, als nur ein verständnisvolles Ohr zu haben. Es geht darum zu erlernen, auf das, was Sie hören oder sehen, zu reagieren. Es geht darum, sich die Zeit zu nehmen und sich die Mühe zu machen, zu versuchen zu verstehen, was Ihr Kind in diesem Moment fühlt, und ihm dann in Ihren Worten wiederzugeben, was Sie sich vorstellen, das es fühlt.

Was sind die Vorteile des reflektierenden Zuhörens?

Reflektierendes Zuhören zeigt, dass wir uns um die Gefühle des Kindes kümmern.

Natürlich kümmern sich Eltern um die Gefühle ihrer Kinder, aber reflektierendes Zuhören zeigt, dass wir uns darum sorgen. Man könnte annehmen, dass Kinder dies bereits wissen. Aber wenn wir uns ansehen, wie wir oft auf unsere Kinder reagieren, wenn sie aufgebracht sind, versteht man, warum diese nicht glauben, dass wir uns wirklich kümmern. Nehmen wir an, Ihr Sohn kommt nach Hause und sagt: »Der Lehrer hackt immer auf mir rum.« Sie könnten antworten: »Was hast du denn falsch gemacht?« Oder wenn Ihre Tochter sagt: »Niemand mag mich«, könnten Sie versucht sein zu antworten: »Sei nicht albern. Schau mal, wie viele Leute zu deiner Geburtstagsparty gekommen sind.«

Wir sind so darauf bedacht, unseren Kindern zu helfen, sich besser zu fühlen, dass wir leicht in die Falle tappen, ihre Gefühle abzutun und herunterzuspielen. Wenn wir leugnen, was unser Kind fühlt, oder versuchen, ihm seine Gefühle mit Argumenten auszureden, verursachen wir ungewollt ein zusätzliches Problem. Sein erstes Problem ist das, worüber es sich aufregt, und sein zweites Problem ist, dass es durch unsere Antwort den Eindruck bekommt, dass es nicht so empfinden sollte. Nichts davon hilft, über die Gefühle hinwegzukommen oder konstruktiv über

Lösungen nachzudenken. Reflektierendes Zuhören konzentriert sich darauf, die Stimmung des Kindes zu verändern, nicht darauf, seine Meinung zu ändern.

Reflektierendes Zuhören hilft Kindern, sich gehört und verstanden zu fühlen.
Das ist wichtig, denn mit Fehlverhalten und negativer Aufmerksamkeitssuche versuchen Kinder oft, uns zu zeigen, wie schrecklich sie sich fühlen. Sie versuchen zu zeigen, dass sie über etwas verstimmt sind. Wenn wir auf die übliche Art und Weise reagieren (mit Argumenten, Belehrungen, Zurechtweisungen und so weiter), werden Kinder noch frustrierter, weil es so wirkt, als würden wir ihre Gefühle nicht ernst nehmen. Reflektierendes Zuhören zeigt, dass wir versuchen zu verstehen, wie aufgebracht sie sind. Fühlen Kinder sich verstanden, erleben sie eine große Erleichterung. Dieses beruhigende Gefühl kann häufig unangenehme Emotionen entschärfen und explosive Situationen deeskalieren. Erst dann können Kinder anfangen, konstruktiv darüber nachzudenken, wie ein Problem gelöst oder eine Situation verbessert werden kann.

Reflektierendes Zuhören hilft Kindern mit der Zeit, ein Vokabular zu erlernen, um Gefühle auszudrücken.
Kinder sind oft nicht in der Lage, ihre Gefühle zu artikulieren. Haben Sie jemals zu einem aufgebrachten Kind gesagt: »Sag es mit deinen Worten«? Das ist etwas, was viele Erziehungsbücher empfehlen, aber das Problem mit diesem Ratschlag ist folgendes: Oft wissen Kinder nicht, welche Worte sie benutzen sollen! Deshalb neigen sie dazu, den Eltern mitzuteilen, dass sie sich schlecht fühlen, und zwar nicht, indem sie zusammenhängend über das Problem sprechen, sondern indem sie nörgeln, beschuldigen oder sich schlecht benehmen. Reflektierendes Zuhören ändert das. Mit der Zeit lernt das Kind durch reflektierendes Zuhören ein reichhaltiges und vielfältiges Vokabular, um seine Gefühle auszudrücken. Dies hilft Kindern, ihre Gefühle zu erkennen und zu verstehen (dies wird oft als emotionale Kompetenz oder emotionale Intelligenz bezeichnet). Kinder werden allmählich in die Lage versetzt, ihre Gefühle in Worten auszudrücken. Aus

verschiedenen Gründen geschieht dies bei Mädchen meist früher und bei Jungen später. Einige dieser Gründe sind kulturell bedingt, andere können entwicklungsbedingt sein. Aber sowohl Jungen als auch Mädchen können auf jeden Falllernen, ihre Gefühle zu verstehen, und lernen, sie reifer auszudrücken.

Wenn Eltern bereit sind, diese Technik konsequent anzuwenden, führt dies immer (wenngleich nicht sofort) zu besserem Verhalten, besseren sozialen Fähigkeiten und stärkerer Motivation sowie zu mehr Vertrauen und Kooperation. Auf diese Weise zuzuhören, gibt Kindern die Zeit, die sie brauchen, um ihre Emotionen zu verarbeiten, sie vollständig zu fühlen und dann ruhiger und gesünder aus der Situation hervorzugehen. Es gibt ein Sprichwort, das diesen Prozess beschreibt: »Was raus muss, muss raus.«

Ganze Bücher sind über reflektierendes Zuhören geschrieben worden, weil es fast magische Ergebnisse hervorbringt. Ich werde hier das reflektierende Zuhören in vier einfache Schritte unterteilen, damit Sie diese Fähigkeit sofort anwenden können.

Schlüsselkonzept

Sag es mit deinen Worten

Unseren Kindern zu sagen, sie sollen »ihre Worte benutzen«, funktioniert nicht. Kinder wissen nicht, welche Worte sie benutzen sollen!

Wie man reflektierend zuhört

Ich hoffe, Sie sind gespannt darauf, diese neue Technik zu erlernen! Zuerst werde ich Ihnen einen kurzen Überblick über die Schritte des reflektierenden Zuhörens geben, und dann werde ich jeden Schritt erläutern. Die Beispiele und Geschichten von Eltern werden diese Strategie verdeutlichen, sodass Sie sofort damit beginnen können, sie anzuwenden!

Die vier Schritte des reflektierenden Zuhörens

- **Schritt 1:** Schieben Sie Ihre eigenen Emotionen und Wünsche vorübergehend beiseite.
- **Schritt 2:** Lassen Sie alles stehen und liegen, was Sie gerade tun, schauen Sie Ihr Kind an und hören Sie zu.
- **Schritt 3:** Stellen Sie sich vor, was Ihr Kind fühlt, und spiegeln Sie das in Ihren Worten an Ihr Kind zurück.
- **Schritt 4:** Erfüllen Sie Ihrem Kind seine Wünsche in der Fantasie (optional).

Schritt 1: Schieben Sie Ihre eigenen Emotionen und Wünsche vorübergehend beiseite

Wie bei so vielen Dingen ist der erste Schritt tatsächlich der schwierigste! Wie bereits erklärt, werden wir vielleicht selbst verstimmt, wenn wir mit einem aufgewühlten Kind umgehen. Wir sind vielleicht sauer, wenn das Kind sich schlecht benimmt, wir sind besorgt oder fühlen uns schuldig, weil wir uns wünschen, dass es ihm nicht so schlecht geht. Es ist völlig verständlich, dass die Gefühle und das Fehlverhalten unserer Kinder bei uns Eltern oft starke emotionale Reaktionen auslösen. Das Problem ist, dass unsere starken Gefühle leicht unser Denken trüben und dazu führen können, dass wir impulsiv reagieren, statt uns die Zeit zu nehmen, jede Interaktion zu nutzen, um unseren Kindern zu helfen, gute Gewohnheiten zu entwickeln.

Bevor wir also etwas tun oder sagen, müssen wir uns beruhigen. Vielen Eltern hilft es schon, wenn sie ein Werkzeug wie das reflektierende Zuhören haben, das sich als effektiv erwiesen hat, um ruhig zu bleiben. Oft fühlen wir uns schon gestresst oder verlieren die Kontrolle, wenn wir den Eindruck haben festzustecken und nicht wissen, wie wir reagieren sollen, außer mit Argumenten, Belehrungen oder Schreien.

Stellen Sie sich vor, dass Sie Ihren Ärger, Ihre Sorgen oder Ihre Enttäuschung mit beiden Händen auffangen und das unangenehme Gefühl an die Seite des Raumes legen. Sich das bildlich vorzustellen, kann den Kopf frei machen. Das Gefühl wird immer noch da sein und auf Sie warten, wenn Sie es später zurückhaben wollen!

So albern diese Strategie auch klingen mag, sie hat sich als sehr effektiv erwiesen, um Eltern zu helfen, in schwierigen Situationen ruhig zu bleiben. Wenn Ihr Kind zum Beispiel weint und über die lange Multiplikation jammert und sich beschwert, dass es dumm ist und es nie schaffen wird, kann sich das wie ein Pfeil anfühlen, der Ihr Herz durchbohrt. Natürlich möchten Sie Ihrem Kind dieses schreckliche Gefühl so schnell wie möglich nehmen. Aber es ist nicht möglich, einem Kind seine Gefühle auszureden oder ein Kind von seinen Gefühlen abzubringen. Sie müssen sich also erst einmal selbst beruhigen, damit Sie klar denken können. Sie müssen einen klaren Kopf haben.

Schritt 2: Lassen Sie alles stehen und liegen, was Sie gerade tun, schauen Sie Ihr Kind an und hören Sie zu

Ich weiß, dass dies in einem geschäftigen Haushalt leichter gesagt als getan ist. Wir haben einfach so unglaublich viel zu tun. Aber unseren Kindern dabei zu helfen, zu lernen, mit ihren Gefühlen umzugehen, ist eine wichtige Lebenskompetenz, der wir Priorität einräumen müssen. Aus rein praktischer Sicht ist es eine sinnvolle Investition, sich die Zeit für das reflektierende Zuhören zu nehmen, denn je früher Ihre Kinder lernen, mit ihren unangenehmen Gefühlen konstruktiver umzugehen, desto weniger Ärger und Fehlverhalten werden Sie haben! Sie werden bald mehr Energie und Zeit haben, um Dinge zu erledigen, und Spaß mit Ihren Kindern haben.

Manchmal sprechen Kinder offen über ihre Gefühle, sodass es relativ einfach ist, zuzuhören. Aber man lässt sich auch leicht ablenken. Wir müssen das Kind ansehen und zeigen, dass wir zuhören. Es hilft, »Zuhörgeräusche« zu machen, Wörter und Sätze wie »Hmmm … Oh … wirklich … Meine Güte«. Diese Reaktionen machen es für Kinder einfacher zu registrieren, dass wir zuhören und uns darum sorgen, wie es ihnen geht. Das wird ihnen helfen, sich mit der Zeit immer mehr zu öffnen.

Was aber, wenn Ihr Kind kein Wort sagt? Dann müssen wir auf Körpersprache, Gesichtsausdruck, Körperhaltung oder Gesten »hören«. Meist können Sie sofort erkennen, wenn Ihr Kind etwas bedrückt, wenn Sie den mürrischen oder respektlosen Tonfall Ihrer Tochter hören oder bemerken, dass Ihr Sohn Ihnen nicht in die Augen schauen will. Sie können am finsteren Blick Ihres Kindes oder an der zusammengesunkenen, niedergeschlagenen Haltung erkennen, dass es sich schlecht fühlt, auch wenn Sie keine Ahnung haben, welches Ereignis das ausgelöst haben könnte. All dies sind Hinweise, mit dem, was wir gerade tun, aufzuhören und reflektierend zuzuhören.

Schritt 3: Stellen Sie sich vor, was Ihr Kind fühlt, und reflektieren Sie das in Ihren Worten an Ihr Kind zurück

Kinder können etwas sagen oder tun, aber etwas ganz anderes meinen. Zum Beispiel bedeutet »Ich hasse Bruchrechnung« normalerweise: »Ich weiß nicht mehr, wie man diese Rechnungen macht, und sie sehen zu schwer aus.« Die Weigerung, Spielzeug wegzuräumen, bedeutet oft: »Ich habe so viel Spaß, dass ich nicht aufhören will.« Weinen, Quengeln und Sich-Beschweren kann ein Kind gelernt haben, um Ihre Aufmerksamkeit zu bekommen. Grapschen, Schieben und Schlagen kann die einzige Art sein, die ein Kind kennt, um zu bekommen, was es will. Es ist allzu leicht, den Code falsch zu deuten und anzunehmen, dass ein Kind, das sich beschwert oder schlecht benimmt, dies nur tut, um Sie zu ärgern. Viele unangemessene Verhaltensweisen werden dadurch verursacht, dass Kinder nicht wissen, wie sie ihre unangenehmen Gefühle wie Frustration, Verlegenheit, Wut, Sorgen und so weiter anders ausdrücken können.

Fragen Sie sich, welches Gefühl Ihr Kind dazu treibt, das zu tun, was es tut, oder das zu sagen, was es sagt. Stellen Sie eine Vermutung darüber an, was in ihm vorgehen könnte, unterhalb der Ebene seiner Worte oder

Handlungen. Anstatt zu versuchen, seine Gedanken mit Logik, Beruhigung oder einem Mini-Vortrag zu ändern, spiegeln Sie Ihrem Kind einfach zurück, was es Ihrer Meinung nach gerade fühlt. Der Name *reflektierendes Zuhören* kommt von diesem Schritt.

Ihre Vermutung darüber, was das Kind fühlt, kann sich als richtig erweisen oder weit danebenliegen. Ganz gleich, wie gut wir unsere Kinder kennen, wir können ihre Gedanken nicht lesen. Zum Glück ist es nicht wichtig, ob Sie richtig raten oder nicht. Selbst wenn Sie falschliegen, wird sich Ihr Kind respektiert und gehört fühlen. Es wird lernen, dass Worte nützlich sind, um Gefühle zu beschreiben, und es wird lernen, welche Worte zu welchen Gefühlen passen.

Es ist nützlich, reflektierend zuzuhören, wann immer Sie versucht sind, zu wiederholen oder zu erinnern. Hier einige Beispiele:

- Wenn Sie Ihrem Kind einmal gesagt haben, dass es sein Spielzeug wegräumen soll, könnten Sie, statt sich zu wiederholen, sagen: »Du willst wirklich nicht aufhören. Du hast ja so viel Spaß.« Sie werden feststellen, dass reflektierendes Zuhören effektiver ist als Wiederholen, Erinnern oder Drohen. Es gibt natürlich keine Garantie dafür, dass Ihr Kind sofort anfängt, seine Spielsachen wegzuräumen, aber es ist wahrscheinlicher, dass es das früher tut, wenn Sie reflektierend zuhören, als wenn Sie sich wiederholen oder genervt reagieren.
- Wenn ein Kind sich beklagt, dass es seine Hausaufgaben nicht machen kann, sagen Sie nicht: »Du schaffst das. Es ist wirklich nicht schwer.« Stattdessen könnten Sie sagen: »Wahrscheinlich denkst du, das sieht zu schwer aus. Du willst es ja nicht falsch machen.«
- Wenn Sie auf einer Geburtstagsfeier sind und Ihr Kind bei Ihnen bleibt, anstatt loszulaufen und zu spielen, könnten Sie statt zu sagen: »Bleib nicht länger hier neben mir stehen. Geh spielen«, auch sagen: »Vielleicht bist du dir nicht sicher, ob diese Kinder mit dir spielen wollen.«
- Wenn Ihr Kind immer frustrierter wird, weil es etwas nicht kann, was es versucht, könnten Sie statt »Mach dir keine Sorgen, Schatz« sagen: »Es sieht so aus, als wärst du wirklich frustriert. Du hast es so oft versucht, und es klappt immer noch nicht.«

Tipps für den Erfolg bei Schritt 3

- *Widerstehen Sie der Versuchung, zu beruhigen, zu begründen, zu rechtfertigen oder zu belehren. Stellen Sie sich stattdessen vor, was Ihr Kind in diesem Moment fühlen könnte.*
- *Wiederholen Sie nicht genau das, was Ihr Kind gesagt hat. Beim reflektierenden Zuhören geht es nicht darum, exakt das zu wiederholen, was das Kind gerade gesagt hat. Wenn Ihre Tochter zum Beispiel schreit: »Du bist die gemeinste Mutti auf der ganzen Welt«, ist nichts gewonnen, wenn Sie sagen: »Du denkst, ich bin die gemeinste Mutti.« Das ist nicht das, was sie wirklich glaubt; das ist einfach die Art von Dingen, die Kinder zu sagen lernen, wenn sie wütend sind und eine Reaktion von uns bekommen wollen. Eine reflektierende Antwort könnte sein: »Es klingt, als wärst du wütend, weil ich dir nicht erlaube, dein Partykleid in der Schule zu tragen.«*
- *Seien Sie vorsichtig. Wir können nie mit Sicherheit wissen, was jemand anderes fühlt oder denkt. Deshalb müssen wir beim reflektierenden Zuhörer vorsichtig sein, damit es effektiv ist. Wenn wir sagen: »Ich weiß, dass du traurig bist.«, kommt das eher herrisch als empathisch rüber! Und das kann sich so nervig anfühlen, dass das Kind abwiegelt. Stattdessen können wir sagen: »Vielleicht hast du Angst, dass du nicht für das Team ausgewählt wirst. Wahrscheinlich hat es sich an deinem ersten Karate-Tag unangenehm angefühlt, weil du noch niemanden kanntest.«*
- *Vermeiden Sie das Wort »Aber«. Es ist verlockend, dem reflektierenden Zuhören ein »Aber« folgen zu lassen, zum Beispiel »Du wünschst dir wahrscheinlich, du müsstest nicht mit dem Hund Gassi gehen, aber du weißt, dass es dein Job ist«. Wenn Sie das »Aber« hinzufügen, verwässert das die Effektivität Ihres reflektierenden Zuhörens. So natürlich es auch ist, ein »aber« hinzuzufügen, so unnötig ist es auch. Ihr Kind weiß bereits, dass es das tun muss.*
- *Bestehen Sie nicht darauf. Beim reflektierenden Zuhören möchte Ihr Kind manchmal ein bestimmtes Gefühl nicht zugeben, auch wenn Sie sicher sind, dass es dieses Gefühl hat. Es ist in Ordnung, wenn Ihr Kind*

Ihnen nicht zustimmt. Das Ziel des reflektierenden Zuhörens ist nicht, ein Geständnis zu erlangen. Der Zweck ist, Kindern zu helfen, sich gehört, verstanden und akzeptiert zu fühlen. Reflektierendes Zuhören hilft Kindern auch, sich mit der Zeit mit der breiten Palette menschlicher Emotionen vertraut zu machen, und unterstützt sie dabei, sich damit wohlzufühlen, Emotionen mit Worten statt mit Handlungen auszudrücken.

- *Gefühlswörter. Im Folgenden finden Sie eine kurze Liste von Wörtern, die unangenehme Gefühle beschreiben, die Ihr Kind vielleicht erlebt:*
  - *ängstlich*
  - *wütend*
  - *verärgert*
  - *besorgt*
  - *beschämt*
  - *verwirrt*
  - *enttäuscht*
  - *neidisch*
  - *frustriert*
  - *eifersüchtig*
  - *ausgegrenzt*
  - *einsam*
  - *missverstanden*
  - *nervös*
  - *betrübt*
  - *traurig*
  - *unzufrieden*
  - *unsicher*
  - *aufgewühlt*
  - *beunruhigt*
- *Vermeiden Sie die Wörter »unfair« und »hassen«. Die meisten Kinder haben das Wort »unfair« früher oder später von ihren Klassenkameraden aufgeschnappt und verwenden es wahllos, ohne zu verstehen, was es bedeutet. Wenn Kinder das Wort »unfair« benutzen, bedeutet es meist*

nur, dass sie etwas nicht mögen. Lassen Sie uns also das Wort »unfair« nicht verwenden, zum Beispiel »Es fühlt sich für dich unfair an«. Nehmen Sie sich stattdessen die Zeit, sich das Gefühl unter den Worten vorzustellen und dies zurückzureflektieren.

Es gibt einen weiteren wichtigen Grund, warum ich Eltern bitte, die Überzeugung eines Kindes, dass etwas unfair ist, nicht zu verstärken. Wie wir alle wissen, gibt es leider eine Menge sehr realer Unfairness und Ungerechtigkeit in der Welt. Viele Kinder leben in Armut, Hunger, schlechten Wohnverhältnissen und traurigerweise sogar mit Krankheit oder Missbrauch. Aber die meisten Kinder, deren Eltern dieses Buch lesen, erleben keine echte Ungerechtigkeit. In der Tat gehören unsere Kinder zu den glücklichsten Kindern auf diesem Planeten. Sie haben ausreichend zu essen, Kleidung und eine sichere Unterkunft, viel Zuneigung und unendliche Möglichkeiten. Wir können unseren Kindern helfen, eine ausgewogenere und realistischere Sicht auf ihr Leben zu entwickeln, indem wir nicht über etwas »Unfaires« sprechen. Aber machen Sie sich nicht die Mühe, Ihren Kindern zu erklären, wie glücklich sie sind. Es wird nur wie eine Belehrung oder Standpauke klingen, und die Kinder werden Sie wahrscheinlich ausblenden.

Ich empfehle auch, dass Eltern das Wort »hassen« nicht verwenden, auch wenn Ihr Kind es vielleicht tut. Beim reflektierenden Zuhören geht es darum, Kindern dabei zu helfen, zu erlernen, wie sie ihre Gefühle ausdrücken können. Doch »hassen« ist oft eher ein Urteil als ein Gefühl. Und »hassen« scheint dauerhafter zu sein, während Gefühle recht vergänglich sind. Ich schlage nicht vor, dass wir Kinder korrigieren, wenn sie »hassen« sagen, oder versuchen, das Wort zu verbieten, sondern lediglich, dass wir es bei unserem reflektierenden Zuhören in ein Gefühl umformulieren wie zum Beispiel Wut.

Je öfter Sie daran denken, gefühlsbetonte Worte zu verwenden, um die Verstimmungen Ihrer Kinder zu entschärfen, desto vertrauter werden die Kinder mit ihren eigenen Emotionen und desto leichter wird es für sie, unangenehme Gefühle zu akzeptieren, sie dann los- und hinter sich zu lassen.

Sich vorstellen, was ein Kind fühlt

Weitere Beispiele für reflektierendes Zuhören:

- *Es ist schwer, den Park zu verlassen, wenn man so eine tolle Zeit hat.*
- *Es hört sich so an, als wärst du wirklich enttäuscht, dass du bei dem Quiz keine bessere Punktzahl erreicht hast.*
- *Du bist wahrscheinlich wütend, weil deine kleine Schwester das Spielzeug kaputt gemacht hat.*

Schritt 4: Erfüllen Sie Ihrem Kind seine Wünsche in der Fantasie (optional)

Dieser letzte Schritt ist eine äußerst wertvolle Strategie. Er zeigt den Kindern, dass wir auf ihrer Seite sind. Wenn Ihr Kind zum Beispiel über seine Hausaufgaben gebeugt ist und mürrisch dreinschaut, könnten Sie sagen: »Hättest du nicht gerne einen Zauberstab, mit dem du über deine Hausaufgaben wedeln könntest und der alle deine Rechtschreibfehler korrigiert?« Natürlich weiß Ihr Kind, dass es diesen Zauberstab nicht gibt, aber eine solche Reaktion bringt eine willkommene Note von Humor und Leichtigkeit in die Situation.

Fantasiewünsche

Weitere Beispiele für reflektierendes Zuhören:

- *Vielleicht wünschst du dir, dass du all die Videospiele haben könntest, die Miles auch hat.*
- *Wäre es nicht toll, wenn du einen Zauberstab schwingen könntest, der den Erbsengeschmack verschwinden lässt?*
- *Stell dir vor, du hättest einen Roboter, der jeden Morgen dein Bett für dich macht!*

Ich erinnere mich, als mein Sohn acht Jahre alt war und ich mich mit seinen aufgebrachten, wütenden Gefühlen auseinandersetzen musste, weil er nicht alle Halloween-Süßigkeiten, die er gesammelt hatte, auf einmal essen durfte. Mit einem mitfühlenden Gesichtsausdruck und einer freundlichen Stimme sagte ich: »Wäre es nicht toll, wenn Brokkoli schlecht und Süßigkeiten gut für dich wären?« Ich beobachtete, wie sein wütendes Gesicht weicher wurde, und dann sagte er: »Ja, und M&M's hätten jede Menge Kalzium!« Unseren Kindern ihre Wünsche in der Fantasie zu erfüllen, zeigt ihnen, dass uns nicht nur ihr Verhalten wichtig ist. Auch ihre Gefühle sind uns wichtig.

Sie fragen sich vielleicht, warum wir diesen Schritt als optional aufführen. Das liegt daran, dass er zwar Ihr reflektierendes Zuhören noch effektiver machen kann, aber nicht zwingend notwendig ist. Aber ich ermutige Sie, ihn oft anzuwenden, denn Sie werden gute Ergebnisse erzielen!

Er musste sich einfach nur verstanden fühlen

Als mein Sohn drei Jahre alt war und mitten im Toilettentraining war, wurde die Toilette zu einer Quelle der Faszination für ihn!

Eines Morgens waren wir im Park, und er stürzte immer wieder in Richtung der öffentlichen Toiletten und versuchte, die Tür zur Toilette zu öffnen. Ich hielt ihn jedes Mal auf und sagte ihm, dass er nicht hineingehen könne, weil sie nicht sauber genug für ihn seien. Er quengelte und weinte und rannte weiter zu den Toiletten.

Ich erkannte, dass es nicht funktionierte, mit ihm zu diskutieren. Also versuchte ich, mir vorzustellen, wie er sich fühlte. Ich sagte: »Du bist so neugierig auf die Toilette und du wünschst dir wirklich, du könntest hineingehen und aufs Töpfchen gehen. Was glaubst du, warum Mami gesagt hat, dass du nicht hineingehen darfst?« Er war ein paar Sekunden lang still und sagte dann: »Es ist schmutzig.« Ich lobte ihn und sagte: »Das ist genau richtig. Du hast dir gemerkt, was Mami gesagt hat.« Dann fuhr ich mit dem reflektierenden Zuhören fort: »Du wünschst dir, die Toilette wäre sauber und du könntest hineingehen.«

Er hörte auf zu quengeln, sein Gesicht hellte sich auf und er rannte zurück auf den Spielplatz. Ich konnte nicht glauben, wie gut das funktionierte. Er musste sich einfach nur verstanden fühlen.

Mutter von zwei Kindern, 6 und 3 Jahre alt

Überlegen wir einmal, was passiert wäre, wenn diese Mutter ihrem Sohn nicht reflektierend zugehört hätte. Wahrscheinlich hätte sie ihren Sohn ein paarmal schreiend aus den Toiletten tragen müssen. Wahrscheinlich hätte sie immer wieder erklärt, warum er nicht hineingehen soll. Am Ende hätte sie vielleicht gedroht, den Park zu verlassen. Das hätte zu einem sehr unangenehmen Ausflug werden können. Stattdessen dachte sie darüber nach, was er fühlen könnte, und stellte eine Vermutung an. Sie erfüllte ihm seinen Wunsch in der Fantasie, und er lief zurück, um zu spielen. Diese Art von erfolgreichem Ausgang geschieht in den meisten Fällen, wenn Eltern diese Strategie nutzen!

An diesem Punkt stellen sich bei Ihnen vielleicht eine Reihe von Fragen ein. Hier einige der typischen Fragen, die Eltern zum reflektierenden Zuhören stellen.

Was Eltern wissen wollen

***F:** Das scheinen sehr viele Schritte zu sein. Warum kann ich mein Kind nicht einfach fragen, was los ist?*

***A:** Den meisten Kindern fällt es schwer, in Worte zu fassen, was sie aufregt, ärgert oder beunruhigt. Kinder wissen in der Regel nicht, wie sie die komplexe Mischung von Emotionen, die in ihnen herumwirbelt, erklären sollen. Wenn wir also fragen: »Was ist los?«, antworten sie oft mit »Nichts« oder »Keine Ahnung«. Reflektierendes Zuhören hilft Kindern zu verstehen, was sie fühlen, und unterstützt sie dabei, eine Bereitschaft zu entwickeln, ihre Gefühle in Worte zu fassen.*

***F:** Wenn ich reflektierend zuhöre, wenn meine Tochter sich danebenbenimmt, wird sie sich dann nicht noch schlimmer aufführen, um mehr Aufmerksamkeit zu bekommen?*

***A:** Wenn Ihr Kind für das Fehlverhalten selbst Aufmerksamkeit bekäme, dann würde es sich wahrscheinlich weiterhin danebenbenehmen. Und in der Tat ist es genau das, was passiert, wenn wir mit Kindern schimpfen. In Kapitel 7 spreche ich darüber, wie man mit Fehlverhalten effektiver umgehen kann.*

Aber die Reaktion, die Sie befürchten, tritt bei reflektierendem Zuhören nicht ein. Diese Strategie geht den starken Gefühlen, die das Fehlverhalten auslösen, auf den Grund, sodass sich Ihr Kind besser fühlt und anfängt, sich besser zu verhalten. Um sicherzustellen, dass Ihre Tochter die positive Aufmerksamkeit bekommt, die sie braucht und nach der sie sich sehnt, denken Sie daran, sie mehrmals am Tag beschreibend zu loben, und verbringen Sie jeden Tag eine besondere Zeit mit ihr, auch wenn es nur 10 oder 15 Minuten sind.

***F:** Ab welchem Alter kann ich bei meinen Kindern mit reflektierendem Zuhören beginnen?*

***A:** Noch bevor Kinder Sprache verstehen, reagieren sie auf den ruhigen, einfühlsamen Ton des reflektierenden Zuhörens.*

Obwohl sich dieses Buch auf Kinder im Alter von 3 bis 13 Jahren konzentriert, ist diese Strategie sicherlich auch bei jüngeren Kindern wirksam. Kleinkinder, genau wie ältere Kinder, reagieren nicht gut auf Wiederholungen und Ermahnungen, die wir in einem zunehmend ungeduldigen Tonfall aussprechen. Selbst im Alter von acht bis zehn Monaten verstehen die meisten Kleinkinder die Sprache wahrscheinlich gut genug, um das Wesentliche dessen zu erfassen, was wir sagen, wenn wir reflektierend zuhören.

Kleine Kinder haben starke Emotionen, und normalerweise kennen sie nur einen Weg, diese auszudrücken, nämlich durch Weinen, Jammern, Werfen und Schlagen. Kürzlich erzählte mir eine Mutter von ihrem 18 Monate alten Sohn, der verzweifelt aussah und immer lauter zu wimmern begann, weil er unbedingt mit einer Spielzeugeisenbahn spielen wollte, mit der sein älterer Bruder gerade spielte. Die Mutter hielt sich sehr klug aus dem potenziellen Konflikt heraus. Sie sagte einfach zu dem Kleinkind: »Dein Bruder spielt mit diesem Zug, und du wünschst dir wirklich, du könntest jetzt mit ihm spielen.« Die Mutter war überrascht und erfreut zu sehen, dass sich das Gesicht ihres Kleinkindes aufhellte, es nickte und dann wegging, um mit etwas anderem zu spielen. Für den kleinen Jungen war noch wichtiger als das Spielen mit dem Zug, dass seine Mutter verstand, was er fühlte.

***F:** Wie kann ich meinen Sohn dazu bringen, über seinen Tag in der Schule zu sprechen? Ich bekomme selten mehr als einsilbige Antworten. Wenn ich ihn abhole, kann ich manchmal an seinem Gesicht ablesen, dass ihn etwas bedrückt. Aber wenn ich ihn frage, was passiert ist, sagt er nur: »Nichts«, oder er zuckt mit den Schultern. Kann reflektierendes Zuhören ihm helfen, sich zu öffnen?*

***A:** Die Antwort auf diese Frage ist »Ja« und »Nein«. Natürlich sind Eltern daran interessiert, was in der Schule passiert. Leider ist das Stellen von Fragen in der Regel die am wenigsten effektive Art, etwas herauszufinden. Fragen zu stellen, führt oft dazu, dass sonst gesprächige Kinder plötzlich verstummen.*

Akzeptieren wir zunächst einmal, dass unsere Kinder manchmal nicht über ihren Tag reden wollen. Zum einen passiert im Laufe eines Schultages so viel, dass es mehrere Stunden dauern kann, bis sie alle Ereignisse des Tages verarbeitet haben und bereit sind, darüber zu reden. Die sozialen Interaktionen auf dem Schulhof können komplex und verwirrend sein, schwer zu artikulieren. Manchmal wollen Kinder nicht antworten, weil sie sich durch die Fragen verunsichert fühlen, als ob erwartet würde, dass sie die richtige Antwort geben.

Hören Sie reflektierend zu, was Ihr Kind über seinen Tag erzählt, und wenn es nichts sagt, können Sie sogar reflektierend auf seine Körpersprache achten. Aber disziplinieren Sie sich dazu, keine Fragen zu stellen.

Statt Ihr Kind auszufragen, sollten Sie lieber etwas über Ihren eigenen Tag erzählen, auch darüber, wie Sie sich gefühlt haben. Achten Sie darauf, mehr gute und weniger schlechte Dinge zu erwähnen, damit es attraktiv erscheint, ein Erwachsener zu werden!

Ein Vater erzählte mir, dass sein Sohn meistens morgens hereinkommt, während er seine Sportübungen macht, um ihm Gesellschaft zu leisten, und das ist der Moment, in dem der Junge darüber spricht, was am Tag zuvor passiert ist. Dieser Vater hat gelernt, nicht nachzufragen, sondern einfach zu warten, und dann Interesse an dem zu zeigen, was sein Sohn ihm erzählen möchte – in seinem eigenen Tempo.

Es mag schwer zu glauben sein, aber Sie werden mehr herausfinden, und Sie werden es früher herausfinden, wenn Sie nicht fragen. Wenn Sie Ihr Kind nicht drängen, wenn Sie warten und ihm Zeit geben, wird es sich wohler und zufriedener fühlen und eher bereit sein, seine Gedanken und Gefühle zu teilen.

***F:** Ich mache mir Sorgen, dass reflektierendes Zuhören eher Salz in die Wunde streut, wenn meine Kinder sich über etwas aufregen. Werden sie sich durch reflektierendes Zuhören nicht noch schlechter fühlen?*
***A:** Die Empathie eines Menschen, der sich um uns sorgt, kann manchmal schmerzhafte Gefühle an die Oberfläche bringen, die knapp unter der Ebene unseres bewussten Bewusstseins begraben waren. Wenn diese Gefühle hochkommen, kann es so aussehen, als ob das reflektierende Zuhören die Ursache für die Verstimmung ist. Aber in Wirklichkeit hat das reflektierende Zuhören die Verstimmung nur gelöst und ihr erlaubt, an die Oberfläche zu kommen. Das ist etwas Gutes, auch wenn es vorübergehend schmerzhaft ist. Denn es ist besser, wenn diese Gefühle nach außen gelangen, als im Inneren zu bleiben.*

***F:** Wenn meine Kinder aufgebracht sind, ist meine natürliche Neigung, sie zu beruhigen, dass alles wieder gut wird. Warum klappt das nicht?*
***A:** Es ist ganz natürlich, dass wir unseren Kindern helfen wollen, sich so schnell wie möglich besser zu fühlen. Als Eltern verfallen wir oft in die Gewohnheit, die Probleme unserer Kinder zu beschönigen oder sie davon überzeugen zu wollen, dass sie eigentlich kein Problem haben. Leider hilft das Beruhigen von Kindern selten, dass sie sich besser fühlen.*

Paradoxerweise kann das Beruhigen von Kindern ihnen den Eindruck vermitteln, dass etwas falsch gelaufen ist, worüber sie beruhigt sein sollten. Wenn wir versuchen, unser Kind aus seiner Verstimmung heraus zu beruhigen, kann es zu dem Schluss kommen, dass diese Situation (was auch immer es ist, worüber es verstimmt ist) in der Tat schrecklich sein muss und dass wir denken, dass der Schmerz darüber zu groß für es ist, um ihn zu ertragen. Das ist genau das Gegenteil von dem, was wir unseren Kindern beibringen wollen. Wir wollen, dass unsere Kinder emotionale Widerstandsfähigkeit und Durchhaltevermögen entwickeln, damit sie sich von den unvermeidlichen und häufigen Turbulenzen des Lebens erholen können, anstatt von ihnen entmutigt und aus der Bahn geworfen zu werden. Wenn wir versuchen, die Kinder zu beruhigen, vermitteln wir ihnen oft ungewollt den Eindruck, dass sie sich nicht aufregen sollten, dass das Leben immer leicht sein und Spaß machen sollte, dass es keine Probleme, keine Fehler, Misserfolge oder Unannehmlichkeiten geben sollte. Kinder beginnen vielleicht anzunehmen, dass etwas nicht stimmt, wenn sie aufgewühlt sind. Diese Sichtweise des Lebens bereitet Kindern noch mehr Schwierigkeiten, weil wir alle jeden Tag Rückschläge, Frustrationen und Enttäuschungen erleben, große oder kleine.

Und schließlich beruhigt das Beschwichtigen selten! Manchmal führt Beruhigung sogar dazu, dass Kinder einen noch größeren Aufstand machen, um ihren Gefühlen Gehör zu verschaffen. Im Allgemeinen schätzen Kinder die Ehrlichkeit des reflektierenden Zuhörens. Diese neue Art des Ansprechens hilft Kindern, den Eltern zu vertrauen.

Reflektierendes Zuhören erleichtert das Einführen neuer Regeln und Routinen

Wenn Sie beginnen, die *Entspannter, leichter und glücklicher Kinder erziehen*-Strategien anzuwenden, werden Sie wahrscheinlich feststellen, dass Sie eine Reihe von neuen Regeln zur Vorbereitung auf den Erfolg aufstellen müssen. Oder Sie müssen alte Regeln, die Sie nicht konsequent befolgt haben, wieder in Kraft setzen. Etwas, das Eltern davon abhält, Regeln klar und deutlich zu formulieren, ist die Sorge, wie Kinder auf die neue Regel reagieren werden. Eltern sind sich ziemlich sicher, dass ihre Kinder verärgert sein werden und vielleicht weinen oder einen Wutanfall bekommen. Wenn Sie also Ihrem Kind die neue Regel erklären, seien Sie bereit, reflektierend zuzuhören.

Nehmen wir an, Ihre Tochter hat die Angewohnheit, vor den Hausaufgaben fernzusehen, und Sie haben festgestellt, dass sie deshalb die Hausaufgaben zu lange aufschiebt, dann überstürzt erledigt und nicht ihre bestmögliche Leistung erbringt. Vielleicht entscheiden Sie nun, dass die Fernsehzeit eine Belohnung für die bestmögliche Erledigung der Hausaufgaben sein wird. Sie wird über diese neue Regel nicht glücklich sein! Je nach Alter und Temperament wird sie vielleicht quengeln, sich beschweren, respektlos reden, schreien, weglaufen oder Schlimmeres.

Wenn Sie die neue Regel einführen, denken Sie daran, sie nicht sofort einzuführen, wenn sie von der Schule nach Hause kommt. Führen Sie stattdessen zu einem neutralen Zeitpunkt ein Durchdenken durch, um ihr die neue Regel zu erklären.

Reflektierendes Zuhören in Aktion

Durchdenken: Zu einem neutralen Zeitpunkt

Vater: *Jenny, ab Montag wird es eine neue Regel geben, wann du an Schultagen fernsehen darfst.*
Jenny: *(blickt ihren Vater stumm an)*

Vater: *Ab Montag darfst du jeden Tag eine Stunde fernsehen oder am Computer spielen, aber erst nachdem du deine Hausaufgaben gemacht hast. Wahrscheinlich wird dir diese neue Regel nicht gefallen. Mama und ich haben dich bisher vor den Hausaufgaben fernsehen lassen, und es gefällt dir wahrscheinlich so, wie es ist.*
Jenny: *Das ist so gemein. Warum macht ihr das? Dann verpasse ich meine Lieblingssendungen. So entspanne ich mich nach der Schule!*
Vater: *Ich bin froh, dass du darüber nachdenkst, warum Mama und ich eine neue Regel aufgestellt haben. Was glaubst du, warum wir diese neue Regel für Hausaufgaben aufstellen?*
Jenny: *Mir doch egal.*
Vater: *Ich kann sehen, dass du sauer bist. Diese neue Regel fühlt sich wahrscheinlich schrecklich an.*
Jenny: *Ja.*
Vater: *Warum, glaubst du, machen wir diese neue Regel?*
Jenny: *Weil ich zu lange fernsehe?*
Vater: *Das hast du richtig erkannt. Ja, und es ist auch wirklich schwierig, mit dem Fernsehen aufzuhören, wenn man einmal angefangen hat. Und warum ist es gut, die Dinge zu erledigen, die man tun muss, bevor man die Dinge macht, die man tun will?*
Jenny: *Damit ich früher mit den Hausaufgaben fertig bin.*
Vater: *Das ist richtig. Das ist eine vernünftige Betrachtungsweise – »das Schlimmste zuerst hinter sich bringen«. Und jetzt sag mir bitte, wie die neue Regel lautet.*
Jenny: *Ich muss erst meine Hausaufgaben machen, dann kann ich fernsehen.*
Vater: *Es ist mutig von dir, die neue Regel auszusprechen, auch wenn du dich vielleicht darüber ärgerst.*

Dieses Beispiel eines Durchdenkens zeigt, wie Sie reflektierendes Zuhören in Ihr Gespräch einbauen können, wenn Sie eine neue Regel aufstellen. Beachten Sie, dass dieser Vater sofort reflektierend zugehört hat, nachdem er seiner Tochter die Regel mitgeteilt hat, noch bevor sie die Möglichkeit hatte, zu reagieren. Diese Art des präventiven reflektierenden Zuhörens ist sehr effektiv, um Verärgerung zu reduzieren, wann immer Sie eine neue

Regel aufstellen wollen oder voraussehen, dass Ihr Kind genervt oder verärgert darüber sein könnte, was Sie von ihm erwarten. Beachten Sie auch, dass der Vater Jenny beschreibend gelobt hat, als sie vernünftig geantwortet hat.

Unglücklich oder verärgert?

Eltern machen sich oft Sorgen, dass ihre Kinder unglücklich sind. Das ist ein Grund, warum Eltern es vermeiden, notwendige Regeln aufzustellen; oder sie geben lieber nach, als sie durchzuziehen, wenn die Kinder einen Aufstand machen, einen Wutanfall bekommen oder weinen. In diesen Momenten scheinen unsere Kinder so unglücklich zu sein, und wir wollen nicht, dass sie unglücklich sind. Darüber machen sich fast alle Eltern Sorgen, egal, ob das Kind ein ruhiges, sensibleres oder intensiveres Temperament hat.

Es gibt einen wichtigen Unterschied zwischen Kindern, die verärgert sind, und Kindern, die unglücklich sind. Ich verwende diese beiden Wörter, um zwei sehr unterschiedliche Gemütszustände zu unterscheiden. Verärgert ist eine vorübergehende Emotion, eine Reaktion auf eine bestimmte Situation oder einen bestimmten Umstand. Unglücklich ist ein anhaltendes Gefühl; so fühlen wir uns, wenn ein wichtiger Teil unseres Lebens nicht richtig funktioniert. Die meisten der Kinder, deren Eltern dieses Buch lesen, sind nicht unglücklich. Ihr Leben ist in Ordnung. Aber sie werden sich natürlich ärgern, wenn sie nicht bekommen, was sie wollen, oder wenn sie etwas tun müssen, was sie nicht tun wollen. Je nach Temperament können sich manche Kinder mehrmals am Tag ärgern.

Und wenn Kinder verärgert sind, fühlt sich das für sie riesig an. Sie machen vielleicht ein großes Theater, und es wirkt, als ob sie unglücklich seien. Wir müssen uns also immer wieder an den Unterschied zwischen unglücklich und verärgert erinnern. Unglücklich ist selten. Verärgert ist normal und absolut natürlich. Versuchen wir nicht, unseren Kindern die Verärgerung zu nehmen, denn sie werden viel daraus lernen, verärgert zu sein und zu erkennen, dass die Welt nicht einfach stehen bleibt und nachgibt.

Wann immer wir neue Regeln aufstellen oder Erwartungen klarmachen, können wir ziemlich sicher sein, dass unsere Kinder nicht begeistert sein werden. Niemand mag Veränderungen. Akzeptieren wir also, dass unsere Kinder zunächst verärgert sein werden, wenn sie nicht bekommen, was sie wollen. Die beste Reaktion darauf ist, sie wissen zu lassen, dass Sie sich Gedanken um sie machen und sie verstehen, indem Sie ihnen reflektierend zuhören.

Optimierung des reflektierenden Zuhörens für ein Kind mit einem sensibleren, ausgeprägteren oder unflexibleren Temperament

Wenn Sie ein Kind mit einem schwierigeren Temperament oder einem besonderen Bedürfnis haben, das neurologische Ursachen hat, sind Sie vielleicht besorgt, wie es reagieren wird, wenn Sie mit dieser neuen Technik beginnen. Reflektierendes Zuhören funktioniert unabhängig vom Temperamenttyp. Aber Sie werden vielleicht feststellen, dass Sie einige Anpassungen an der Art des reflektierenden Zuhörens vornehmen müssen.

Ein wirklich erstaunliches Ergebnis

Mein Siebenjähriger, James, ärgerte sich über ein Hausaufgabenprojekt, das er am Wochenende erledigen musste. Er musste eine Charakteranalyse machen, die eine sehr detaillierte und komplexe Farbcodierung et cetera erforderte. Er war frustriert und konnte seinen blauen Buntstift nicht finden, um die Kolorierung auszuführen. Ich war auf der Toilette, als ich ihn schreien hörte.

»Ich kann meinen blauen Stift nicht finden! Komm her und such meinen blauen Buntstift.«

Ich schloss die Augen und holte tief Luft, denn ich wollte ihn für sein Geschrei und seinen respektlosen Ton zurechtweisen. Aber ich wusste, dass ich reflektierendes Zuhören üben und auf sein Gefühl hören musste. Er kam ins Badezimmer und sagte wütend: »Komm jetzt sofort und find' meinen blauen Buntstift!«

Ich schaute ihn an und sagte: »Du musst so frustriert sein, dass du an einem Sonntag Hausaufgaben machen musst.«

Ich sah förmlich, wie sich sein Gesicht erweichte. Alles, was er wollte, war, zu wissen, dass ich die Frustration, die er fühlte, verstand. Er hielt inne und sagte leise: »Aber ich bin kein nettes Kind, und ich habe nicht höflich um den Buntstift gebeten.«

Und ich schaute ihn an und sagte: »Ich denke, du bist ein ziemlich nettes Kind.«

Und dann schaute er zu mir auf und sagte: »Mama, kannst du mir bitte helfen, meinen blauen Buntstift zu finden?«

Also tat ich es. Wir fanden ihn, und er beendete seine Hausaufgaben, ohne weiterzujammern. Es war so erstaunlich, weil mein Instinkt gewesen war, mit ihm zu diskutieren und zu sagen: »Aber es ist nur eine Hausaufgabe. Erledige sie einfach! Schaff sie aus dem Weg, und dann können wir tun, was wir tun wollen!« Das wäre natürlich für mich, aber indem ich mir diese Sekunde Zeit nahm, um innezuhalten und zu denken: »Wenn ich mich so fühlen würde wie er, wie würde ich wollen, dass jemand auf mich reagiert?«, bekam ich ein wirklich wunderbares Ergebnis.

James hat hochgradigen Autismus, und ich finde es toll, dass diese Techniken genauso gut für Kinder mit besonderen Bedürfnissen funktionieren. Es ist so einfach für uns, sein Verhalten auf seine Diagnose zu schieben, aber wir müssen trotzdem wissen, wie wir das Beste in ihm zum Vorschein bringen können. Die Entspannter, leichter und glücklicher Kinder erziehen-*Techniken helfen uns dabei. Mir ist bewusst, dass immer dann, wenn sein Verhalten zu einem Problem wird, ich eine dieser Techniken nicht mehr anwende. Sobald ich mich ändere, ändert er sich.*

Mutter eines 7-Jährigen

Ohne Zweifel ist die Elternschaft eine größere Herausforderung, wenn Sie ein Kind mit einem sensibleren oder intensiveren Temperament haben. Das sind einige Fragen zum Thema reflektierendes Zuhören von Eltern mit Kindern, die eher sensibel, intensiv und leicht reizbar sind.

Was Eltern wissen wollen

F: *Mein Sohn ist schon immer sehr sensibel gewesen. Nichts scheint ihn zu beruhigen, wenn er mitten in einem emotionalen Ausbruch steckt. Warum funktioniert reflektierendes Zuhören bei meinem Sohn nicht?*
A: *Das ist nicht ungewöhnlich. Bei manchen Kindern müssen Sie mit dem reflektierenden Zuhören warten, bis die Tränen getrocknet sind oder der Wutanfall abgeklungen ist.*

Bei manchen Kindern dauert der Abkühlungsprozess nur ein paar Minuten, bei anderen müssen Sie vielleicht eine Stunde oder länger warten, bis sie wieder rational sind. Wenn der emotionale Wirbelsturm weitgehend abgeklungen und das Kind in der Lage ist, das Gesagte zu verarbeiten, ist es hilfreich, reflektierend zuzuhören.

Vielleicht wissen Sie bereits, was Ihrem Kind hilft, sich zu beruhigen. Für das eine Kind mag eine Umarmung beruhigend sein. Bei einem anderen Kind ist es vielleicht am besten, wenn Sie in seiner Nähe sitzen und nichts sagen. Manche Kinder ziehen es vor, allein gelassen zu werden. In Kapitel 7 »Wie man Fehlverhalten in die Schranken weist« finden Sie Vorschläge zur Beruhigung größerer Verstimmungen.

Wenn Sie alle Entspannter, leichter und glücklicher Kinder erziehen-*Strategien anwenden, werden Sie sehen, dass die Wutanfälle kürzer, milder und seltener werden.*

F: *Meine zwölfjährige Tochter hat mich gebeten, nicht mehr mit dem »Psychogeschwätz« zu nerven. Sie sagt immer wieder, dass es ihr nicht hilft, sich besser zu fühlen, wenn sie aufgebracht ist. Was soll ich jetzt tun?*
A: *Anfänglich kann es für ein sensibles, intensives Kind schmerzhaft sein, sich seinen Gefühlen zu stellen. Es kann auch das Gefühl haben, die Kon-*

trolle zu verlieren, weil es nicht mehr die intensive, emotionale Reaktion von Ihnen bekommt, an die es gewöhnt ist. Aber Sie müssen das reflektierende Zuhören konsequent durchhalten, damit es effektiv ist. Nehmen Sie sich vor, einen Monat lang jedes Mal, wenn Sie sehen oder spüren, dass sie sich aufregt oder verärgert ist, reflektierendes Zuhören anzuwenden. Sie wird bald zu schätzen wissen, dass Sie sich kümmern, dass Sie versuchen zu verstehen, wie sie sich fühlt, und dass Sie auf ihrer Seite sind.

F: *Was soll ich tun, nachdem ich reflektierend zugehört habe? Wann kann ich dazu übergehen, eine Lösung zu besprechen? Meine Tochter ist ziemlich unflexibel und kann stundenlang weiterjammern. Sie bringt sogar uralte Geschichten, die jahrelang zurückliegen, zur Sprache!*
A: *Es gibt Zeiten, in denen ein Kind in einem Gefühl festzustecken scheint. Es kann sich für Sie so anfühlen, als ob noch so viel reflektierendes Zuhören niemals helfen wird, ihre Qualen zu heilen. Es kann sogar den Anschein haben, als würde sie nur mit Ihrem Mitgefühl spielen und die Situation ausnutzen, um alles zu erreichen.*

Oft geht es bei langwierigem Weinen oder Jammern nicht nur um das, was Ihr Kind als Grund für die Verstimmung ansieht. Die Tränen, das Gejammer oder der Wutanfall können vielmehr eine Reaktion auf eine Anhäufung von tage- oder wochenlangen Ärgernissen sein, die noch nicht anerkannt wurden und daher weiterschwären und sich vermehren.

Das passiert eher bei Kindern, die ein unbeständiges, sensibles Temperament haben, weil sie häufig sowohl zu Hause als auch in der Schule getadelt und korrigiert werden. Das führt zu Unmut und manchmal sogar zu Rachegelüsten. Es ist nicht immer leicht zu erkennen, wie sehr sich dieses Kind ärgert, denn die unangenehmen Gefühle können sich als Unlust oder mürrisches, zurückgezogenes Verhalten äußern. Es scheint, als ob es sich einfach nicht darum schert, wie sein Verhalten auf andere wirkt, und das macht Eltern noch wütender!

Konzentrieren Sie sich darauf, reflektierendes Zuhören und die anderen Entspannter, leichter und glücklicher Kinder erziehen-*Fähigkeiten zu üben, anstatt zu wiederholen, zu mahnen, zu belehren und Fehler zu suchen. Dies hilft, die Waagschale in Richtung einer positiveren Einstellung zu neigen. Sie werden bald feststellen, dass Ihre Tochter immer schneller in der Lage sein wird, loszulassen und ihre Verärgerung zu überwinden. Ein Großteil der negativen Aufmerksamkeitssuche wird innerhalb weniger Wochen verschwinden.*

Das bedeutet aber nicht, dass Sie mit dem reflektierenden Zuhören aufhören können. Solange Sie Eltern sind, werden sie diese Strategie anwenden müssen! Sobald Sie die Vorteile spüren, werden Sie sehen, wie wirksam diese Technik ist, und Sie werden nicht mehr damit aufhören wollen.

Das folgende Beispiel zeigt, wie reflektierendes Zuhören einem Ehepaar half, das schwierige Verhalten ihrer sensiblen und überreagierenden Tochter zu verbessern:

Heather war 13 Jahre alt. Sie beschwerte sich fast täglich darüber, dass sie mehr Aufgaben zu erledigen hatte als ihre jüngeren Geschwister, ihre Lehrer langweilig waren, die anderen Mädchen in ihrer Klasse gemein zu ihr waren, ihr Haar lockig war und sie sich wünschte, es wäre glatt, dass ihr nie jemand zuhörte und so weiter.

Die übliche Reaktion der Mutter auf all die Beschwerden war entweder zu versuchen, ihrer Tochter auszureden, was sie fühlte, oder zu versuchen, die Litanei der Beschwerden zu ignorieren, weil das, was Heather sagte, oft eindeutig nicht wahr war. Aber Heather war unnachgiebig, sodass sie es normalerweise schaffte, eine genervte Reaktion von ihrer Mutter zu bekommen. Der Vater hingegen neigte dazu, Mitleid mit Heather zu haben. Er versuchte, die scheinbare Gleichgültigkeit der Mutter auszugleichen, indem er die Regeln für Heather beugte oder ihr kleine Belohnungen gab. Mutter und Vater stritten sich häufig darüber, wie sie am besten mit Heather umgehen sollten.

Zunächst konnte die Mutter nicht wirklich glauben, dass es eine Strategie gab, die ihrer sensiblen, intensiven und leicht reizbaren Tochter helfen konnte, ihr Leben positiver zu sehen. Aber die Mutter hatte nichts zu verlieren, und so beschloss sie, zwei Wochen lang jedes Mal, wenn Heather sich über etwas beschwerte, alles stehen und liegen zu lassen und ein paar Minuten lang reflektierend zuzuhören. Die ersten paar Tage waren hart, weil Heather sich noch mehr beschwerte, sobald sie merkte, dass ihre Mutter wirklich zuhörte. Trotzdem stellte die Mutter fest, dass diese neue Strategie keine zusätzliche Zeit in Anspruch nahm, weil früher ihre Art zu reagieren oft zu längerem Streit führte. Mit reflektierendem Zuhören gab es keine Diskussionen mehr, weil sie nicht versuchte, Heather davon zu überzeugen, dass sie falschlag.

Die Mutter musste ihre Verärgerung bewusst beiseiteschieben, damit sie entspannt und einfühlsam bleiben konnte. Das wurde mit zunehmender Übung leichter. Manchmal war sich die Mutter sicher, dass sie wusste, wie sich ihre Tochter fühlte: nicht wertgeschätzt, beneidet, ausgegrenzt. Zu anderen Zeiten hatte die Mutter keine Ahnung, was Heather fühlte, also musste sie raten. Sie war überrascht, dass es Heather nichts auszumachen schien, wenn die Vermutung falsch war. Heather schätzte es dennoch, dass ihre Mutter zuhörte, nicht argumentierte oder ihre Gefühle leugnete.

Anfangs stand der Vater dem reflektierenden Zuhören sehr skeptisch gegenüber, da er es für zu künstlich und konstruiert hielt und deshalb nicht bereit war, es zu praktizieren. Doch bevor die zwei Wochen vorbei waren, stellte er fest, dass die Atmosphäre zu Hause viel besser war. Es gab weniger Streit zwischen Mutter und Tochter, mehr Mitarbeit von Heather und weniger Gejammer. Er war nun bereit, auch reflektierend zuzuhören, und diese vereinte Front führte zu weniger Zank zwischen den Eltern. Innerhalb eines Monats bemerkten mehrere Familiemitglieder, einige Nachbarn und sogar Heathers Lehrer, dass Heather nicht nur reifer, sondern auch glücklicher wirkte.

Ängste und Sorgen abbauen

Reflektierendes Zuhören ist effektiv, um Kindern zu helfen, ihre Angstgefühle zu überwinden. Der Umgang mit den Ängsten unserer Kinder fühlt sich für uns Eltern oft emotional schwierig an. Wir möchten, dass sich unsere Kinder besser fühlen, aber sie nur zu beruhigen, hilft ihnen nicht, ihre Angstgefühle zu überwinden. Das Erste, was wir also tun müssen – und das kann schwierig sein –, ist es, unsere eigenen Emotionen beiseitezuschieben, sodass wir den Kindern zuhören und trotzdem ruhig bleiben können.

Reflektierendes Zuhören gehört zu den Grundlagen der meisten Formen der Psychotherapie. Wenn Kinder ängstlich sind, müssen wir ihnen Empathie und Verständnis für das, was sie erleben, vermitteln und nicht versuchen, ihnen das Gefühl zu nehmen oder es zu minimieren. Es ist ein sehr reales Gefühl für sie. Reflektierendes Zuhören öffnet die Tür für eine intensivere Kommunikation, die für ein Kind, das mit Ängsten zu kämpfen hat, entscheidend ist. Wenn Ihr Kind sagt: »Ich will heute nicht zur Schule gehen«, widerstehen Sie der Versuchung, es zu belehren, zu beruhigen oder abzuweisen. Versuchen Sie stattdessen: »Vielleicht machst du dir Sorgen wegen deines Erdkundetests.« Selbst wenn Sie nicht richtig geraten haben, zeigt diese Art der Reaktion, dass Sie sich sorgen, dass Sie versuchen zu verstehen und dass Sie Ihrem Kind helfen möchten, zur Problemlösung überzugehen. Es wird weniger ängstlich, weniger defensiv und weniger anfällig für Gefühlsausbrüche sein, wenn Sie so einfühlsam reagieren.

Geschwisterkonflikte entschärfen

Die Wut wegschmelzen sehen

Unsere Jungs waren zwölf und zehn, als dieser Vorfall passierte. Ich saß mit meinem älteren Sohn Tyler zusammen, nachdem wir etwas Süßes gegessen hatten, und er erzählte mir von seinen Hausaufgaben, als mein jüngerer Sohn Nick mit wütendem Gesichtsausdruck hereinkam und anfing, aggressiv gegen den Stuhl seines Bruders zu treten. Ich war überrascht, da Nick normalerweise ziemlich locker ist, aber an diesem Tag war er offensichtlich wütend. Ich sagte ihm, er solle sofort aufhören und uns das Gespräch beenden lassen. Er starrte mich an und stürmte in sein Zimmer.

Nachdem er gegangen war, sagte ich zu Tyler: »Wow. Nick muss wirklich wütend sein, wenn er sich so aufführt und gegen deinen Stuhl tritt.« Tyler schaute mich etwas verlegen an und sagte: »Na ja, wir haben etwas gegessen, und er darf keinen zweiten Joghurt essen … richtig?« Ah, da verstand ich, was das Problem war. Tyler hatte Nick gesagt, was er als Zwischenmahlzeit essen durfte und was nicht. Ich fragte Tyler, wessen Aufgabe es sei, zu bestimmen, was sie als Snack essen dürfen und was nicht, und er antworte: »Deine und Papas.«

Ich ging in Nicks Zimmer. Er war immer noch wütend und sagte mit lauter, wütender Stimme: »Ich will nicht mit dir reden!« Ich blieb ruhig, nickte und sagte: »Ich bin nicht gekommen, um mit dir zu reden; ich bin nur gekommen, um dir etwas zu sagen.« Er war sich nicht sicher, was er sagen sollte, also fuhr ich fort und erklärte: »Es muss dich wütend gemacht haben, dass Tyler so herrisch darüber war, was du zur Snack-Zeit essen durftest. Vielleicht sah es so aus, als ob ich auf seiner Seite wäre, weil ich dich gebeten habe, den Raum zu verlassen.« Sein wütender Gesichtsausdruck veränderte sich sehr schnell. Wir waren beide eine Minute lang still, und dann verließ ich sein Zimmer. Ziemlich bald beschäftigte er sich in aller Ruhe mit einem Buch. Allein das Anerkennen seiner Gefühle ließ so viel von seinem Ärger dahinschmelzen.

Was meinem Mann und mir am reflektierenden Zuhören gefällt, ist, dass es uns eine Möglichkeit gibt, zu zeigen, dass wir uns um die verletzten oder wütenden Gefühle des anderen kümmern. Aber wir mischen uns nicht in den Streit ein. Es gibt keinen Schiedsrichter oder Lösungsversuch, sondern nur die Anerkennung des Ärgers. Es ist erstaunlich, wie gut das funktioniert.

Mutter von zwei Kindern, 12 und 10 Jahre alt

Geschwisterstreitigkeiten können selbst die geduldigsten Eltern aus der Fassung bringen. Wenn Geschwister sich streiten, greifen wir meist ein, werden Schiedsrichter oder versuchen, den Konflikt für sie zu lösen. In der vorherigen Geschichte war Nick nicht absichtlich unkooperativ. Er war im Würgegriff seiner Gefühle gegenüber seinem Bruder, und in dem Moment wusste er nicht, was er tun sollte, außer gegen den Stuhl zu treten! Wenn seine Mutter ihn bestraft hätte, anstatt sich die Zeit zu nehmen, reflektierend zuzuhören, hätte das zu noch mehr Unmut und Wut geführt, was möglicherweise weiteres Fehlverhalten und Konsequenzen verursacht hätte. Mit reflektierendem Zuhören wurde die tickende Zeitbombe von Nicks Wut entschärft.

Schlüsselkonzept

Streitereien und Geschichtenerzählen verlieren schnell ihren Reiz, wenn wir uns nicht einmischen und nicht zum Schiedsrichter werden. Zeigen Sie, dass Sie sich sorgen, indem Sie sich vorstellen, wie die Kinder sich fühlen. Versuchen Sie nicht, das Problem zu lösen.

Wenn ein Kind zu Ihnen kommt und sich über das andere beschwert, oder wenn Sie sehen, dass ein Streit hitziger wird, widerstehen Sie dem Drang herauszufinden, was passiert ist, oder zu versuchen, das Problem für das Kind zu lösen. Obwohl sich diese Reaktion so natürlich anfühlt, verstärkt sie nur den Streit, indem sie ihm viel Aufmerksamkeit schenkt.

Das gegenseitige Beschimpfen verliert bald seinen Reiz, wenn wir aufhören, herausfinden zu wollen, wer Schuld trägt, wenn nicht schimpfen, bestrafen oder versuchen, das Problem zu lösen. Seien Sie stattdessen einfach bereit, die Gefühle der Kinder durch reflektierendes Zuhören anzuerkennen. Ihre Kinder werden sich schneller beruhigen, als Sie denken.

Erste Schritte – Ihr Weg zum Erfolg

Jetzt ist es an der Zeit, reflektierendes Zuhören in Ihrer Familie anzuwenden.

Formulierungen für Ihre Sätze beim reflektierenden Zuhören
Beim reflektierenden Zuhören sollten wir vorsichtig sein, da wir nie sicher sein können, was unser Kind empfindet. Wenn Eltern diese Technik zum ersten Mal anwenden, neigen sie dazu, ihre Sätze mit »Ich weiß, dass du dich …« zu beginnen. Dies ist nicht sehr effektiv. Es kann anmaßend klingen, und das sollte es nicht. Wir wollen Empathie vermitteln.

Hier sind einige effektive Möglichkeiten, wie Sie beim reflektierenden Zuhören formulieren können:

- *Du siehst aus, als ob du dich … fühlst.*
- *Du scheinst … zu fühlen.*
- *Du fühlst wahrscheinlich, dass …*
- *Du könntest das Gefühl haben …*
- *Du empfindest vielleicht …*
- *Es sieht so aus, als ob …*
- *Es scheint, als ob du …*
- *Es klingt, als ob du …*
- *Ich sehe/höre/erkenne an deinem Gesicht, dass …*
- *Vielleicht fühlst du …*
- *Ich schätze, das fühlt sich … an.*
- *Ich stelle mir vor, du fühlst …*
- *Es kann sich anfühlen … wenn du …*

Bevor Sie mit dem Üben des reflektierenden Zuhörens beginnen
Reflektierendes Zuhören ist nicht intuitiv. So reagieren sicher die wenigsten von uns, wenn unsere Kinder verärgert sind. Wir wollen das Problem beseitigen, es lösen, es verschwinden lassen. Reflektierendes Zuhören ist wie eine neue Sprache, und es ist nicht immer einfach, eine neue Sprache zu lernen. Außerdem müssen wir diese Fähigkeit oft zu den schwierigsten Zeiten anwenden – wenn unsere Kinder sich danebenbenehmen! Das erfordert Übung. Schauen Sie sich also immer wieder diese Satzanfänge an. Lassen Sie sich von den Elterngeschichten inspirieren. Üben Sie während des ganzen Tages reflektierendes Zuhören, zunächst bei den leichteren Verstimmungen Ihres Kindes: ein trauriger oder enttäuschter Blick, ein Jammern, wenn die Dinge nicht so laufen, wie es will. Dies wird Ihr Vertrauen in diese Fähigkeit stärken. Je mehr Sie reflektierend zuhören, desto größeren Nutzen werden Sie erkennen und desto sicherer werden Sie sich fühlen, es bei größerem Fehlverhalten wie zum Beispiel Trotzverhalten, Wutausbrüchen oder körperlicher Aggression einzusetzen.

Reflektierendes Zuhören in die Praxis umsetzen: Ihr Aktionsplan für die ersten zwei Wochen

Reflektierendes Zuhören immer dann, wenn:

- Ihr Kind eine starke Emotion zu erleben scheint wie zum Beispiel Wut, Angst, Frustration, Sorge und so weiter, auch wenn die Emotion von Fehlverhalten begleitet wird, wie zum Beispiel Widerstand, Widerwillen, Verweigerung, Schlagen, Beschimpfen und so weiter.
- Sie eine neue Regel aufstellen oder eine alte Regel wieder in Kraft setzen.
- Sie versucht sind, zu diskutieren, zu wiederholen, zu schimpfen, zu belehren, zu drohen oder zu schreien.
- Ihr Kind negatives, aufmerksamkeitsheischendes Verhalten zeigt: sich beschweren, Vorwürfe machen, sich aufspielen et cetera.
- Die Körpersprache oder der Tonfall Ihres Kindes Ihnen signalisiert, dass es verärgert ist.

Schauen wir uns nun einige Beispiele an, wie wir die drei mächtigen Strategien *beschreibendes Lob, Vorbereitung auf den Erfolg* und *Reflektierendes Zuhören* kombinieren können. Wie zu Beginn dieses Kapitels erwähnt, können Vorbereitung auf den Erfolg und beschreibendes Lob proaktiv eingesetzt werden, aber beim reflektierenden Zuhören geht es darum, wie wir reagieren. Daher wird dieser Abschnitt des Aktionsplans anders sein. Es gibt jedoch einen Zeitpunkt, an dem wir beim reflektierenden Zuhören proaktiv sein können – nämlich wenn wir neue Regeln aufstellen oder alte wieder in Kraft setzen (siehe Seite 133). Wir können wohl immer davon ausgehen, dass unser Kind eine negative Reaktion auf die Regel zeigen könnte, sodass wir schon reflektierend zuhören können, während wir ihm die Regel mitteilen!

Reflektierendes Zuhören mit beschreibendem Lob und Vorbereitung auf den Erfolg kombinieren

Beispiel: Durchdenken zum Aufstellen einer neuen Regel für eine Arbeit im Haushalt

Durchdenken: Zu einem neutralen Zeitpunkt
Sie: *(Erklären Sie Ihrem Kind die neue Regel und üben dabei reflektierendes Zuhören) Mama und ich haben beschlossen, dir eine neue Aufgabe zu geben. Es ist etwas, das wir die ganze Zeit gemacht haben, deswegen könnte es so aussehen, als sollte es nicht deine Aufgabe sein. Ab diesem Samstag wird es deine Aufgabe sein, die Katzen zweimal am Tag zu füttern.*
Ihr Kind: *Ich mache schon eine Menge Hausarbeiten.*
Sie: *(Anerkennen, reflektierend zuhören und eine Durchdenken-Frage) Du tust schon sehr viel ganz selbstständig und bist wahrscheinlich genervt, dass wir noch eine weitere Aufgabe hinzufügen. Wie lautet die neue Regel?*
Ihr Kind: *Ich muss die Katzen füttern.*
Sie: *(Beschreibend loben, reflektierend zuhören und eine weitere Durchdenken-Frage stellen) Das ist richtig. Und du hast es mir gesagt, auch wenn du es*

wahrscheinlich nicht sagen wolltest. Was glaubst du, warum wir dich bitten, das Füttern der Katzen zu übernehmen?
Ihr Kind: *Weil ihr mich gerne dazu bringt, Dinge zu tun.*
Sie: *(Reflektierend zuhören) So fühlt es sich wahrscheinlich an. Stell dazu bitte eine vernünftige Vermutung an.*
Ihr Kind: *Um zu helfen.*
Sie: *(Beschreibend loben) Das ist richtig. Du kennst den Grund.*

Beispiele für reflektierendes Zuhören, um auf starke Emotionen zu reagieren

Beispiel: Neunjähriges Kind sackt beim Klavierüben frustriert zusammen
Ihre Tochter: *(Mit weinender Stimme) Ich kann das nicht. Ich bin schrecklich darin. Ich schaffe es nicht!*
Sie: *(Reflektierend zuhören mit einem einfühlsamen Ausdruck) Du klingst so frustriert. Vielleicht hast du das Gefühl, dass du diese Sequenz nie schaffen wirst – sie scheint einfach zu schwer zu sein.*
Ihre Tochter: *(Das Gesicht wird weicher und sie hört auf zu jammern oder bricht vielleicht sogar in Tränen aus)*

An diesem Punkt hilft es oft, Ihr Kind in den Arm zu nehmen. Dies kann helfen, sich zu beruhigen. Wenn es sich beruhigt hat, können Sie gemeinsam überlegen, wie Sie die schwierige Sequenz in kleinere Teile zerlegen können, um sie für Ihr Kind leichter zu machen. Solange ihre Tochter aufgebracht ist, wird sie nicht in der Lage sein, vernünftig zu denken. Reflektierendes Zuhören wird helfen, ihre Frustration zu entschärfen und sie zur Problemlösung zu bewegen. Die natürliche Reaktion in dieser Situation wäre, mit Ihrer Tochter zu diskutieren und zu versuchen, ihr ihre Gefühle auszureden. »Du bist fantastisch am Klavier! Arbeite einfach weiter daran, und du wirst es schaffen – ich weiß, dass du es schaffst!« So verständlich diese Reaktion auch ist, sie wird ihr Selbstvertrauen nicht stärken und ihr nicht helfen, ihre Frustration zu überwinden.

Beispiel: Ihr 13-jähriger Sohn kommt von der Schule nach Hause, geht in sein Zimmer und knallt die Tür zu
Sie: *(Öffnen seine Zimmertür)*
Teenager: *Geh weg! Ich will mit niemandem reden!*
Sie: *(Reflektierend zuhören) Es muss heute in der Schule etwas wirklich Unangenehmes passiert sein.*
Teenager: *Ich höre mit dem Fußball auf!*
Sie: *(Reflektierend zuhören) Das Spiel muss wirklich frustrierend gewesen sein.*
Teenager: *Es war nicht frustrierend, es war dämlich! Niemand hält sich an die Regeln.*
Sie: *(Reflektierend zuhören) Du hast so einen ausgeprägten Gerechtigkeitssinn; es stört dich wirklich, wenn Kinder sich nicht an die Regeln halten.*
Teenager: *Es ist so unfair. Unsere Mannschaft hätte gewinnen müssen.*

An diesem Punkt könnten Sie sich einfach in die Nähe Ihres Sohnes setzen und ihn ausreden lassen, falls er noch etwas sagen möchte. Hören Sie weiterhin reflektierend zu und widerstehen Sie dem Drang, Vorschläge zu machen oder Problemlösungen vorzuschlagen, bis er dazu bereit ist.

Was Eltern wissen wollen

F: *Ich habe versucht, meinem Kind seine Wünsche in der Fantasie zu erfüllen. Ich sagte: »Wäre es nicht toll, wenn du jeden Tag die gleichen Klamotten tragen könntest, weil ich weiß, dass du dieses Hemd so sehr liebst?«, und er antwortete mir in einem sehr kämpferischen Ton: »Ja, warum kann ich das nicht?« Ich frage mich, was ich falsch gemacht habe.*
A: *Es klingt, als hätten Sie nichts falsch gemacht. Diese Art des wütenden Fragens ist keine echte Bitte um Informationen. Das Kind kann sich diese Frage selbst beantworten, weil es den Grund wahrscheinlich schon oft von Ihnen gehört hat. Selbst wenn ihm kein Grund genannt wurde, sind Kinder in der Lage, viel mehr herauszufinden, als wir ihnen zutrauen. Lassen Sie sich also nicht dazu hinreißen, eine Erklärung oder einen Mini-Vortrag zu halten, dem Ihr Kind nicht zuhören wird. Stattdessen könnten Sie sagen:*

»Rate doch mal. Warum darfst du nicht jeden Tag die gleiche Kleidung tragen?« Oder Sie könnten einfach noch etwas reflektierend zuhören, zum Beispiel: »Du bist so genervt!«

***F:** Wenn ich mit dem reflektierenden Zuhören beginne, fängt mein Kind normalerweise an, eine lange Tirade darüber zu halten, dass alles die Schuld von jemand anderem war. Wie kann ich ihm helfen, sich auf seine eigene Rolle bei der Entstehung des Problems zu konzentrieren, anstatt immer anderen die Schuld zu geben?*

***A:** Je mehr Sie das reflektierende Zuhören üben, desto besser werden Sie diese Fähigkeit beherrschen und desto besser werden Ihre Kinder darin, ihre Gefühle zu akzeptieren und sie auf konstruktive Weise auszudrücken. Um einem Kind das Jammern und Beschuldigen abzugewöhnen, müssen wir aufhören, ihm das, was es denkt und fühlt, auszureden oder es zu widerlegen. Wenn Ihr Kind sagt: »Die wollen nicht mit mir spielen. Die wollen noch nicht mal mit mir reden. Die sind so gemein«, hilft es nicht, zu antworten: »Na ja, niemand will jeden Tag mit denselben Leuten spielen. Vielleicht spielen sie morgen mit dir. Vielleicht waren sie verärgert über dich. Hast du etwas getan, um sie zu verärgern? Warst du zu herrisch? Du weißt, dass du manchmal rechthaberisch bist.« So wahr das alles auch sein mag, Ihr Kind kann Ihre weisen Worte nicht aufnehmen, wenn es im Würgegriff seiner Verstimmung ist.*

Mit reflektierendem Zuhören konzentrieren Sie sich darauf, wie sich Ihr Kind fühlen könnte, und Sie fassen dieses Gefühl in Worte. Sie könnten sagen: »Du hast dich wahrscheinlich sehr ausgeschlossen gefühlt«, oder: »Das klingt, als hätte es deine Gefühle verletzt.« Ein Kind, das die Angewohnheit hat, zu beschuldigen, wird wohl auch weiterhin die Schuld auf andere schieben, anstatt sofort reifer zu werden und die Verantwortung für seine Rolle an dem Problem zu übernehmen. Widerstehen Sie der Versuchung, es zu unterbrechen und zurechtzuweisen. Warten Sie einfach, bis es aufhört zu reden, und reflektieren Sie dann, was Sie sich vorstellen, was es empfinden könnte. Das wird Ihnen helfen, ruhiger zu bleiben, als wenn Sie versuchen würden, eine Erklärung oder Lösung zu finden. Sie können sicher sein, dass ein aufgebrachtes Kind Ihre guten Einsichten und Ratschläge abschmettern wird.

Um einem Kind zu helfen, die natürliche Tendenz, andere zu beschuldigen, zu überwinden, sollten wir sicherstellen, dass wir uns selbst disziplinieren, sodass wir selbst sehr, sehr selten der Versuchung nachgeben, zu beschuldigen, anzuklagen, zu schimpfen und zu drohen. Wir sollten mit gutem Beispiel vorangehen. Zusätzlich können Sie Ihrem Kind helfen, zu erforschen, wie es mit ärgerlichen Situationen anders umgehen könnte, indem Sie die Strategie des Durchdenkens anwenden, wie sie in Kapitel 4 vorgestellt wurde.

***F:** Wenn ich reflektierend zuhöre, wechselt mein Sohn einfach das Thema oder geht weg. Warum will er nicht darüber sprechen?*
***A:** Es braucht Zeit, bis Kinder sich damit wohlfühlen, von Gefühlen zu hören und darüber zu sprechen. Besonders für Jungen in unserer Kultur können Gefühle ein ungewohntes Thema sein. Da Kinder genetisch dazu verdrahtet sind, den gleichgeschlechtlichen Elternteil zu imitieren, ist es für Jungen besonders wichtig, dass der Vater oder eine Vaterfigur regelmäßig reflektierendes Zuhören und Sprechen über seine Gefühle demonstriert.*

Reflektierendes Zuhören befasst sich damit, wie sich Ihr Kind fühlt, aber natürlich müssen Sie trotzdem jedes Fehlverhalten ansprechen. Wann immer ein Kind eine Regel bricht, wollen wir natürlich, dass es so schnell wie möglich damit aufhört. Reflektierendes Zuhören kann ausreichen, um dies zu erreichen, aber nicht immer. In Kapitel 7 »Wie man Fehlverhalten in die Schranken weist« finden Sie dazu weitere nützliche Strategien.

In Kapitel 4 »Vorbereitung auf den Erfolg« habe ich erwähnt, dass anhaltende Probleme durch das Aufstellen einer Regel angegangen werden müssen. Mit der Zeit wird sich Ihr Kind daran gewöhnen, diese Regel zu befolgen, und die Regel wird zu einer Routine. Es gibt jedoch eine Menge kleiner ärgerlicher Dinge, die Kinder sagen und tun, die nicht durch bestehende Regeln abgedeckt werden. Kapitel 7 »Wie man Fehlverhalten in die Schranken weist« zeigt, wie man sowohl mit den kleinen, ärgerlichen Dingen, die Kinder tun, als auch mit dem ernsthafteren Fehlverhalten umgehen kann.

Manchmal ist der Regelbruch bereits geschehen, und wir wollen im Anschluss Schritte unternehmen, um die Wiederholung dieses Fehlverhaltens in der Zukunft zu minimieren. In Kapitel 8 »Belohnungen und Konsequenzen« geht es darum, wie Eltern zukünftiges Fehlverhalten verhindern können.

Zusammenfassung

Reflektierendes Zuhören ist die hilfreichste Art und Weise, um zu reagieren, wenn Kinder Verstimmungen erleben, von leicht bis schwer. Unsere natürlichen Reaktionen, wenn unsere Kinder verärgert sind und sich schlecht benehmen, können darin bestehen, mit unserem Kind zu diskutieren, seine Gefühle abzutun, zu rechtfertigen, zu belehren oder zu drohen. Aber diese Reaktionen helfen Kindern nicht, sich besser zu verhalten oder sich besser zu fühlen. Natürlich braucht es Übung und Entschlossenheit, um ruhig zu bleiben und bereit zu sein, sich einen Moment lang das Gefühl vorzustellen, das hinter dem Fehlverhalten steckt.

Wenn Sie sich verpflichten, diese neue Fähigkeit mindestens zwei Wochen lang zu üben, werden Sie bald sehen, dass reflektierendes Zuhören Kindern und Jugendlichen (und auch Ehemännern und -frauen!) hilft, sich schneller durch starke, unangenehme Gefühle hindurchzubewegen, sodass sie, falls nötig, zur Problemlösung übergehen können.

Sie haben jetzt drei Kernstrategien für eine ruhigere, leichtere und glücklichere Erziehung kennengelernt. Jede dieser Strategien arbeitet mit den anderen zusammen. Reflektierendes Zuhören ist ein unschätzbares Werkzeug, um Kindern zu helfen, Regeln und Routinen zu akzeptieren. Es hilft, die Rivalität zwischen Geschwistern deutlich zu reduzieren. Es ermöglicht Ihnen, Ihrem Kind zu helfen, Aufregungen und starke Emotionen schneller zu verarbeiten, was Widerstand, Widerwillen und Verweigerung reduziert. Und wenn Sie reflektierendes Zuhören mit Vorbereitung auf den Erfolg und beschreibendem Lob kombinieren, können Sie das tägliche Leben Ihrer Familie maßgeblich verändern.

Kapitel 6:

Niemals zweimal bitten: Die Sechs-Schritte-Methode, die Kindern beibringt, direkt das zu tun, worum man sie bittet

Ich fühlte mich wie ein Kassettenrekorder!

Nörgel, nörgel, nörgel! Es fühlte sich an, als wäre das alles, was ich jemals mit meinen Jungs machte, die drei und fünf Jahre alt waren. Ich musste mich so oft wiederholen, wenn ich wollte, dass sie etwas taten – selbst eine einfache Aufgabe

Ich dachte, ich könnte genauso gut einfach die Wiederholungstaste an meinem Kassettenrekorder drücken und die Lautstärke hochdrehen, bis sie taten, was ich verlangte. Ich wusste nicht, was ich sonst tun könnte, damit meine Kinder auf mich hören.

Als ich dann auf Noëls Seminar von der Niemals zweimal bitten*-Methode erfuhr, konnte ich es kaum erwarten, sie an meinen Jungs auszuprobieren. Könnte das wirklich funktionieren?*

Ich fand es am nächsten Morgen heraus. Als es für meinen ältesten Sohn an der Zeit war, mit dem Spielen aufzuhören und seine Schuhe für die Schule anzuziehen, ging ich dorthin, wo er gerade spielte. Ich stellte mich direkt vor ihn, sagte ihm, was er tun sollte, und wartete dann. Ich habe mich nicht wiederholt. Ich wartete einfach geduldig und erinnerte mich daran, die sechs Schritte zu befolgen.

Am ersten Tag musste ich ein bisschen warten, aber nicht so lange, wie ich es normalerweise getan hätte, wenn ich mich wiederholt hätte. Als er merkte, dass ich nicht wegging, zog er sich die Schuhe an. Nun machte ich jeden Tag das Gleiche, es wurde immer einfacher, ich musste immer kürzer warten, bis er sich die Schuhe anzog. Das wirklich Erstaunliche war, dass mein Sohn am dritten oder vierten Tag zu mir in die Küche kam und sagte: »Mami, guck mal auf meine Füße.« Das tat ich, und tatsächlich hatte er seine Schuhe an.

»Aber ich habe dich nicht einmal gebeten!«, sagte ich.

»Ich weiß«, sagte er mit einem breiten Lächeln, »ich habe deine Gedanken gelesen!«

Ich war wirklich schockiert, dass die Niemals zweimal bitten-*Methode so gut funktionierte. Jetzt wende ich sie immer an, wenn ich möchte, dass meine Kinder etwas tun. Ich brauche den Kassettenrekorder nicht mehr!*

Mutter von zwei Kindern, 5 und 3 Jahre alt

Für viele Eltern ist im Familienleben mit am frustrierendsten, wie oft sie sich wiederholen müssen, bevor die Kinder endlich kooperieren. Oft fügen sich Kinder erst dann, wenn die Eltern die Geduld verlieren und schreien. Das ist nicht nur frustrierend, sondern wir wollen auch nicht, dass unsere Kinder kooperieren, nur damit wir nicht schreien müssen. All das Wiederholen und die erhobenen Stimmen tragen nicht zu einem ruhigeren, einfacheren und glücklicheren Familienleben bei.

Warum Kinder nicht sofort tun, was man ihnen sagt

Wenn wir unsere Kinder bitten, etwas zu tun, und sie uns ignorieren, kann es so aussehen, als wären sie absichtlich unkooperativ. Aber das ist nicht immer der Fall. Wie bereits erwähnt, ist unsere Agenda anders als die unseres Kindes. Unser Verstand ist auf das konzentriert, was als Nächstes getan werden muss. Unsere Kinder hingegen sind fröhlich in das vertieft, was sie gerade tun. So ist es nicht verwunderlich, dass sie nicht sofort einen Gang höher schalten, wenn wir sie bitten, etwas zu tun. Sie ignorieren uns, sie beschweren sich oder leisten Widerstand.

Schlüsselkonzept

Je mehr wir bereit sind, uns zu wiederholen, desto öfter werden wir uns wiederholen müssen.

Wenn das passiert, sind Sie vielleicht versucht, Ihre Anweisung zu wiederholen, und zwar lauter oder ungeduldiger. Was passiert, wenn Sie in die Gewohnheit abdriften, sich zu wiederholen? Welche Botschaft sendet all dieses Wiederholen und Erinnern an Ihre Kinder? Die Botschaft ist, dass sie nicht beim ersten Mal zuhören müssen – Sie wiederholen es ja ohnehin. Folglich werden Ihre Kinder Sie beim ersten Aussprechen einer Anweisung nicht ernst nehmen. Sie werden Sie ausblenden, weil sie wissen, dass Sie es immer wieder sagen werden. Wenn wir bereit sind, uns sechsmal zu wiederholen, werden wir bald feststellen, dass wir uns sechsmal wiederholen müssen. Kinder glauben erst dann, dass sie aufmerksam sein müssen, wenn sie diese vertraute ansteigende Tonlage der Hysterie in unseren Stimmen hören. Es gibt einen besseren Weg, um eine erstmalige Zusammenarbeit zu erreichen, und das ist die *Niemals zweimal bitten*-Strategie.

Niemals zweimal bitten, die vierte Kernstrategie

Die *Niemals zweimal bitten*-Methode ist eine einfache und effektive Sechs-Schritte-Strategie, mit der Sie Ihre Kinder dazu bringen, in 90 Prozent der Fälle zu kooperieren, und zwar beim ersten Aussprechen einer Anweisung, ohne viel Aufhebens! Kein Nörgeln, kein Wiederholen, Argumentieren, Verhandeln oder Schreien, die ohnehin nicht die gewünschte Kooperation bringen. Die *Niemals zweimal bitten*-Methode ist eine Strategie, die tatsächlich funktioniert. Sie hilft Kindern, die wichtige Verhaltensweise der Kooperation zu erreichen, und ist effektiver als jede andere Strategie, die ich kenne. Wenn Sie diese sechs Schritte befolgen, werden Sie ein weiteres Werkzeug in Ihrem Werkzeugkasten haben, um die Kooperation Ihrer Kinder zu erreichen, sodass Sie nie zweimal fragen müssen!

Wann Sie die *Niemals zweimal bitten*-Methode anwenden sollten

Sie können die *Niemals zweimal bitten*-Methode immer dann anwenden, wenn Sie möchten, dass Ihr Kind mit einer Sache aufhört und mit etwas anderem beginnt. Dies nennt man ein *Startverhalten*. Um mich klar auszudrücken, muss ich den Unterschied zwischen *Startverhalten* und *Stoppverhalten* erklären.

Ein *Stoppverhalten* ist das, was passiert, wenn Ihr Kind sich falsch verhält, eine Regel bricht oder etwas Ärgerliches tut. Sie wollen, dass es aufhört, es zu tun. Ich werde im nächsten Kapitel einige Strategien zeigen, wie Sie mit Stoppverhalten umgehen können. Aber bei einem Startverhalten benimmt sich Ihr Kind nicht daneben oder macht etwas falsch. Es ist einfach an der Zeit, das, was es gerade tut, zu beenden und mit der nächsten Sache zu beginnen, zum Beispiel das Puzzle wegzulegen und nach oben zu gehen, um sich die Zähne zu putzen, oder aufzuhören, mit den Legos zu spielen und sich vor dem Abendessen die Hände zu waschen. Wie Sie sehen, ist nichts falsch an dem, was Ihr Kind gerade tut, aber Sie möchten, dass es jetzt zur nächsten Aktivität oder Aufgabe übergeht.

Schlüsselkonzept

Startverhalten

Ihr Kind benimmt sich nicht daneben, sondern muss zur nächsten Aktivität übergehen.

Stoppverhalten

Ihr Kind tut etwas Falsches oder etwas Störendes, und Sie möchten, dass es damit aufhört.

Manche Kinder können schwieriger sein, sogar von Geburt an. Die gute Nachricht ist, dass die *Niemals zweimal bitten*-Methode auch dann funktioniert, wenn Sie ein Kind haben, das ein eher sensibles, intensives oder impulsives Temperament hat. Wenn Sie unkomplizierte Kinder haben, die bereits die meiste Zeit kooperativ sind, brauchen Sie diese Methode vielleicht nicht. Aber sie ist trotzdem nützlich. Ich höre immer wieder von Eltern, dass, selbst wenn sie ein relativ kooperatives Kind haben, die *Niemals zweimal bitten*-Methode das Niveau der Kooperation erhöht, weil es eine respektvolle und positive Art ist, jedem Kind die Übergänge zu erleichtern.

In welchem Alter kann ich mit der *Niemals zweimal bitten*-Methode beginnen?

Sie können die *Niemals zweimal bitten*-Methode mit Kindern ab einem Alter von etwa drei Jahren anwenden. In diesem Alter sind die meisten Kinder alt genug, um zu verstehen, worum Sie sie bitten, und können sich lange genug konzentrieren, um einfachen Anweisungen zu folgen.

Wann Sie die *Niemals zweimal bitten*-Methode nicht anwenden sollten

Es gibt zwei Situationen, in denen ich nicht empfehle, die *Niemals zweimal bitten*-Methode anzuwenden:

1. **Wenn Ihr Kind vor einem Bildschirm sitzt.** Das können Computer, Handheld-Spielgeräte, Mobiltelefone, Fernsehgeräte und so weiter sein. Bildschirmaktivitäten können fesselnd und süchtig machend sein. Um also mit den *Niemals zweimal bitten*-Schritten erfolgreich zu sein, müssen Sie alle elektronischen Geräte ausschalten, bevor Sie überhaupt mit Schritt 1 dieser Methode beginnen. Wenn es in Ihrer Familie ein Kampf ist, Ihr Kind dazu zu bringen, sich von Bildschirmen zu lösen, zeige ich Ihnen in Kapitel 12 »Bildschirmzeit«, wie Sie die Kontrolle zurückgewinnen können, damit die Bildschirmaktivitäten zu einem positiven Element im Familienleben werden.
2. **Wenn Sie sich gehetzt fühlen und schnell aus dem Haus gehen müssen.** Beginnen Sie mit dem Üben dieser Methode, wenn Sie genug Zeit haben, um alle sechs Schritte durchzuziehen, wenn es notwendig wird.

Übersicht über die sechs Schritte

Sie können diese positive und respektvolle Methode anwenden, wenn Ihr Kind nichts falsch macht, Sie aber möchten, dass es mit der nächsten Aktivität beginnt. Sechs Schritte mögen anfangs viel erscheinen, aber wenn Sie diese Methode üben, werden Sie weniger Schritte brauchen, weil Ihre Kinder früher kooperieren werden. Zuerst werde ich die sechs Schritte erklären und dann erläutern, warum jeder Schritt entscheidend ist. Sie werden vielleicht überrascht sein, dass Sie bei dieser Methode die Anweisung erst im dritten Schritt geben. In der Regel sind die ersten drei Schritte alles, was Sie für eine Zusammenarbeit brauchen!

Schritt 1: Unterbrechen Sie, was Sie gerade tun, gehen Sie dorthin, wo Ihr Kind steht, und schauen Sie es an.
Schritt 2: Warten Sie, bis Ihr Kind aufhört, was es tut, und Sie ansieht.
Schritt 3: Geben Sie Ihrem Kind die Anweisung – deutlich, einfach und nur einmal.
Schritt 4: Bitten Sie Ihr Kind, die Anweisung zu wiederholen – genau, gründlich und mit eigenen Worten.
Schritt 5: Bleiben Sie stehen und warten Sie.
Schritt 6: Während Sie dastehen und warten, loben Sie beschreibend jeden noch so kleinen Schritt in die richtige Richtung und hören Sie reflektierend zu, wie sich Ihr Kind fühlen könnte.

Die sechs Schritte im Detail

Im Folgenden werde ich jeden Schritt ausführlicher erklären.

Schritt 1: Hören Sie auf mit dem, was Sie gerade tun, gehen Sie dorthin, wo Ihr Kind ist, bleiben Sie dort stehen und schauen Sie es an.
Wie oft rufen Sie Ihren Kindern die Treppe hinauf zu, dass sie sich anziehen sollen? Oder aus dem Küchenfenster, dass sie für die Hausaufgaben oder zum Abendessen ins Haus kommen sollen? Oder stellen eine Frage, wenn Sie in einem Raum sind und die Kinder in einem anderen? Wenn wir wollen, dass unsere Kinder zuhören und aufnehmen, was wir sagen, dürfen wir nicht die Treppe hinauf oder von einem Zimmer ins nächste rufen. Es ist zu leicht für unsere Kinder, uns zu ignorieren, wenn sie uns nicht sehen. Wenn wir das, was wir sagen wollen, nicht ernst genug nehmen, um das, was wir tun, zu unterbrechen, um zu unserem Kind zu gehen und es anzuschauen, müssen wir uns nicht wundern, wenn unser Kind uns auch nicht ernst nimmt. Stehen zu bleiben und es anzusehen, zeigt unsere ernste, feste Absicht.

Wenn man sehr nahe bei einem Kind steht, kann es einen nicht lange ausblenden, auch wenn es vielleicht versucht, einen zu ignorieren. Stehen (wenn man sitzen könnte) zeigt, dass »dies wichtig ist«, während Sitzen eine entspanntere Haltung vermittelt. Gelegentlich sind Eltern besorgt, dass sehr nahes Stehen von dem Kind als einschüchternd oder als Eingriff in den »persönlichen Raum« empfunden wird. Das mag zutreffen, wenn Sie verärgert schauen oder etwas Kritisches sagen. Aber die sechs Schritte sind alle sehr positiv, wie Sie sehen werden.

Schritt 2: Warten Sie, bis Ihr Kind mit dem, was es tut, aufhört und Sie ansieht.

Sie müssen sicherstellen, dass Ihr Kind bereit ist, dem zuzuhören, was Sie sagen werden. Das hilft Ihrem Kind, sich auf das zu konzentrieren, was es gleich hören wird.

Schritt 2 ist die Art und Weise, wie Sie die Aufmerksamkeit Ihres Kindes gewinnen. Es ist das Gegenteil von dem, was häufig passiert. Oft geben wir eine Anweisung, während das Kind noch auf seine Zeichnung, sein Buch oder seine Karten konzentriert ist, sodass es vielleicht gar nicht zuhört. Selbst wenn Ihr Kind Sie hört, vergisst es möglicherweise sehr schnell, was Sie gesagt haben, weil es nicht daran gewöhnt ist, Sie ernst zu nehmen. Wenn Sie bereit sind, stehen zu bleiben und zu warten, bis Ihr Kind aufschaut, wird sich die Einstellung Ihres Kindes grundlegend ändern.

Manche Kinder sind sich sehr bewusst, was um sie herum geschieht. Diese Kinder werden wahrscheinlich aufschauen, sobald Sie den Raum betreten. Andere Kinder, insbesondere solche mit einem eher unflexiblen Temperament, sind schwieriger zu erreichen. Sie können so sehr in ihr Buch, ihre Eisenbahn oder ihr Spiel vertieft sein, dass sie ihre Umgebung nicht wahrnehmen. Zu diesen Kindern müssen Sie sich sehr nahe stellen, bevor sie Ihre Anwesenheit überhaupt registrieren.

Zunächst scheint Ihr Kind entschlossen zu sein, nicht zu Ihnen aufzuschauen. Aber wenn die erwartete Nörgelei oder Kritik ausbleibt, entspannt es sich und wird aufschauen, um zu sehen, was passiert. Wenn Sie viel beschreibendes Lob, Vorbereitung auf den Erfolg, reflektierendes Zuhören und besondere Zeit geübt haben, wird es sich inzwischen mehr geschätzt und respektiert fühlen und weniger missmutig sein. Wahrscheinlich wird es bald zu Ihnen aufschauen. Sie werden feststellen: Je öfter Sie diese äußerst positive, respektvolle und freundliche Methode für das Startverhalten anwenden, desto mehr wird Ihr Kind Sie ansehen und Ihnen zuhören wollen.

Während Sie darauf warten, dass Ihr Kind mit dem, was es tut, aufhört und Sie anschaut, können Sie freundliches Interesse an seinem Tun zeigen und etwas finden, das Sie beschreibend loben können. Denken Sie daran, dass die *Niemals zweimal bitten*-Methode nur für Startverhalten gilt, was bedeutet, dass das Kind in diesem Moment nichts Falsches oder Störendes tut. Das beschreibende Loben wird es motivieren, Ihren Blickkontakt zu erwidern, und es wird ihm helfen, sich besser zu fühlen und eher bereit zu sein, zuzuhören und zu kooperieren. Sie könnten zum Beispiel sagen:

- *Dieses Puzzle hat viele Teile. Und du hast nicht aufgegeben.*
- *Diese Blöcke sind so sorgfältig ausbalanciert. Das ist ein hoher Turm.*
- *Du hast das Buch schon zur Hälfte durch.*
- *Es sieht so aus, als hättest du Spaß daran, deine Steinsammlung zu ordnen.*

Diese positive Aufmerksamkeit wird Ihr Kind dazu veranlassen, Ihnen noch mehr gefallen zu wollen.

Sie könnten versucht sein, den Namen Ihres Kindes zu rufen, um seine Aufmerksamkeit zu erlangen, aber ich empfehle, das nicht zu tun. Ein Kind hört seinen Namen hauptsächlich dann, wenn Erwachsene ihm sagen, dass es etwas tun oder nicht tun soll. Es versucht, das auszublenden, sodass das Rufen seines Namens selten die volle oder sofortige Aufmerksamkeit erhält.

In der Zeit, die Sie brauchen, um die Schritte 1 und 2 auszuführen, haben Sie die Muße, sorgfältig zu überlegen: »Ist diese Anweisung es wert, gesagt zu werden?«, und: »Habe ich im Moment die Zeit und die Entschlossenheit, sie durchzuziehen, falls nötig?« Die Schritte 1 und 2 geben Ihnen die Zeit, sich darauf zu konzentrieren, ruhig, freundlich und höflich zu werden und darüber nachzudenken, wie Sie Ihre Anweisung positiv formulieren können. Wir wollen, dass unsere Kinder lernen, höflich zu sein, deshalb ist es wichtig, dass wir mit gutem Beispiel vorangehen.

Wenn Sie sich zu gestresst fühlen, um selbst ruhig und freundlich zu sein, stoppen Sie sich, bevor Sie zu Schritt 3 übergehen. Verlassen Sie den Raum und konzentrieren Sie sich darauf, sich zu beruhigen oder sich Unterstützung zu holen. Ein gereizter, verärgerter Ton hilft Kindern nie, kooperationsbereit zu werden.

Schritt 3: Geben Sie Ihrem Kind die Anweisung – klar, einfach und nur einmal.

Wenn Sie die Anweisung klar und einfach gegeben haben, wiederholen Sie sich nicht. Wenn Sie die Anweisung wiederholen, senden Sie ungewollt die Botschaft, dass Ihre Kinder beim ersten oder vierten Mal nicht zuzuhören brauchen! In der Vergangenheit waren Sie vielleicht versucht, sich zu wiederholen, weil Sie dachten, dass Ihre Kinder Sie beim ersten Mal nicht richtig gehört haben. Aber mit der *Niemals zweimal bitten*-Methode wissen Sie, dass Ihr Kind Sie gehört hat, weil Sie im zweiten Schritt darauf gewartet haben, dass es Sie ansieht.

Diese ersten drei Schritte sind so anders als das, was wir bisher gewohnt waren, und sie sind so positiv und respektvoll, dass Ihre Kinder wahrscheinlich mit einem Minimum an Aufhebens tun werden, worum Sie sie gebeten haben.

Hier sind zusätzliche Tipps, die Sie je nach Temperament Ihres Kindes für den dritten Schritt brauchen könnten. Es kann passieren, dass die Aufmerksamkeit Ihres Kindes abschweift, während Sie ihm sagen, was es tun soll, und es wegschaut. Wenn das passiert, hören Sie sofort auf zu sprechen, bleiben Sie stehen und warten. Wenn das Kind wieder zu Ihnen schaut (was es tun wird, wenn auch nur, um zu sehen, warum Sie plötzlich aufgehört haben zu sprechen), loben Sie es beschreibend dafür, dass es Sie anschaut. Dann können Sie wieder anfangen zu reden. Solange Sie positiv und respektvoll bleiben, wird es Ihrem Kind leichtfallen, Ihnen zuzuhören. Halten Sie Ihre Anweisungen kurz, damit das Kind nicht unruhig wird.

Kinder können sehr vertieft sein in das, was sie tun, und es kann sich wie ein schmerzhafter Einschnitt anfühlen, wenn sie schnell einen anderen Gang einlegen müssen, vor allem, wenn sie von einer Aktivität, die ihnen Spaß macht, zu einer anderen wechseln müssen, die nicht so ansprechend ist. Wir können den Übergang erleichtern, indem wir ihnen einen Countdown geben:

- *In fünf Minuten wird es Zeit, das Lego wegzuräumen.*

Viele Eltern machen diese Art von Countdown bei bestimmten Startverhalten, vor allem bei problematischen Übergängen wie dem Ausschalten des Computers oder dem Hinsetzen für die Hausaufgaben. Ich empfehle, einen Countdown zu geben, wann immer Sie spüren, dass Ihre Anweisung auf Widerstand stoßen könnte. Sie denken vielleicht, dass Sie nicht die Zeit haben, 10- oder 20-mal am Tag einen Countdown zu geben. Tatsächlich sparen Sie durch die Countdowns Zeit, aber auch Ärger und strapazierte Nerven.

Wenn Sie aus Erfahrung wissen, dass Ihr Kind den Countdown nicht ernst nehmen wird, müssen Sie bereit sein, bei Ihrem Kind zu bleiben, nachdem Sie den Countdown gegeben haben. Bei einem Kind, das ein intensiveres, leicht erregbares oder unflexibles Temperament hat, geben Sie zwischendurch den Countdown mehrmals durch, bei drei, zwei und bei einer Minute. Jedes Mal, wenn Ihr Kind hört, was es bald tun soll, beginnt sein Gehirn automatisch, ein mentales Bild der nächsten Aktivität zu erstellen. Ohne dass es sich dessen bewusst ist, gewöhnt sich sein Gehirn an den Übergang. Wenn Sie dann sagen: »Die Zeit ist um«, oder der Timer klingelt, hat sich Ihr Kind bereits an die Vorstellung gewöhnt, dass es tun muss, was Sie von ihm verlangen. Eltern sind erstaunt und erfreut, wenn sie sehen, dass ihr Kind oft schon mit dem Übergang beginnt, bevor die gesamte Zeit des Countdowns verstrichen ist.

Die meisten Kinder werden nach dem dritten Schritt kooperieren, und Sie werden die Schritte 4, 5 und 6 nicht benötigen. Wenn Sie Eltern eines Kindes sind, das sich oft wehrt oder Sie ignoriert, fällt es Ihnen wahrscheinlich schwer zu glauben, dass diese ersten drei Schritte in 90 Prozent der Fälle zur Kooperation führen.

An diesem Punkt denken Sie vielleicht: »Aber mein Kind ist anders. Es ist viel rebellischer (sensibler, streitlustiger, frecher oder manipulativer). Noël hat mein Kind noch nicht kennengelernt! Diese Methode wird bei ihm nicht funktionieren.« Sie stützen diese Annahme darauf, wie Ihr Kind auf Ihre alten Methoden reagiert hat, wenn Sie es zu etwas bewegen wollten. Aber die *Niemals zweimal bitten*-Methode ist radikal anders. Diese neue Methode ist freundlich und respektvoll. Sie hetzt das Kind nicht. Und sie gibt den Eltern die Zeit, sich zu beruhigen und darüber nachzudenken, wie man effektiver sein kann. Diese Methode funktioniert, um die Kooperationsbereitschaft viel früher aufzubauen, als Sie es vielleicht für möglich halten. (Übrigens habe ich Ihr Kind kennengelernt, ebenso wie viele andere Kinder, deren Verhalten viel problematischer war!)

Denken Sie daran, beschreibend zu loben, sobald Ihr Kind eine Bewegung in die richtige Richtung macht. Für die Zeiten, in denen Ihr Kind nach Schritt 3 nicht kooperiert, haben wir noch drei weitere Schritte übrig, um Widerstand zu überwinden.

Schritt 4: Bitten Sie Ihr Kind, die Anweisung zu wiederholen – genau, gründlich und mit eigenen Worten.

Sie könnten etwas sagen wie: »Was musst du jetzt tun?«, oder: »Bitte sag mir, was du als Nächstes tun musst.«

Im Wesentlichen ist der vierte Schritt ein Mini-Durchdenken. Wenn Ihr Kind sagt, was es tun soll, erzeugt sein Gehirn ein klares, anschauliches geistiges Bild von sich selbst bei dieser Tätigkeit. Und wenn Ihr Kind dieses Bild vor Augen hat, ist es einfacher und weniger schmerzhaft, zu der neuen Aktivität überzugehen, selbst wenn es sich zunächst dagegen sträubt.

Wenn Ihr Kind sich selbst sagen hört, was es zu tun hat, beginnt es, die Verantwortung dafür zu übernehmen. Es nimmt die Anweisung ernster, als wenn nur Sie diese Anweisung geben. Auf subtile Weise fühlt sich Ihr Kind moralisch verpflichtet, das zu tun, was es selbst gesagt hat, während es vielleicht die Angewohnheit hat, zu ignorieren, was Erwachsene sagen.

Wenn Sie es fragen, was es als Nächstes tun soll, testet Ihr Kind Sie vielleicht, um zu prüfen, ob es mit »Weiß nicht« oder »Hab ich vergessen« durchkommt. Bitten Sie es, eine vernünftige Vermutung anzustellen, und loben Sie beschreibend alles, was auch nur annähernd richtig ist. Warten Sie, bis es »errät«, was es zu tun hat. Es wird bald merken, dass seine alten Tricks, Sie zu ärgern oder aus der Situation rauszukommen, nicht mehr funktionieren, und es wird erfahren, dass sich Ihr beschreibendes Lob gut anfühlt.

Es ist wichtig, dass das Kind nicht einfach die Worte nachplappert, die es gerade von Ihnen gehört hat. Viele Kinder sind in der Lage, dies zu tun, ohne wirklich zu registrieren, was sie tun sollen. Das Gehirn Ihres Kindes wird jedoch anders reagieren, wenn es die Anweisung in eigene Worte fassen muss. Dann bildet sein Gehirn ein klares mentales Bild von sich selbst, wie es das tut, worüber es spricht.

Wenn Ihr Kind mit eigenen Worten sagt, was es wie und wann zu tun hat, haben Sie den Beweis, dass es Sie gehört und verstanden hat. Ihm ist bewusst, dass Sie wissen, dass es Bescheid weiß. Dadurch werden viele Ausreden verhindert. Manche Kinder, besonders Kinder mit einem sensiblen, intensiven Temperament oder Kinder, die voller Groll und Beschwerden sind, werden in diesem Stadium widerwillig tun, was man ihnen gesagt hat, wollen aber auf keinen Fall aussprechen müssen, was sie zu tun haben:

- *Warum muss ich das sagen?*
- *Okay, okay, ich hab dich gehört!*
- *Lass mich in Ruhe!*
- *Ich bin kein Idiot, weißt du.*

Oder sie stehen einfach schweigend auf und fügen sich, ohne auf Ihre Frage zu antworten. Zu sagen, was sie tun sollen, erscheint diesen Kindern wie ein Eingeständnis der Niederlage. Sie denken, dass dies ein Kampf ist, wahrscheinlich weil sie in der Vergangenheit schon oft zurechtgewiesen wurden, entweder zu Hause oder in der Schule.

Es ist ein Fehler anzunehmen, dass es nur darauf ankommt, dass Ihr Kind kooperiert. Wenn Sie eine Frage stellen, müssen Sie eine Antwort erhalten, denn sonst wird Ihr Kind annehmen, dass es Sie ignorieren kann. Ich empfehle Folgendes, wenn diese Situation eintritt: Warten Sie auf die Kooperation, loben Sie beschreibend alles, was Ihnen einfällt, und bitten Sie das Kind erst dann, Ihre Frage aus Schritt 4 zu beantworten. Es wird das natürlich für unnötig halten, denn in seinen Augen ist die Frage nicht mehr relevant, wenn es erst einmal kooperiert hat. Erklären Sie ihm (während eines Durchdenkens zu einem früheren, neutralen Zeitpunkt), dass es Ihre Fragen beantworten muss, so wie es auch die Fragen seiner Lehrer beantwortet. Wenn das Kind nach dem

Grund fragt, fangen Sie nicht mit einem Mini-Vortrag an, den es wahrscheinlich einfach ausblenden wird. Sie können sagen: »Das ist eine gute Frage. Rate mal. Warum musst du Mama, Papa und deinen Lehrern antworten?«

Wenn Sie den Tag Ihres Kindes so gestalten, dass er weitgehend von vorhersehbaren Routinen bestimmt wird, wird sich bald etwas sehr Erfreuliches einstellen. Nachdem Sie die Schritte 1 und 2 gemacht haben, noch bevor Sie Ihre Anweisung in Schritt 3 geben, wird Ihr Kind Ihnen zuvorkommen. Wenn Sie sich ihm nähern, wird es vielleicht sagen: »Ich weiß, ich weiß, es ist Schlafenszeit«, oder: »Ist es Zeit zum Abendessen?« Sie werden feststellen, dass Sie oft direkt von Schritt 2 zu Schritt 4 übergehen können. So lernt Ihr Kind, seinen gesunden Menschenverstand zu benutzen, anstatt sich auf einen Erwachsenen zu verlassen, der ihm sagt, was es tun soll.

Der vierte Schritt beseitigt normalerweise jeden verbleibenden Widerstand. Wenn Sie diese vier Schritte anwenden, ist die Nichtbefolgung selten. Denken Sie daran, beschreibend zu loben, wenn Ihr Kind schließlich kooperiert, auch wenn es länger dauert, als Sie es gerne hätten.

Aber es wird natürlich immer noch ein paar Gelegenheiten geben, bei denen das Kind nach Schritt 4 Ihre Anweisung noch nicht befolgt hat. Jetzt ist es an der Zeit, zu Schritt 5 überzugehen.

Schritt 5: Bleiben Sie stehen und warten Sie.

Wenn Ihr Kind nach Schritt 4 noch nicht begonnen hat, das zu tun, worum Sie es bitten, seien Sie bereit, stehen zu bleiben und zu warten. Warten ist sehr wirkungsvoll. Es zeigt, dass Sie ernst meinen, was Sie sagen. Das ist einer der Gründe, warum es so wichtig ist, diese Methode nicht anzuwenden, wenn Sie in Eile sind. Wenn Sie zum fünften Schritt kommen, brauchen Sie Zeit, um ihn durchzuziehen.

Stehen und warten mag unmöglich erscheinen, denn in einem geschäftigen Haushalt gibt es immer etwas zu tun. Aber wenn Sie ein Kind haben, das noch nicht die Angewohnheit hat, 90 Prozent der Zeit zu kooperieren, ist dies die Mini-Krise, die Ihre Aufmerksamkeit mehr als jede andere braucht! Betrachten Sie die Zeit, die Sie mit Stehen und Warten verbringen, als eine Investition, die sich sehr bald in einem entspannteren, leichteren und glücklicheren Familienleben auszahlen wird.

Sie stellen sich vielleicht vor, dass Sie stundenlang stehen und warten müssen! Wahrscheinlich erinnern Sie sich an all die Zeiten in der Vergangenheit, in denen Ihr Kind immer wieder nicht beachtet hat, was Sie gesagt haben. Aus Frustration haben Sie dann zu Wiederholungen, Nörgeleien, Drohungen oder gar zum Schreien gegriffen. Es mag schwer sein zu akzeptieren, dass es diese sehr verständlichen elterlichen Reaktionen sind, die in der Vergangenheit zu einem Großteil des Ignorierens oder Missachtens beigetragen haben. Wenn wir uns darin üben, freundlich, respektvoll, ruhig, klar und bestimmt zu bleiben, wollen unsere Kinder uns auf ganz natürliche Weise mehr und mehr gefallen. Daher führt Schritt 5 fast immer zu einer Zusammenarbeit.

Schlüsselkonzept

Warten ist sehr wirkungsvoll. Es zeigt Zielstrebigkeit – dass Sie meinen, was Sie sagen.

Eine Mutter in einem unserer *Entspannter, leichter und glücklicher Kinder erziehen*-Kurse ging davon aus, dass sie zu Beginn der *Niemals zweimal bitten*-Methode stundenlang darauf warten müsste, dass ihr aufmüpfiger Teenager einwilligt, den Geschirrspüler auszuräumen oder sich zum Lernen hinzusetzen. Sie war besorgt, dass das ganze Stehen und Warten schlecht für ihre Krampfadern sei, also investierte sie in ein Paar Stützstrumpfhosen. Als sie den Mut aufbrachte, die sechs Schritte anzuwenden, stellte sie fest, dass ihre Tochter innerhalb von zehn Minuten (was ihr damals wie zehn Jahre vorkam) kooperierte, wenn auch mit schlechtem Benehmen, sodass sich die Stützstrumpfhose als vergebliche Anschaffung erwies!

Um das Stehen und Warten für Sie weniger stressig zu machen, sollten Sie alle Routinetätigkeiten etwas früher beginnen, damit Sie Zeit zur Verfügung haben und nicht das Gefühl haben, dass Sie sich ständig beeilen müssen, um rechtzeitig alles fertig zu bekommen.

Und für die seltenen Fälle, in denen Ihr Kind nach Schritt 5 immer noch nicht kooperiert hat, haben wir einen letzten Schritt.

Schritt 6: Während Sie stehen und warten, loben Sie beschreibend jeden noch so kleinen Schritt in die richtige Richtung und hören Sie reflektierend zu, wie sich Ihr Kind fühlen könnte.
Denken Sie daran: Je mehr beschreibendes Lob wir unseren Kindern den ganzen Tag über geben, desto motivierter werden sie sein, zu kooperieren und ihre beste Seite zu zeigen. Hier finden Sie ein paar Beispiele für beschreibendes Lob für einen kleinen Schritt in die richtige Richtung während der sechsten Stufe. Sie könnten sagen:

- *Du hast aufgehört zu diskutieren.*
- *Du hast den Pinsel weggelegt.*
- *Du bist näher an die Tür herangekommen.*
- *Du bist nicht weggelaufen und verhältst dich respektvoll.*
- *Du beschwerst dich nicht.*
- *Ich sehe, dass du deine Schuhe gefunden hast.*

Wir können sogar vergangenes gutes Verhalten beschreibend loben:

- *Du tust immer schneller, was man dir sagt.*
- *Ich habe dich heute kaum schreien hören.*
- *Du warst gestern so sanft mit dem Baby.*

Reflektierendes Zuhören zeigt, dass Sie verstehen, dass Ihr Kind nicht mit dem aufhören will, was es gerade tut, um zur nächsten Aktivität überzugehen. Denken Sie daran, keine Gegenargumente anzubringen, sich zu rechtfertigen oder zu belehren – das funktioniert normalerweise nicht! Stattdessen könnten Sie sagen:

- *Du hast so viel Spaß beim Bauen mit deinem neuen Set. Du willst gar nicht aufhören.*

- *Es macht keinen Spaß, alles wegräumen zu müssen, wenn man einfach weiterspielen will.*
- *Es hört sich an, als ob du wirklich wütend bist. Du willst nicht aufstehen. Wahrscheinlich wünschst du dir, du könntest noch ein paar Stunden im Bett bleiben.*
- *Vielleicht ist es dir unangenehm, dich von unserem Gast zu verabschieden. Du wünschst dir, wir hätten diese neue Regel nicht.*
- *Es ist nicht einfach, das zu tun, was jemand anderes dir sagt.*
- *Du hast so lange gebraucht, um deine Burg einzurichten. Du wünschst dir, du müsstest sie nicht vor dem Abendessen wieder abbauen.*

Sie brauchen keine Angst zu haben, dass dieses Einfühlungsvermögen Ihr Kind dazu verleiten könnte, zu denken, dass es sich nicht fügen muss. Die sechs Schritte machen sehr deutlich, dass Ihre Anweisung nicht verhandelbar ist. Das Wort »wünschen« vermittelt deutlich, dass es sich um eine Fantasie handelt, nicht um eine reale Option.

Um die maximale Wirkung zu erzielen, können Sie beschreibendes Lob und reflektierendes Zuhören kombinieren:

- *Obwohl du dir wahrscheinlich wünschst, dass ich dich einfach in Ruhe lasse, streitest du nicht mit mir und hast nicht gesagt, dass ich aus deinem Zimmer verschwinden soll.*
- *Ich kann sehen, dass du verärgert bist, weil es schon Zeit für die Hausaufgaben ist, aber du schreist nicht und sagst nichts Unhöfliches.*
- *Ich kann sehen, wie wütend du bist, weil du den Laster in die Spielzeugkiste geworfen hast, aber du hast ihn an den richtigen Platz geräumt. Du räumst auf, auch wenn du zeigst, wie wütend du bist.*

Wenn Sie sich entschließen, dazustehen, zu warten, beschreibend zu loben und reflektierend zuzuhören, wird es nicht lange dauern, bis Ihr Kind positiv darauf reagiert.

Bleiben Sie beharrlich bei Schritt 6, bis Ihr Kind kooperiert, was geschehen wird, und zwar schneller, als Sie denken. Der Grund dafür, dass die *Niemals zweimal bitten*-Methode immer funktioniert, liegt darin, dass es keinen Schritt 7 gibt, der besagt: »Nach einer Weile gebe ich auf«!

Wie der Widerstand dahinschmilzt

Nachdem wir die Entspannter, leichter und glücklicher Kinder erziehen-*Fähigkeiten erlernt hatten, erkannten wir, dass viele der Dinge, die wir getan hatten, um unseren sensiblen siebenjährigen Sohn zur Kooperation und zum Richtungswechsel zu bewegen, offensichtlich falsch gewesen waren, vor allem, weil wir Befehle gebrüllt und Anweisungen aus einem anderen Raum geschrien hatten. Wenn ein anderer Erwachsener das mit mir macht, wäre ich wahrscheinlich gereizt und ablehnend, daher muss ich davon ausgehen, dass es bei einem Kind genauso ist.*

Diesen ersten Schritt zu tun und in das Zimmer zu gehen, in dem mein Sohn war, und bei ihm zu sein, war wirklich entscheidend für den Erfolg mit den sechs Schritten. Als wir das getan hatten, wurde meiner Frau und mir klar, dass unser Sohn eigentlich kein Problem mit seinem Gehör hatte! Was wir verstanden, war, dass er oft das Gefühl hatte, wir würden ihm diese Richtungsänderungen aufzwingen. Deshalb war seine natürliche Reaktion, sich zu wehren. Das ergab alles einen Sinn. Es war unrealistisch zu denken, dass es für unseren Sohn in Ordnung sei, plötzlich mit dem, was er gerade tat, aufzuhören und eine neue Aktivität oder Aufgabe zu beginnen. Ich weiß, dass die meisten Erwachsenen auch nicht gut darauf reagieren würden. Es war nur fair, unserem Kind den gleichen Respekt entgegenzubringen, den wir auch einem anderen Erwachsenen entgegenbringen würden.

Wir konnten die Vorbereitung auf den Erfolg- mit der Niemals zweimal bitten-*Methode verbinden. Das machte den Übergang zu den sechs Schritten für uns einfacher. Wir begannen, unseren Sohn zehn Minuten vor Beginn der sechs Schritte von dem bevorstehenden Übergang zu informieren, damit er nicht überrascht wurde und wusste, was auf ihn zukam. Unser Sohn ist ein ziemlich sensibles und intensives Kind, und wir stellten fest, dass dieser entgegengebrachte Respekt in Form eines zehnminütigen*

Countdowns seinen Widerstand verringerte und es zu einer Art »Schritt 1, 2, 3«-Angelegenheit wurde, bei der wir die Schritte 4, 5 und 6 gar nicht brauchten.

Vater von zwei Kindern, 7 und 2 Jahre alt

Wenn Ihr Kind endlich kooperiert, auch wenn dafür alle sechs Schritte nötig waren, denken Sie daran, beschreibend zu loben. Beim nächsten Mal wird es leichter und schneller gehen. Bald werden Sie nur noch die ersten drei Schritte brauchen.

Was Eltern wissen wollen

F: *Wenn ich die* Niemals zweimal bitten-*Methode anwende, wie lange wird es dauern, bis meine Kinder die meiste Zeit kooperativ sind?*

A: *Natürlich wird die* Niemals zweimal bitten-*Methode bei einigen Kindern schneller zur Gewohnheit der Kooperation führen als bei anderen. Ein Kind mit einem sensiblen oder intensiven Temperament wird in der Regel länger brauchen, um sich anzugewöhnen, beim ersten Mal und ohne Aufhebens zu kooperieren. Wenn ein Kind lange wütend und nachtragend war, werden die Eltern länger brauchen, um sein Vertrauen und seinen Respekt zurückzugewinnen. Und wenn ein Kind sich an unklare Regeln und Routinen und inkonsequente Umsetzung gewöhnt hat, ist es verständlich (wenn auch ärgerlich), dass es in den ersten Wochen immer wieder testet, bevor es endlich akzeptiert, dass Sie jetzt das Sagen haben und dass diese neue Methode dauerhaft angewendet wird.*

Aber ich kann versprechen, dass diese Methode bei allen Kindern funktioniert, die alt genug sind, um zu verstehen und sich zu merken, was wir von ihnen verlangen. Verwenden Sie die sechs Schritte für jegliches Startverhalten. Ihre Kinder werden bald erkennen, dass Sie meinen, was Sie sagen, und sie werden Ihnen gefallen wollen, indem sie kooperieren.

F: *Ich kann schon verstehen, wie die* Niemals zweimal bitten-*Methode funktionieren könnte, wenn ich alle Zeit der Welt hätte. Aber was mache ich, wenn wir spät dran sind und ich versuche, morgens alle aus der Tür zu bekommen? Es ist einfach eine zu hektische Zeit, um dazustehen und zu warten.*
A: *Wenn Ihr Kind noch nicht die Gewohnheit hat, beim ersten Aussprechen einer Anweisung zu 90 Prozent mitzuarbeiten, ist es gut möglich, dass die* Niemals zweimal bitten-*Methode anfangs länger dauert, als Sie es sich wünschen würden. Aber diese sechs Schritte sind eine Investition, die Ihnen sehr bald Zeit einsparen wird. Denken Sie daran, dass auch das Wiederholen und Erinnern mehr Zeit als gewünscht in Anspruch nimmt. Außerdem verstärkt das Wiederholen und Erinnern die Gewohnheit des Kindes, das, was wir sagen, zu ignorieren, sodass sich nichts verbessert.*

Kinder zu guten Gewohnheiten zu führen, braucht Zeit. Da gibt es keine Abkürzung. Sie müssen also bereit sein, sich diese Zeit zu nehmen. Es hilft, den Tag realistisch zu planen, damit Sie nicht hetzen müssen. In den ersten Wochen müssen möglicherweise sowohl Sie selbst als auch die Kinder früher aufstehen. Schon bald werden Ihre Kinder merken, dass Sie entschlossen sind, den Plan durchzuziehen, und sie werden schneller kooperieren. Wenn Sie sich fragen, wie Sie Ihren Tag realistischer planen können, um sich selbst mehr Zeit zu geben, lesen Sie noch einmal Kapitel 4 »Vorbereitung auf den Erfolg«.

F: *Ich möchte meine Kinder nicht »mikro-managen«. Warum muss ich so eine große Sache aus jeder Kleinigkeit machen, die sie tun sollen?*
A: *Mit »Mikromanagement« meinen wir normalerweise den Versuch, alle kleinen Details beim Ausführen einer Aufgabe zu diktieren. Die* Niemals zweimal bitten-*Methode fordert nicht dazu auf, das zu tun. Diese Methode geht davon aus, dass Ihr Kind bereits weiß, wie es das tut, was Sie von ihm wollen, und dass das, was jetzt benötigt wird, ein Kooperationstraining ist.*

Vielleicht geht es bei Ihrer Frage wirklich darum, warum sechs Schritte nötig sind, wenn Sie Ihre Anweisung einfach in einem Schritt geben könn-

ten. Wenn das funktioniert, dann gibt es keinen Grund, eine neue Strategie zu erlernen.

Aber die übliche Art und Weise, wie wir Kindern sagen, was sie tun sollen, führt oft zu Widerstand, entweder zu leisem oder zu lautstarkem. Dann verstrickt sich der Elternteil in Wiederholungen, Ermahnungen und schließlich in Drohungen und Zurechtweisungen, um zu versuchen, das Kind dazu zu bringen, aufzupassen und die Anweisung ernst zu nehmen. Um diese unangenehmen Reaktionen (sowohl Ihre als auch die des Kindes) zu reduzieren, ist in der Regel mehr nötig, als nur eine Anweisung zu geben. Was Sie als »große Sache« bezeichnen (die sechs Schritte), wird in Wirklichkeit verhindern, dass sich eine viel größere und unangenehmere Sache (Verweigerung, Unhöflichkeit, Wutanfälle) entwickelt.

Denken Sie daran, dass die meisten Kinder bereits nach dem dritten Schritt kooperieren werden, weil dieser Ansatz so ruhig, freundlich und respektvoll ist und weil er zeigt, dass Sie das Sagen haben. Paradoxerweise gilt: Je eher Sie bereit sind, wenn nötig alle sechs Schritte durchzuziehen, desto weniger Schritte werden Sie brauchen.

Bevor Sie mit dem Üben der *Niemals zweimal bitten*-Methode beginnen

Ein wichtiger Schlüssel zum Erfolg der sechs Schritte der *Niemals zweimal bitten*-Methode ist der effektive Einsatz Ihrer Fähigkeiten beim beschreibenden Loben und reflektierendem Zuhören. Je häufiger Sie dies üben und je wohler Sie sich damit fühlen, desto leichter wird es Ihnen fallen, die *Niemals zweimal bitten*-Methode in die Tat umzusetzen. Falls Sie sich danach sehnen, die sechs Schritte sofort an Ihren Kindern auszuprobieren, beachten Sie bitte, dass es einfacher sein wird, sich natürlicher anfühlt und effektiver funktioniert, je mehr Sie beschreibendes Loben und reflektierendes Zuhören geübt haben.

Die sechs Schritte und mein »Gar-keinmal-Hörer«

Nachdem ich bei einem Vortrag über Entspannter, leichter und glücklicher Kinder erziehen *von der* Niemals zweimal bitten-*Methode gehört hatte, konnte ich es kaum erwarten, sie auszuprobieren. Sie erschien mir sehr sinnvoll.*

Wir hatten Probleme, unsere sechs und acht Jahre alten Jungs dazu zu bringen, sich vor dem Abendessen die Hände zu waschen, und das führte zu jeder Menge Wiederholungen und Verärgerung meinerseits. Also ging ich in das Zimmer, in dem sie waren, und sah sie an. Als sie aufschauten, sagte ich, sie sollten sich die Hände waschen und an den Tisch kommen, und mein Achtjähriger sprang von der Couch auf und machte es ohne Aufhebens. Ich war schockiert, und mir fiel kein beschreibendes Lob ein, also platzte ich heraus: »Du hast ja zum ersten Mal gehört.« Mein jüngerer Sohn sagte daraufhin: »Ich bin auch ein Zum-ersten-Mal-Hörer«, und beeilte sich, ebenfalls seine Hände zu waschen. Ich hatte nicht erwartet, dass diese Worte und diese ersten drei Schritte eine solche Wirkung haben würden.

Ich hatte auch nicht damit gerechnet, was am nächsten Tag passierte. Mein Sechsjähriger wusch sich die Hände und kam an den Tisch, bevor ich überhaupt darum gebeten hatte, und verkündete dann, dass er ein »Gar-keinmal-Hörer« sei, weil er unaufgefordert tat, was er tun sollte!

In der Vergangenheit hatte ich Lob nicht als Motivator eingesetzt, sondern eher als Versuch, das Selbstwertgefühl aufzubauen. Jetzt weiß ich, dass ich beschreibendes Loben als Werkzeug einsetzen kann, um meinen Jungs zu helfen, zu kooperieren und es mit dieser respektvollen Sechs-Schritte-Methode zu kombinieren.

Ein Jahr später sind beide Jungs immer noch gerne »Zum-ersten-Mal-Hörer«, aber sie suchen auch nach Gelegenheiten, »Gar-keinmal-Hörer« zu werden, und bekommen damit die Genugtuung, uns zu überraschen.

Mutter von zwei Kindern, 9 und 7 Jahre alt

Ein weiterer nützlicher Tipp ist, eine kurze Liste der Schritte aufzuschreiben und sie bei der ersten Übung dabeizuhaben!

Die Umsetzung der *Niemals zweimal bitten*-Methode in der Praxis: Ihr Aktionsplan für die ersten zwei Wochen

Verwenden Sie diese Methode:

- Für Startverhalten – wenn Sie möchten, dass Ihr Kind mit dem, was es gerade tut, aufhört und etwas anderes beginnt.
- Bei Kindern, die drei Jahre und älter sind.

Verwenden Sie diese Methode nicht:

- Für Stoppverhalten – wenn Ihr Kind sich danebenbenimmt.
- Wenn Ihr Kind vor einem Bildschirm sitzt.
- Wenn Sie in Eile sind und keine Zeit haben, die Anweisungen zu befolgen.

Identifizieren Sie zwei Startverhaltensweisen, die Sie bei Ihren Kindern verbessern möchten. Im Folgenden gehe ich mit Ihnen zwei typische Szenarien durch.

Beispiel: Mit dem Spielen aufhören und mit der Musikübung beginnen
Nehmen wir an, Ihr Kind spielt gerade und Sie möchten, dass es seine Spielsachen wegräumt und mit dem Musiküben beginnt. Dies ist ein Startverhalten; es hat nichts falsch gemacht, aber es ist Zeit, mit der nächsten Aktivität auf dem Familienzeitplan zu beginnen.

Schritt 1: Sie sind vielleicht in der Küche, aber Sie widerstehen der Versuchung, nach Ihrer Tochter zu rufen, die sich im anderen Zimmer befindet. Stattdessen stellen Sie ab, was auch immer auf dem Herd blubbert, gehen zu ihr, stellen sich in ihre Nähe und sehen sie an. Vergessen Sie nicht zu lächeln!

In Schritt 2 warten Sie, bis Ihre Tochter mit dem, was sie tut, aufhört und Sie anschaut. Dies wird schneller geschehen, wenn Sie etwas finden, das Sie beschreibend loben, zum Beispiel: »Du hast zehn Minuten lang allein gespielt und ich musste dir bei nichts helfen.« Dann stehen Sie einfach da und warten, bis sie zu Ihnen aufschaut. Das wird sie!

Jetzt kommen Sie zu Schritt 3: Wenn sie aufschaut, lächeln Sie. Sie könnten etwas sagen wie: »Es ist jetzt an der Zeit, die Puppen wegzulegen und dein Instrument herauszuholen.« Wenn sie sich beschwert, diskutiert oder jammert, widerstehen Sie der Versuchung, zu erklären oder sich zu wiederholen. Warten Sie, bis sie eine Pause einlegt. Lassen Sie ein paar Sekunden verstreichen und sagen Sie dann: »Du hast aufgehört zu diskutieren«, oder: »Du meckerst jetzt nicht mehr.« Sie werden es kaum glauben, aber die meisten Kinder werden sich bei Schritt 3 fügen, aber nur, wenn Sie die Schritte 1 und 2 nicht ausgelassen haben.

Wenn Ihr Kind immer noch nicht kooperiert, fahren Sie mit Schritt 4 fort, indem Sie es fragen, was es tun soll. Sie könnten sagen: »Was habe ich gerade gesagt, was du als Nächstes tun sollst?« Ihr Kind kann an dieser Stelle antworten oder auch nicht, aber es wird wahrscheinlich tun, was Sie ihm gesagt haben. Sobald es das getan hat, sollten Sie es beschreibend loben. Lassen Sie es dann Ihre Frage aus Schritt 4 beantworten.

Für den unwahrscheinlichen Fall, dass Ihr Kind immer noch nicht kooperiert, gehen Sie zu Schritt 5 über, der darin besteht, dass Sie stehen bleiben und warten. Das reicht normalerweise aus. Es zeigt dem Kind, dass Sie es ernst meinen. Sie gehen nicht weg und lassen sich nicht ablenken. Das zeigt, dass Sie ernst meinen, was Sie gesagt haben.

Zu diesem Zeitpunkt ist die Wahrscheinlichkeit groß, dass Ihr Kind begonnen hat, zu kooperieren. Wenn nicht, gehen Sie zu Schritt 6 über, der lautet: Während Sie stehen und warten, sollten Sie reflektierend zuhören und beschreibend loben. Sie könnten sagen:

- *Es sieht so aus, als würdest du gerne weiterspielen. Es macht so viel Spaß.*
- *Du diskutierst nicht.*

Bleiben Sie beharrlich bei Schritt 6, bis Ihr Kind kooperiert, was geschehen wird, und zwar schneller, als Sie denken.

Beispiel: Sich bettfertig machen mithilfe des Countdowns
In diesem Beispiel sind die Kinder fröhlich in eine Partie Monopoly vertieft, aber es ist fast Schlafenszeit. Sie möchten, dass sie mit dem Spielen aufhören und sich bettfertig machen.

Im ersten Schritt gehen Sie in das Zimmer Ihrer Kinder, wo sie gerade spielen.

Im zweiten Schritt warten Sie darauf, dass Ihre Kinder aufhören zu spielen und Sie ansehen.
Denken Sie an etwas Positives über das Spielen Ihrer Kinder, das Sie loben können. Sie könnten erwähnen, wie schön es ist, sie in Ruhe miteinander spielen zu sehen, oder dass sie im Team Entscheidungen treffen, auch wenn sie beide gewinnen wollen.

Jetzt kommt Schritt 3. Geben Sie die Anweisung.
Sagen Sie Ihren Kindern, dass es fast Zeit ist, mit dem Spielen aufzuhören und das Monopoly wegzuräumen, bevor sie sich bettfertig machen. Geben Sie ihnen einen Countdown von fünf Minuten, um zu beenden, was sie gerade tun. Stellen Sie den Timer so ein, dass Sie die Zeit nicht im Auge behalten müssen. Bleiben Sie mit im Raum, loben Sie beschreibend, was die Kinder gerade tun, und sprechen Sie darüber, was sie als Nächstes tun werden. Da Ihre Kinder etwas Zeit bekommen haben, um ihre Aktivität zu beenden, werden sie, wenn der Timer klingelt, wahrscheinlich bereit sein, Ihrer Anweisung zu folgen, und ins Bad gehen, um ihre Zähne zu putzen.

Aber falls sie nicht anfangen, das Monopoly wegzuräumen, gehen Sie zu Schritt 4 über. Bitten Sie die Kinder, Ihnen zu sagen, was sie jetzt tun sollen. Das ist normalerweise alles, was nötig ist.

Aber wenn es erforderlich ist, bleiben Sie stehen und warten Sie, das ist Schritt 5.

Wenn Sie länger als eine Minute dastehen und warten müssen, gehen Sie zu Schritt 6 über. Während Sie dort stehen, loben Sie beschreibend jeden Schritt, den Ihre Kinder machen, um ihr Spiel zu beenden. Hören Sie reflektierend zu, um zu zeigen, dass Sie verstehen, wie schwierig es ist, den Spaß zu unterbrechen.

Was Eltern wissen wollen

F: *Was soll ich tun, wenn mein Kind versucht, mich abzulenken, indem es über etwas anderes spricht, während ich die sechs Schritte durchführe? Meine Tochter ist eine Meisterin darin, mich abzulenken.*

A: *Der Versuch, das Thema zu wechseln, ist ein übliches Ablenkungsmanöver. Ihr Kind testet, ob es Sie dazu bringen kann, Ihre Meinung zu ändern oder Ihre Anweisung zu vergessen. Vielleicht versucht es sogar, Sie zu verärgern. Lassen Sie sich nicht ablenken. Bleiben Sie bei den sechs Schritten. Sprechen Sie über nichts anderes, bis Ihre Tochter kooperiert hat. Sagen Sie ihr nicht, dass sie nicht reden soll; loben Sie sie nur beschreibend, wenn sie aufhört, über etwas anderes zu reden oder zu quengeln. Zum Beispiel könnte Ihr Kind bei Schritt 3 oder 4 etwas sagen wie: »Können wir heute in den Park gehen?« Anstatt mit »Ja«, »Nein« oder »Vielleicht« zu antworten, halten Sie einfach inne und loben Sie das Kind dann beschreibend, wenn es aufhört zu reden. Sie könnten sagen: »Du redest jetzt über nichts anderes mehr. Ich werde gerne über den Park sprechen, nachdem du getan hast, worum ich dich bitte.« Ihr Kind wird bald sehen, dass Sie die Kontrolle über seine Reaktionen haben.*

F: *Was soll ich tun, wenn mein Kind wegläuft, während ich die* Niemals zweimal bitten-*Methode anwende? Wenn ich ihm nicht folge, wird es dann nicht das Gefühl haben, dass es gewonnen hat?*
A: *Eltern von Kindern, die oft aus dem Raum stürmen, können es kaum glauben, dass Kinder während der sechs Schritte nur selten weglaufen. Diese ruhige, freundliche Herangehensweise bringt normalerweise das Beste in den Kindern hervor. Wenn Ihr Kind jedoch während einem der sechs Schritte losstürmt oder wegläuft, sollten Sie ihm nicht folgen. Wer hat das Sagen, wenn Sie Ihrem Kind folgen? Ihr Kind! Sie müssen nicht angewurzelt auf der Stelle stehen bleiben; gehen Sie einfach Ihren Aufgaben nach. Üben Sie sich darin, ruhig und entschlossen zu sein; warten Sie, bis Ihr Kind wegen irgendetwas zu Ihnen kommt, was schneller passieren wird, als Sie denken. Kinder lieben es, mit den Eltern zu interagieren, also wird es wahrscheinlich nicht lange dauern, bis es zurückkommt und etwas möchte:*

- *Was gibt es zu essen?*
- *Kann ich einen Keks haben?*
- *Susie hat meine Maske zerrissen.*
- *Willst du einen Witz hören?*
- *Miss Smith sagte, mein Schaubild sei sehr gut.*

Oder Ihr Kind kommt einfach in Ihre Nähe und wartet darauf, dass Sie es bemerken. Widerstehen Sie der Versuchung, mit Ihrem Kind über etwas anderes zu reden. Wenn es um etwas bittet, können Sie sagen: »Darüber spreche ich gerne mit dir, nachdem du getan hast, was ich gesagt habe.« Dann beginnen Sie die sechs Schritte wieder von vorne. Ihr Kind wird bald sehen, dass es nichts bringt, wenn es weggeht, sodass es mit der Zeit immer weniger in Versuchung kommt, es zu tun – wenn Sie konsequent bleiben.

Übrigens werden die meisten Kinder den Raum nicht verlassen, wenn die Eltern daran gedacht haben, eine diesbezügliche Regel während eines Durchdenkens zu einem früheren, neutralen Zeitpunkt zu klären, indem sie sehr freundlich und deutlich sagen: »Wenn ich mit dir rede, musst du bleiben. Du darfst nicht weggehen«, oder ähnliche Worte. Machen Sie sich bewusst, dass die meisten Kinder nicht im Traum daran denken würden, wegzugehen, während ihr Lehrer mit ihnen spricht.

***F:** Mein Sohn kooperiert normalerweise ohne viel Aufhebens, aber er ist so geistesabwesend, dass er das meiste von dem, was er tun soll, vergisst, bevor er halbwegs fertig ist. Wie kann ich ihn dazu bringen, konzentriert zu bleiben?*

***A:** Es gibt eine Reihe von Gründen, warum ein Kind, das bereit ist, zu kooperieren, auf halbem Wege die Konzentration verlieren kann.*

- *Manche Kinder sind von Natur aus leichter ablenkbar oder impulsiver als andere Kinder im gleichen Alter. Wenn etwas Interessantes die Aufmerksamkeit dieses Kindes erregt, verdrängt es vorübergehend alles anderen. Mit der Zeit können wir diesem Kind helfen, reifere Gewohnheiten zu entwickeln, aber es hat keinen Sinn, sich über das zu ärgern, was es von Natur aus tut.*
- *Manche Kinder haben ein recht unreifes Kurzzeitgedächtnis, vor allem für das, was sie hören, sodass sich die Anweisung schnell verflüchtigt. In dieser Hinsicht sind ähneln diese Kinder noch jüngeren Kindern.*
- *Manche Kinder hören den ersten Teil der Anweisung und fangen an, darüber nachzudenken, sodass sie den Rest nicht registrieren.*

Um die Konzentrationsfähigkeit Ihres Kindes zu verbessern, müssen Sie es den ganzen Tag über auf den Erfolg vorbereiten, nicht nur, wenn Sie ihm sagen, dass es etwas tun soll:

- *Loben Sie den ganzen Tag über beschreibend, wann immer Sie sehen, dass Ihr Kind sich konzentriert, sich an etwas erinnert oder etwas durchzieht.*
- *Sprechen Sie niemals über dieses Kind (auch wenn Sie denken, dass es Sie nicht hören kann) als vergesslich, verschlafen, verträumt, ablenkbar, ein Träumerchen und so weiter.*
- *Wann immer Sie versucht sind zu sagen: »Du hast es vergessen«, sagen Sie: »Du solltest daran denken.«*

So können Sie Ihrem Sohn helfen, konzentriert zu bleiben und sich daran zu erinnern, was er tun soll:

- *Teilen Sie jede Anweisung in mehrere Schritte auf, und geben Sie jeden Schritt als separate Anweisung. Bitten Sie das Kind nicht, seine Jedi-Krieger wegzulegen, seinen Schlafanzug anzuziehen, seine Zähne zu putzen und eine Geschichte auszusuchen. Konzentrieren Sie sich mit den sechs Schritten von* Niemals zweimal bitten *auf das Aufräumen. Dann machen Sie die sechs Schritte für das Anziehen des Schlafanzugs und so weiter.*

- *Wenn Ihr Kind losgeht, um zu tun, worum Sie es gebeten haben, gehen Sie mit ihm mit, anstatt anzunehmen, dass Ihre Aufgabe erledigt ist. Ihre Anwesenheit wird ihm helfen, sich daran zu erinnern, was zu tun ist, ohne dass Sie es wiederholen müssen. Wenn Sie bei ihm bleiben, haben Sie viele Gelegenheiten, es beschreibend zu loben, wenn es an etwas denkt, wenn es sich nicht ablenken lässt, wenn es etwas an den richtigen Platz legt, wenn es Anzeichen von Konzentration oder Organisation zeigt.*

***F:** Meine Tochter ist erst zwölf, aber sie verhält sich seit Jahren wie ein mürrischer Teenager, und ich weiß, dass sie die sechs Schritte hassen würde und das Gefühl hätte, ich würde sie bevormunden. Was kann ich stattdessen tun, um sie dazu zu bringen, kooperativer und verantwortungsvoller zu sein?*

***A:** Obwohl die meisten Teenager und Preteens nicht genau verstehen, was das Wort »bevormunden« bedeutet, entdecken sie bald, dass es sehr wirkungsvoll ist, ihre Eltern zu beschuldigen, bevormundend zu sein. Es bringt Eltern zum Schweigen oder veranlasst sie, sich verzweifelt zu rechtfertigen und einen Rückzieher zu machen.*

Interessanterweise beschuldigen Teenager niemals Eltern, die nörgeln oder schreien, als bevormundend. Das Wort scheint nur auf Eltern angewendet zu werden, die ruhig, freundlich und bestimmend bleiben! Kinder, die daran gewöhnt sind, mit zu viel durchzukommen, haben es oft lieber mit einem wütenden Elternteil zu tun, der leichter zu provozieren oder abzulenken ist, als mit einem Elternteil, der ruhig und gelassen darauf bedacht ist, Kooperation zu erreichen. Bleiben Sie bei der Niemals zweimal bitten*-Methode, und Sie werden feststellen, dass Ihre Tochter weniger mürrisch und reaktiv reagiert, und stattdessen kooperativer, zufriedener, motivierter, selbstständiger und rücksichtsvoller wird.*

***F:** Wie verwende ich die* Niemals zweimal bitten*-Methode, wenn ich versuche, alle meine drei Kinder dazu zu bringen, zur nächsten Aktivität überzugehen? Sie neigen dazu, sich gegen mich zu verbünden, und werden immer lauter und wilder, wenn ich versuche zu reden.*

***A:** Als Erstes müssen Sie die Gründe ansprechen, warum Ihre Kinder oft laut und wild sind. Es gibt eine Reihe von möglichen Erklärungen:*

- *Wenn Ihre Kinder nicht genug Zeit im Freien verbringen, wo sie viel Energie verbrennen können, versuchen sie, ihre überschüssige Energie im Haus loszuwerden, wo sie sehr störend sein kann.*
- *Möglicherweise gibt es keine klaren Regeln, die Ihren Kindern vermitteln, was sie wo und wann tun dürfen und was nicht.*
- *Das Erinnern an die Regeln (vor allem das beschreibende Lob) wird möglicherweise nicht konsequent umgesetzt. Die Konsequenz, wenn man sich nicht an die Regeln erinnert, kann widersprüchlich sein. Ich werde in Kapitel 8 »Belohnungen und Konsequenzen« ausführlicher darüber sprechen.*
- *Das wilde Spiel kann eine Form der Aufmerksamkeitssuche sein. In einem lauten, geschäftigen Haushalt lernen Kinder schnell, dass Wildheit, alberne Geräusche, das Provozieren von Geschwistern, Widerstand und Verweigerung effektive Wege sind, um bemerkt zu werden.*
- *Aus Rache können Geschwister Freude daran haben, sich gegenseitig zu ärgern.*
- *Die Kinder sind vielleicht nicht daran gewöhnt, leise zu spielen oder zu sprechen.*
- *In einer lauten Umgebung werden die Kinder immer lauter und versuchen, über den Lärm hinweg gehört zu werden.*

Um diesen ärgerlichen Zustand zu beheben, reicht es nicht aus, im Moment anders zu reagieren, so wichtig das sicherlich auch ist. Sie müssen sich auch auf den Erfolg vorbereiten, indem Sie die zuvor vorgestellten Fähigkeiten nutzen:

- *Machen Sie mit jedem Kind einzeln während des ganzen Tages viele Durchdenken-Übungen, damit es weiß, was Sie erwarten:*

– Wenn Mama oder Papa oder der Lehrer dir sagen, dass du etwas tun sollst, was musst du dann tun?
– Wie sprechen wir im Haus miteinander?
– Wo ist der richtige Platz zum Spielen?

- *Geben Sie den ganzen Tag über viel beschreibendes Lob, wenn Ihre Kinder das Gegenteil von laut und wild sind – wenn sie ruhig, still, konzentriert, kooperativ sind:*
  - *Du spielst allein.*
  - *Du hast so schnell getan, was ich gesagt habe.*
  - *So eine ruhige Stimme! Ich höre dieser Stimme gerne zu.*
  - *Du ärgerst deinen Bruder nicht.*
  - *Du hast dir die Regel über das Herumlaufen im Haus gemerkt. Du gehst, du rennst nicht.*
  - *Du schaukelst nicht an der Türklinke.*
  - *Du wartest geduldig, anstatt zuzugreifen.*
  - *Ich kann sehen, dass du darauf achtest, nichts zu verschütten.*

Je mehr Sie den ganzen Tag über beschreibend loben, desto eher werden sich die Kinder an die Regeln erinnern und sie ernst nehmen.

- *Verwenden Sie Bildschirme (Fernseher et cetera) nicht als Mittel, um laute, aktive Kinder ruhigzustellen oder von Unfug abzuhalten. Es mag vorübergehend funktionieren, aber es trägt nicht dazu bei, dass die Kinder lernen, weniger wild zu spielen. In Kapitel 16 »Selbstständig spielen«, finden Sie Ideen, wie Sie Kindern beibringen können, ruhig und selbstständig zu spielen.*

So können Sie die Niemals zweimal bitten*-Methode anwenden, wenn Ihre Kinder wild, laut oder albern sind:*

- *Wann immer ein Übergang stattfinden muss, bereiten Sie sich auf den Erfolg vor, indem Sie viel zusätzliche Zeit einplanen, sodass es wahrscheinlicher ist, dass Sie ruhig bleiben.*
- *Versuchen Sie nicht, Ihre Kinder anzuschreien. Es mag Ihnen gelingen (oder auch nicht), ihre unmittelbare Aufmerksamkeit zu bekommen,*

wenn Sie Ihre Stimme erheben, aber auf lange Sicht werden die Kinder noch lauter, um Sie zu übertönen.

- *Stellen Sie sicher, dass alle Ihre Kinder wissen, dass Sie als Belohnung ein Spiel mit ihnen spielen werden, wenn sie alle so schnell kooperieren, dass die zusätzliche Zeit, die Sie in die Routine eingebaut haben, nicht benötigt wird.*
- *Wenn Sie die* Niemals zweimal bitten-*Methode anwenden, zielen Sie auf den Anführer! Eltern richten ihre Anweisungen oft an das Kind, das normalerweise am kooperativsten ist, in der Hoffnung, dass die anderen diesem Beispiel folgen werden. Wenn das bei Ihnen funktioniert, sollten Sie es beibehalten, aber aus Ihrer Frage schließe ich, dass Sie das nicht als effektiv empfunden haben. Das liegt normalerweise daran, dass das am wenigsten kooperative Kind ein Experte darin ist, negative Aufmerksamkeit zu bekommen, was süchtig machen kann. Beginnen Sie die sechs Schritte mit dem Kind, das Ihnen wahrscheinlich die meisten Schwierigkeiten bereitet.*
- *Wenn eines dieser wilden, lärmenden Kinder unter drei Jahre alt ist, erwarten Sie keine Kooperation von ihm, wenn es überreizt ist. Führen Sie es einfach an der Hand weg von dem Geschehen und loben Sie es beschreibend, während Sie gehen.*

F: *Meine Tochter hat Lernschwierigkeiten. Wird die* Niemals zweimal bitten-*Methode bei ihr funktionieren?*

A: *Ja, solange sie:*

- *versteht, was Sie von ihr wollen,*
- *weiß, wie es gemacht wird,*
- *das Sprachverständnis, die Aufmerksamkeitsspanne und das Erinnerungsvermögen von mindestens einer typischen Dreijährigen hat.*

Kinder mit verschiedenen Lernschwierigkeiten weisen oft das auf, was Schulpsychologen als »stacheliges Profil« bezeichnen. Das bedeutet, dass einige ihrer Gehirnfunktionen annähernd durchschnittlich, einige leicht unterdurchschnittlich, einige sehr schwach und einige sogar weit überdurchschnittlich sein können. Insbesondere das Kurzzeitgedächtnis, die Sequen-

zierung und das Verständnis von relativ komplexen Satzkonstruktionen sind häufig schwach.

Machen Sie nicht den Fehler, von Ihrem Kind etwas zu verlangen, was es noch nicht kann. Die Wahrscheinlichkeit ist groß, dass ein Kind mit besonderen Bedürfnissen mehr Unterricht benötigt, um sicherzustellen, dass eine Fähigkeit, insbesondere die Abfolge von Handlungen, aus denen eine Fertigkeit besteht, fest im Langzeitgedächtnis verankert ist. Erst dann sollten Sie die Niemals zweimal bitten-*Methode anwenden, um die Gewohnheit zu etablieren, gleich beim ersten Mal zu kooperieren. Wenn das Erinnerungsvermögen Ihrer Tochter schwach ist, erwarten Sie nicht, dass sie sich an Ihre Anweisung erinnert, sondern seien Sie bereit, es mit ihr zusammen zu tun. Wenn sie leicht ablenkbar ist, befolgen Sie die zuvor beschriebenen Richtlinien, wie man einem ablenkbaren Kind hilft, sich zu konzentrieren.*

Wenn es um die Niemals zweimal bitten-*Methode geht, beginnen Sie damit, dass Sie von einem Kind mit besonderen Bedürfnissen erwarten, dass es so reagiert, als wäre es im Alter seiner niedrigsten kognitiven Funktion. Bei konsequenter Anwendung der sechs Schritte wird sich nicht nur die Kooperationsbereitschaft verbessern, sondern auch die Gehirnfunktion. Das liegt daran, dass die Schritte 3 und 4 den Kindern beibringen, wie sie genauer zuhören und visualisieren können und wie sie klarer und sorgfältiger denken.*

Zusammenfassung

Im Laufe der Jahre haben Sie sich vielleicht daran gewöhnt, dass Ihr Kind Ihre Anweisungen ignoriert oder sich widersetzt. Auch wenn Sie sich wünschen, dass Ihr Kind positiver reagiert, fällt es Ihnen wahrscheinlich schwer zu glauben, dass diese sechs einfachen Schritte oder überhaupt irgendeine Strategie in kürzester Zeit zu einer ruhigen Kooperation führen können. Vielleicht sind Sie auch besorgt, dass Sie in Ihrem hektischen Leben nicht genug Zeit haben, um sich den sechs Schritten zu widmen. Aber verpflichten Sie sich, es einen Monat lang zu tun. Wenn Sie diese Methode praktizieren, werden Sie sehr bald bemerken, dass sie funktioniert. Sie werden feststellen, wie viel Ärger und Zeit Sie tatsächlich einsparen, wenn Ihre Kinder gleich bei der ersten Aufforderung kooperieren – und das meistens ohne Aufhebens.

Kapitel 7:

Wie man Fehlverhalten in die Schranken weist

Wenn Sie dieses Buch durchblättern, werden Sie vielleicht überrascht sein, dass das Kapitel über das Unterbinden von Fehlverhalten in der Mitte des Buches zu finden ist. Sollte es nicht am Anfang stehen? Ist es nicht das, worum es in diesem Buch geht?

Die Antwort ist: Ja – genau darum geht es in diesem Buch! Aber der effektivste Weg, Fehlverhalten zu unterbinden, ist, es von vornherein zu verhindern. Damit haben wir uns in den vorangegangenen vier Kapiteln befasst. Ich habe Strategien erklärt, mit denen Sie Ihr Kind motivieren können, das Richtige zu tun, und mit denen Sie erreichen können, dass ein Großteil des Fehlverhaltens gar nicht erst entsteht.

Beschreibendes Lob wird Ihr Kind dazu motivieren, auf Sie zu hören und zu tun, was Sie verlangen. Die Vorbereitung auf den Erfolg-Techniken werden Ihrem Kind helfen, mehr und mehr Dinge richtig zu tun, viele Verhaltensprobleme verhindern und die meisten Widerstände auflösen. Reflektierendes Zuhören entschärft die emotionalen Aufregungen, die so viel Fehlverhalten auslösen. Die *Niemals zweimal bitten*-Methode wird Ihren Kindern helfen, zu kooperieren und zur nächsten Aktivität überzugehen.

Nachdem Sie jede der Kernstrategien zwei bis vier Wochen lang geübt haben, werden Sie feststellen, dass Sie es mit weniger Fehlverhalten zu tun haben. Sie werden dieses Kapitel über das Beenden von Fehlverhalten nicht mehr so oft zurate ziehen müssen. Das mag schwer zu glauben sein, vor allem, wenn Ihr Kind sich im Moment sehr häufig danebenbenimmt.

Wenn Eltern zu *Entspannter, leichter und glücklicher Kinder erziehen* kommen, liegt das meist daran, dass ihre Kinder nicht zuhören oder nicht kooperieren. Mangelnde Kooperation, selbst bei kleinen Dingen, ist so frustrierend, weil dadurch alles andere so schwierig erscheint.

Vielleicht haben Sie ein Kind, das bei jeder Kleinigkeit einen Aufstand macht. Dieses Kind hat wahrscheinlich ein eher kompliziertes Temperament. Eltern beschreiben dieses Kind vielleicht als intensiv, sensibel, unflexibel, impulsiv oder aufmüpfig. Oftmals sind die Eltern ratlos und wissen nicht, wie sie disziplinieren sollen, wenn nichts zu funktionieren scheint, nicht einmal Bestrafungen. Diese Eltern sind verzweifelt und machen sich Sorgen darüber, wie die Zukunft ihres Kindes aussehen wird, wenn es keine Selbstbeherrschung lernt.

Kinder, die die Gewohnheit entwickelt haben, allem zu trotzen, können völlig süchtig nach negativer Aufmerksamkeit werden. Falls Ihnen das bekannt vorkommt, lassen Sie mich Ihnen versichern, dass, egal, wie problematisch das Verhalten Ihres Kindes im Moment ist, es sich ändern kann! Familien, die sich zur Anwendung der *Entspannter, leichter und glücklicher Kinder erziehen*-Strategien entschlossen haben, haben enorme Veränderungen erlebt, sogar wenn die Kinder ernste Verhaltensprobleme hatten. In diesem und dem nächsten Kapitel werden Sie einige ihrer Geschichten lesen.

Es gibt einen wichtigen Unterschied zwischen dem Unterbinden von Fehlverhalten, wenn es passiert, und dem Ergreifen von Maßnahmen, um zukünftiges Fehlverhalten zu verhindern. Dies sind zwei unterschiedliche Ziele, aber wir sind uns dessen nicht immer bewusst. Weil wir so sehr mit Fehlverhalten beschäftigt sind, wenn es passiert, reagieren wir oft in der Hitze des Augenblicks und denken nicht darüber nach, was wir langfristig erreichen wollen. Versuchen wir nur, das Fehlverhalten in diesem Moment zu beenden? Oder versuchen wir zu verhindern, dass es in Zukunft wieder passiert? Jedes dieser Ziele erfordert eine unterschiedliche Taktik!

Natürlich wollen wir Fehlverhalten sofort beenden, aber wir müssen auch herausfinden, was wir tun oder sagen können, damit unser Kind lernt, es in Zukunft nicht mehr zu tun. Der Zweck eines konsequenten Handelns ist es, zukünftiges Verhalten zu beeinflussen. In diesem Kapitel zeige ich, was Sie tun können, um Fehlverhalten zu beenden, wenn es passiert.

Im nächsten Kapitel erkläre ich, wie Eltern Belohnungen und Konsequenzen einsetzen können, um die Kooperation zu maximieren und Fehlverhalten in Zukunft zu minimieren. Eltern berichten oft, dass ihr Kind nicht auf Konsequenzen reagiert; tatsächlich kann es sein, dass ihr Kind Konsequenzen sogar als Herausforderung ansieht und mit noch mehr Ungehorsam reagiert. Glücklicherweise sind Kinder viel motivierter, ihr Verhalten zu verbessern, wenn der Fokus auf Belohnungen und nicht auf Konsequenzen liegt. Deshalb betone ich im nächsten Kapitel »Belohnungen und Konsequenzen« die Rolle von Belohnungen und spreche nur über zwei Konsequenzen.

Unser Sohn war süchtig nach Aufmerksamkeit für sein schlechtes Benehmen.

Unser vierjähriger Sohn war extrem herausfordernd – aktiv, impulsiv, sehr körperlich, aggressiv und explosiv. Er hatte buchstäblich den ganzen Tag über Ausbrüche, sodass wir pausenlos auf Fehlverhalten reagierten. Wir hatten alles versucht: schreien, Konsequenzen androhen, Dinge wegnehmen und in wirklich schlimmen Momenten sogar körperliche Bestrafung. Nichts funktionierte. Wir waren mit unserem Latein am Ende, als wir auf einem Seminar die Strategien von Entspannter, leichter und glücklicher Kinder erziehen *kennenlernten.*

Diese Strategien erschienen uns absolut sinnvoll und wir waren begeistert und bereit, sie anzuwenden. Aber in dem Moment, in dem wir nach Hause kamen, begannen die Ausbrüche wieder, und wir konnten nur noch reagieren. Die Strategien und Fähigkeiten waren alle so neu, dass wir nicht wussten, welche wir wofür einsetzen sollten!

Wir wollten, dass sich das Verhalten unseres Sohnes auf magische Weise mit einem Fingerschnippen ändert, und als das nicht der Fall war, waren wir frustriert. Aber wir erkannten, dass wir in unserem üblichen Muster feststeckten, negativ auf sein Verhalten zu reagieren. Wir brauchten ein oder zwei Wochen, um von reaktiv auf proaktiv umzuschalten, indem wir Durchdenken anwandten und die Vorbereitung auf den Erfolg-Strategien einsetzten. Sobald wir uns änderten, änderte er sich auch, aber es war ein Prozess und keine Veränderung von einer Minute auf die andere. Das waren Probleme, mit denen wir schon seit mehreren Jahren zu tun hatten, und wir mussten lernen, anders an sie heranzugehen. Aber zumindest gab uns dieses Programm die Werkzeuge dazu.

Unser Sohn war süchtig nach Aufmerksamkeit für sein schlechtes Benehmen, und wir erkannten, dass wir das umkehren und ihn daran gewöhnen mussten, Aufmerksamkeit für gutes Verhalten zu bekommen, damit er sich nach positiver Aufmerksamkeit sehnen würde. Das Konzept des beschreibenden Lobes war logisch, aber ehrlich gesagt gab es nur wenig, was in seinem Verhalten gut war, also mussten wir uns sehr bemühen, nach den kleinsten Kleinigkeiten zu suchen!

Das aufschlussreichste Beispiel für die Kraft des beschreibenden Lobes war, als unser Sohn sehr wütend war und seinen Arm hob, um mich zu schlagen. Noël hatte uns beigebracht, dass wir ihn selbst in den schwierigsten Momenten auffangen mussten, bevor er schlug, und ihn loben sollten, also sagte ich: »Ich kann sehen, dass du sehr wütend bist, aber du schlägst nicht. Du zeigst so viel Selbstbeherrschung.« Er ließ langsam den Arm sinken, und sein Gesicht wurde weicher. Wir waren fassungslos, dass es funktionierte. Es machte uns deutlich, dass er noch nie für seine Selbstbeherrschung gelobt worden war. Das war der Anfang, dass er sich selbst als jemand sehen konnte, der seine Impulse kontrollieren konnte.

Unser Sohn hat jetzt seit mehreren Jahren nicht mehr geschlagen. Er hat so viel mehr Selbstbeherrschung, Selbstvertrauen und Selbstwertgefühl. Es ist wirklich ein Wunder, dass er so weit gekommen ist. Wir mussten alle hart daran arbeiten, unsere Gewohnheiten zu ändern, und ich verdanke diese Veränderung den Werkzeugen von Entspannter, leichter und glücklicher Kinder erziehen. *Unser Familienleben war ziemlich katastrophal, bevor wir dieses Programm kennengelernt haben. Wir haben das Gefühl, dass diese Fähigkeiten das Leben unseres Sohnes und unsere Familie gerettet haben.*

Mutter eines 7-Jährigen

Fehlverhalten beenden: Was funktioniert und was nicht funktioniert

Wenn sich unsere Kinder danebenbenehmen, wollen wir wissen, was wir tun können, um das Fehlverhalten so schnell wie möglich zu beenden. Egal, ob Kinder Anweisungen ignorieren, quengeln oder weinen, wenn sie nicht bekommen, was sie wollen, oder ob sie jedes Mal, wenn Sie einkaufen gehen, darum betteln, dass man ihnen etwas mitbringt, ob sie auf die Möbel klettern, aus Wut mit Gegenständen werfen, aggressiv (körperlich oder verbal) gegen Sie oder Geschwister sind oder andere Regeln brechen – dieses Stoppverhalten kann bei Eltern zu großer Frustration führen. Wir wollen das Fehlverhalten sofort unterbinden!

Schauen wir uns zunächst an, was nicht funktioniert, um das Fehlverhalten bei Kindern zu stoppen, und warum es nicht funktioniert. Dann werde ich darüber sprechen, was funktioniert.

Was nicht funktioniert und warum

Anschreien

»Hör auf!«, »Nein!« oder »Mach das nicht!« zu schreien oder einfach den Namen des Kindes energisch zu rufen, wenn Ihr Kind sich danebenbenimmt, ist weder zuverlässig wirksam und noch positiv. Keiner von uns reagiert gut auf einen verärgerten Tonfall. Er ermutigt nicht zur Kooperation. Schreien verstärkt eher eine negative Situation.

Ignorieren und Nachgeben

So zu tun, als würde man Fehlverhalten nicht bemerken oder nachgeben, um seine Ruhe zu haben, führt nicht zu einem ruhigen Leben! Wenn man Kindern erlaubt, eine Regel zu brechen, werden sie auch weiterhin Regeln testen. Sie werden uns weniger respektieren, wenn sie sehen, dass wir uns nicht konsequent durchsetzen.

Wiederholen, erneutes Erklären, Bestechen und Bedrohen

Nichts davon funktioniert auf lange Sicht. Diese Reaktionen werden Ihre Autorität untergraben und Sie mehr und mehr »ignorierbar« machen. Ihr Kind mag sich schließlich fügen, aber es lernt, dass es nicht beim ersten Mal kooperieren muss. Natürlich konzentrieren sich unsere Kinder auf die Bestechung und nicht darauf, das Richtige zu tun, wenn wir sie für ihr Verhalten bestechen.

Streiten und Verhandeln

Entscheidungen über richtiges Verhalten müssen von uns Eltern auf der Grundlage unserer Werte getroffen werden. Wenn wir uns in einen Streit oder eine Verhandlung verwickeln lassen, bekommt das Kind den Eindruck, dass unsere Werte verhandelbar sind und es nicht tun muss, was wir verlangen. Fragt ein Kind: »Warum muss ich das tun?«, ist das selten eine echte Bitte um Information, sondern ein Ablenkungsmanöver. Wenn die Anweisung sinnvoll ist, wird das Kind in der Regel verstehen, warum es das tun soll, oder kann es leicht selbst herausfinden.

Ihrem Kind folgen, wenn es hinausstürmt

Wenn Sie Ihrem Kind folgen, hat das Kind das Sagen. Lassen Sie es aus dem Raum gehen; es wird zurückkommen, normalerweise innerhalb weniger Minuten. Wenn es zurückkommt, könnte es versuchen, so zu tun, als sei nichts geschehen, in der Hoffnung, dass Sie alles vergessen haben. Im Kapitel »Belohnungen und Konsequenzen« werde ich eine Strategie vorstellen, die helfen wird, weiteres Weglaufen in Zukunft zu verhindern.

Annehmen, dass Ihr Kind sich weiterhin weigern wird

Wenn Ihr Kind »Nein« sagt, »Ich will nicht« schreit oder sich vor Wut auf den Boden wirft, ist es natürlich, dass wir eine starke emotionale Reaktion haben – es kann wie das Ende der Welt aussehen! Seien Sie beruhigt: Das Drama ist weniger ernst, als es klingt oder aussieht. Normalerweise bedeutet es nur, dass es dem Kind nicht gefällt, ausgebremst zu werden. Wenn Sie ruhig bleiben und Ihre neuen *Entspannter, leichter und glücklicher Kinder erziehen*-Fähigkeiten anwenden, wird sich der Sturm schnell legen, und

Sie werden in der Lage sein, in ihm die Motivation zu wecken, zu gefallen, die in allen menschlichen Wesen existiert.

»Beherrsche dich!«

Ein Kind, das eher impulsiv, sensibel und intensiv ist, wird es schwerer haben, sich zu kontrollieren. Es weiß vielleicht, wie es sich beherrschen kann, hat aber noch nicht die Gewohnheit entwickelt, sich zu beherrschen, wahrscheinlich weil es in der Vergangenheit durch sein Fehlverhalten Aufmerksamkeit bekam oder länger tun konnte, was es wollte. Sie können feststellen, ob Ihr Kind in der Lage ist, sich zu beherrschen, indem Sie darauf achten, was Lehrer über es sagen, denn die Schule steckt voller frustrierender Erfahrungen. Wenn ein Kind einen sechsstündigen Schultag ohne Wutausbrüche oder Fehlverhalten bewältigen kann, ist dies Beweis dafür, dass es sich selbst kontrollieren kann und dies auch zu Hause tun könnte. Es denkt nur nicht, dass es das zu Hause tun muss. Wenn dies der Fall ist, ist es Aufgabe der Eltern, das Kind zu ruhigeren, rücksichtsvolleren und reiferen Reaktionen zu bewegen. Alle Fertigkeiten im *Entspannter, leichter und glücklicher Kinder erziehen*-Programm werden Ihnen dabei helfen, dies zu erreichen.

Schlagen

Schlagen ist eine umstrittene Disziplinierungsstrategie. Jüngste Studien zeigen, dass drei von vier Eltern zugeben, ihre Kinder schon einmal geschlagen zu haben. Die meisten dieser Eltern fühlen sich schuldig, weil sie wissen, dass sie in einem Moment von Stress, Impulsivität und Verzweiflung geschlagen haben. Manchmal liegt es daran, dass die Eltern keine bessere Methode kennen. Häufiger jedoch wissen die Eltern theoretisch, was sie anders machen müssten, aber haben keine Ahnung, wie sie angesichts des anhaltenden Fehlverhaltens ruhig genug bleiben können, um dies konsequent zu tun. Ohne in eine moralische Diskussion einzusteigen, hier ein paar Gründe, warum Schlagen eine unwirksame Strategie ist:

- Schlagen kann Misstrauen und möglicherweise Angst gegenüber den Eltern erzeugen.

- Kinder imitieren ihre Eltern, sodass das Schlagen ein Beispiel dafür wird, dass es akzeptabel ist, Zwang, Gewalt oder Einschüchterung als Lösung für Probleme und als Mittel, um das zu bekommen, was man will, einzusetzen. Ein Kind, das sich mit der Macht der Eltern identifiziert, kann zu einem Tyrannen werden.
- Wenn das Schlagen nur selten vorkommt, wie es meist der Fall ist, dann ist es per Definition eine inkonsequente Methode der Disziplinierung. Wenn Kinder wiederholt mit unbeständigen Konsequenzen konfrontiert werden, reagieren sie mit ständigem Austesten. Sie müssen in der Lage sein vorauszusehen, wie wir reagieren werden. Kinder fühlen sich sicher und können sich in ihrer Welt zurechtfinden, wenn sie die Grenzen kennen.

Lassen Sie uns darüber sprechen, was funktioniert, damit unsere Kinder aufhören, sich danebenzubenehmen. Es gibt so vieles, was wir tun können, um unsere Kinder zu beeinflussen – um zu verhindern, dass das Fehlverhalten eskaliert, um eine emotional aufgeladene Situation zu entschärfen und um ihnen zu helfen, sich selbst von weiterem Fehlverhalten abzuhalten.

Im Folgenden finden Sie eine Reihe von positiven Strategien, die Ihnen dabei helfen, diese Ziele zu erreichen.

Was funktioniert, um Fehlverhalten zu beenden, und warum

Bleiben Sie freundlich

Das mag sich unmöglich anfühlen, wenn Sie es mit Fehlverhalten zu tun haben, aber nachdem Sie die *Entspannter, leichter und glücklicher Kinder erziehen*-Strategien eine Weile praktiziert haben, werden Sie ruhiger, weil Sie nun effektive Techniken beherrschen. Zu wissen, dass Sie etwas tun können, kann Ihnen helfen, ruhiger und freundlicher zu bleiben. Die erste Richtlinie, nämlich freundlich zu bleiben, ist anfangs vielleicht die schwierigste. Üben Sie, mit leiser, ruhiger Stimme zu sprechen, auch wenn Sie gestresst oder verärgert sind. Freundlichkeit unsererseits ruft oft das Entgegenkommen unserer Kinder hervor, und es ist wahrscheinlicher, dass sie uns auf halbem Wege entgegenkommen, und zwar weniger feindselig, und eher bereit sind zu kooperieren. Wenn wir das wissen, können wir freundlich sein und unsere Wertschätzung für jeden positiven Teil dessen, was sie tun, zeigen.

Finden Sie etwas, das Sie beschreibend loben können
Beispielsweise könnten Sie sagen:

- *Diese Schmuckstücke sind so schön und glänzend, und du bist so vorsichtig. Jetzt ist es an der Zeit, sie zurückzulegen.*

Verwenden Sie Ihre imaginäre Lupe, um winzige Anzeichen von gutem Verhalten oder eine kurze Pause im Fehlverhalten zu entdecken. Wenn Ihr Kind zum Beispiel gerade unhöflich gesprochen hat, können Sie ein paar Sekunden warten, bis es eine Atempause macht, und dann sagen:

- *Du bist gerade nicht unhöflich (oder respektlos).*
- *Ich kann hören, dass du verärgert bist, aber jetzt hast du dich unter Kontrolle.*
- *Du benutzt deine Worte, nicht deinen Körper, um zu zeigen, wie wütend du bist.*

Sie werden feststellen, dass beschreibendes Lob oft schon ausreicht, um Kinder wieder auf den richtigen Weg zu bringen.

Gehen Sie nahe zu Ihrem Kind
Wenn sich Ihr Kind immer noch danebenbenimmt, nachdem Sie es beschreibend gelobt haben, unterbrechen Sie alles, was Sie gerade tun, gehen Sie zu ihm und stellen Sie sich ganz nah zu ihm. Sie werden feststellen, dass Ihre sehr nahe Anwesenheit, das Stehen bei Ihrem Kind, ausreicht, damit Ihr Kind sich wieder benimmt. Tatsächlich berichten viele Eltern, dass ihr Kind, das eben noch für alles andere außer für seine Beschäftigung

blind zu sein schien, in dem Moment, in dem sie den Raum durchqueren, sein Fehlverhalten entweder ganz einstellt oder es erheblich deeskaliert. Wenn dies geschieht, gibt es den Eltern die Gelegenheit, noch mehr beschreibendes Lob auszusprechen. Sie könnten sagen:

- *Ich brauchte dir gar nicht zu sagen, dass du aufhören sollst, das Stück Papier zu zerreißen. Du hast von selbst aufgehört.*
- *Du hast gemerkt, dass du eine Regel brichst, und dann hast du aufgehört – so schnell!*

Und Sie könnten etwas reflektierendes Zuhören einbauen:

- *Ich kann an deinem Gesicht sehen, dass du nicht aufhören willst. Aber du tust gerade das Richtige.*

Wenn Sie ganz nah bei Ihrem Kind stehen und es sein Fehlverhalten immer noch nicht abgestellt hat, werden Sie wahrscheinlich versucht sein, ihm zu sagen, dass es aufhören soll. Aber warten Sie! Wenn Sie Ihrem Kind eine Anweisung geben, müssen Sie sicher sein, dass es diese auch befolgen wird. Ansonsten wird Ihr Kind Sie ignorieren oder sich Ihnen widersetzen. Also – geben Sie nur dann eine direkte Anweisung, wenn Sie fast sicher sind, dass Ihr Kind kooperieren wird.

Hinweise geben

Anstatt einem Kind eine direkte Anweisung zu geben, die es wahrscheinlich nicht befolgt, können Sie ihm einen kleinen Hinweis geben, um selbst herauszufinden, was es tun soll. Legen Sie einen Samen, damit das Gehirn des Kindes herausfinden kann, was es tun muss. Nehmen wir an, Ihre Tochter springt auf das Bett, aber in Ihrem Haus gibt es eine Regel, die besagt, dass sie nicht auf Möbel springen darf. Sie wird wahrscheinlich aufgehört haben zu springen, wenn Sie zu ihr hinübergegangen sind und ein paar Sekunden gewartet haben. Springt sie aber immer noch, sagen Sie nicht: »Hör auf zu springen!«, »Runter vom Bett!« oder »Wie oft habe ich es dir schon gesagt?«. Sagen Sie einfach mit einer ruhigen, freundlichen Stimme:

- *Du kennst die Regel darüber, wo du springen darfst.*

Das bringt Kinder normalerweise dazu, in ihrem Fehlverhalten kurz innezuhalten. Diesen Moment müssen Sie nutzen, um beschreibend zu loben und reflektierend zuzuhören:

- *Du denkst jetzt an die neue Regel.*
- *Du wünschst dir wahrscheinlich, dass wir diese neue Regel nicht hätten.*

Alternativen anbieten

Wenn wir den Spaß unserer Kinder unterbrechen müssen, ist es oft hilfreich, eine alternative Aktivität anzubieten. Sie könnten sagen:

- *Ich kann sehen, dass du das scharfe Messer halten willst, aber du kennst die Regeln. Wir spielen nicht mit Messern. Aber heute Abend kannst du mir helfen, die Quiche zu schneiden. Ich weiß, dass du sehr vorsichtig sein wirst, und ich werde da sein, um dir zu helfen und dafür zu sorgen, dass alle sicher sind.*

Regeln für alle aufstellen

Es kann auch helfen, wenn wir Anweisungen entpersonalisieren, indem wir sie als Familienregeln formulieren, die für alle Familienmitglieder gleichermaßen gelten. Zum Beispiel könnten Sie sagen:

- *Wir müssen unsere Hausstimmen benutzen, wenn wir in der Wohnung sind. Wir müssen alle leise sprechen, auch Mama und Papa.*
- *In dieser Familie gibt es eine wichtige Regel: Man darf die Katze nicht verletzen oder erschrecken. Wir gehen sanft mit unseren Haustieren um.*

Inzwischen wird Ihr Kind wahrscheinlich kooperieren!

Einfühlungsvermögen

Eine weitere effektive Möglichkeit, Kindern dabei zu helfen, kooperieren zu wollen, ist, ihnen zu zeigen, dass wir verstehen, wie frustriert und genervt sie sind, wenn wir ihren Spaß unterbrechen. Dies ist die Strategie des reflektierenden Zuhörens, die ich in Kapitel 5 erklärt habe. Wir stellen uns vor, wie sich unser Kind fühlen könnte, und reflektieren dieses Gefühl an das Kind zurück:

- *Du hast so viel Energie und liebst es zu springen. Du wünschst dir, du könntest auf dem Sofa hüpfen. Wie lautet unsere Regel, wo du springen darfst?* (Ihr Kind sagt es Ihnen.) *Das ist richtig. Du kannst auf dem Trampolin springen, aber nicht auf den Möbeln.*

Begrenzte Wahlmöglichkeiten

Lassen Sie Ihrem Kind nach Möglichkeit eine gewisse Auswahl. Um das Leben zu vereinfachen, beschränken Sie die Wahlmöglichkeiten auf zwei:

- *Ich kann sehen, dass du gerne weiter damit spielen würdest. Du wünschst dir wahrscheinlich, dass unsere Regel anders wäre. Möchtest du es mir geben, oder möchtest du es selbst ins Regal stellen?*

Formulieren Sie es positiv!

Es ist möglich, dass Ihr Kind sich weiterhin schlecht benimmt, auch nachdem Sie einen Samen gepflanzt und die anderen Techniken angewendet haben, besonders in den ersten Wochen, in denen Sie diese neuen Strategien anwenden. In diesem Fall müssen Sie ihm genau sagen, was es zu tun hat. Es ist für Kinder motivierender zu hören, was sie tun sollen, und das in einer positiven Formulierung mitgeteilt zu bekommen, als zu hören, was sie nicht tun sollen.

»Stell bitte den Salzstreuer hin« ist eine leichter zu befolgende Anweisung als *»Hör auf, damit zu spielen«*.

»Sprich bitte leise« wird wahrscheinlich eine bessere Reaktion hervorrufen als *»Hör auf zu schreien«*.

Machen Sie das gewünschte Verhalten vor

Es hilft auch, wenn Sie das entsprechende Verhalten demonstrieren können, während Sie dem Kind sagen, was es tun soll. Wenn Ihr Kind zum Beispiel das Meerschweinchen zu fest hält und es halb erwürgt, können Sie sagen:

- *Streichle es sanft – ganz sachte – ungefähr so. Du bist jetzt so sanft. Das ist genau das, was Squeaky mag.*

Vereint agieren

Es gehört zur Strategie der vereinten Front, dass die Eltern sich gegenseitig den Rücken stärken. Wenn ein Elternteil Probleme mit Fehlverhalten hat, muss der andere Elternteil es unterstützen. Oft reicht es aus, wenn der andere Elternteil dorthin geht, wo das Problem auftritt, und mit ruhiger, ernster Stimme sagt: »Tu, was deine Mutter (oder dein Vater) sagt.« Kinder werden diese Einheitsfront normalerweise nicht ignorieren oder sich ihr widersetzen, obwohl sie anfangs vielleicht ausprobieren, womit sie durchkommen, besonders wenn die Eltern in der Vergangenheit nicht konsequent waren. Eine vereinte Front sendet Kindern die klare Botschaft, dass beide Eltern sich über das erwartete Verhalten einig sind und dass es beiden wichtig genug ist, es aktiv durchzusetzen.

Lassen Sie immer Taten folgen

Eine konsequente Umsetzung führt dazu, dass Kinder wissen, dass wir meinen, was wir sagen. Wenn Ihr Kind nicht innerhalb von fünf bis zehn Sekunden, nachdem Sie eine direkte Anweisung gegeben haben, mit dem Fehlverhalten aufhört, widerstehen Sie dem Impuls, Ihre Anweisung lauter zu wiederholen. Ergreifen Sie stattdessen Maßnahmen. Dies ist in der Regel entweder das Entfernen eines Gegenstandes von dem Kind oder das Entfernen des Kindes aus der Situation. Wir tun dies, wenn die Sicherheit eines Kindes in Gefahr ist oder Eigentum beschädigt werden könnte. Aber sofortiges Handeln ist genauso wichtig, wenn es um Kooperation geht.

Sobald Sie beginnen, sofortige Maßnahmen zu ergreifen, wird Ihr Kind merken, dass Sie es ernst meinen, und sich recht schnell fügen. Zu diesem Zeitpunkt vergessen Sie vielleicht, die Sache weiterzuverfolgen, mit der Begründung, dass Ihr Kind sich gefügt hat und Sie deshalb nichts weiter tun müssen. Aber jetzt ist der perfekte Zeitpunkt, um die Kooperation zu verstärken, indem Sie mit beschreibendem Lob nachhaken.

Zeigen Sie mit zufriedenen Tonfall und Gesichtsausdruck, wie erfreut Sie sind. Sie könnten sagen:

- *Du wolltest unbedingt noch einen Keks, aber du hast nur zwei genommen, weil ich gesagt habe: »nur zwei«.*
- *Ich bin so froh, dass das Puzzle nicht für den Rest des Tages ins Regal gestellt werden muss. Du hast so schnell aufgehört, die Teile zu werfen. Ich musste es nur einmal sagen.*

Wenn Sie jedoch, sobald Sie den Gegenstand von Ihrem Kind oder Ihr Kind aus der Situation entfernt haben, mit einem wütenden Kind konfrontiert sind, lassen Sie es seine Gefühle ausleben. Lassen Sie es weinen, sich beschweren oder argumentieren. Anstatt zu versuchen, es abzulenken oder mit ihm zu diskutieren, nehmen Sie sich ein paar Minuten Zeit, um reflektierend zuzuhören. Bieten Sie eine Umarmung an, wenn Sie denken, dass das helfen könnte. Und natürlich loben Sie beschreibend jeden Schimmer von Positivität.

Ich habe eine Reihe von Strategien vorgestellt, mit denen Sie Ihr Kind dazu bringen können, mit dem Fehlverhalten aufzuhören, wenn es scheint, dass ein einfaches »Stopp!« keine Wirkung zeigt. Aus langjähriger Erfahrung weiß ich, dass die meisten Kinder in den meisten Fällen positiv auf diese Strategien reagieren. Außerdem reagieren Kinder viel eher positiv, wenn sie:

- gut ausgeruht sind,
- sich gesund ernähren,
- sich regelmäßig bewegen,
- morgens und abends nicht gehetzt werden.

Wenn man darüber nachdenkt, wie man all diese Lebensstilpunkte steuern und verbessern kann, kann das ziemlich überwältigend sein! Daher finden Sie im zweiten Teil des Buches Vorschläge, wie Sie Änderungen des Lebensstils in Ihre tägliche Routine einbauen können, indem Sie die *Entspannter, leichter und glücklicher Kinder erziehen*-Strategien anwenden, die Sie gelernt haben.

Wichtiger Tipp: Passen Sie Ihre Erwartungen bei Kindern mit schwierigerem Temperament an

Natürlich ist unser Ziel bei all diesen Strategien, unser Kind dazu zu bringen, Fehlverhalten sofort zu beenden. Aber wir müssen erkennen, dass dies bei manchen Kindern nicht möglich ist, selbst wenn sie motiviert sind, sich zu fügen. Im Allgemeinen haben Kinder tendenziell eine langsamere Reaktionszeit als Erwachsene, insbesondere bei Dingen, die sie nicht tun wollen. Das gilt vor allem für Kinder, die ein eher sensibles, intensives Temperament haben. Die Bewegungen und die Reaktionszeit eines solchen Kindes können sehr schnell, sogar hyperaktiv sein, wenn es etwas tut, was es tun möchte. Aber es ist oft sehr langsam, abgelenkt oder sogar lethargisch, wenn es etwas tun muss, was es nicht tun will. Diese Verzögerung kann absichtlich erscheinen, und manchmal ist sie es auch. Die Langsamkeit kann Gewohnheit sein oder eine Kombination aus beidem. Aber häufiger, als den Eltern bewusst ist, ist diese langsamere Reaktionszeit auch Teil des Temperaments.

Ihr Ziel beim Umgang mit Stoppverhalten ist also, dass Ihr Kind so schnell aufhört, wie es persönlich in der Lage ist aufzuhören. Abhängig von seiner eigenen angeborenen Reaktionszeit wird ein Kind, das kooperieren möchte, innerhalb weniger Sekunden bereit sein, das Verhalten einzustellen. Bei manchen Kindern kann es auch bis zu zehn Sekunden dauern. Wenn Sie ein Kind mit diesem Temperament haben, seien Sie bereit, ein bisschen länger dazustehen und zu warten, als Sie eigentlich wollen.

Wutanfälle zähmen

Ich dachte, diese Methoden funktionieren nur bei unkomplizierten und ruhigen Kindern

Ich habe vor einigen Jahren an einem Entspannter, leichter und glücklicher Kinder erziehen-*Workshop teilgenommen und gesehen, dass die Fähigkeiten bei Kindern, die »unkomplizierte und ruhige Kinder« zu sein schienen, hervorragend funktionierten. Als kürzlich eine Krise im Leben meines fünfjährigen Enkels auftauchte, dachte ich nicht, dass diese Fähigkeiten bei einem sehr impulsiven und stürmischen Kind funktionieren würden, das unter einem kürzlich erlittenen emotionalen Trauma leidet. Aber Drohen, Streiten, Schreien und Auszeiten funktionierten nicht (eigentlich machten sie sein Verhalten nur schlimmer), also beschlossen wir, diese Strategien auszuprobieren.*

Jetzt weiß ich, wie gut sie funktionieren. Ich war verblüfft, als ich sah, wie sich der Widerstand und der Trotz, den wir jahrelang erlebt hatten, durch diese positiven Strategien entweder auflösten oder komplett vermieden wurden. Er ist jetzt, nach nur wenigen Wochen, respektvoll, kooperativ, glücklich und die meiste Zeit über selbstbewusst. Auch in der Schule ist er mit Begeisterung dabei, und es macht Spaß, mit ihm zusammen zu sein.

Großmutter eines 5-Jährigen

Vielleicht haben Sie ein Kind mit einem ziemlich extremen Temperament, wie der Junge in der Geschichte dieser Großeltern. Ihr Kind reagiert vielleicht regelmäßig mit einem Wutanfall, wenn es nicht das bekommt, was es will, oder die kleinste Enttäuschung oder Frustration erlebt. Wenn Sie schon seit Jahren mit Wutanfällen leben, haben Sie vielleicht das Gefühl, schon alles versucht zu haben. Sie glauben nicht, dass es möglich ist, 90 Prozent Kooperation bei der ersten Aufforderung und ohne Aufhebens zu erreichen. Doch Wutanfälle können wirklich der Vergangenheit angehören.

In diesem Moment änderte sich alles

Obwohl unser Dreijähriger die Liebe unseres Lebens ist, war bis vor ein paar Tagen fast alles ein Kampf – sich anziehen, aufhören zu spielen, um zu essen, und es gab Schläge und endlose Wutausbrüche. Es war auf so vielen Ebenen stressig, als Elternteil und als Ehemann, und ich war völlig ausgelaugt.

Dann hörten meine Frau und ich etwas über beschreibendes Loben. Mein Sohn hatte einen Wutanfall, meine Frau rief mich und fragte, was sie tun sollte. Ich brüllte über sein Geschrei hinweg, sodass sie mich hören konnte: »Sobald er Luft holt und das Weinen für eine Sekunde aufhört, dann LOBE IHN!« In diesem Moment änderte sich alles. Er hörte auf zu weinen und lächelte, dann spielte er für den Rest des Nachmittags mit uns. Seit diesem Moment ist unser Sohn so viel mehr er selbst; er hört zu, wir hören zu, und das hat unser Leben verändert! Also danke, danke, danke!!!

Vater eines 3-Jährigen

Diese Familie ist nicht die einzige, die sich von den Wutausbrüchen ihres Kindes völlig ausgelaugt fühlt. Aus Gesprächen mit Tausenden von Eltern im Laufe der Jahre weiß ich, wie sehr Eltern Wutanfälle fürchten, wie stressig und sogar beängstigend Wutanfälle sein können. Das Kind scheint außer Kontrolle zu sein, und die Eltern fühlen sich hilflos.

Werfen Sie dieses Buch nicht gleich weg, wenn ich sage, dass Wutanfälle gar nicht so schrecklich sind, wie sie scheinen. Ja, sie sind verstörend und können in der Öffentlichkeit unerträglich peinlich sein. Es ist wichtig, sich vor Augen zu halten, dass Wutanfälle, auch wenn sie wie absichtliches Fehlverhalten erscheinen, normalerweise eine impulsive Überreaktion sind, die Art und Weise, wie ein kleines Kind zeigt, dass es verärgert ist. Doch weil Eltern Wutanfällen so viel Aufmerksamkeit schenken und fast alles tun, damit sie aufhören, lernen manche Kinder, Wutanfälle und Tränen zu benutzen, um Erwachsene zu manipulieren. Enige Kinder lernen, körperliche Aggression oder die Androhung von Aggression einzusetzen, um Eltern einzuschüchtern. Die meisten Kinder, selbst die sehr impulsiven, überreaktiven, die zu Wutanfällen neigen, werden nur noch wenige Wutanfälle haben, wenn Sie die Kernstrategien in die Praxis umsetzen. Die folgenden Methoden werden Wutanfälle weiter reduzieren.

Verschiedene Arten von Wutanfällen

Es gibt zwei Haupttypen von Wutanfällen. Zum einen gibt es den rein stimmlichen Wutanfall, bei dem das Kind weint, droht, beleidigt oder schreit. Und dann gibt es den körperlich-aggressiven Wutanfall, bei dem das Kind zusätzlich zur stimmlichen Komponente schlagen, schubsen, beißen, treten, kratzen, spucken, Dinge werfen oder kaputt machen, herumtrampeln oder Türen zuschlagen kann. Beide Kategorien erfordern jeweils eine andere Strategie.

Die *Entspannter, leichter und glücklicher Kinder erziehen*-Strategien sind sehr effektiv, um die meisten Wutanfälle zu verhindern beziehungsweise ihre Häufigkeit, Intensität und Dauer zu minimieren. Aber wir müssen uns über Folgendes im Klaren sein: Wenn Wutanfälle in der Vergangenheit funktioniert haben, damit ein Kind etwas nicht tun musste, was es nicht tun wollte, oder um mehr Aufmerksamkeit zu bekommen, wird es diese Methode, die für es ja erfolgreich war, nicht aufgeben wollen. Bedenken Sie bitte, dass es wahrscheinlich länger dauert, bis Sie mit diesen Strategien signifikante Ergebnisse erzielen, wenn Ihr Kind ein schwierigeres Temperament hat. Aber bleiben Sie hartnäckig! Diese Strategien werden funktionieren!

Beginnen wir damit, wie wir die Vorbereitung auf den Erfolg einsetzen können, um die Wahrscheinlichkeit des Ausbruchs beider Arten von Wutanfällen zu minimieren. Weil die Vorbereitung auf den Erfolg kein Sofortheilmittel ist, werde ich im Anschluss zu einigen speziellen Strategien für den Umgang mit einem Wutanfall übergehen, wenn er gerade stattfindet.

1. Vorbereitung auf den Erfolg

Wir können eine Menge tun, um die meisten Wutanfälle zu verhindern, oder dass sie zumindest seltener auftreten, kürzer sind und milder ausfallen.

Vereinte Front: Vereinbaren Sie mit Ihrem Partner, wie Sie mit den Wutausbrüchen Ihres Kindes umgehen wollen.

Überlegen Sie, auf welche Strategien Sie beide sich einlassen wollen. Sie finden hier viele Strategien und wollen sich vielleicht nicht auf alle festlegen. Die meisten Eltern haben das Gefühl, dass sich eine umfassende Maßnahme lohnt, wenn sie beobachten, dass ihr zu Wutanfällen neigendes Kind ruhiger und vernünftiger wird und nicht mehr so leicht mit Aggressionen reagiert.

Entscheiden Sie, welche neuen Regeln Sie aufstellen oder welche bestehenden Regeln Sie mithilfe des Durchdenkens klären müssen.

Verwenden Sie das Durchdenken, um den Kindern zu zeigen, wie sie sich verhalten sollen, wenn sie aufgebracht sind. Durchdenken-Übungen verdeutlichen das Verhalten, das Sie von ihnen erwarten, und sind wichtige für die Minimierung von Wutanfällen. Sie können die meisten Wutanfälle innerhalb von ein oder zwei Wochen beseitigen, wenn Sie diese Präventionsmethode »Vorbereitung auf den Erfolg« anwenden. Hier einige Möglichkeiten, wie Sie das Durchdenken nutzen können:

Verwenden Sie Durchdenken-Übungen, um Ihrem Kind Alternativen zum Schlagen beizubringen. Diese Fragen könnten Sie stellen:

- *Wenn du wütend bist, was solltest du tun, anstatt zu schlagen?*
- *Wenn du frustriert bist, weil du nicht bekommst, was du willst, was ist dann das Richtige, anstatt zu treten?*
- *Wenn du enttäuscht bist, weil du keine Zeit hattest, ein zweites Mal an den Spielgeräten zu spielen, was solltest du tun, anstatt zu schreien?*

Seien Sie nicht überrascht, wenn Ihr Kind auf diese Fragen antwortet, indem es sagt: »Ich sollte nicht schlagen«, oder: »Ich sollte nicht schreien.« Kinder wissen meist, was sie nicht tun sollen, weil sie uns schon oft darüber reden gehört haben. Aber wenn sie gefragt werden, was sie stattdessen tun sollten, wissen sie es oft nicht, es sei denn, sie haben ausdrücklich eine konstruktivere Antwort gelernt. Wir können unseren Kindern Folgendes beibringen:

- zehnmal tief durchzuatmen
- ihre Hände zu ballen und zu entspannen
- mit eigenen Worten sagen, wie verärgert sie sind
- auf einen Sandsack zu schlagen
- zu einem Elternteil zu gehen, um sich umarmen zu lassen
- etwas anderes zu tun, um sich zu beruhigen
- etwas körperlich Aktives zu tun
- ihre Gefühle aufzuzeichnen oder niederzuschreiben

Dies alles sind konstruktive Reaktionen auf Frustration, Enttäuschung und Wut. Diese Reaktionen wurden bereits erfolgreich Kindern und Jugendlichen beigebracht, die ein hochsensibles, intensives und reaktives Temperament haben – Kinder, die am ehesten einen Wutanfall bekommen, wenn etwas schiefläuft. Das Unterrichten und Trainieren dieser alternativen Reaktionsweisen ist einfacher, als Sie denken. Der Schlüssel liegt darin, viele Durchdenken-Übungen (durchaus auch zehn pro Tag) zu neutralen Zeiten durchzuführen, verbunden mit Proben, und jeden Schimmer von Selbstkontrolle und Flexibilität beschreibend zu loben.

Verwenden Sie Durchdenken-Übungen, um Ihrem Kind beizubringen, Sie und Ihren Besitz zu respektieren.

Stellen Sie für sich selbst die Regel auf, keine Dinge für Ihr Kind zu erledigen, zu denen es selbst in der Lage ist. Ihr Kind wird Sie nicht respektieren, wenn Sie sich wie unbezahltes Personal verhalten!

Ich habe festgestellt, dass ein gemeinsames Merkmal von Kindern, die zu Wutanfällen neigen, darin besteht, dass sie die Körper und Besitztümer ihrer Eltern mit Respektlosigkeit behandeln. Um Aufmerksamkeit zu bekommen, zerrt Ihr Kind vielleicht an Ihnen, hängt an Ihnen oder spielt mit Ihrer Kleidung oder Ihrem Schmuck oder greift, ohne zu fragen, in Ihre Handtasche. Wenn wir Kindern erlauben, sich so zu verhalten, sendet das die subtile Botschaft, dass das Kind uns nicht zu respektieren braucht. Es ist fast so, als ob es die Eltern als Spielzeug ansieht. Das hilft ihm keineswegs, das, was Sie sagen, ernst zu nehmen. Wir können Durchdenken-Übungen verwenden, um zu verdeutlichen, wie die Regeln für den Respekt vor Ihnen und Ihrem Besitz aussehen. Zum Beispiel:

- *Was sollst du sagen, wenn du etwas willst, das in meiner Handtasche ist?*
- *Was sollst du tun, anstatt an meiner Kleidung zu ziehen, wenn du etwas brauchst?*
- *Wer darf Mamas Ohrringe anfassen?*

Verwenden Sie Durchdenken-Übungen, um Ihrem Kind flexibles Denken beizubringen.
Stellen Sie für sich die Regel auf, Ihrem Kind nie etwas zu versprechen. Kinder mit unflexiblem Denken nehmen Dinge wörtlich, was schnell zu Enttäuschung und Frustration führt. Sagen Sie deshalb nicht, dass etwas geschehen wird, wenn Sie nicht hundertprozentig sicher sein können, dass es auch passiert. Wenn wir sagen: »Wir gehen am Samstag in den Zoo«, wird ein Kind mit einem unflexiblen Temperament dies als absolute Wahrheit nehmen. Verhindert ein unvorhergesehener Umstand den Ausflug in den Zoo, ist dieses Kind enttäuscht. Es hat vielleicht sogar das Gefühl, dass seine Eltern es belogen haben. Seine Enttäuschung und Wut überwältigen es, möglicherweise reagiert es mit einem Wutanfall.

Mit Durchdenken-Übungen können Sie Kindern zu helfen, flexibler zu werden, und sie dabei unterstützen, sich vorzustellen, was ein Ereignis verhindern könnte oder nicht. Zum Beispiel:

- *Was denkst du, wird aus unserem Zoobesuch, wenn es am Samstag regnet?*
- *Was denkst du, was passiert, wenn einer von uns am Samstag krank ist?*
- *Wie sieht es aus, wenn es einen Notfall im Büro gibt?*

Üben Sie regelmäßig mit Ihrem Kind, wie es flexibel werden kann. Wenn Kinder an Enttäuschungen gewöhnt werden, lernen sie mit der Zeit, dass das Leben auch dann schön sein kann, wenn es nicht so läuft, wie sie es sich wünschen. Wenn Ihr Kind zum Beispiel einen Aufstand macht, weil es unbedingt die rote Tasse haben möchte, geben Sie ihm stattdessen die grüne. Das mag kontraintuitiv und sogar hart erscheinen. Wir denken, wir könnten ihm genauso gut die rote Tasse geben, denn schließlich ist es eine Kleinigkeit, und sie scheint dem Kind so viel zu bedeuten. Ihm nicht genau das zu geben, was es möchte, könnte sich für das Kind hart anfühlen, wenn Sie wütend, verurteilend oder tadelnd wären. Bleiben Sie ruhig und freundlich und betreiben Sie viel reflektierendes Zuhören. Mithilfe des Durchdenkens können Sie ein von Natur aus unflexibles Kind dazu bringen, flexibler zu werden (aber natürlich nicht über Nacht).

Sie könnten ein Durchdenken beginnen, indem Sie sagen:

- *Die neue Regel lautet, dass von nun an, wenn du etwas auf eine bestimmte Art und Weise haben möchtest, Mama und Papa oft dafür sorgen werden, dass du es auf eine andere Art und Weise bekommst.*

Denken Sie daran, reflektierend zuzuhören, welche Gefühle auftauchen. Bitten Sie Ihr Kind, Ihnen die neue Regel zu erklären. Fragen Sie es auch, was es denkt, warum Sie diese neue Regel aufgestellen. Wahrscheinlich weiß es das. Wenn nicht, muss es eine vernünftige Vermutung anstellen.

Wahrscheinlich müssen Sie mehrmals am Tag Durchdenken-Übungen zu dieser neuen Regel durchführen und sich entsprechende Beispiele einfallen lassen:

- *Wenn du den blauen Pulli möchtest, welchen bekommst du dann?*
- *Wenn du im Café neben Papa sitzen möchtest, wo wirst du stattdessen sitzen müssen?*

Die Umgebung vorbereiten

Verbessern Sie den Lebensstil Ihres Kindes.
Ein Kind, das dazu neigt, empfindlich, intensiv, impulsiv oder unflexibel zu sein, ist oft sehr betroffen von Umständen, die ein eher gelassenes Kind mit einem Schulterzucken abtun würde. Wir können die Häufigkeit, Intensität und Dauer von Wutanfällen reduzieren, indem wir verbessern, was (und wann) unsere Kinder essen, dafür sorgen, dass sie genug Schlaf und viel Bewegung bekommen und indem wir die Bildschirmzeit einschränken. Im zweiten Teil dieses Buches spreche ich diese Lebensstilthemen in separaten Kapiteln an und gebe praktische Empfehlungen, wie man jeden dieser Bereiche verbessern kann.

Finden Sie alternative Wege, um »Nein« zu sagen.
Jeden Tag müssen wir Eltern auf Forderungen, Bitten und Beschwerden unserer Kinder mit einer Art »Nein« antworten:

- *Kann ich noch einen Keks haben?*
- *Spielst du mit mir?*
- *Kannst du mich zum Einkaufen mitnehmen?*
- *Da darf ich nie sitzen.*
- *Ich will Pommes, kein Kartoffelpüree.*
- *Binde mir die Schuhe zu.*

Wenn wir mit »Nein« antworten, regt sich ein Kind mit einem sensiblen, intensiven oder unflexiblen Temperament leicht auf. Es kann auf ein vertrautes Repertoire von Reaktionen zurückgreifen, mit denen es in der Vergangenheit seine Eltern umzustimmen versuchte. Es kann jammern, schimpfen, schmollen, weinen, schreien, beleidigen, treten oder schlagen. Es ist wichtig, mit diesen Verhaltensweisen umzugehen, indem man wartet, bis das Kind aufgehört hat. Erst dann kann man darüber sprechen, was das Kind verlangt hat. Wenn wir uns dazu hinreißen lassen, darüber zu sprechen, was das Kind will, während es sich immer noch danebenbenimmt, quengelt oder respektlos spricht, senden wir die Botschaft, dass es für das Kind akzeptabel ist, so zu reagieren.

Besonders bei einem Kind, das intensiver ist, müssen wir uns angewöhnen innezuhalten, bevor wir sprechen. Halten Sie einen Moment inne, bevor Sie »Nein« sagen, und überlegen Sie, ob Sie wirklich »Nein« meinen. Wenn Sie denken, dass Sie Ihre Meinung nach einer Weile ändern könnten, ist es wichtig, gar nicht erst »Nein« zu sagen. Wenn Ihr »Nein« später zu einem »Ja« wird, können Sie sich vielleicht einreden, dass Sie Ihre Meinung ändern, weil Sie die Fakten überdacht haben oder zeigen wollen, dass Sie flexibel oder fair sind. Aus der Sicht des Kindes hat es Sie bedrängt, geweint, gedroht oder geschmollt, und Sie haben nachgegeben. Wenn Sie Ihre Meinung ändern, wird es wahrscheinlicher, dass es die gleiche Taktik wieder versucht … und wieder und wieder.

So können wir die Intensität der negativen Reaktion des Kindes verringern und es ihm leichter machen, ein »Nein« zu akzeptieren:

- Lächeln Sie und bleiben Sie freundlich.
- Fühlen Sie sich frei zu sagen: »Ich habe mich noch nicht entschieden. Ich sage dir in ein paar Minuten Bescheid.« Für impulsive, intensive Kinder ist es hilfreich, Geduldigsein zu lernen.
- Um sicherzustellen, dass Ihr Kind lernt, Sie nicht ständig zu fragen oder zu bedrängen, sollten Sie folgende Regel aufstellen: »Wenn du weiter darüber sprichst, bevor ich ›Ja‹ oder ›Nein‹ sage, wird meine Antwort definitiv ›Nein‹ sein.« Wenn Sie sich daran halten, werden Sie feststellen, dass Ihr Kind bald anfangen wird zu denken, bevor es spricht.

Anstatt sich auf das »Nein« zu konzentrieren, können Sie die gleiche Information mit einer »Ja«-Haltung vermitteln:

- Anstatt zu sagen: »Keine Kekse mehr, damit verdirbst du dir den Appetit«, könnten Sie sagen: »Ja, du kannst nach dem Essen noch einen Keks haben.« (So lernt Ihr Kind Geduld, Impulskontrolle und die Fähigkeit, die Belohnung aufzuschieben).
- Statt: »Du bist alt genug, um dir selbst die Schuhe zu binden«, wäre diese Antwort hilfreicher: »Ich weiß, dass du einiges davon kannst. Ich schaue zu, wie du den ersten Knoten bindest. Dann schaust du

zu, wie ich die Schleife binde. Und ich zeige dir, wie ich sie richtig fest mache, damit sie auch hält.« (Hier wenden Sie Vorbereitung auf den Erfolg an, indem Sie eine Lebensfertigkeit lehren. Bald wird Ihr Kind Sie nicht mehr darum bitten, seine Schuhe zu binden, oder mit losen Schnürsenkeln herumlaufen.)

- Anstatt zu sagen: »Nein, wie oft habe ich es dir schon gesagt!«, ist die folgende Antwort für Ihr Kind oder Ihren Teenager leichter zu ertragen und genauso entschieden: »Meine Aufgabe ist es, mich um deine Gesundheit zu kümmern. Deshalb haben wir eine Regel: Süßigkeiten nur einmal in der Woche. Noch drei Tage.« (Diese Antwort hilft dem Kind zu verstehen, warum wir »Nein« gesagt haben. Andernfalls kann ein explosives, unreifes Kind leicht zu dem Schluss kommen, dass wir »Nein« zu den Süßigkeiten gesagt haben, weil wir sauer auf es sind.)
- Statt »Ich habe keine Zeit zum Spielen« klingt freundlicher: »Ich würde gerne zehn Minuten mit dir spielen. Ich habe Zeit, sobald die Wäsche zusammengelegt ist. Möchtest du mir beim Zusammenlegen helfen, damit es schneller geht?« (So lernt das Kind, wie es seine Problemlösungsfähigkeiten einsetzen kann, um zumindest etwas von dem zu bekommen, was es möchte).

Den Tag realistisch planen

Kinder zu hetzen, bringt nie das Beste in ihnen hervor. Insbesondere Kinder, die dazu neigen, sensibel, intensiv, impulsiv oder unflexibel zu sein, reagieren sehr schlecht darauf, wenn sie gehetzt und gescheucht werden. Wir sollten im Laufe des Tages für jede Aktivität ein wenig zusätzliche Zeit einplanen, damit wir weniger in Versuchung kommen, zu wiederholen, zu erinnern und zu nörgeln. Ein kleines Zeitpolster ermöglicht es uns, daran zu denken, die neuen Strategien anzuwenden, anstatt auf die gleiche alte Weise zu reagieren.

Besondere Zeit

Eltern stellen immer wieder fest, dass häufige, vorhersehbare und gekennzeichnete besondere Zeit Wutausbrüche verringert. Besondere Zeit hilft einem Kind, sich wertgeschätzt, gemocht und anerkannt zu fühlen. Besondere Zeit hilft Kindern auch, ihre Impulse kontrollieren zu wollen.

2. Beschreibendes Lob

Wenn Sie daran denken, die Selbstbeherrschung eines aufgebrachten Kindes beschreibend zu loben, wird es versuchen, sich mehr und mehr zu beherrschen. Wenn Sie sagen: »Ich konnte sehen, dass du verärgert warst, aber du hast niemanden verletzt«, hilft ihm das, sich als jemand neu zu erfinden, der ruhig und vernünftig bleiben kann, auch wenn er verärgert ist.

Wir können Kindern dabei behilflich sein, flexibler zu werden, indem wir jeden Schimmer von flexiblem Verhalten beschreibend loben:

- *Du wolltest dich neben mich setzen, aber deine Schwester war zuerst da, und du hast nicht versucht, sie wegzuschubsen.*
- *Dein Freund hat den letzten Keks genommen. Es ist keiner mehr für dich übrig, aber du beschwerst dich nicht. Du bist sehr flexibel.*
- *Du hast nicht gewonnen, aber du weinst nicht.*

Selbst wenn Ihr Kind auf eine inakzeptable Weise reagiert, können Sie nach Anteilen von akzeptablem Verhalten oder der Abwesenheit von negativem Verhalten suchen und diese beschreibend loben. Das ist viel motivierender als eine Standpauke:

- *Das ist eine freundlichere Stimme. So kann ich jetzt zuhören.*
- *Du versuchst nicht, es mir wegzunehmen. Danke!*
- *Ich höre kein Fluchen. Du bist jetzt respektvoll.*

3. Reflektierendes Zuhören

Reflektierendes Zuhören ist eine hilfreiche Methode, um den Ärger Ihres Kindes zu entschärfen, bevor es sich in einen Wutanfall hineinsteigert. Mit reflektierendem Zuhören zeigen Sie Ihrem Kind, dass es Ihnen nicht egal ist, wie verärgert es ist. Das kann seiner Wut einen Dämpfer verpassen. Wenn Ihr Kind enttäuscht oder frustriert ist, können Sie sagen:

- *Du wolltest mir unbedingt die Stadt zeigen, die du gebaut hast, und jetzt musst du warten, weil ich noch nicht so weit bin. Das ist wirklich enttäuschend für dich. Und vielleicht hast du Angst, dass ich es vergesse.*
- *Ich kann sehen, wie wütend du bist. Das Rad fällt immer wieder ab – echt frustrierend. Du wünschst dir, ich würde es reparieren, obwohl ich gesagt habe, dass ich es nicht tun werde, weil es kaputt ist und wieder abfallen wird.*

4. Niemals zweimal bitten

Wutanfälle werden oftmals dadurch ausgelöst, dass wir wiederholen, mahnen und genervt reagieren. Für ein sensibles, intensives Kind fühlt sich dieses Nörgeln und unsere Ungeduld unerträglich an. Wir sollten daher die sechs Schritte der *Niemals zweimal bitten*-Methode anwenden, um unsere Kinder dazu zu bringen, dass sie oftmals sofort und ohne Aufhebens kooperieren. Ihre Kinder werden glücklicher und entspannter sein.

5. Belohnungen und Konsequenzen

In Kapitel 8 befasse ich mich mit Belohnungen und Konsequenzen, die zukünftiges Fehlverhalten, einschließlich Wutanfällen, deutlich reduzieren werden. Der Schwerpunkt liegt hierbei auf Belohnungen, weil sie so motivierend sind. Ich werde auch zwei Arten von Konsequenzen vorstellen und zeigen, wie diese helfen, zukünftiges Fehlverhalten zu minimieren.

Die *Entspannter, leichter und glücklicher Kinder erziehen*-Strategien werden dazu beitragen, dass die Wutanfälle Ihres Kindes kürzer und milder werden und mit der Zeit gar nicht mehr auftreten. Aber die Strategien werden nicht sofort funktionieren. Sie müssen also immer noch wissen, was zu tun ist, wenn Ihr Kind einen Wutanfall hat. In diesen Momenten wollen wir den Schaden (und die Peinlichkeit) eindämmen, dem Kind helfen, sich besser zu fühlen, und dem Kind einen akzeptableren Weg zeigen, seine starken Gefühle auszudrücken.

Was ist nun also zu tun, wenn Ihr Kind mitten in einem Wutanfall steckt? Hier werde ich Ihnen Strategien sowohl für stimmliche als auch für körperliche Wutanfälle an die Hand geben.

Wie man mit einem stimmlichen Wutanfall umgeht (egal wie laut oder wie beleidigend)

- Der erste Schritt ist wie immer der schwierigste: Achten Sie darauf, dass Sie (zumindest äußerlich) ruhig bleiben, damit Sie nicht den Weg des Antwortens, Erklärens, Beruhigens, Rechtfertigens, Wiederholens, Erinnerns oder Schreiens einschlagen.
- Gelegentlich beruhigt sich ein Kind schneller, wenn man es allein lässt, aber die meisten aufgebrachten Kinder reagieren gut auf die Anwesenheit der Eltern, solange diese nicht belehren, schimpfen oder drohen. Setzen Sie sich in seine Nähe und sagen Sie nur wenig. Wenn ein Kind schreit, wird fast alles, was ein Elternteil sagt (außer nachzugeben!), die Situation weiter verschärfen. Bieten Sie stattdessen eine Umarmung an.
- Lassen Sie Ihr Kind seine Gefühle ausleben, auch wenn es lauthals schreit, anstatt zu versuchen, es zur Vernunft zu bringen, es abzulenken oder es aus seiner Aufregung herauszureden. Normalerweise können wir einen lautstarken Wutanfall einfach abwarten. Es ist einfacher, einen Wutanfall abzuwarten, wenn Sie sich bewusst mehr Zeit für jede Aktivität einplanen. Ihr Kind wird merken, dass das Weinen, Schreien, Beleidigen oder Bedrohen nicht die gewünschte Reaktion hervorruft. Unsere Gelassenheit hilft ihm, sich schneller zu beruhigen. Mit der Zeit wird es lernen, seine Reaktionen besser zu kontrollieren.
- Es hat keinen Sinn, mit dem Kind zu sprechen, bis es ruhiger ist und zuhören kann. Sobald die Lautstärke nachlässt oder es eine Pause in seinem Theater macht, können Sie ein kleines beschreibendes Lob einfügen:

- *Du hast aufgehört, mich zu beschimpfen.*
- *Du schreist jetzt nicht mehr so laut.*
- *Du bist immer noch da. Du bist nicht weggelaufen.*

Oder Sie können reflektierendes Zuhören anwenden:

- *Du bist so wütend, dass wir die Party jetzt verlassen müssen.*
- *Du hattest dein Herz an den gelben Dinosaurier gehängt, und jetzt spielt jemand anderes damit.*
- *Das ist so ärgerlich.*

- Es ist erstaunlich, wie ruhig und vernünftig Kinder in der Regel sind, wenn man einem Wutanfall seinen Lauf gelassen hat. Nachdem das Kind den Wutanfall überwunden hat, ist es wichtig, dass Sie darauf bestehen, dass Ihr Kind die ursprüngliche Anweisung befolgt. Dies hilft, das Gehirn Ihres Kindes auf ruhiges, rationales Denken umzustellen statt auf stures Überreagieren.
- Im nächsten Kapitel erkläre ich, wie Sie Belohnungen und Konsequenzen auf eine neue Art und Weise einsetzen können, um Wutanfälle in Zukunft zu minimieren.

Wie man mit einem körperlich aggressiven Wutanfall umgeht

Die zweite Kategorie von Wutanfällen, bei denen das Kind körperlich aggressiv ist, muss viel direkter angesprochen werden. Kinder wissen genau, dass es absolut falsch ist, ihre Eltern zu verletzen, und dass es falsch ist, Eigentum zu zerstören. Wenn wir zulassen, dass Kinder aggressiv oder zerstörerisch sind, führt das nur dazu, dass sie sich selbst noch schlechter fühlen, schuldig und beschämt. Diese Gefühle sind so schmerzhaft, dass sie das Kind dazu verleiten können, die Schuld auf die Eltern zu schieben – wobei es die Eltern dämonisiert, um seine Aggression zu rechtfertigen. Nachdem es seine Handlungen gerechtfertigt hat, fühlt sich das Kind nun frei, diese Handlungen zu wiederholen, und es eskaliert möglicherweise in noch schlimmeren Aggressionen. Ein Kind, das sich aggressiv oder destruktiv verhält, empfindet oft Wut auf die Erwachsenen, deren Schwäche es dazu gebracht hat, sich so schlecht zu fühlen.

Es gibt noch einen weiteren wichtigen Grund, warum Eltern alles tun sollten, um zu verhindern, dass ein Kind einen Elternteil verletzt oder auch nur so tut, als ob es ihn verletzt: Ein Kind kann Eltern nicht respektieren, die zulassen, dass sie selbst misshandelt werden.

Wenn also ein Kind versucht, jemanden (auch sich selbst) zu verletzen oder Eigentum (auch sein eigenes) zu beschädigen, sollte es sofort gestoppt werden. Natürlich werden wir nur das notwendige Mindestmaß an Zwang anwenden, aber wir dürfen uns nicht scheuen, sofort und entschlossen einzugreifen und das Kind körperlich zurückzuhalten.

Wenn Sie sich vergewissert haben, dass Ihr Kind keinen Schaden anrichten kann, bleiben immer noch die stimmlichen Aspekte des Wutanfalls. Befolgen Sie daher die Richtlinien zum Abwarten, reflektierenden Zuhören und beschreibenden Loben.

Konsequenzen für Wutanfälle

Viele Eltern wollen wissen, was die Konsequenzen für einen Wutanfall sein sollten, insbesondere für einen aggressiven oder gewalttätigen Wutanfall. Wenn Sie bereits mit Wutausbrüchen zu tun hatten, haben Sie wahrscheinlich alles Erdenkliche versucht, um sie im jeweiligen Moment zu stoppen. Haben Sie darüber nachgedacht, wie Sie sie in Zukunft verhindern können? In Kapitel 8 »Belohnungen und Konsequenzen« finden Sie zwei Konsequenzen, die effektiv gegen zukünftiges Fehlverhalten sind.

Es mag Sie überraschen, dass ich nicht empfehle, ein Kind dazu zu bringen, sich zu entschuldigen. Der Grund ist, dass dies in den meisten Fällen bedeuten würde, das Kind zum Lügen aufzufordern. Ein Kind, das gerade einen Wutanfall hinter sich hat, wird normalerweise weder Reue noch Bedauern empfinden. Deshalb müssen wir unserem Kind zuerst helfen,

Reue zu empfinden, und ihm dann helfen, genug Mut aufzubringen, sich zu entschuldigen.

Eine Entschuldigung, selbst wenn sie aufrichtig ist, sollte nicht gleichbedeutend mit einer »Du kommst aus dem Gefängnis frei«-Karte sein. Das Kind muss Wiedergutmachung leisten, zum Beispiel die Schachfiguren aufheben, die es im Zorn weggeworfen hat, oder ersetzen (mit Geld, das es verdient hat), was es kaputt gemacht hat.

Wenn das Kind sich schließlich entschuldigt, möchten wir den Wutanfall gern hinter uns lassen und am liebsten etwas sagen wie: »Ist schon gut, mein Schatz, Mama hat dich lieb«, oder etwas anderes Beruhigendes. Leider sendet das eine gemischte Botschaft. Es kann unserem Kind so vorkommen, als ob die Entschuldigung nicht wichtig sei und daher das, wofür es sich entschuldigt, ebenfalls nicht wichtig ist.

Um dem Kind zu helfen, seine Handlungen ernst zu nehmen, müssen wir die Entschuldigung zu etwas Wichtigem und Ernstem machen. Wenn es bereit ist, sich zu entschuldigen, muss es dies in einem ganzen Satz sagen; es reicht nicht aus, nur »Entschuldigung« zu murmeln. Wenn unser Kind »Es tut mir leid« sagen und sagen muss, wofür es sich entschuldigt, sendet das eine viel stärkere Botschaft an sein Gehirn.

Eine gute Art, auf eine richtige Entschuldigung zu reagieren, ist, mit ernster Stimme und ernstem Gesicht etwas zu sagen wie: »Ich bin froh, dass du dich entschuldigst. Das zeigt, dass du weißt, dass du etwas falsch gemacht hast, und dass du dir wünschst, es nicht getan zu haben. Das wünsche ich mir auch.«

All diese Strategien funktionieren, um Wutanfälle zu verhindern und zu minimieren. Natürlich wird ihr Kind immer noch wütend werden, und wir wissen, dass sich manche Wutanfälle für Kinder geradezu übermächtig anfühlen. Aber jetzt hat das Kind ein größeres Repertoire an Reaktionen zur Verfügung. Wenn Sie ein Kind haben, das verbal oder körperlich aggressiv ist, fassen Sie sich ein Herz. Je öfter Sie die in diesem Buch vorgestellten Strategien anwenden, desto mehr wird Ihr Kind in der Lage sein, sich von seiner besten Seite zu zeigen.

Was Eltern wissen wollen

F: *Wenn ich mich so sehr bemühe, positiv und freundlich zu sein, werden meine Kinder dann nicht denken, dass sie mit schlechtem Benehmen davonkommen?*

A: *Solange Sie sich durchsetzen, können Ihre Kinder nicht denken, dass sie mit schlechtem Benehmen davonkommen, weil sie nicht damit durchkommen. Dieses Durchsetzen bedeutet, auf Kooperation zu bestehen, indem man Durchdenken, Belohnungen und Konsequenzen einsetzt.*

Wir müssen nicht wütend werden, um entschieden zu sein. Die Durchsetzung ist effektiver, wenn wir ruhig bleiben. Sobald ein Elternteil wütend wird, wird das Kind wahrscheinlich ebenfalls wütend werden. Plötzlich verlagert sich sein Fokus von dem Wunsch, die Anerkennung der Eltern zu bekommen, auf den Wunsch zu beweisen, dass es recht hat und die Eltern im Unrecht sind. Unsere Wut veranlasst Kinder manchmal sogar dazu, Rache zu üben.

Die Strategien zum Abstellen von Fehlverhalten in die Praxis umsetzen: Ihr Aktionsplan für die ersten zwei Wochen

Wenn Sie beginnen, die Strategien zum Abstellen von Fehlverhalten in die Praxis umzusetzen, werden Sie in fast allen Schritten beschreibendes Lob und reflektierendes Zuhören kombinieren. Es gibt viele Gelegenheiten, diese effektiven Strategien zu üben!

Hier ist ein Beispiel für ein Stoppverhalten, das zeigt, wie Sie die in diesem Kapitel beschriebenen Strategien einsetzen können, um Ihr Kind dazu zu bringen, sein Fehlverhalten so schnell wie möglich zu beenden.

Nehmen wir an, Ihre fünfjährige Tochter schnappt sich die teure Geige ihrer älteren Schwester vom Ständer und beginnt, damit zu spielen. Ich habe elf Strategien aufgezeigt, die Sie anwenden können, um dieses Fehlverhalten zu stoppen. Sie werden wahrscheinlich nicht alle elf brauchen! Vermutlich hört das Fehlverhalten nach den ersten paar Strategien auf, aber ich werde mit den Beispielen illustrieren, wie es funktionieren könnte, falls Ihr Kind sehr herausfordernd ist.

- **Beginnen Sie wie immer mit Durchdenken-Übungen.**
  Wenn diese Art von Fehlverhalten häufig vorkommt, ist der schnellste Weg zu einer Veränderung, zu einem neutralen Zeitpunkt Durchdenken-Übungen durchzuführen.

  - *Wer darf die Geige anfassen?*
  - *Wo bleibt die Geige, wenn deine Schwester nicht darauf spielt?*
  - *Wenn du die Geige anfassen möchtest, welches Instrument kannst du stattdessen spielen?*

- **Achten Sie darauf, Ihre Tochter immer dann beschreibend zu loben, wenn sie im selben Raum mit der Geige ist und sie nicht anfasst!**
  Du schaust die Geige an, aber du erinnerst dich an die Regel. Du fasst sie nicht an.

- **Bleiben Sie freundlich.**
  Du willst unbedingt mit der Geige deiner Schwester spielen. Jetzt ist es Zeit, sie zurückzustellen.

- **Bleiben Sie nahe bei Ihrem Kind – es wird wahrscheinlich mit einer Deeskalation des Fehlverhaltens reagieren. Das wird Ihnen etwas geben, das Sie beschreibend loben können.**
  Du erinnerst dich an die Regel. Du legst den Bogen zurück an seinen Platz, und du hältst die Geige vorsichtig.

- **Geben Sie Hinweise.**
  Du kennst die Regel, wer das Instrument deiner Schwester halten darf. Du wünschst dir wirklich, dass du damit spielen kannst.

- **Bieten Sie Alternativen an.**
  Ich sehe, dass es dir schwerfällt, sie zurückzustellen, aber du hast sie nicht mehr herumgetragen. Wir können mit diesem Instrument nicht spielen. Lass uns ein Kissen suchen, das wir auf die Klavierbank legen, damit du die Tasten erreichen kannst. Das ist ein Instrument, auf dem du spielen kannst.

- **Machen Sie es zu einer Regel für alle.**
  Keiner von uns spielt mit Chelseas Geige – nicht mal Papa und Mama. Nur Chelsea.

- **Einfühlungsvermögen.**
  Vielleicht wünschst du dir, du wärst älter, damit du Geige spielen könntest. Es kann schwer sein, zu sehen, dass deine Schwester etwas macht, was du noch nicht tun kannst.

- **Bieten Sie begrenzte Wahlmöglichkeiten an.**
  Du willst sie unbedingt weiter halten. Möchtest du sie mir geben oder sie selbst wieder auf den Ständer stellen, während ich zusehe?

- **Formulieren Sie es positiv!**
  Leg die Geige bitte hin.

- **Machen Sie das gewünschte Verhalten vor.**
  Bei diesem speziellen Fehlverhalten wäre das Vormachen nicht angebracht, da die Regel lautet, dass niemand mit Chelseas Geige spielt.

- **Die Quintessenz: Ziehen Sie es immer durch.**
  Wenn Ihre Tochter die Geige nach diesen positiven Schritten immer noch festhält, nehmen Sie ihr die Geige aus den Händen. Wenn sie weiterhin versucht, sie zu nehmen, gehen Sie mit Ihrer Tochter aus dem Raum. Wenn Sie über ihre Proteste hinweg gehört werden können, können Sie reflektierend zuhören:
  Du bist so frustriert, dass du die Geige nicht halten kannst.

Zusammenfassung

Die in diesem Kapitel beschriebenen Strategien sind nicht das, was wir tun möchten, wenn wir mit Fehlverhalten konfrontiert werden. Wiederholen, Anschreien, Zurechtweisen und Drohen sind typischere Reaktionen. Unsere Kinder sind es gewohnt, negative Aufmerksamkeit zu bekommen, wenn sie sich danebenbenehmen. Bedenken Sie bitte, dass wir in der Regel eine negative Situation verstärken, wenn wir selbst wütend werden. Dadurch fühlen die Kinder sich schlechter (und wir auch). Wenn wir es jedoch schaffen, ruhig und freundlich zu bleiben, werden unsere Kinder eher bereit sein, mit uns zu kooperieren. Wenn Sie ruhig bleiben, wird es leichter sein, sich daran zu erinnern, kleine Schritte in Richtung des Beendens des Fehlverhaltens beschreibend zu loben, und es wird Ihnen leichter fallen nachzuempfinden, wie sich Ihr Kind fühlt. Diese Strategien werden Ihren Kindern helfen, schneller mit dem Fehlverhalten aufzuhören, als Sie es sich vorstellen können. Diese positiven Strategien haben sich bei Tausenden von Familien bewährt.

Kapitel 8:

Belohnungen und Konsequenzen: Durchziehen, um Fehlverhalten zu minimieren und die Kooperation zu maximieren

Wenden wir uns nun den Belohnungen und Konsequenzen zu – was wir tun können, um zukünftige Kooperation zu maximieren und Fehlverhalten zu minimieren. Eltern gehen oft davon aus, dass es nur eine Sache gibt, die das Verhalten signifikant verbessern kann, nämlich Konsequenzen für Fehlverhalten. Wir können uns nicht ausschließlich auf Konsequenzen verlassen, um das Verhalten zu verbessern. Konsequenzen allein werden Kinder nämlich nicht dazu motivieren, sich gut verhalten zu wollen oder daran zu denken, sich gut zu verhalten. Wären allein Konsequenzen wirksam, wären unsere Gefängnisse leer.

Außerdem wollen wir nicht, dass unsere Kinder kooperieren, weil sie Angst vor uns haben oder Konsequenzen fürchten. Wir wollen, dass unsere Kinder sich benehmen, weil sie verinnerlicht haben, dass es richtig ist, sich zu benehmen. Durch beschreibendes Lob und Durchdenken lernt und trainiert ein Kind, sich selbst zu sagen, was das Richtige ist, und es dann auch zu tun. Unsere Kinder können auch durch Belohnungen motiviert werden, und ich werde Ihnen einige Anregungen geben, wie Sie mit Belohnungen motivieren können.

Schlüsselkonzept

Wären Konsequenzen wirksam, wären unsere Gefängnisse leer.

Für die meisten der *Entspannter, leichter und glücklicher Kinder erziehen*-Fähigkeiten kann ich Ihnen sofort Schritt-für-Schritt-Beispiele geben. Aber Belohnungen und Konsequenzen stehen auf einem anderen Blatt Papier. Dieses Thema ist komplizierter, und Eltern haben häufig zahlreiche falsche Vorstellungen über Belohnungen und Konsequenzen. Daher möchte ich ein paar dieser typischen Probleme ansprechen. Das Durchziehen der Strategien kann sich problematisch anfühlen, denn wenn Sie sich nicht hinreichend auf Motivation und Prävention konzentrieren, werden Sie womöglich den ganzen Tag mit vielen kleinen Dingen der Nicht-Kooperation zu kämpfen haben. Wenn Sie versuchen würden, nach jedem dieser kleinen Fehlverhalten konsequent durchzugreifen, würden Sie den ganzen Tag nichts anderes tun, als Konsequenzen zu verhängen. Das würde sich sehr negativ anfühlen, sowohl für Ihre Kinder als auch für Sie. Deshalb sollten wir den größten Teil unserer Zeit und Aufmerksamkeit darauf verwenden, das Fehlverhalten von vornherein deutlich zu reduzieren.

Durchziehen, die fünfte Kernstrategie

Beim *Durchziehen* geht es darum, was wir unternehmen, nachdem ein Kind etwas getan hat. Der Grund, warum die *Durchziehen*-Strategien so wichtig sind, ist, dass Ihre Kinder das, was Sie sagen, ernst nehmen werden, wenn Sie bereit sind, es konsequent durchzuziehen. Wir wissen, dass Kinder uns auf die Probe stellen, wenn sie denken, dass die Möglichkeit besteht, dass wir etwas nicht zu Ende führen. Je mehr Sie sich an das halten, was Sie sagen, desto weniger Energie werden die Kinder ins Austesten stecken. Unsere Kinder sind schlau, und sie werden nur das tun, was funktioniert!

Schlüsselkonzept

Wenn Sie die Dinge durchziehen, werden Ihre Kinder das, was Sie sagen, ernster nehmen.

Wir neigen dazu, das Durchziehen als das zu betrachten, was wir nach einem Fehlverhalten tun, aber Durchziehen beinhaltet auch, wie wir auf die vielen kleinen Dinge des guten oder gerade noch guten Verhaltens reagieren. Belohnungen sind die Konsequenz für das Verhalten, von dem Sie mehr sehen wollen. Belohnungen verstärken die Werte, Fähigkeiten und Gewohnheiten, von denen Sie glauben, dass sie richtig sind. Der Zweck von Konsequenzen ist, die Menge des verbleibenden Fehlverhaltens zu reduzieren.

Leere Drohungen

Die Idee des »Durchziehens« scheint so offensichtlich zu sein, aber bis ich sie in einem Entspannter, leichter und glücklicher Kinder erziehen-*Seminar erklärt bekam, hatte ich nicht darüber nachgedacht.*

Wir waren uns nicht bewusst, wie wenig wir das von uns erwartete Verhalten durchziehen. Wir haben immer wieder Konsequenzen angedroht, aber nicht danach gehandelt und sie durchgezogen, sodass unser Sohn nie das Gefühl hatte, dass er das tun muss, was wir von ihm verlangen. Als Noël erklärte, dass unsere Kinder den Respekt vor uns verlieren, wenn wir »leere Drohungen« aussprechen und Anweisungen nicht durchsetzen, ging uns ein Licht auf.

Jetzt stellen wir sicher, dass wir uns auf den Erfolg vorbereiten, indem wir durchsprechen, welches Verhalten wir erwarten. Wenn es zum Beispiel etwas gibt, das unser Sohn tun muss, wenn wir von einem Ausflug nach Hause kommen, gehen wir das durch, bevor wir zu dem Ausflug aufbrechen, und bitten ihn dann noch einmal, uns zu sagen, was er tun muss, wenn wir im Auto auf dem Heimweg sind. Wenn wir nach Hause kommen und er es nicht macht, dann gehe ich einfach dorthin, wo er ist, stelle mich dicht neben ihn und schaue ihn an. Wenn er aufschaut, sage ich: »Es gibt etwas, an das du dich erinnern musst, jetzt, wo wir zu Hause sind.« Dann bleibe ich stehen und warte, bis er aufsteht, um es zu tun, wobei ich die Schritte von Niemals zweimal bitten *anwende. Er macht es immer.*

Vater eines 9-Jährigen

Belohnungen geben

Eltern hoffen, dass es ihre Kinder motiviert, wenn sie sie vor den möglichen Konsequenzen warnen, falls sie nicht tun, was man ihnen sagt. Tatsächlich können Drohungen nach hinten losgehen; sie machen ein wütendes Kind oft noch rebellischer. Ein effektiverer Ansatz ist es, über Belohnungen nachzudenken und zu sprechen anstatt über Konsequenzen. Lange bevor Sie eine Anweisung geben, während Sie den Samen setzen oder ein Durchdenken durchführen, können Sie die Belohnung erwähnen, die das Kind sich verdienen kann. Sobald Sie klar und deutlich gesagt haben, was Ihr Kind tun soll, wird jedes weitere Reden über Belohnungen wie Flehen oder Bestechen wirken und Ihre Autorität untergraben.

Eine Belohnung ist nur ein »Bonbon«; sie bietet ein bisschen zusätzliche Motivation. Wir dürfen nicht erwarten, dass eine mögliche Belohnung ein Ersatz für die notwendige Arbeit ist. Eine Belohnung wird das Kind nicht zur Kooperation bewegen. Sie müssen immer noch Zeit und Gedanken darauf verwenden, eine vereinte Front aufzubauen, Ihre Regeln klar aufzustellen, ruhig zu bleiben und zu lächeln, die Umgebung so zu gestalten, dass es für Ihr Kind einfacher wird, sich gut zu benehmen, als sich falsch zu verhalten und so weiter. Es braucht also viel mehr, um Kooperation zu erreichen, als nur die richtigen Belohnungen und Konsequenzen zu finden.

Am Anfang, wenn Kinder die Verhaltensweisen der Kooperation und Selbstständigkeit erlernen, motiviert es sie oft mehr, wenn wir einen Anreiz bieten. Die Belohnung hilft ihnen beim Einstieg; sie bringt sie über ihren anfänglichen Widerstand hinweg. Obwohl Eltern im Allgemeinen verstehen, dass eine gut gewählte Belohnung helfen kann, den Widerstand eines Kindes zu überwinden, machen sie sich vielleicht Sorgen, dass die Belohnung von Kindern, die das Richtige tun, außer Kontrolle gerät und ein größeres Problem schafft: Kinder, die nur dann zur Kooperation bereit sind, wenn die Belohnung ausreichend attraktiv ist. Tatsächlich stellt sich genau das Gegenteil als wahr heraus. Wenn sich eine neue Gewohnheit oder ein neues Verhalten etabliert hat, kann die Belohnung leicht reduziert und dann abgeschafft werden, oder sie kann auf die nächste gute Gewohnheit übertragen werden, die man verstärken möchte.

Eltern gehen davon aus, dass die Arten von Belohnungen, die sie anbieten müssen, um Kinder zu motivieren, große Dinge sind wie ein neues Fahrrad, eine Reise nach Disneyland oder neues Spielzeug. Ein Problem mit solch großen Belohnungen ist, dass ein Kind sich vielleicht verzweifelt nach der Belohnung sehnt und dennoch zu unreif und impulsiv ist, um sein Verhalten Tag für Tag zu kontrollieren, um eine Belohnung zu erreichen, die Monate oder sogar Wochen in der Zukunft liegt. Effektive Belohnungen sind tägliche Belohnungen.

Anerkennung und Wertschätzung sind Belohnungen

Die besten Belohnungen sind diejenigen, die einfach und schnell sind und nichts kosten. Auf diese Weise werden Sie bereit und in der Lage sein, jeden Tag viele kleine Belohnungen zu verteilen, nicht nur für erstaunlich tolles Verhalten (das Sie nicht jeden Tag sehen werden), sondern für kleine Verbesserungen, auch wenn die Ergebnisse noch nicht ganz so sind, wie Sie es sich erhofft haben. Die einfachsten, schnellsten und effektivsten Belohnungen sind unsere positiven Reaktionen auf jeden kleinen Schritt in die richtige Richtung: unser häufiger Einsatz von beschreibendem Lob.

Beschreibendes Lob ist der stärkste Motivator, den es gibt. Es zeigt unseren Kindern genau, über welches Verhalten wir uns freuen, und es gibt ihnen nützliche Informationen darüber, wie sie mehr von unserer positiven Aufmerksamkeit bekommen können. Wir müssen mit beschreibendem Lob all die kleinen Dinge belohnen, die oft unbemerkt bleiben, wenn wir in Eile sind oder unsere Aufmerksamkeit auf den nächsten Punkt der To-do-Liste gerichtet ist.

Eine weitere einfache, schnelle Belohnung, die die Werte und Fähigkeiten verstärkt, die wir unseren Kindern vermitteln wollen, ist ein Lächeln. Wenn wir darauf konzentriert sind, Dinge zu erledigen, kommt uns das kleine Fehlverhalten unserer Kinder groß vor, weil es uns verlangsamt und unsere Pläne durchkreuzt. So werden wir reizbar und ungeduldig. Wir vergessen zu lächeln. Die Pflicht nimmt überhand, und wir vergessen, uns zu entspannen und unsere Kinder zu genießen. Das Familienleben kann ziemlich trostlos werden.

Es ist wichtig, dass wir unsere Kinder oft anlächeln, auch wenn es manchmal mit zusammengebissenen Zähnen geschieht! Je mehr wir lächeln, wenn unsere Kinder unsere Regeln und Routinen befolgen und tun, was wir von ihnen verlangen, desto eher werden sie kooperativ sein wollen.

Das Gleiche gilt für Umarmungen. Körperliche Zuneigung zeigt Kindern, dass wir sie schätzen. Diese kleinen Belohnungen in Form von beschreibendem Lob, Lächeln und Umarmungen werden Sie einen großen Schritt vorwärts in Richtung eines verbesserten Verhaltens bringen. Diese Belohnungen sind Nahrung für die Seele unserer Kinder, die genauso wichtig für sie ist wie die Nahrung für ihren Körper, die wir ihnen täglich geben.

Belohnen statt verwöhnen

Viele Kinder haben zu viele Sachen und bekommen zu oft Süßigkeiten. Eltern opfern bereitwillig ihre eigenen Bedürfnisse, um ihren Kindern das zu geben, was die Kinder vermeintlich brauchen – Spielsachen, elektronische Geräte, Designerklamotten, Sportgeräte und so weiter.

Kinder bekommen diese Dinge normalerweise ohne Auflagen. Aber hin und wieder, wenn sie sich schlecht benehmen oder Regeln brechen, werden wir wütend und versuchen, einige dieser Dinge zurückzunehmen.

Indem wir unserem Kind Dinge wegnehmen oder damit drohen, hoffen wir, dass unser Kind die Ernsthaftigkeit seines Fehlverhaltens erkennt und motiviert wird, sich zu bessern. Stattdessen ist es eher empört, weil ihm nicht von vornherein gesagt wurde, dass zum Beispiel die Süßigkeiten an bestimmtes Verhalten oder schulische Leistungen geknüpft sind. Aus ihrer Sicht haben wir die Regeln in der Mitte des Spiels geändert, was sie als äußerst unfair empfinden.

Anstatt also Kindern all die Süßigkeiten auf einem Teller zu servieren, was oft dazu führt, dass sie eine nachlässige, undankbare Haltung einnehmen, sollten Sie Ihre Kinder den größten Teil dessen sich verdienen lassen, was sie derzeit als selbstverständlich ansehen. Dies wird ihnen helfen, Belohnungen zu schätzen, sowohl die Kosten als auch die Zeit und die Mühe, die Sie in deren Bereitstellung stecken.

Wenn wir den Fokus vom Verwöhnen auf das Belohnen verlagern, kann eine effektive Konsequenz für Fehlverhalten sein, dass das Kind sich noch keine Belohnung verdient hat. Die Regel könnte zum Beispiel lauten, dass Ihr Kind oder Teenager sich jeden Abend eine Stunde Bildschirmzeit verdienen kann, indem es seine Hausaufgaben und Aufgaben im Haushalt innerhalb des vorgegebenen Zeitraums zu Ihrer Zufriedenheit erledigt. Wenn es Zeit vergeudet und die Hausaufgaben und Aufgaben im Haushalt nicht innerhalb dieser Zeit erledigt, hat es sich die Bildschirmzeit für den Tag nicht verdient. Für Ihr Kind ist dies nicht gleichbedeutend mit einem Entzug seines Anspruchs auf Bildschirmzeit. Mit der neuen Regel zum Verdienen kann es nicht mehr davon ausgehen, dass es jeden Abend an den Computer gehen darf. Es weiß, dass es sich diese Zeit verdienen muss. Das wird ihm helfen, sich darauf zu konzentrieren, die Regeln und Erwartungen der Familie zu befolgen.

Dies ist eine große Veränderung im Denken hinsichtlich der Rechte, Privilegien und Verantwortlichkeiten. Natürlich haben Kinder ein Recht auf die grundlegenden Dinge des Lebens – Essen, Kleidung, Unterkunft und Liebe. Die meisten Kinder in der industrialisierten Welt können sich darauf verlassen, diese Grundlagen zu haben. Ich schlage vor, dass Sie von Ihren Kindern verlangen, sich die Upgrades und Extras zu verdienen! Wenn ich mit Eltern arbeite, coache ich sie darin, den Fokus von dem

Wegnehmen von Dingen als Strafe hin auf das Verdienen von Dingen als Belohnung zu verlagern. Dies führt immer zu enormen Verbesserungen in der Kooperation! Wenn Ihr Kind Wert auf seine Bildschirmzeit legt, ist dies der perfekte Motivator, den Sie zuerst einsetzen sollten.

Vom Bestrafen zum Belohnen

Unser Sohn war so unbeschwert, und dann kam unsere temperamentvolle Tochter. Ich schwöre, sie kam schon kämpfend aus dem Mutterleib! Als sie sechs Jahre alt wurde, schien es, als würde sie uns nur noch austesten und Dinge tun, die sie nicht tun sollte. Wann immer sie etwas falsch machte, war unsere übliche Reaktion, sie zu bestrafen, indem wir ihr Dinge wegnahmen, die für sie wichtig waren, woraufhin sie noch frustrierter wurde und explodierte. Schon bald hatten wir nichts mehr, um sie dazu zu motivieren, sich zu benehmen, weil wir ihr alles weggenommen hatten!

Nachdem wir Noëls Strategie des »Verdienens« kennengelernt haben, benutzen wir keine Strafen mehr, um sie zu motivieren. Wir geben ihr jetzt die Möglichkeit, sich alles zu verdienen, was sie möchte. Wir nutzen diese Dinge, um sie zu motivieren. Wenn sie am Wochenende Zeichentrickfilme sehen möchte, muss sie zuvor eine Reihe von Aufgaben erledigen. Sie muss ihr Bett machen, den Müll rausbringen, die Haustiere füttern, das Waschbecken abwischen und zehn Minuten lang lesen. Sie ist so motiviert, sich ihre Fernsehzeit zu verdienen, dass sie sich schnell angewöhnt hat, all diese Aufgaben zu erledigen, ohne sich zu beschweren. Jetzt ist es einfach eine Routine für sie, und wir müssen sie nie daran erinnern.

Diese Umstellung von Bestrafung auf Belohnung hat einen großen Unterschied in unserer Beziehung zu unserer Tochter gemacht, und es fühlt sich großartig an, sie für all die positiven Dinge, die sie tut, belohnen zu können. Wir sind ruhiger, sie ist ruhiger, und wir sind alle glücklicher.

Vater von zwei Kindern, 10 und 7 Jahre alt

Kleine tägliche Belohnungen

Ihre Kinder können sich jeden Tag viele kleine Belohnungen für kleine Schritte in die richtige Richtung verdienen. Natürlich werden für verschiedene Kinder unterschiedliche Belohnungen motivierend sein. Sie können mit diesen Belohnungen kreativ umgehen. Stellen Sie sich vor, was Ihrem Kind Spaß machen könnte. Diese Belohnungen sollten einfach zu arrangieren, leicht zu erledigen, kostenlos oder preiswert sein. Oft sind sie auch für Sie angenehm! Hier sind zehn Beispiele für kleine Belohnungen, die erfahrungsgemäß gut funktionieren, um Kinder zu motivieren:

- Eine zusätzliche Geschichte oder ein Lied zur Schlafenszeit
- Fünf zusätzliche Minuten Toben mit einem Elternteil
- Ein Ausflug mit einem Elternteil ohne die Geschwister
- Ein Brettspiel mit einem Elternteil spielen
- Zusätzliche 15 Minuten Bildschirmzeit
- Das Essen für eine Mahlzeit aussuchen
- Anprobieren von Mamas Schmuck oder Papas Krawatten
- Eine Erwachsenenaktivität mit einem Elternteil, zum Beispiel Backen
- Zelten oder ein Picknick im Garten
- Im Wohnzimmer schlafen

Es hilft, sich auf kleine, unmittelbare Belohnungen zu konzentrieren:

- *Sobald du deine saubere Wäsche weggeräumt hast, hast du dir deine Computerzeit verdient.*
- *Solange du die Deckel wieder auf die Stifte steckst, kannst du weiter damit spielen.*

Sobald Ihr Kind merkt, dass sich Zusammenarbeit lohnt, werden Sie feststellen, dass es automatisch immer mehr der richtigen Dinge tut. Es wird beginnen, sich zu bemühen, die Dinge, die Sie ärgern, nicht mehr zu tun. Das Kind mag zwar immer noch impulsiv und unreif sein, aber es ist jetzt motiviert, sich in Selbstbeherrschung zu üben. Mit der Übung wird sich seine Selbstkontrolle verbessern. Aber erwarten Sie nicht, dass ein Kind oder Teenager motiviert ist, für eine Belohnung, die mehr als eine Woche entfernt ist, zu arbeiten oder sein Verhalten beizubehalten. Große, langfristige Belohnungen sind selten von sich aus motivierend. Die meisten Kinder und Jugendlichen haben nicht so viel Selbstbeherrschung.

Geld als Belohnung

Sie können durchaus Geld einsetzen, um gutes Verhalten oder gute Arbeitsgewohnheiten zu belohnen. Einige Eltern glauben, dass das Taschengeld verdient werden sollte, andere Eltern sind der Meinung, dass Taschengeld ein Recht des Kindes ist. Manche bevorzugen eine Kombination aus beiden Ansätzen. Meine Erfahrung hat mich gelehrt, dass Kinder und Jugendliche, die sich die meisten Extras in ihrem Leben verdienen müssen, motivierter, wertschätzender und verantwortungsvoller werden. Wenn Sie also bestrebt sind, einige Aspekte des Verhaltens Ihres Kindes zu verbessern, und wenn Geld zufällig wichtig für Ihr Kind ist, scheint es eine Verschwendung von Ressourcen zu sein, Geld nicht als Motivator einzusetzen. Meine Empfehlung ist, dass Kinder ihr Taschengeld ganz oder größtenteils selbst verdienen müssen.

Wenn Sie sich dafür entscheiden, Taschengeld als Anreiz zu verwenden, empfehle ich, die Belohnung täglich symbolisch zu geben, indem Sie auf einer Tabelle jeden Tag den verdienten Geldbetrag markieren, auch wenn Sie das Geld nur einmal in der Woche aushändigen. Seien Sie bereit, mit der Belohnung von kleinen Verbesserungen zu beginnen. Zum Beispiel könnten Leistungen wie das Mitbringen der richtigen Bücher von der Schule oder das Hinsetzen zum Hausaufgabenmachen zur vereinbarten Zeit Ihrem Kind oder Teenager jeden Tag einen kleinen Geldbetrag einbringen, auch wenn es sich immer noch sträubt, mit den Hausaufgaben zu beginnen, oder am Ende viel weniger schafft, als Sie sich erhoffen. Ein Kind, das zu Aggressionen neigt, könnte für jeden Tag oder jede Stunde, in der es ein Geschwisterkind nicht schlägt, ein bisschen Geld verdienen, auch wenn es seinen Bruder vielleicht immer noch angrapscht oder beschimpft.

Bedenken Sie aber, dass Geld wahrscheinlich kein wirksamer Motivator sein wird, wenn Ihr Kind einen Vorrat an Bargeld in seinem Zimmer, eine Bankkarte oder ein Konto voller Geburtstagsgeld hat, das es ausgeben kann, wie es will.

Denken Sie auch daran, dass, selbst wenn Kinder Geld geschenkt bekommen, zum Beispiel von Verwandten, es immer noch an den Eltern liegt, die Richtlinien festzulegen, wann und wie das Geld ausgegeben werden darf. In vielen *Entspannter, leichter und glücklicher Kinder erziehen*-Familien wird ein bestimmter Prozentsatz des Geldes, das ein Kind bekommt oder verdient, automatisch für das Studium beiseitegelegt oder an eine Wohltätigkeitsorganisation gespendet. Von einem Teenager oder Preteen kann verlangt werden, dass er einen Teil der großen Ausgaben, wie zum Beispiel eine neue Gitarre oder das neueste elektronische Gerät, selbst bezahlt.

Eine der Verhaltensweisen, die Sie Ihrem Kind wahrscheinlich beibringen möchten, ist der verantwortungsvolle und sorgfältige Umgang mit Geld. Eine weitere wichtige Angewohnheit ist es, gut auf sein Hab und Gut aufzupassen. Kinder und Jugendliche werden besser auf ihre Besitztümer aufpassen und sie mehr zu schätzen wissen, wenn sie etwas tun müssen, um sie zu verdienen.

Wenn wir dafür sorgen, dass unser Kind sich eine Belohnung verdient, müssen wir die Aufgabe zunächst so einfach gestalten, dass es sich die Belohnung mit nur etwas mehr Aufwand als gewöhnlich verdienen kann, anstatt wirklich »gut« sein zu müssen. Ihr Kind kann wahrscheinlich nicht auf Anhieb eine große Verbesserung erreichen, aber mit Übung, Belohnungen, beschreibendem Lob und einem gesunden Lebensstil wird Ihr Kind Sie überraschen. Sie werden sehen, dass es mehr und mehr bereit und in der Lage ist, sich selbst zu kontrollieren.

Mit konsequenten Belohnungen für kleine Dinge des guten Benehmens wird Ihr Kind bald sehen, dass es zu seinem Vorteil ist, zu kooperieren. Es wird erkennen, auch wenn es das vielleicht noch nicht artikulieren kann, dass es umso mehr Zugang zu den schönen Dingen des Lebens hat, je vernünftiger es sich verhält. Sobald Kinder diese lebenswichtige Tatsache erkennen, werden sie sehr motiviert, zu kooperieren. Wenn Sie anfangen, konsequent viele kleine Schritte in die richtige Richtung zu belohnen, wird

Ihr Kind in ein paar Tagen oder Wochen erkennen, dass sich Kooperation auszahlt. Natürlich wird diese erfreuliche Erkenntnis wahrscheinlich früher eintreten, wenn Ihr Kind von vornherein ein relativ lockeres Temperament hat. Es wird auch schneller passieren, wenn sein Selbstwertgefühl bereits dank viel beschreibendem Lob, reflektierendem Zuhören und besonderer Zeit recht solide ist. Und es wird auf jeden Fall schneller passieren, wenn Sie ruhig und freundlich bleiben, falls Ihr Kind unkooperativ oder streitsüchtig ist, anstatt auf die alten, nicht funktionierenden Strategien zurückzugreifen: Belehren, Widersprechen und Anschreien. Wenn Sie die Motivations- und Präventionsstrategien vernachlässigen, wird Ihr Kind vielleicht nie diese wichtige Verbindung zwischen Kooperation und Belohnung herstellen.

Tipps für wirkungsvolle Belohnungen und Konsequenzen

Im Folgenden finden Sie einige wichtige Richtlinien, um Belohnungen möglichst erfolgreich einzusetzen:

- *Sobald Ihr Kind eine Belohnung verdient hat, gehört sie ihm und kann nicht mehr weggenommen werden. Es ist wichtig, dass wir nie androhen, sie wegzunehmen, egal, wie wütend wir über späteres Fehlverhalten werden. Andernfalls wird ein Kind mit schlechter Impulskontrolle bald seine hart verdienten Belohnungen einbüßen und es wird aufgeben, sich zu verbessern.*
- *Es ist wichtig, Ihr Kind keine Belohnung auswählen zu lassen, für die Sie selbst etwas tun müssen, das in seiner Verantwortung liegt, wie zum Beispiel den Tisch zu decken oder die Katze zu füttern.*
- *Ebenso sollte eine Belohnung ein Kind nicht von etwas abhalten, das Sie für wichtig halten, das es aber als unangenehm empfindet, wie zum Beispiel Musik zu üben oder etwas zu teilen.*
- *Erwarten Sie nicht, dass Belohnungen allein ausreichen, um ein Kind zu motivieren, das unwillig, impulsiv oder wütend ist. Eine Belohnung ist nur ein Hilfsmittel, etwas, das es Ihrem Kind etwas leichter macht, die Verhaltensweisen der Kooperation und Selbstständigkeit zu entwickeln. Be-*

lohnungen sind kein Ersatz für die Motivation durch beschreibendes Lob und besondere Zeit oder für die Minimierung und Vermeidung von Problemen durch Vorbereitung auf den Erfolg und reflektierendes Zuhören.

- *Wenn Ihr Kind es nicht schafft, sich die Belohnungen zu verdienen, achten Sie darauf, enttäuscht zu klingen, anstatt wütend oder tadelnd. Sie könnten sagen: »Oh, wie schade. Ich hatte gehofft, dass wir heute Abend die Extra-Geschichte lesen können.« Das ist einfühlsam, nicht feindselig. Es zeigt, dass Sie auf der Seite des Kindes stehen, und es ist viel motivierender, als wenn Sie sagen würden: »Du bist selbst schuld, dass du Zeit mit Diskutieren verschwendest, obwohl du mit deinen Hausaufgaben hättest weitermachen sollen.«*
- *Zusätzlich zu den Belohnungen, von denen Ihr Kind im Voraus weiß, ist es für das Kind auch sehr motivierend, gelegentlich von Belohnungen überrascht zu werden, mit denen es nicht gerechnet hat. Damit werden zwei Ziele erreicht. Erstens hilft es dem Kind, sich selbst in einem neuen Licht zu sehen, als eine Person, die die Eltern erfreuen und beeindrucken kann. Außerdem wird dadurch eine großzügige, gebende Haltung vorgelebt, die das Kind mit der Zeit verinnerlichen und nachahmen wird. Sie könnten sagen:*
  »Ihr beide wart so vernünftig und ruhig beim Essen. Ihr habt euch nicht gezankt. Eure Belohnung sind zehn Minuten extra Computerzeit heute Abend.«
- *Und mein letzter Ratschlag: Es ist wichtig, Essen nicht als Belohnung einzusetzen. Essen ist ein zu emotionales Thema, zu sehr mit Liebe und Akzeptanz verbunden. Es ist besser, Essen nicht mit irgendetwas zu verknüpfen, das mit Zustimmung oder Missbilligung zu tun hat.*

Zusammenfassend lässt sich sagen, dass ein Kind zunächst kooperiert, wenn wir beschreibendes Lob und andere Belohnungen zur Motivation einsetzen, weil es sich gut anfühlt, diese zu erhalten. Wenn wir konsequent mit Lob und Belohnungen sind, wird die Kooperation zur Gewohnheit. Schließlich entscheidet sich Ihr Kind, das Richtige zu tun, weil es sich besser fühlt, wenn es das Richtige tut. Dies ist die Geburt des Gewissens.

Konsequenzen, die wirken!

Jetzt ist es an der Zeit, darüber zu sprechen, was wir tun können, nachdem ein Fehlverhalten passiert ist, um die Wahrscheinlichkeit zu minimieren, dass es wieder passiert. An dieser Stelle können Konsequenzen sehr nützlich sein.

Handlungswiederholungen

Der Zweck von Konsequenzen ist es, zukünftiges Verhalten zu verbessern. Die nützlichste Konsequenz, die ich kenne, ist das, was ich eine *Handlungswiederholung* nenne. Es ist eine kleine Konsequenz, die weniger als eine Minute dauert, aber extrem effektiv ist. Eine Handlungswiederholung besteht darin, dass Sie und Ihr Kind das Szenario noch einmal durchspielen, aber dieses Mal macht das Kind sofort das Richtige, ohne jegliches Fehlverhalten oder Aufhebens.

Führen Sie Handlungswiederholungen nach jedem größeren oder kleineren Fehlverhalten durch, damit Ihr Kind üben kann, das Richtige zu tun, zum Beispiel höflich zu sprechen, etwas selbstständig zu erledigen, was es schon allein kann, bei der ersten Aufforderung ohne Aufhebens zu kooperieren und so weiter.

Die Handlungswiederholung wird sein zukünftiges Verhalten viel effektiver beeinflussen als eine Schelte oder ein Vortrag. Eine Durchdenken-Übung zu einem neutralen Zeitpunkt zum Thema, wie man sich verhalten soll, und Handlungswiederholungen nach Fehlverhalten sind eine höchst effektive Kombination. Handlungswiederholungen beenden die Disziplinierung immer mit einem positiven Gefühl! Sie bereinigen die Angelegenheit, denn der Vorfall endet damit, dass sich das Kind angemessen verhält. Was in seinem Langzeitgedächtnis gespeichert wird, ist das, was zuletzt passiert ist: Es hat das Richtige getan, und Sie waren mit ihm zufrieden.

Schlüsselkonzept

Sie können Handlungswiederholungen für jede Art von Fehlverhalten durchführen, ob groß oder klein.

Der beste Zeitpunkt für eine Handlungswiederholung ist so schnell wie möglich nach dem Fehlverhalten. Aber Sie müssen warten, bis alle sich beruhigt haben. Führen Sie die Handlungswiederholung durch, bevor Sie über etwas anderes sprechen, Fragen beantworten, dem Kind die Erlaubnis geben, etwas zu tun, oder bevor Sie etwas für das Kind tun.

Stellen wir uns vor, Sie sagen: »Es ist Zeit für die Hausaufgaben« (nachdem Sie das Kind mit einem Countdown auf den Übergang eingestimmt haben), und Ihr Kind widerspricht oder ignoriert Sie zunächst. Sie bleiben ruhig und bestimmt, sodass es schließlich gehorcht. Sobald es aufgehört hat, sich aufzuregen, könnten Sie zu ihm sagen: »Jetzt machen wir eine Handlungswiederholung. Ich werde jetzt sagen: ›Es ist Zeit für die Hausaufgaben‹, und dieses Mal wirst du nicht widersprechen. Was wirst du stattdessen tun?« Da Ihr Kind jetzt ruhig ist, wird es wahrscheinlich antworten: »Ich werde mich einfach hinsetzen«, »Ich hole meine Bücher raus« oder »Ich sage: ›Okay‹«. Als Ergebnis dieses Austauschs, der eigentlich ein Mini-Durchdenken ist, bei dem Sie die Fragen gestellt haben und Ihr Kind geantwortet hat, werden Sie sicher sein, dass es die angemessene Antwort kennt. An diesem Punkt spielen Sie beide es durch. Sie sagen: »Es ist Zeit für die Hausaufgaben«, und Ihr Kind sagt so etwas wie: »In Ordnung«, und dann geht es an den Schreibtisch mit den Hausaufgaben.

Schlüsselkonzept

Handlungswiederholungen beenden jede Disziplinierung auf eine positive Art und Weise.

Hier ein weiteres Beispiel für eine Handlungswiederholung: Nehmen wir an, Ihr Kind spricht unhöflich mit Ihnen. Respektloses Verhalten, Sprache oder Tonfall wird fast immer durch ein starkes, unangenehmes Gefühl ausgelöst, meist Wut, manchmal auch Angst. Machen Sie sich nicht die Mühe, das Kind zu korrigieren oder etwas Sinnloses zu sagen wie: »So sprichst du nicht mit mir.« Das hat es ja gerade getan – im Moment spricht es so mit Ihnen! Fast jede elterliche Reaktion auf Unhöflichkeit gibt dem Kind oder Teenager die Genugtuung zu sehen, dass es Sie provozieren kann.

Warten Sie stattdessen ein paar Sekunden und loben Sie beschreibend, wenn es aufhört. Warten Sie dann noch ein bisschen und fragen Sie, ob das Kind bereit ist, die Handlung zu wiederholen. Bei der Handlungswiederholung muss das Kind sagen, wie es sich fühlt, und zwar genauso stark, aber mit höflichen Worten. Wenn Sie bereits Durchdenken-Übungen dazu gemacht haben, wie man seine Meinung äußert und starke Gefühle höflich ausdrückt, wird das Kind wissen, wie das geht. Also wird es wahrscheinlich bereit sein, die Handlung zu wiederholen.

Wenn es noch nicht dazu bereit ist, verzweifeln Sie nicht. Schon bald wird es etwas von Ihnen wollen. An diesem Punkt können Sie sagen: »Ich bin gerne bereit, darüber zu sprechen, nachdem wir die Handlungswiederholung gemacht haben.« Wenn Sie standfest bleiben, werden Kinder und Jugendliche bald sehen, dass Sie es ernst meinen. Weil Sie ruhig und freundlich bleiben, wird ihr natürlicher Drang, Ihnen zu gefallen, an die Oberfläche sprudeln und sie zur Kooperation motivieren.

In seltenen Fällen wird ein Kind zeigen, dass es immer noch wütend ist, entweder indem es sich schlichtweg weigert, die Handlung nachzuspielen, oder indem es herumalbert und die Handlung nicht richtig nachspielt. Versuchen Sie dann nicht, es immer wieder dazu zu bewegen, es zu tun. Das würde bedeuten, dass Sie sein negatives Verhalten mit Aufmerksamkeit belohnen. Erinnern Sie sich daran, keine direkte Anweisung zu geben, bis Sie fast sicher sind, dass das Kind kooperieren wird. Stattdessen können Sie etwas sagen wie: »Ich sehe, dass du noch nicht bereit bist, die Handlung nachzuspielen. Ich werde dich in ein paar Minuten noch einmal fragen.« Ein Teil dessen, was Ihr Kind motivieren wird, die Handlungswiederholung richtig zu machen, ist, dass in der Zwischenzeit nichts

Lustiges oder Interessantes passiert, nicht einmal eine kurze Unterhaltung. Beschreibendes Lob und reflektierendes Zuhören sind jedoch immer angebracht.

Handlungswiederholungen können Wutanfälle verhindern

Das Fehlverhalten von Kindern springt normalerweise nicht in fünf Sekunden von null auf hundert. Es baut sich meist allmählich auf. Wir können sehen, dass das Kind reizbar oder übermäßig aufgeregt wird; wir können sogar sagen, dass es »Streit sucht«. Es kann verlockend sein, die kleinen Warnzeichen von zunehmendem Widerstand, wildem Spiel, unhöflichen Worten oder Angeberei zu ignorieren oder zu entschuldigen. Wir hoffen, dass die schlechte Stimmung vorbeigeht, weil wir viel zu erledigen, einen engen Zeitplan oder schlicht keine Zeit für einen Wutanfall haben. Vielleicht schauen wir lieber weg, als zu riskieren, dass das Kind in einen Wutanfall ausbricht. Üblicherweise eskaliert das Fehlverhalten nach und nach, bis es in einen ausgewachsenen Wutanfall ausbricht.

Ich weiß, dass der folgende Ratschlag kontraintuitiv ist. Seien Sie bereit, bei jedem Fehlverhalten eine Handlungswiederholung durchzuführen; dies kann oftmals einen Wutanfall verhindern. Es zeigt Ihrem Kind, dass Sie das Sagen haben, und das wird ihm wahrscheinlich helfen, sich zu beruhigen.

Positiv, nicht bestrafend

Wir verwenden Handlungswiederholungen nun schon seit zehn Jahren. Als Henry drei Jahre alt war, hat er, wie die meisten Kinder in seinem Alter, manchmal mit Sand geworfen, wenn er im Sandkasten gespielt hat. Wir fragten ihn dann, wo der Sand bleiben sollte, und er sagte: »Unten.« Wir lobten ihn dafür, dass er sich daran erinnerte, ließen ihn aber auch eine Handlungswiederholung machen und die Schaufel wieder aufheben und uns zeigen, wie er graben und den Sand unten halten konnte. Wenn er es richtig machte, hatten wir mehr zum beschreibenden Loben.

Jetzt, wo er 13 ist, neigen wir eher dazu, Handlungswiederholungen zu machen, wenn er zum Beispiel respektlos ist. Neulich bat ich Henry, die Kleidung aufzuheben, die er auf dem Boden liegen gelassen hatte, und er rollte mit den Augen und sagte: »Wenn's sein muss«, und ging in sein Zimmer. Ich drehte mich um, um wegzugehen und dachte: »Okay, wenigstens tut er, worum ich ihn gebeten habe.« Dann wurde mir klar, dass ich ihn damit durchkommen ließ, respektlos zu sein, und das wollte ich nicht fördern! Ich ging in sein Zimmer und lobte ihn dafür, dass er tat, worum ich ihn gebeten hatte, aber ich bat ihn, es noch einmal zu sagen und mir dieses Mal höflich und ohne Augenrollen zu antworten. Wir empfinden Handlungswiederholungen als eine schnelle und effektive Konsequenz, und es gefällt uns sehr, dass sie positiv und nicht strafend sind.

Vater von zwei Kindern, 13 und 11 Jahre alt

In den ersten Wochen, in denen Sie die neuen Strategien anwenden, kann jedoch Folgendes passieren. Seien Sie nicht überrascht, wenn Ihre Strenge und Konsequenz ein Kind verärgert, das gelernt hat, Wutanfälle zu benutzen, um seinen Willen durchzusetzen oder Aufmerksamkeit zu bekommen (was seltener vorkommt, als Eltern erwarten). Ihre Strenge kann sogar einen Wutanfall auslösen. Natürlich ist das frustrierend, aber diese Phase wird nicht lange andauern. Von Woche zu Woche werden Sie merken, dass Handlungswiederholungen und die anderen Strategien Ihrem Kind helfen, ruhiger und reifer auf die Höhen und Tiefen des Lebens zu reagieren.

Es ist nie zu spät, eine Handlungswiederholung durchzuführen. Sie können sie am nächsten Tag oder sogar Wochen nach dem Ereignis durchführen. Sie wird immer noch wirksam sein, um zukünftiges Verhalten zu beeinflussen, solange Sie sie mit den anderen *Entspannter, leichter und glücklicher Kinder erziehen*-Strategien kombinieren. Es ist eine weitere Strategie, die gleichermaßen effektiv ist, egal, ob Sie ein jüngeres Kind oder einen Teenager haben, wie die nächste Familiengeschichte zeigt.

Was Eltern wissen wollen

F: *Meine Sechsjährige hat angefangen, sich wie ein Teenager zu verhalten! Sie tut irgendwann, was ich verlange, aber mit so einer schlechten Einstellung, rollt mit den Augen und knallt die Türen auf dem Weg nach oben in ihr Zimmer. Was ist die beste Konsequenz bei Unhöflichkeit?*

A: *Ein Kooperieren mit schlechtem Benehmen ist definitiv ein Schritt in die richtige Richtung zu einem späteren Kooperieren mit gutem Benehmen! Loben Sie beschreibend, dass sie das Richtige tut. Bestätigen Sie auch ihre Wut oder ihren Unmut, indem Sie reflektierend zuhören. Sobald sie sich beruhigt hat, lassen Sie sie eine Handlungswiederholung durchführen.*

So können Sie Unhöflichkeit und Respektlosigkeit in Zukunft minimieren:

- *Machen Sie jeden Tag ein paar Durchdenken-Übungen und stellen Sie Fragen dazu, auf welche Weise sie mit Ihnen reden sollte, sodass sie sich vorstellt, höflich zu kooperieren und ihre Verärgerung angemessener auszudrücken.*
- *Stellen Sie sicher, dass sie den bestmöglichen Lebensstil hat, mit viel Schlaf, täglicher intensiver Bewegung, ausgezeichneter Ernährung und wenig Bildschirmzeit. Es ist erstaunlich, wie schnell sich das Verhalten verbessert, wenn Kinder gut ausgeruht sind, sich viel bewegen, gesund ernähren und nicht am Bildschirm kleben.*
- *Achten Sie darauf, dass sie alles selbstständig macht, wozu sie in der Lage ist. Je weniger Dinge Sie für sie tun, desto mehr wird sie Sie respektieren und desto höflicher und freundlicher wird sie sein.*
- *Verbringen Sie jeden Tag eine besondere Zeit mit ihr, damit sie weniger in Versuchung gerät, sich danebenzubenehmen, um Ihre Aufmerksamkeit zu bekommen.*

F: *Ich frage mich, wie ich die richtige Balance bei meiner 13-jährigen Tochter hinbekomme. Ich finde das reflektierende Zuhören gut, wenn ihre Wut sich in einem beiläufigen, unhöflichen Kommentar oder einer zugeschlagenen Tür äußert. Aber was ist, wenn sie eine Regel bricht? Sollte das nicht eine Konsequenz nach sich ziehen?*

A: Bei Fehlverhalten, das nicht mit einer bestimmten Konsequenz verbunden ist, hören Sie einfach nur reflektierend zu und lassen Sie Ihre Tochter eine Handlungswiederholung durchführen, sobald sie sich beruhigt hat. Bei Fehlverhalten, das durch eine bestehende Regel abgedeckt ist und eine festgelegte Konsequenz hat, werden die Schritte ähnlich sein, aber Sie werden sie mitsamt der Konsequenz durchziehen. Beginnen Sie mit reflektierendem Zuhören zum Zeitpunkt des Fehlverhaltens und wiederholen Sie die Handlung, wenn sie sich beruhigt hat. Sollte es Zweifel an der Konsequenz geben, stellen Sie sicher, dass sie weiß, dass sie eintreten wird.

Wenn dies häufig vorkommt, sollten täglich Durchdenken-Übungen durchgeführt werden. Auf diese Weise wird die Konsequenz für Ihre Tochter nicht überraschend kommen. Die Durchdenken-Übungen werden die Häufigkeit des störenden Verhaltens stark reduzieren.

Absitzen statt Auszeit

Eine weitere wirksame Konsequenz ist das sogenannte *Absitzen*. Diese Technik ist sehr nützlich, wenn ein bestimmtes Fehlverhalten immer wieder auftritt, obwohl Sie viel beschreibendes Lob, Vorbereitung auf den Erfolg, reflektierendes Zuhören, besondere Zeit, die *Niemals zweimal Bitten*-Methode und Handlungswiederholungen eingesetzt haben. Diese Strategien und Techniken verbessern das Verhalten erheblich, sodass Sie das Absitzen nur selten anwenden müssen. Es ist eine ausgezeichnete Konsequenz für körperliche Aggression oder wiederkehrendes impulsives Fehlverhalten, sogar für Handlungen, von denen Sie denken, dass sie außerhalb der bewussten Kontrolle Ihres Kindes liegen.

Das Absitzen ähnelt in mancher Hinsicht einer Auszeit, ist aber viel handhabbarer. Viele Kinder hassen Auszeiten und haben währenddessen große Wutanfälle, sodass Eltern dazu neigen, Auszeiten anzudrohen, anstatt sie tatsächlich durchzuziehen. Wir können zum Beispiel fragen: »Willst du eine Auszeit?« Welches Kind wird sagen: »Ja bitte, Papa. Ich weiß, dass ich mich schlecht benommen habe. Bitte gib mir eine Auszeit, denn ich weiß, dass ich sie verdient habe«?

Die Gemeinsamkeit von Absitzen und Auszeit besteht darin, dass Ihr Kind an einem Ort sitzen bleiben muss. Seine Bewegungsfreiheit wird vorübergehend eingeschränkt. Der Unterschied zwischen Absitzen und Auszeit ist, dass das Absitzen im selben Raum stattfindet, in dem Sie sich befinden. Das Kind wird sich nicht so sehr aufregen, weil es nicht in die hinterste Ecke des Hauses verbannt wird. Außerdem können Sie überwachen, was es tut. Es wird nicht in der Lage sein, sein Zimmer aus Wut zu verwüsten oder sich wegzuschleichen und zu spielen, wie es bei Auszeiten der Fall sein kann.

Das Absitzen ist eine effektive Konsequenz, denn Kinder wollen nicht gezwungen sein, an einem Ort zu bleiben. Sie wollen sich frei bewegen und dorthin gehen, wohin sie wollen. Sie sind daher motiviert, ihr Verhalten zu verbessern, damit sie nicht absitzen müssen. Selbst impulsive Kinder, die sich scheinbar keine Regeln merken oder befolgen können, fangen recht bald an, sich an die Regeln zu erinnern und sie zu befolgen, wenn das Absitzen konsequent durchgeführt wird.

Während des Absitzens sind Sie direkt vor Ort und können somit auch unterrichten und trainieren. Sie können Ihr Kind beschreibend loben und reflektierend zuhören, um es dabei zu unterstützen, sich zu benehmen und zu beruhigen. Das ist etwas ganz anderes als eine Auszeit, bei der nicht viel gelernt wird. Unterlassen Sie es aber, während des Absitzens Fragen zu beantworten, zu plaudern, zu ermahnen, zu beruhigen, zu warnen oder zu schimpfen.

Sie fragen sich vielleicht, wie lange ein Kind absitzen sollte. Der übliche Richtwert ist, genau wie bei Auszeiten, eine Minute für jedes Lebensjahr des Kindes. Benutzen Sie einen Timer, damit Sie es nicht im Auge behalten müssen. Timer helfen auch, die Konsequenz zu entpersönlichen, was es dem Kind oft leichter macht, sie emotional zu verarbeiten. Stellen Sie den Timer erst dann ein, wenn Ihr Kind nicht mehr schreit, nicht quengelt, keine Kissen vom Sofa wirft, nicht mehr vom Stuhl rutscht et cetera. Seien Sie darauf vorbereitet, den Timer wieder an den Anfang zu stellen, wenn Ihr Kind vom zugewiesenen Platz aufsteht oder sich nicht benimmt.

Bei den ersten paar Malen, bei denen Sie Ihr Kind zum Absitzen auffordern, kann es bis zu einer halben Stunde dauern, in der es weint, quengelt und versucht, Sie zu provozieren, bevor Ihr Kind für die gewünschte Zeit ruhig und still ist. Es testet Sie nur! Bleiben Sie hartnäckig und ziehen Sie es durch, damit es in Zukunft immer weniger Tests gibt.

Wie Sie ein Absitzen durchführen, wenn sich Ihr Kind an einem öffentlichen Ort danebenbenimmt

Wenn das Fehlverhalten, für das Sie ein Absitzen durchführen wollen, in der Öffentlichkeit passiert, können Sie warten und das Kind absitzen lassen, sobald Sie nach Hause kommen. Es wird immer noch effektiv sein, solange Sie sicherstellen, dass das Absitzen stets nach dem Fehlverhalten erfolgt. Oder Sie können Ihr Kind an einen etwas privateren Ort oder ins Auto bringen und das Absitzen gleich dort durchführen. Ich habe sogar schon engagierte Eltern erlebt, die ein Fehlverhalten auf einer Party oder einem Spieltreffen mit einem Absitzen im Badezimmer des Gastgebers behoben haben!

Was Sie tun können, wenn Ihr Kind den Platz immer wieder verlässt

Wenn Ihr Kind immer wieder von dem Ort aufsteht, den Sie als Absitzplatz bestimmt haben, bringen Sie es sofort wieder zurück und loben Sie es beschreibend, wenn es dort bleibt, auch wenn es nur ein paar Sekunden sind. Versuchen Sie nicht, das Kind physisch auf dem zugewiesenen Platz zu halten. Jedes Mal, wenn Sie es zurücksetzen, entfernen Sie sich, aber nur ein paar Schritte. So hat das Kind die Chance zu lernen, dass es aus eigenem Antrieb dort bleiben muss. Sie sind unmittelbar daneben, bereit, das Kind abzufangen und es so oft wie nötig zurück auf den Platz zu setzen, bis es endlich begreift, dass Sie nicht weggehen und Ihre Meinung nicht ändern werden. Nach einer Weile wird es Sie ernst nehmen und auf dem Platz bleiben, bis der Timer abläuft. Das wird passieren, auch wenn es bei den ersten paar Malen wahrscheinlich nicht so schnell passieren wird, wie Sie es gerne hätten! Denken Sie daran, während der ganzen Zeit reflektierend zuzuhören, wenn Ihr Kind aufgebracht oder wütend ist.

Wenn ein älteres Kind den Platz verlässt oder sich weigert, dorthin zu gehen, werden Sie es nicht physisch dorthin bringen können, also versuchen Sie es gar nicht erst. Was Sie tun können, ist, deutlich zu machen, dass nichts passieren wird, bis das Absitzen stattfindet. Wenn Sie viel beschreibendes Lob, reflektierendes Zuhören, besondere Zeit und Vorbereitung auf den Erfolg gemacht haben, wird Ihr Kind Sie mehr respektieren und Ihnen mehr gefallen wollen, mit dem Ergebnis, dass es das Absitzen durchführen wird – irgendwann!

Wenn Ihr Kind Sie oft testet, kann es sein, dass es Sie zur Weißglut treibt. Sie denken sich vielleicht: »Wie kann es es wagen, so ungehorsam oder respektlos zu sein?« Hier ist die Antwort. Es wagt es, weil sich Ungehorsam und Respektlosigkeit von Inkonsequenz ernähren. Ihr Kind weiß noch nicht sicher, was Sie tun werden, wenn es sich falsch verhält. Daher ist es innerlich getrieben, Ihre Reaktion zu testen, damit es herausfinden kann, wo die Grenzen wirklich liegen.

Denken Sie immer daran, dass ein Kind, das sich danebenbenimmt, einfach ein Kind ist, das noch nicht zur Kooperation erzogen und angeleitet wurde. Wenn Sie sich das vor Augen halten, wird es Ihnen leichter fallen, ruhig und freundlich zu bleiben, wodurch Ihr Durchhaltevermögen effektiver wird. Wenn wir unseren Tag realistisch planen, ist es einfacher, sich daran zu erinnern, dass unsere Kinder nicht perfekt sein sollen und es unsere Aufgabe ist, zu unterrichten und zu trainieren, was beinhaltet, ruhig und freundlich zu bleiben. Das bedeutet, dass wir nicht hetzen sollten, und es bedeutet, dass wir uns um unsere eigenen Bedürfnisse kümmern sollten, damit wir nicht ausbrennen.

Das Absitzen ist nicht als Strafe gedacht (auch wenn Ihr Kind es vielleicht so wahrnimmt). Beim Absitzen geht es nicht darum, einfach Zeit abzusitzen und, ohne einen Blick zurückzuwerfen, wegzugehen, nachdem man seine Schuld gegenüber der Gesellschaft bezahlt hat. Das Absitzen ist eine etwas unangenehme, aber nicht schreckliche Konsequenz, die hilft, vernünftigere Gewohnheiten zu vermitteln und zu trainieren.

Wenn der Timer am Ende des Absitzens bimmelt, darf Ihr Kind noch nicht weggehen und alles vergessen. Das Lernen ist noch nicht abgeschlossen.

Wenn Ihr Kind das Absitzen beendet hat, indem es ruhig gesessen hat, bis der Timer klingelt, muss es Ihnen in seinen eigenen Worten und in einem ganzen Satz sagen, warum Sie ihm ein Absitzen auferlegt haben. Akzeptieren Sie kein »Ich weiß es nicht« oder »Ich erinnere mich nicht«. Kinder haben ein viel besseres Gedächtnis, als wir ihnen zutrauen! Für den unwahrscheinlichen Fall, dass es wirklich vergessen hat, was vor weniger als einer halben Stunde passiert ist, kann es immer noch eine vernünftige Vermutung anstellen.

Denken Sie daran, seine Antwort beschreibend zu loben. Sie könnten sagen:

- *So ist es richtig. Du musstest absitzen, weil du die Spielsachen für drinnen mit in den Garten genommen hast.*
- *Ich kann sehen, dass du jetzt kooperierst.*
- *Es ist mutig von dir, die Wahrheit darüber zu sagen, was du falsch gemacht hast.*

Als Nächstes muss das Kind eine Handlungswiederholung durchführen, indem es Ihnen zuerst sagt, was es anders hätte machen sollen, und dann vorspielt, wie es diese Sache richtig macht. So ist das letzte Bild, das in seinem Langzeitgedächtnis gespeichert wird, ein Bild von ihm selbst, wie es das Richtige tut. Und es ist sein Langzeitgedächtnis, das sein zukünftiges Verhalten beeinflussen wird.

Wenn Ihr Kind nach dem Klingeln des Timers immer noch so wütend ist, dass es noch nicht bereit ist, vernünftig zu sprechen oder die Handlung richtig nachzuspielen, stellen Sie den Timer einfach auf ein, zwei weitere Minuten, in denen es sitzen bleiben muss. Das reicht in der Regel aus, um ihm zu zeigen, dass es sich den Weg aus dem Absitzen nur dann verdienen kann, wenn es Ihnen sagt, warum es absitzen musste, und dann die Handlungswiederholung durchführt.

Was Eltern wissen wollen

F: *Was geschieht, wenn mein Kind etwas moralisch Falsches tut, wie zum Beispiel lügen? Sollte es eine Konsequenz geben?*

A: *Zunächst einmal sollten wir anerkennen, dass wir alle jeden Tag lügen. Wir erzählen kleine Notlügen, um keinen Anstoß zu erregen, oder wir sagen, dass wir einen Bericht fast fertig haben, obwohl wir ihn gerade erst begonnen haben, damit unser Chef nicht verärgert ist. Der Unterschied zwischen unserem Lügen und dem Lügen von Kindern ist, dass Kinder noch nicht gelernt haben, welche Art von Lügen in dieser Kultur sozial akzeptabel ist. Betrachten wir also das Lügen von Kindern nicht als einen moralischen Defekt. Oft hat es noch nicht gelernt, wann in dieser Kultur Lügen akzeptiert und wann als falsch angesehen werden. Es ist unsere Aufgabe als Eltern, diese ziemlich heikle Fähigkeit zu lehren und zu vermitteln. Im Allgemeinen wollen wir, dass Kinder lügen, wenn Ehrlichkeit die Gefühle anderer verletzen würde, aber wir wollen nicht, dass sie lügen, um zu versuchen, sich aus Schwierigkeiten herauszuwinden, um jemand anderen in Schwierigkeiten zu bringen oder um zu beeindrucken.*

Eltern machen oft den Fehler, ein Kind zu fragen, ob etwas wahr ist, wenn sie bereits wissen, dass es nicht wahr ist. So kann sich das Kind noch tiefer in die Lüge verstricken. Wir sollten also unsere Kinder nicht zum Lügen verleiten. Wenn wir wissen, dass ein Kind lügt, sollten wir das auf eine freundliche Art und Weise einfach sagen. Reden Sie nicht um den heißen Brei herum. Fragen Sie nicht: »Bist du sicher?« Sie könnten sagen: »Ich weiß, was die Wahrheit ist. Du musst üben, mutig zu sein und die Wahrheit zu sagen.« Das kann für Ihr Kind emotional schwierig sein. Seien Sie bereit, jeden kleinen Schritt in die richtige Richtung beschreibend zu loben.

Wenn Sie den Verdacht haben, dass Ihr Kind lügt, sich aber nicht sicher sind, überprüfen Sie es auf andere Weise, zum Beispiel indem Sie den Lehrer fragen. Wenn Sie fragen: »Hast du Hausaufgaben auf?«, seien Sie nicht überrascht, wenn Ihr Kind Sie mit großen Augen unschuldig ansieht und mit Nachdruck »Nein« sagt. In diesem Moment hat es sich vielleicht sogar selbst davon überzeugt, dass es keine Hausaufgaben hat. Stattdessen könnten Sie sagen: »Setz dich bitte her und zeig mir deine Hausaufgaben.« Auf diese Weise erleichtern Sie es Ihrem Kind, die Wahrheit zu sagen.

Wenn Sie glauben, dass Ihr Kind lügt und es keine Möglichkeit gibt, dies mit Sicherheit herauszufinden, muss Ihr Kind trotzdem wissen, dass Sie seine Aussage ernsthaft bezweifeln. Sie könnten etwas sagen wie: »Ich wünschte, ich könnte dir glauben, aber was du da sagst, klingt einfach nicht wahrscheinlich.«

Wenn Sie feststellen, dass Ihr Kind oder Teenager lügt, um sich vor Schuld oder Verantwortung zu drücken, können Sie ihm helfen, bereitwilliger zu Fehlern oder Fehlverhalten zu stehen, indem Sie es oft und beschreibend loben, besonders wenn es etwas sagt oder tut, was schwierig oder unangenehm ist oder Mut erfordert. Wenn unsere Kinder die Wahrheit sagen und wir uns freuen, dass sie mutig genug waren, das zu tun, dann werden sie uns gefallen wollen, indem sie ehrlich sind. Und sie werden immer ehrlicher werden.

Wenn wir mit Wut reagieren oder ihnen Konsequenzen auferlegen, wenn sie etwas falsch machen, ist es verständlich, dass sie alles tun werden, um Reaktionen oder Konsequenzen zu vermeiden. Das kann dazu führen, dass sie lügen und versuchen, die Schuld auf andere zu schieben. Wir müssen uns darin üben, unsere Kinder ruhig zu erziehen. Je ruhiger und positiver wir im Umgang mit Fehlverhalten sind, desto ehrlicher werden unsere Kinder zu uns sein.

Wenn Konsequenzen nicht zu funktionieren scheinen

Eltern erzählen häufig, dass Konsequenzen bei ihrem Kind nicht funktionieren. Wenn Konsequenzen nicht greifen, liegt es meist daran, dass die Eltern sie inkonsequent eingesetzt haben und deshalb das Kind die Eltern oder die Konsequenzen nicht ernst nimmt. Stattdessen testet es ständig, was dieses Mal passieren wird, weil es sich dessen nicht sicher ist. Inkonsequenz in Bezug auf Konsequenzen bedeutet, dass ein Elternteil zu verschiedenen Zeiten unterschiedlich auf die gleiche Art oder das gleiche Ausmaß von Fehlverhalten reagiert, je nach der Stimmung des Elternteils, seinem Stresslevel oder verschiedenen Umständen.

Warum Eltern Konsequenzen unter Umständen vermeiden

Die meisten von uns wollen keine Konsequenzen verhängen. Selbst wenn wir eine Regel mit festgelegten Konsequenzen haben, versuchen wir oft, diese zu vermeiden. Dafür gibt es eine Reihe von Gründen. Wir wollen nicht als Bösewicht dastehen, machen uns Sorgen, dass unser Kind negativ auf die Konsequenz reagiert, sich weigert, unsere Autorität zu akzeptieren, verbal oder sogar körperlich aggressiv wird. Vielleicht finden wir Entschuldigungen für das Fehlverhalten und geben den Umständen oder äußeren Kräften die Schuld. Wir fangen an zu glauben, dass unser Kind nicht anders kann, weil es hungrig, müde, eifersüchtig auf das neue Baby ist, in eine neue Schule geht und so weiter. Natürlich müssen wir mitfühlen, wenn unsere Kinder schwierige Erfahrungen machen. Dennoch tun wir ihnen keinen Gefallen, wenn wir ihnen beibringen, Ausreden für ihr Verhalten zu finden. Unsere Kinder könnten sogar anfangen zu glauben, dass sie sich nicht selbst kontrollieren können.

Wir sagen uns vielleicht, dass unser Kind irgendwann aus dem störenden Verhalten herauswachsen wird. Vielleicht wird es das, aber in der Zwischenzeit nervt es andere Leute! Und es wird vielleicht nicht daraus herauswachsen. Das Gegenteil kann passieren: Die Gewohnheit kann sich verfestigen. Wenn wir ein Kind mit einem eher extremen Temperament haben, könnten wir auch glauben, dass das Temperament oder die angeborene Sturheit es daran hindert, sein Verhalten zu verbessern.

Wenn wir es vermeiden, Konsequenzen zu ziehen, reagieren wir auf Fehlverhalten stattdessen mit Meckern, Schreien, Streiten, Bestechen, Verhandeln oder den anderen kontraproduktiven Reaktionen. Wenn wir dann so genervt sind, doch eine Konsequenz durchzuziehen, sind wir wahrscheinlich wütend und reagieren über, indem wir impulsiv eine schlimme

Konsequenz aussprechen. Rückwirkend machen wir uns vielleicht Sorgen, dass die Konsequenz zu hart erscheint, oder stellen fest, dass die Konsequenz uns oder anderen Unannehmlichkeiten bereitet. Vielleicht weint unser Kind, bittet um eine weitere Chance oder schafft es, uns zu überzeugen, dass es die Konsequenz nicht verdient hat. An diesem Punkt kann die Konsequenz verzögert, verkürzt oder vergessen werden. Kinder lernen in diesem Fall, dass sie es riskieren können, Regeln zu ignorieren oder zu missachten, und dass wahrscheinlich nichts Schlimmes passieren wird. Das ist keine gute Vorbereitung auf das wirkliche Leben!

Privilegien wegnehmen

Einer der Hauptgründe dafür, dass Konsequenzen in Familien nicht zu funktionieren scheinen, ist, dass versucht wird, dem Kind Dinge oder Aktivitäten wegzunehmen, von denen es glaubt, dass sie sein Geburtsrecht seien.

Das kann jedes Kind verwirren und wütend machen, insbesondere die relativ sensiblen und intensiven. Es kann mit Wut und Abwehr reagieren, möglicherweise auch mit Angst. In diesem emotionalen Zustand wird es aus keiner Konsequenz etwas Nützliches lernen.

Schlüsselkonzept

Verdienen von Belohnungen vs. Verlust von Privilegien

Ein Privileg für Fehlverhalten zu entziehen, ist zwar eine verständliche Reaktion, erscheint Kindern aber ungerecht und erzeugt Unmut. Es ist positiv und motivierender, wenn Sie Ihrem Kind erlauben, sich ein Privileg durch gutes Verhalten zu verdienen. Das Verhalten wird sich schneller verbessern, als Sie sich vorstellen können.

Eine Mutter erzählte mir eine Geschichte über eine Konsequenz, die nach hinten losging, als ihre temperamentvolle Tochter Susanna fünf Jahre alt war. Es war Chanukka. Wie es Brauch ist, würde Susanna an jedem der acht Tage dieses Festes ein Geschenk erhalten. Am vierten Tag, als die Mutter Susanna vom Kindergarten abholte, hatte Susanna einen Wutanfall und schrie, dass sie an diesem Nachmittag ein Spieltreffen haben wollte. Die Mutter erklärte, dass dies nicht möglich sei, woraufhin Susanna immer wütender wurde und gegen die Rückenlehne des Sitzes ihrer Mutter im Auto trat. Die Mutter verlor schließlich die Beherrschung und sagte Susanna, dass sie ihr Chanukka-Geschenk an diesem Abend nicht bekommen würde. Sie zog es durch und gab ihr das Geschenk nicht. Susanna war stinksauer. Die Mutter dachte, dass Susanna nun motiviert sein würde, sich besser zu benehmen, damit sie am nächsten Tag ihr Geschenk bekommen würde, aber Susanna wurde nur noch wütender und benahm sich noch schlechter.

Diese Art von Szenario spielt sich in vielen Familien ab. Wenn wir zornig genug sind, suchen wir vielleicht ein Privileg, das wir unseren Kindern wegnehmen können. In dieser Geschichte bestand das Problem darin, dass Susanna nie gesagt worden war, dass ihre Chanukka-Geschenke mit ihrem Verhalten zusammenhingen. Sie hatte die Geschenke nicht als etwas angesehen, das sie sich verdienen musste, sie glaubte, dass sie ein Recht auf die Geschenke hätte. Also war ihre Wut gerechtfertigt. Wenn wir unseren Kindern Belohnungen oder Privilegien wegnehmen, von denen sie nicht wussten, dass sie weggenommen werden können, macht sie das sauer.

Was Eltern wissen wollen

F: *Was, wenn diese Belohnungen und Konsequenzen nicht funktionieren?*

A: *Diese Frage höre ich manchmal von Eltern, die noch nicht damit begonnen haben, die Motivations- und Präventionsstrategien zu praktizieren, sodass sie noch nicht wissen, wie sehr diese anderen Strategien Fehlverhalten reduzieren können. Ich habe noch nie erlebt, dass Belohnungen und Konsequenzen versagt haben, wenn sie in Kombination mit den anderen* Entspannter, leichter und glücklicher Kinder erziehen-*Strategien eingesetzt wurden, aber Konsequenzen werden wahrscheinlich nicht effektiv sein, wenn sie isoliert eingesetzt werden.*

Am Anfang von Kapitel 7 steht eine sehr ehrliche Elterngeschichte. Sie erklärt, dass der Wechsel von negativer zu positiver Aufmerksamkeit ein Prozess ist, und dass Fehlverhalten im Laufe der Zeit abnimmt, wenn wir uns ändern und diese proaktiven Strategien anwenden. Wenn Sie ein Kind mit einem schwierigeren Temperament und Verhaltensproblemen haben, wie es bei dieser Familie der Fall war, kann es länger dauern, bis Sie nennenswerte Ergebnisse sehen. Es gibt keine sofortigen Erfolge, aber die Entspannter, leichter und glücklicher Kinder erziehen-*Strategien werden funktionieren. Denn Kinder und Jugendliche wollen ihren Eltern gefallen, solange die Eltern freundlich und ruhig bleiben.*

Mit Übung und Hingabe werden Sie ein wunderbares Ergebnis erzielen: ein Familienleben, das entspannter, leichter und glücklicher ist. Sie haben nichts zu verlieren und alles zu gewinnen.

Belohnungen und Konsequenzen in die Praxis umsetzen: Ihr Aktionsplan für die ersten zwei Wochen

Jetzt werde ich ein Beispiel zeigen, wie Sie Belohnungen einsetzen können, um mehr von einem gewünschten Verhalten zu bekommen, und Konsequenzen, um die Chancen zu minimieren, dass dieses Fehlverhalten in Zukunft wieder auftritt.

Denken Sie an Fehlverhalten, das immer wieder auftritt – auch nachdem Sie die Motivations- und Präventionsstrategien durchgeführt haben.

Nehmen wir an, dass sich die Kooperation und Motivation Ihres Kindes stark verbessert hat, aber es ist immer noch öfter respektlos zu Ihnen, als Ihnen lieb ist. Wenn es verärgert ist, ist es sarkastisch, rollt mit den Augen und geht weg, wenn Sie mit ihm reden.

Beginnen Sie mit Vorbereitung auf den Erfolg und beschreibendem Lob
Achten Sie wie immer darauf, in einer neutralen Zeit Durchdenken-Übungen dazu durchzuführen, wie Ihr Kind mit Ihnen sprechen muss:

- *Wo müssen deine Augen sein, wenn ich rede?*
- *Welche Art von Stimme musst du benutzen, wenn du mir antwortest?*
- *Vielleicht möchtest du weggehen, wenn ich dir Fragen stelle. Was solltest du stattdessen tun?*
- *Was wird passieren, wenn du mich in einer unfreundlichen Art und Weise um etwas bittest?*

Denken Sie daran, immer beschreibend zu loben, wenn Ihr Kind freundlich und respektvoll mit Ihnen spricht. Sie müssen das Kind in dem Moment dabei »erwischen«, indem es dies richtig macht.

Mögliche Belohnungen

- Loben Sie weiterhin beschreibend, auch wenn Ihr Kind anfangs so tut, als ob es das nicht mag. Es ist vielleicht daran gewöhnt, eine heftige Reaktion von Ihnen zu bekommen. Wenn ein ruhiger Elternteil eine positive Veränderung ist, gefällt ihm vielleicht die Tatsache nicht, dass Sie wieder das Kommando übernehmen!
- Sie könnten vereinbaren, dass sich das Kind seine tägliche Bildschirmzeit verdient, indem es Sie mit freundlicher Stimme anspricht. Wenn es das vergisst, hat es sich die Bildschirmzeit an diesem Tag nicht verdient, und Sie brauchen es nicht zurechtzuweisen.
- Überlegen Sie sich andere kleine Belohnungen, die über den Tag verteilt für Schritte in die richtige Richtung vergeben werden können.

Konsequenzen, die Sie anwenden müssen

- Die beste Konsequenz ist eine Handlungswiederholung. Wenn Ihr Kind respektlos mit Ihnen spricht, bleiben Sie ruhig, loben Sie es, wenn es aufhört, und lassen Sie es den Satz höflich wiederholen. Dann loben Sie beschreibend und wenden reflektierendes Zuhören an: »Du warst wahrscheinlich so gereizt, du wolltest das nicht auf eine nette

Art und Weise wiederholen, aber du hast es richtig gemacht. Wir üben alle, freundlich miteinander zu sprechen.«

- Sie könnten beschließen, dass die Konsequenz für Unhöflichkeit das Absitzen ist. Wenn das so ist, müssen Sie das jedes Mal durchziehen! Lassen Sie das Kind nach dem Absitzen erklären, warum es dort war. Führen Sie dann eine Handlungswiederholung durch und schließen Sie diese mit beschreibendem Lob und reflektierendem Zuhören ab.

Zusammenfassung

Wenn Sie begonnen haben, diesen proaktiven Erziehungsansatz zu praktizieren, motivieren Sie Ihre Kinder jetzt zur Kooperation, indem Sie die vielen kleinen Dinge, die sie jeden Tag richtig machen, bemerken und erwähnen. Sie haben Ihre Regeln und Erwartungen klargemacht. Ihre Kinder kooperieren mehr aufgrund der Vorbereitung auf den Erfolg-Techniken. Sie erkennen die starken Emotionen Ihrer Kinder an, was dazu beiträgt, sie zu entschärfen, anstatt sie aufzuheizen. Sie verwenden die *Niemals zweimal bitten*-Schritte, um Ihre Kinder daran zu gewöhnen, bei der ersten Aufforderung zu kooperieren.

Durch die Veränderungen, die Sie in der Kommunikation mit Ihren Kindern vorgenommen haben, werden Sie die Häufigkeit des Fehlverhaltens, mit dem Sie sich auseinandersetzen müssen, erheblich reduzieren, und Konsequenzen werden kaum noch nötig sein. Sie werden bemerken, dass Sie nicht mehr so oft über Konsequenzen nachdenken müssen, weil Ihre Kinder Sie ernster nehmen. Das bedeutet, dass sie aufmerksamer zuhören, schneller kooperieren, auf Ihren freundlichen, aber ernsten Tonfall und freundlichen, aber ernsten Blick reagieren, der auch ohne Worte sagt: »Ich meine, was ich sage.« Mithilfe Ihrer neuen Werkzeuge werden Sie feststellen, dass Sie viele Fehlverhaltensweisen im Keim ersticken, die in der Vergangenheit so eskaliert wären, dass Ihnen eine Konsequenz notwendig schien, nur um Ihr Kind zur Vernunft zu bringen. Die Handlungswiederholung wird die eine Konsequenz werden, die Sie regelmäßig anwenden.

Das ist schwer vorstellbar, ich weiß. Üben Sie diese Techniken, und Sie werden die positiven Ergebnisse erleben.

Teil 2:

Krisenherde in der Familie beseitigen: Das Verhalten während des ganzen Tages mithilfe der Kernstrategien verbessern

Was ist die schlimmste Zeit des Tages für Sie? Fürchten Sie sich vor dem Morgen? Sind die Essenszeiten miserabel? Oder sind die Schlafenszeiten ein Kampf? In den meisten Familien gibt es bestimmte Tageszeiten und bestimmte Themen, die sie als besonders schwierig empfinden. Das sind die Zeiten, in denen es schnell zu Spannungen zwischen Eltern und Kindern kommen kann, was zu Ärger, Frustration und Stress führt. Wir beginnen, eine bestimmte Tageszeit oder die Auseinandersetzung mit einem bestimmten Thema zu fürchten. Diese Punkte nenne ich die »familiären Krisenherde«.

Einer der vielen Vorteile der *Entspannter, leichter und glücklicher Kinder erziehen*-Strategien ist, dass sie bei allen Verhaltensthemen funktionieren. Deshalb möchte ich Ihnen jetzt zeigen, wie Sie all die Fähigkeiten und Strategien kombinieren und auf die typischen Krisenpunkte anwenden können, sodass Sie Fehlverhalten minimieren und Kooperation und Selbstvertrauen maximieren können. Nachdem Sie die *Entspannter, leichter und glücklicher Kinder erziehen*-Techniken geübt haben, werden Sie und Ihre Kinder diese Zeiten des Tages nicht mehr fürchten. Vielleicht freuen Sie sich sogar auf sie!

Im Folgenden finden Sie eine Liste der häufigsten familiären Krisenherde und das jeweilige Kapitel, in dem sie behandelt werden. Wie viele dieser Punkte sind in Ihrer Familie ein Problem? Es ist durchaus üblich, mehrere problematische Punkte zu haben. Häufig kommen Eltern zu mir, weil sie große Probleme mit einem bestimmten Punkt haben, zum Beispiel mit dem Widerstand ihres Kindes, ins Bett zu gehen. Wenn ich sie frage, ob die Schlafenszeit die einzige Tageszeit ist, in der sie Schwierigkeiten haben, dass ihr Kind das Verlangte tut, lautet die Antwort in 99 Prozent der Fälle »Nein«. Es ist nur so, dass sich die Schlafenszeit am problematischsten anfühlen kann. Sosehr wir unsere Kinder auch lieben, am Ende des Tages sind wir erschöpft, würden uns gerne entspannen und Feierabend vom Elternsein haben!

Wenn mehrere Krisenherde Stress verursachen, bedeutet das wahrscheinlich, dass das zugrunde liegende Problem mangelnde Kooperation während des Tages ist. Sobald Sie sich auf die fünf Kernstrategien konzentrieren und diese umsetzen, werden Sie feststellen, dass Sie immer weniger Konfliktpunkte haben.

- Morgens fertig machen: Gelassen in den Tag starten – Kapitel 9
- Essenszeiten: Wählerisches Essverhalten umwandeln und Tischmanieren verbessern – Kapitel 10
- Geschwisterbeziehungen: Streitereien reduzieren, Kindern helfen, sich zu vertragen – Kapitel 11
- Bildschirmzeit: Die Elektronik im Haus wieder kontrollieren – Kapitel 12
- Hausaufgaben: So werden sie stressfrei – Kapitel 13
- Aufräumen und Ordnung halten: Verantwortung fördern, Widerstände abbauen – Kapitel 14
- Aufgaben im Haushalt: Bereitschaft verbessern, Teamarbeit lehren – Kapitel 15
- Selbstständig spielen: Selbstständigkeit und Problemlösung trainieren – Kapitel 16
- Schlafenszeit und Einschlafen: Den Tag friedlich ausklingen lassen – Kapitel 17

So gehen Sie vor

1. Wählen Sie zwei Punkte aus, die besondere Probleme in Ihrer Familie darstellen.

Es ist wichtig, dass Sie sich Zeit nehmen, um sich mit Ihrem Partner – oder mit einem Freund/einer Freundin, wenn Sie keinen Partner haben – zusammenzusetzen, um zu besprechen, was die Hauptprobleme in Ihrer Familie sind und um gemeinsam zu planen, was Sie anders machen wollen. Auch wenn mehrere Punkte problematisch sind, gehen Sie sie nicht alle auf einmal an. Es wird Sie überwältigen, wenn Sie versuchen, sich auf zu viele Dinge gleichzeitig zu konzentrieren. Ich schlage vor, dass Sie sich in der ersten Woche auf zwei Punkte konzentrieren. Die Kernstrategien werden schneller zu einem verbesserten Verhalten führen, als Sie sich vorstellen können. Wenn Sie mit den ersten beiden Punkten erfolgreich gearbeitet haben, können Sie in der folgenden Woche zwei weitere Punkte hinzufügen.

2. Füllen Sie den Fragebogen aus, bevor Sie loslegen.
Am Anfang jedes Kapitels in diesem Abschnitt habe ich einen Fragebogen eingefügt, der einige der häufigsten Probleme für diesen Punkt auflistet. Markieren Sie, welche Probleme in Ihrer Familie vorkommen. Dies wird Ihnen helfen zu klären, an welchen dieser Probleme Sie arbeiten wollen. Es kann sein, dass Sie andere Probleme haben, die nicht auf der Liste stehen. Fügen Sie diese ruhig hinzu.

3. Entscheiden Sie, wann Sie mit der Umsetzung der Strategien in die Praxis beginnen wollen.
Suchen Sie sich eine Zeit aus, in der Sie nicht zu sehr unter Druck stehen. Fangen Sie nicht damit an, wenn die Arbeit stressig ist oder die Schwiegereltern zu Besuch kommen! Sie sollten sich darauf konzentrieren können, dies zu einer konzertierten Aktion zu machen, und dazu müssen Sie die Zeit und Energie haben, sich gegenseitig zu unterstützen.

4. Verbringen Sie zwei Wochen damit, die Techniken zu üben, und füllen Sie dann den Fragebogen erneut aus.
Ich verspreche Ihnen, dass die Ergebnisse dazu beitragen werden, Sie zu motivieren, weiterzuüben!

Checkliste für das Troubleshooting

Sie können die folgende Checkliste für alle Punkte und für alle brennenden Erziehungsfragen verwenden, die Sie ansprechen möchten. Sie werden vielleicht überrascht sein, dass die Vorbereitung auf den Erfolg-Strategien an erster Stelle stehen. Wie ich bereits erwähnt habe, sind die beiden Strategien *Vorbereitung auf den Erfolg* und *beschreibendes Loben* untrennbar miteinander verbunden. Indem Sie die Erfolgsvorbereitungstechniken üben, helfen Sie Ihrem Kind, mehr und mehr Dinge beim ersten Mal richtig zu machen, sodass Sie noch mehr beschreibend loben können! Hoffentlich können Sie inzwischen viele Male am Tag beschreibend loben. Das wird Ihre Kinder weiterhin motivieren, auf Sie zu hören, ihr Bestes zu geben und ihr Bestes zu sein.

1. Vorbereitung auf den Erfolg

- **Haben Sie eine vereinte Front geschaffen und die Regeln und Routinen mit allen beteiligten Erwachsenen abgesprochen?**
- **Welche Durchdenken-Übungen müssen Sie durchführen?**
  Müssen Sie neue Regeln und Routinen aufstellen? Oder haben Sie bereits eine nützliche Regel, halten sich aber noch nicht daran?
- **Wie können Sie die Umgebung vorbereiten?**
  Was können Sie einrichten, damit es Ihrem Kind leichter fällt, das Richtige zu tun?
- **Wie können Sie Ihren Tag realistisch planen?**
  Wie können Sie mehr Zeit einplanen? Was könnte Ihnen dabei helfen?
- **Denken Sie (und Ihr Partner, falls Sie einen haben) daran, mit jedem Kind besondere Zeit zu verbringen?**

2. Was können Sie beschreibend loben?
Denken Sie daran, jeden kleinen Schritt in Richtung des gewünschten Verhaltens beschreibend zu loben. Wann werden Sie loben? Welche Formulierungen können Sie verwenden?

3. Wie können Sie reflektierendes Zuhören nutzen, um konstruktiver mit der Verärgerung Ihres Kindes umzugehen?
Welche unangenehmen Emotionen könnte Ihr Kind in Bezug auf dieses Thema durchleben?

4. Wenden Sie die sechs Schritte der *Niemals zweimal bitten*-Methode an, anstatt zu wiederholen und zu erinnern?

5. Sind Sie der Meinung, dass eine Belohnung helfen würde, den Widerstand Ihres Kindes gegen die neue Regel oder Routine zu verringern?
Führen Sie Handlungswiederholungen durch, um Fehlverhalten auf positive Weise zu beenden?

Immer wieder berichten Eltern, dass sie vergessen haben, eine dieser Kernstrategien anzuwendenen, wenn das Verhalten zu einem Problem wird. Was auch immer die Verhaltensherausforderung ist, gehen Sie die Fragen auf dieser Checkliste durch, setzen Sie die Strategien in die Praxis um, und Sie werden anfangen, Punkte von Ihrer Liste abzuhaken! Wenn wir auf positive, konstruktive Weise kommunizieren, werden unsere Kinder darauf reagieren, und wir können die meisten Verhaltensprobleme vermeiden, oder lösen.

Kapitel 9:

Morgens fertig machen: Gelassen in den Tag starten

Wie wir den Morgen zurückerobert haben

Die Vormittage waren stressig, mit viel Drama, Weinen und Leid. Nachdem wir Noëls Techniken kennengelernt hatten, haben wir als Erstes untersucht, was nicht funktionierte, uns darauf geeinigt, was wir ändern wollten, und einen Plan erstellt. Wir kamen zu der Erkenntnis, dass uns am Morgen ausbremste, dass unsere Dreijährige sich ihre Kleidung selbst aussuchen und zuerst frühstücken musste, bevor sie sich anziehen durfte.

Unsere Lösung bestand darin, das Heraussuchen der Kleidung auf den Vorabend zu verlegen, während der Zubettgehzeit, und sie frühstücken zu lassen, nachdem sie sich angezogen hatte. Hungrig zu sein war eine großartige Möglichkeit, sie zu motivieren, sich rasch anzuziehen! Wir begannen mit einer Familiensitzung und erklärten ihr die neue Routine. Wir sagten: »Anya, wir werden unsere Morgenroutine ändern. Du suchst dir abends deine Kleidung aus, und morgens ziehst du sie zuerst an, bevor du frühstückst.« Dann führten wir eine Durchdenken-Übung durch und baten sie, uns zu sagen, wie die neue Routine aussehen würde. Um sicherzugehen, dass sie vorbereitet war, machten wir zwei Tage lang mehrere Durchdenken-Übungen, bevor wir mit der neuen Routine begannen.

Am ersten Abend, als wir anfingen, nahm sie ihre Kleidung heraus und legte sie auf ihren Stuhl. Am Morgen wachte sie auf, zog sich sofort an und aß dann Frühstück. Dann ging sie in ihr Zimmer und sah sich die morgendliche Checkliste an, die wir für sie gemacht hatten. Ich fragte: »Was steht als Nächstes auf deiner Liste?«, und sie antwortete: »Mein Bett machen«, und es gefiel ihr, das auf der Liste abzuhaken. Wir gingen die Liste durch, und der Morgen war ein Kinderspiel. Außerdem hatten wir so viele Dinge, die wir beschreibend loben konnten! Ich glaube, es gab mal einen Morgen, an dem sie sich gegen die Liste sträubte, aber ich blieb hartnäckig und lobte einfach jeden kleinen Schimmer von Kooperation, und schließlich erledigte sie alles von der Liste.

Das war eine große Umstellung für uns – wir haben unsere Vormittage zurückerobert.

Mutter einer 3-jährigen Tochter

Wie diese Mutter stellen viele Eltern fest, dass der Morgen die stressigste Zeit des Tages ist, mit der größten Hektik und dem meisten Wiederholen und Erinnern. Die Kinder meckern und beschweren sich, streiten vielleicht darum, wer die Micky-Maus-Tasse bekommt, oder trödeln, um dann wegen eines verlegten Schulheftes in Panik zu geraten. Die Eltern reagieren mit Nörgelei und Gebrüll. Beeilung! Beeilung! Stress! Stress! Es ist für alle ein furchtbarer Start in den Tag.

Wenn Sie schon lange mit einer täglichen Dosis Morgenstress leben, mag dieser Zustand unvermeidlich oder gar normal erscheinen. Aber der Morgen muss kein Chaos sein! Wenn Sie die *Entspannter, leichter und glücklicher Kinder erziehen*-Strategien anwenden und ein paar Änderungen an Ihrer üblichen Morgenroutine vornehmen, können Sie Ihre Vormittage wirklich verändern. Sie werden Ihre Kinder mit der Gewissheit an der Schule absetzen, dass Sie alles getan haben, um ihnen zu helfen, in der Schule erfolgreich zu sein, anstatt sich Sorgen zu machen, dass sie mit Ihrer ungeduldigen Kritik in den Ohren einen schweren Lerntag vor sich haben. Ein ruhiger, entspannter Morgen hilft allen, den Rest des Tages zu genießen.

Der Fragebogen

Ich habe unten einige häufige Probleme aufgelistet, die Familien am Morgen haben. Markieren Sie im oberen Dreieck, wie oft dieses Verhalten derzeit auftritt. Füllen Sie den Fragebogen in zwei bis vier Wochen erneut aus und vermerken Sie das Verhalten im unteren Dreieck. Sie werden Fortschritte sehen!

Ihr Kind	*selten*	*manchmal*	*zu oft*
Hat Schwierigkeiten, aus dem Bett zu kommen			
Trödelt			
Ist pingelig bei der Auswahl der Kleidung			
Ist beim Anziehen langsam			
Weigert sich, die Zähne zu putzen, die Haare zu kämmen, das Bett zu machen, das Zimmer aufzuräumen etc.			

Ihr Kind	*selten*	*manchmal*	*zu oft*
Ist in einer gereizten oder unkooperativen Stimmung			
Ist wählerisch beim Frühstück oder hat keinen Hunger			
Ist unorganisiert, ablenkbar			

Aktionsplan für entspanntere, leichtere, glücklichere Vormittage

Ich werde nun zeigen, wie Sie jede der *Entspannter, leichter und glücklicher Kinder erziehen*-Strategien anwenden können, um den Morgen ruhiger und angenehmer zu gestalten.

1. Vorbereitung auf den Erfolg

Seien Sie eine vereinte Front.

Identifizieren Sie mit Ihrem Partner ein oder zwei problematische Verhaltensweisen, die den Morgen stressiger als nötig machen. Vereinbaren Sie, diese gemeinsam anzugehen. Möglicherweise müssen Sie an diesem Punkt Kompromisse eingehen.

Dies sind mögliche Regeln, um den Morgen einfacher zu gestalten:

Wenn Ihr Kind sich häufig darüber aufregt, was es anziehen soll, stellen Sie die Regel auf, dass die Kleidung am Vorabend ausgesucht und bereitgelegt werden muss.
Genau diese Kleidung muss es am nächsten Morgen anziehen, und es darf seine Meinung nicht ändern. Sobald sich Ihre Kinder an die neue Regel gewöhnt haben, was ein paar Tage dauern kann, wird diese Regel Zeit einsparen und Streit vermeiden.

Kinder, die sich selbst anziehen können, müssen sich selbst anziehen, jeden Tag, auch wenn Sie es eilig haben oder sie darüber meckern.
Wenn Sie für etwas mehr Ruhe oder einen schnelleren Start in den Tag Ihren Kindern manchmal etwas von dem abnehmen, was sie selbst erledigen können, senden Sie gemischte Botschaften, die Trödeln oder Jammern verstärken.

Ein Kind, das daran gewöhnt war, dass Sie diesen Dienst für es verrichten, kann zunächst das Gefühl haben, dass es Ihrer Liebe, Fürsorge und Aufmerksamkeit beraubt wird, wenn Sie ihm sagen, dass es nun seine Aufgabe ist, dies selbst zu tun. Um es durch diese verständliche Reaktion zu begleiten, sollten Sie bei ihm bleiben, während es sich selbst anzieht, und bereit sein, alle Bemühungen, wie schwach sie auch sein mögen, beschreibend zu loben. Wenn sich Ihr Kind selbst anzieht, dauert das natürlich länger, als wenn Sie ihm helfen würden, aber es ist eine Investition, die sich schnell auszahlen wird. Schon bald wird Ihr Kind stolz auf seine neue Kompetenz sein. Diese Selbstständigkeit und dieses Selbstvertrauen werden sich nach und nach auch auf andere Bereiche seines Lebens übertragen, solange Sie sich nicht einmischen und Dinge für es tun, die es selbst tun kann. Als Bonus werden Sie weniger genervt sein, und Sie werden bald mehr Zeit für andere Dinge haben.

Alle müssen komplett angezogen sein, die Haare gebürstet und das Bett gemacht, die Haustiere gefüttert, den Schlafanzug weggeräumt und die Schultasche an der Tür stehen haben, bevor es Frühstück gibt.

Diese Regel motiviert die Kinder, sich auf das zu konzentrieren, was sie zu erledigen haben. Sie verhindert Trödeln, Ins-Leere-Starren, den plötzlichen Drang, eine Festung zu bauen oder einen Zaubertrick zu üben. Es verhindert auch die meisten Nörgeleien unsererseits!

Keine Bildschirmzeit vor der Schule.
Die Zeit vor dem Bildschirm verschlimmert das Trödeln und schaltet jene Gehirnfunktionen ab, die Kinder brauchen, um in der Schule das Bestmögliche zu leisten und reifere soziale Fähigkeiten zu entwickeln.

Führen Sie Durchdenken-Übungen durch, um neue Regeln aufzustellen oder bestehende Regeln zu klären.

Beispiele für Durchdenken-Übungen
Es kann sein, dass Sie eine ganze Reihe von Durchdenken-Übungen durchführen müssen, besonders wenn die Regel, die Sie aufstellen wollen, kompliziert ist oder aus mehreren Teilen besteht. Im folgenden Beispiel sehen Sie, dass drei separate Durchläufe von jeweils maximal 60 Sekunden nötig sind, um sicherzustellen, dass das Kind die neue Regel kennt.

Die neue Regel, die hier eingeführt wird, lautet: An Schultagen machen sich ab Montag alle in der Familie fertig, und dann setzen wir uns zum Frühstück zusammen.

Erstes Durchdenken: Zu einem neutralen Zeitpunkt
Elternteil: *Ich werde dir jetzt eine neue Regel mitteilen.*
Kind: *(Schaut den Elternteil an, sagt aber nichts)*
Elternteil: *(Lächelt, lobt beschreibend) Du schaust mich an und verziehst keine Miene, obwohl du vielleicht gar nichts von einer neuen Regel hören willst. (Pause) Die neue Regel ist, dass wir ab Montag erst frühstücken, wenn wir alle komplett fertig sind, außer mit dem Zähneputzen, weil wir das nach dem Essen machen müssen.*
Kind: *Hm? Warum?*
Elternteil: *(Reflektierend zuhörend) Vielleicht gefällt dir diese neue Regel nicht. Du hast vielleicht das Gefühl, dass es schon zu viele Regeln gibt.*

Kind: *Was meinst du mit »alles vor dem Frühstück machen«?*
Elternteil: *Das ist eine vernünftige Frage. Ich bin froh, dass du über das, was ich gesagt habe, nachdenkst. Was sind denn die Dinge, die du morgens vor dem Frühstück machen musst?*
Kind: *Ich weiß, was ich zu tun habe. Warum muss ich es dir sagen?*
Elternteil: *Ich bin froh, dass du weißt, was du zu tun hast. Was glaubst du, warum ich dich bitte, es mir zu sagen?*
Kind: *Weil ich es nicht immer tue?*
Elternteil: *Das ist richtig. Du hast darüber nachgedacht und bist auf die Antwort auf deine eigene Frage gekommen. (Pause) Wie lautet also die neue Regel?*
Kind: *Ich muss mich morgens vor dem Frühstück fertig machen.*
Elternteil: *Du hast dir die neue Regel gemerkt. Eine Minute ist um, also werde ich dich das nächste Mal, wenn ich dich nach der neuen Morgenregel frage, bitten, mir vier Dinge zu nennen, die du morgens vor dem Frühstück machen musst.*

Zweites Durchdenken: Wieder zu einem neutralen Zeitpunkt
Elternteil: *Ich habe ein paar Fragen an dich zum Morgen.*
Kind: *(Stöhnt und verzieht das Gesicht)*
Elternteil: *(Reflektierend zuhörend) Vielleicht hast du gerade keine Lust, über den Morgen zu sprechen. (Beschreibend lobend) Jetzt sieht dein Gesicht wieder höflich aus. Hier ist meine erste Frage: Was musst du morgens vor dem Frühstück machen?*
Kind: *Mich anziehen, das ist alles, was ich tun muss.*
Elternteil: *Das ist eines der Dinge, die du tun musst. Und was machst du mit deinem Pyjama?*
Kind: *Ach ja, unter mein Kopfkissen legen.*
Elternteil: *Genau da kommt er hin. Du hast dir also schon zwei Dinge gemerkt, die du vor dem Frühstück tun musst. Und was ist mit deinem Bett?*
Kind: *Soll ich es machen?*
Elternteil: *Ja, du hast dir gemerkt, dass du dein Bett machen musst.*
Kind: *Aber ich habe morgens keine Zeit. Es ist zu schwer! Du musst mir helfen.*

Elternteil: *Ich weiß, dass das ein Problem für dich ist. Ich habe eine Lösung für dieses Problem. Meine Aufgabe wird es sein, dich rechtzeitig zu wecken, damit du alles tun kannst, was du tun musst.*
Kind: *(Stöhnt)*
Elternteil: *(Wartet ein paar Sekunden und lobt dann beschreibend) Ich kann hören, dass du aufgehört hast zu jammern. Du hast also schon gesagt: anziehen, den Schlafanzug unter das Kissen legen und das Bett machen. Es gibt nur noch eine Sache, die du vor dem Frühstück erledigen musst. Aber unsere Minute ist um, also werde ich dich das nächste Mal fragen, wenn wir eine Durchdenken-Übung über die Morgenstunden machen.*

Drittes Durchdenken: Wieder zu einem neutralen Zeitpunkt
Elternteil: *Ich werde dich nach unserer neuen Morgenregel fragen. Du hast mir schon drei Dinge gesagt, die du an einem Schultag vor dem Frühstück tun musst. Obwohl du es mir schon gesagt hast, möchte ich, dass du es mir noch einmal sagst. Und ich glaube, das könnte wirklich nervig sein.*
Kind: *Ich muss mich anziehen, meinen Schlafanzug unter das Kopfkissen legen und mein Bett machen. Das ist alles.*
Elternteil: *Das ist alles, was du mir schon gesagt hast. Und bei Nummer vier geht es um deine Haare.*
Kind: *Klar, ich muss mir die Haare bürsten. Das muss ich dir gar nicht sagen.*
Elternteil: *(Reflektierend zuhörend und beschreibend lobend) Du wolltest es mir nicht sagen, aber du hast es mir gesagt. Du hast getan, worum ich dich gebeten habe. Jetzt sag mir bitte alle vier Dinge, die du vor dem Frühstück machen musst.*
Kind: *Ich muss mich anziehen. Ich muss mir die Haare bürsten. Ich muss mein Bett machen.*
Elternteil: *(Wartet schweigend, lächelnd)*
Kind: *Und ich muss meinen Pyjama unter das Kopfkissen legen.*
Elternteil: *Du hast mir alles gesagt! Und wenn du all diese vier Dinge getan hast, was denkst du, wird dann passieren?*
Kind: *Frühstück!*
Elternteil: *So ist es! Du kennst die neue Regel. Und das ist nicht nur eine neue Regel für dich. Das ist eine neue Regel für alle in der Familie, sogar für Mama*

und Papa. Wir werden diese neue Regel nicht immer mögen. Du hast alle meine Fragen beantwortet, die Minute ist um, also kannst du jetzt spielen gehen.

Die Umgebung vorbereiten

Tabellen erleichtern es, sich Regeln zu merken.
Viele Eltern stellen fest, dass eine Tabelle oder Checkliste ein viel ruhigerer Weg ist, um die Kinder neu zu fokussieren. Setzen Sie sich mit Ihren Kindern zusammen und fragen Sie sie nach ihren Vorschlägen, was in die Tabelle aufgenommen werden soll. So beteiligen Sie sie daran.

Die folgende Morgentabelle hat in vielen Haushalten die Gemüter beruhigt und die Zusammenarbeit verbessert:

- Aus dem Bett aufstehen
- Anziehen
- Schlafanzug weglegen
- Haare bürsten
- Das Bett machen
- Frühstücken
- Schüssel und Tasse in die Spüle oder Spülmaschine stellen
- Zähne putzen
- Spielen, wenn Zeit dafür ist

Sie können Häkchen, Aufkleber oder Sterne verteilen, wenn die Kinder die Dinge auf der Tabelle nach der Aufforderung beim ersten Mal tun, ohne viel Aufhebens zu machen. Die meisten Kinder empfinden dies als motivierend, solange das Häkchen oder der Stern von einem beschreibenden Lob begleitet wird.

Wie eine Tabelle mir half, ein Morgenmensch zu werden

Ich wollte nicht wahrhaben, wie schrecklich das morgendliche Hetzen und Nörgeln in unserer Familie war, und nahm einfach an, dass das normal sei. Erst nachdem ich auf einem Seminar die Vorbereitung auf die Erfolg-Techniken kennengelernt hatte, wurde mir die Realität bewusst, und ich war motiviert, unsere Vormittage umzukrempeln.

Ich begann damit, eine Tabelle zu erstellen. Ich setzte mich mit meinen drei Kindern im Alter von sieben, fünf und zwei Jahren zusammen, und wir erstellten eine Liste mit all den Dingen, die sie jeden Morgen vor der Schule erledigen mussten. Wir haben Bilder von jeder Aufgabe auf eine Plakatwand gemalt, die Kinder haben sie ausgemalt und Beschreibungen unter die Bilder geschrieben.

Bevor wir die Liste erstellt hatten, verbrachte ich meine Vormittage damit, meine Kinder an alles zu erinnern, was sie tun mussten, damit sie pünktlich zur Schule gehen konnten. Nachdem wir die Tabelle hatten, war ich erstaunt, wie ein so einfaches Hilfsmittel unsere Routine verändern konnte. Ich brauche nur auf die Tabelle zu zeigen, die Kinder rennen los, um darauf zu schauen, und schon sind sie wieder auf dem richtigen Weg. Sie lieben es, die Tabelle zu überprüfen, weil es etwas ist, das sie selbst gemacht haben, und sie sind sehr stolz darauf. Die Tabelle hat mein ständiges Wiederholen und Erinnern abgelöst, und unser Morgen ist viel ruhiger und entspannter! Ich bin glücklicher, und meine Kinder sind glücklicher.

Mutter von drei Kindern, 7, 5 und 2 Jahre alt

Das Frühstück für Kinder muss gesund sein.
Das klingt selbstverständlich, aber viele Eltern kaufen zucker-, salz- oder fettreiche Frühstücksnahrung, weil das alles ist, was ihre Kinder morgens essen, und die Eltern nicht wollen, dass ihre Kinder mit leerem Magen zur Schule gehen. Aber denken Sie daran, wer das Sagen hat. Wir wissen, was gut für Kinder ist, während diese hauptsächlich wissen, was sie mögen und was nicht. Im nächsten Kapitel erkläre ich eine gute Methode, um die Palette der Lebensmittel zu erweitern, die Kinder essen – und irgendwann sogar mögen werden.

Planen Sie Ihren Tag realistisch.

Für die meisten Familien einer der Hauptgründe des Stresses, dass sie morgens nicht genug Zeit haben, um alles zu erledigen. Die Eltern hetzen herum und versuchen, alles zu erledigen, während die Kinder – genervt von der Eile – sich noch langsamer bewegen. Sich mehr Zeit zu geben, indem wir den Tag anders planen, kann den Morgen verändern. Hier sind einige Vorschläge:

Erledigen Sie alles, was Sie können, gemeinsam am Vorabend.
Dazu kann gehören, das Hausaufgabenheft zu unterschreiben, Lunchpakete zu machen und die Kleidung für den nächsten Tag bereitzulegen. Achten Sie darauf, dass Ihre Kinder alles, was sie brauchen, in ihren Schultaschen haben, und die Schultaschen an der Eingangstür stehen. Nach ein paar Tagen des Jammerns oder der Wutanfälle werden sie sich an die neuen Regeln gewöhnen, und der Morgen wird ruhiger sein.

Geben Sie allen morgens mehr Zeit, indem Sie die Familie 10 bis 20 Minuten früher wecken.
Die größere Ruhe, die dadurch entsteht, macht das bisschen weniger Schlaf mehr als wett. Betrachten Sie diese zusätzlichen 10 oder 20 Minuten als ein Polster. Sie bauen Zeit ein, damit Ihre Kinder in ihrem eigenen Tempo tun können, was sie tun müssen, um zu trödeln, nach einem wichtigen Zettel zu suchen oder einen Wutanfall zu bekommen, ohne dass Sie sich Sorgen machen müssen, dass Sie dadurch zu spät kommen. Wenn Sie sich mehr Zeit lassen, sind Sie weniger gestresst und dadurch weniger reizbar und genervt. Und wenn Sie sich ruhiger fühlen, können Sie sich daran erinnern, jeden kleinen Schritt in die richtige Richtung beschreibend zu loben. Wenn alles glatt läuft, haben Sie vielleicht sogar noch etwas Zeit, um ein kleines Spiel mit den Kindern zu spielen, bevor Sie zur Schule gehen.

Besondere Zeit

Kinder albern am Morgen oft herum, um unsere Aufmerksamkeit zu bekommen. Regelmäßig mit ihnen besondere Zeit zu verbringen, stillt das

Bedürfnis nach positiver Aufmerksamkeit und erleichtert so die Kooperation.

2. Kleine Schritte in die richtige Richtung beschreibend loben

Hier sind einige Beispiele dafür, was Sie morgens sagen könnten, um die kleinen Dinge, die Ihre Kinder bereits richtig machen, hervorzuheben. Je öfter Sie diese Art von beschreibendem Lob aussprechen, desto reibungsloser werden Ihre Vormittage verlaufen:

- *Du hast die Augen offen und beschwerst dich nicht, auch wenn du wahrscheinlich noch nicht aus deinem warmen, kuscheligen Bett aufstehen willst.*
- *In den letzten drei Tagen bist du in dem Moment aus dem Bett gesprungen, als dein Wecker geklingelt hat. Das gibt dir morgens mehr Zeit, dich fertig zu machen. Und es macht unseren gemeinsamen Morgen schöner, weil niemand hetzen muss.*
- *Danke, dass du deine Klamotten nicht im Zimmer herumwirfst, auch wenn du dich nicht anziehen willst. Auf diese Weise bleibt das Zimmer ordentlich.*
- *Du spielst jetzt nicht, weil du weißt, dass es Zeit ist, sich anzuziehen. Du hast dir gemerkt, dass das Anziehen vor dem Spielen kommt, also musste ich dich nicht daran erinnern.*
- *Du hast dir die neue Regel gemerkt, und du hast dich komplett angezogen, bevor du dich zum Frühstück hingesetzt hast. Du hast sogar an deine Schuhe gedacht.*
- *Du hast gestern Abend daran gedacht, deine Hausaufgaben in deinen Rucksack zu packen. So stellst du sicher, dass du alles hast, was du für die Schule brauchst.*
- *Ich bin froh, dass du deine Bücher aus dem Flur geholt und auf dein Bett gelegt hast. Ich brauchte kein Wort zu sagen. Das zeugt von Selbstvertrauen.*

- *Gerade eben, als deine Schwester ihren Saft verschüttet hat, hast du nicht gelacht. Du hast nicht mal ein dummes Gesicht gemacht. Du bist tolerant.*

3. Reflektierendes Zuhören

Hier sind einige Beispiele, wie Sie die Fähigkeit des reflektierenden Zuhörens nutzen können, um viele der Probleme, die morgens auftreten, anzusprechen und zu entschärfen.

- *Es kann wirklich ärgerlich sein, wenn du keine zwei passenden Socken finden kannst.*
- *Bestimmt wünschst du dir, du könntest zehn Minuten länger im Bett bleiben. Es ist so gemütlich unter der Bettdecke.*
- *Vielleicht bist du wegen des Wissenschaftstests heute nervös.*
- *Du hast dich auf deine Banane gefreut, und dein Bruder hat die letzte aufgegessen. Wie enttäuschend! Aber du hast ihn nicht angeschrien. Du hast dich selbst unter Kontrolle.*

(Letzteres ist ein Beispiel dafür, wie Sie reflektierendes Zuhören und beschreibendes Loben kombinieren können. Es ist eine sehr wirkungsvolle Kombination.)

Sarah beibringen, sich morgens selbst anzuziehen

Eines der Dinge, die ich an unseren Morgenroutinen ändern wollte, war, meiner vierjährigen Tochter Sarah beizubringen, sich selbstständig anzuziehen. In der Vergangenheit habe ich ihr immer geholfen, weil es schneller und einfacher war. Ich hatte das Gefühl, dass ich keine Zeit hatte, darauf zu warten, dass sie es tut. Aber ich merkte, dass ich das nur für mich tat und es Sarah nicht half, selbstständig zu werden.

Um uns mehr Zeit dafür zu geben, würden wir früher aufstehen müssen. Nachdem mein Partner und ich uns auf die Regel geeinigt hatten, began-

nen wir damit, die neue Regel mit Sarah mittels Durchdenken durchzugehen. Wir sagten ihr, dass wir alle nach dem Wochenende zehn Minuten früher aufstehen würden und dass sie sich jeden Tag vor dem Frühstück anziehen müsste. Sie schien damit zufrieden zu sein, und wir verbrachten das Wochenende damit, Knöpfe zuzuknöpfen und die anderen Dinge zu üben, die ihr schwerfielen. Ich wusste also, dass sie es schaffen konnte. Am ersten Tag, Montagmorgen, konnte ich nicht glauben, wie gut es lief. Ich lobte beschreibend alles, was sie richtig machte, und sie war so stolz auf sich, dass sie es kaum erwarten konnte, es ihrer Erzieherin im Kindergarten zu erzählen – wir kamen sogar früher! Aber ein paar Morgen später schien es so, als ob die Neuheit, sich selbst anzuziehen, sich abgenutzt hätte. Sie beschwerte sich über das Anziehen und hielt mir ihr Kleid hin, damit ich ihr helfen solle. Ich wartete eine Minute, versuchte zu überlegen, was das Problem war, bevor ich reagierte, und versuchte dann, reflektierend zuzuhören. Ich sagte: »Vielleicht denkst du, dass ich dir nicht helfe, weil du glaubst, dass es mich nicht interessiert?« Sie nickte und ich gab ihr eine große Umarmung. Danach zog sie ihr Kleid allein an, und seither macht sie das jeden Tag ohne viel Aufhebens. Die größere Selbstständigkeit hat ihr Selbstvertrauen gestärkt, auch andere neue Dinge selbst auszuprobieren. Und ich muss nicht mehr bei ihr bleiben, während sie sich anzieht, das spart auch Zeit.

Mutter einer 4-Jährigen

4. Niemals zweimal bitten

Zu Beginn müssen Sie die sechs Schritte vielleicht für jede morgendliche Aufgabe verwenden, die Ihre Kinder erledigen sollen, zuerst für das Aufstehen, dann für das Anziehen, dann für das Bürsten der Haare und so weiter. Planen Sie zusätzliche Zeit ein, um alle sechs Schritte zu erledigen. Wenn Sie bereit sind, die *Niemals zweimal bitten*-Methode konsequent anzuwenden, werden Sie bald nicht mehr über Schritt 3 hinausgehen müssen.

5. Belohnungen und Konsequenzen

Die Belohnung dafür, keine Zeit zu verschwenden, könnte ein Spiel mit Mama und Papa sein, bevor es zur Schule geht.

Zusammenfassung

Wenn Sie anfangen, diese Strategien anzuwenden, kann sich der Morgen schnell von einem stressigen zu einem entspannten Tag entwickeln. Ihre Kinder werden mit einem besseren Selbstwertgefühl in die Schule gehen, mit mehr Zuversicht, dass sie die Herausforderungen des Tages meistern können. Auch für Sie wird es ein ruhigerer Start in den Tag sein. Je mehr dieser Strategien Sie in Ihren Morgen einbauen, desto schneller werden Sie Verbesserungen sehen!

Kapitel 10:

Essenszeiten: Wählerisches Essverhalten umwandeln und Tischmanieren verbessern

Der Tag, an dem die Großeltern zum Abendessen kamen

»Ruhe« und »Abendessen« waren Worte, die in unserem Haus nicht zusammenpassten! Ich wollte mich wirklich gerne hinsetzen und eine angenehme, entspannte Mahlzeit mit den Kindern teilen, aber bis wir anfingen, die Entspannter, leichter und glücklicher Kinder erziehen-*Techniken zu praktizieren, wusste ich nicht, wie ich das anstellen sollte. Die einzige »Konversation« am Tisch ging in die Richtung »Nimm noch einen Bissen, dann darfst du aufstehen«, »Kein Pudding, bis du deine Erbsen aufgegessen hast«, »Ellbogen vom Tisch, bitte« oder »Hör auf, deinen Bruder zu treten«. Es war alles andere als entspannend! Es war sogar so stressig und die Kinder waren so wählerisch, dass ich mir angewöhnt hatte, für jedes Kind eine eigene Mahlzeit zu kochen – dann aßen sie wenigstens überhaupt etwas.*

Das schien normal zu sein, bis die Großeltern zum Abendessen kamen! Ich sah die Tischmanieren der Kinder mit ihren Augen, und es war mir so peinlich, dass ich entschlossen war, etwas zu ändern.

Wir begannen, Noëls Strategien zu erlernen, und das erste, was wir als Familie taten, war, eine Liste zu erstellen, wie wir unsere Essenszeiten gestalten wollten. Ganz oben auf der Liste stand, dass wir alle das Gleiche essen sollten, damit ich nicht länger Küchenchefin spielen musste. Wir stellten auch Regeln über Tischmanieren auf. Anfangs waren die Kinder über einige der Regeln nicht glücklich, aber wir haben viel beschreibendes Lob, Durchdenken und reflektierendes Zuhören gemacht. Wir nutzten auch die Erster Teller-*Methode, um den Kindern beizubringen, beim Essen experimentierfreudiger zu sein. Etwa einen Monat später kamen die Großeltern wieder zum Essen, und sie konnten die Veränderung kaum glauben. Wir hatten tatsächlich ein entspanntes Essen, und ich war so stolz auf die Kinder.*

Mutter von drei Kindern, 10, 8 und 5 Jahre alt

Warten Sie nicht auf die Großeltern, wenn Essenszeiten ein Problem sind! Sie können die *Entspannter, leichter und glücklicher Kinder erziehen*-Strategien anwenden, um das Essen in Ihrer Familie zu verbessern, egal, ob Sie Probleme damit haben, was und wie viel Ihre Kinder essen oder wie sie sich am Tisch verhalten. Die Mahlzeiten sind ein so wichtiger Teil des Familienlebens und die Versorgung unserer Kinder mit gesundem Essen ist so wichtig für ihr Wohlbefinden und ihren Erfolg, dass alle entspannter sind, je früher Sie damit beginnen können, Probleme bei den Mahlzeiten zu lösen.

Schlüsselkonzept

Es ist nie zu spät, Kinder zu besseren Essensgewohnheiten anzuleiten.

Eltern möchten, dass die Mahlzeiten ruhiger und entspannter sind, eine Zeit, in der die Familie gerne zusammenkommt, um gutes, gesundes Essen miteinander zu teilen und Neuigkeiten über den Tag auszutauschen.

Eltern wollen, dass die Kinder das, was ihnen vorgesetzt wird, ohne Aufhebens essen; sie wollen angenehme Konversation, statt Gemecker und Unterbrechungen. Und natürlich wünschen sie sich gute Tischmanieren.

Was Sie sich für Ihre Familienmahlzeiten wünschen, mag sich davon unterscheiden. Es ist nicht meine Aufgabe, Ihnen zu sagen, wie die Mahlzeiten bei Ihnen zu Hause aussehen sollten. In diesem Kapitel möchte ich Ihnen Hilfsmittel an die Hand geben, die Ihnen dabei helfen, Ihre Werte auf eine positive, liebevolle und respektvolle Weise zu vermitteln, sodass die Mahlzeiten aufhören, stressig und problematisch zu sein und zu einem entspannten, angenehmen Erlebnis werden. Die *Entspannter, leichter und glücklicher Kinder erziehen*-Strategien, die Sie gelernt haben, werden Ihnen helfen, dies zu erreichen. In diesem Kapitel werde ich Ihnen auch zusätzliche Strategien vorstellen, die auf bestimmte Probleme bei den Mahlzeiten abzielen.

Der Fragebogen

Der erste Schritt auf dem Weg zu ruhigeren, einfacheren und glücklicheren Essenszeiten besteht darin, die Problembereiche in Ihrer Familie zu identifizieren und herauszufinden, welche Gewohnheiten Ihre Kinder entwickeln sollen und wie Sie die Essenszeiten gestalten möchten. Dieser Fragebogen listet einige typische Probleme bei den Mahlzeiten auf. Das Ausfüllen wird Ihnen helfen, sich auf die Veränderungen zu konzentrieren, die Sie vornehmen möchten.

Nachdem Sie die Strategien zwei bis vier Wochen lang in die Praxis umgesetzt haben, werden Sie einen großen Unterschied feststellen.

Ihr Kind	*selten*	*manchmal*	*zu oft*
Beschwert sich über das Essen			
Ist wählerisch, welche Lebensmittel es isst			
Ist pingelig, wenn sich Lebensmittel auf dem Teller berühren			
Weigert sich, neue Lebensmittel zu probieren			
Neckt oder streitet sich mit Geschwistern am Tisch			
Hat schlechte Tischmanieren			
Steht vom Tisch auf, bevor es darf			
Kaut mit offenem Mund oder spricht mit vollem Mund			
Hält sein Besteck nicht richtig			

Ihr Kind	*selten*	*manchmal*	*zu oft*
Isst nicht ordentlich			
Ist albern oder zu laut bei Tisch			
Trödelt beim Essen herum			
Isst zu schnell			
Möchte den ganzen Tag naschen, hat aber zu den Mahlzeiten keinen Hunger			

Aktionsplan für entspanntere, leichtere, glücklichere Mahlzeiten

1. Vorbereitung auf den Erfolg

Vereinte Front in Bezug auf Familienregeln und Erwartungen

Um es den Kindern zu erleichtern, bei den Mahlzeiten das Richtige zu tun, müssen Sie sich selbst darüber im Klaren sein, welches Verhalten Sie wünschen und was Ihre Erwartungen sind. Stellen Sie sicher, dass alle Erwachsenen in der Familie den gleichen Regeln und Routinen zustimmen. Es hilft, wenn Sie Ihre Regeln aufschreiben. Wenn Ihre Kinder alt genug sind, könnte sich die ganze Familie zusammensetzen und eine Liste mit Regeln für die Mahlzeiten aufstellen. Sie werden feststellen, dass sich Kinder eher daran halten, wenn Sie deutlich machen, dass die meisten Regeln sowohl für die Eltern als auch für die Kinder gelten.

Falls Sie sich nicht sicher sind, welche Regeln Ihnen helfen würden, Ihre Ziele bei den Mahlzeiten zu erreichen, finden Sie hier einige erfolgreich getestete Regeln, um die Essenszeiten entspannter, leichter und glücklicher zu gestalten. Es ist eine lange Liste von Vorschlägen. Wählen Sie diejenigen aus, die für Sie relevant sind und mit Ihren Werten übereinstimmen.

Jeder hilft vor und nach den Mahlzeiten.
Das Eindecken des Tisches und das Abräumen am Ende der Mahlzeit sind Möglichkeiten, wie Kinder einen Beitrag leisten können. Aber Sie können Ihre Kinder auch in die Zubereitung der Mahlzeiten einbeziehen. Schon kleine Kinder können bei der Suche nach Zutaten helfen und haben Spaß am Wiegen, Abmessen und Abfüllen. Älteren Kindern kann beigebracht werden, wie man Teile einer Mahlzeit und schließlich eine ganze Mahlzeit zubereitet.

Alle Familienmitglieder, die zu Hause sind, sitzen beim Essen zusammen, auch wenn sie keinen Hunger haben.
In vielen Familien essen die Kinder allein, während der Elternteil in der Küche beschäftigt ist. Dies verursacht eine Reihe von Problemen. Wenn Sie sich wie ein Diener verhalten, werden Sie wahrscheinlich auch wie ein Diener behandelt. Kinder lernen gute Tischmanieren und reifere Konversationsfähigkeiten durch Nachahmung, also müssen Sie mit ihnen am Tisch sein, damit sie Sie nachahmen können. Selbst wenn Sie vorhaben, Ihr Abendessen später zu sich zu nehmen, legen Sie eine kleine Menge Essen auf Ihren Teller, wenn Sie mit den Kindern zusammensitzen, sodass Sie alle gemeinsam essen.

Alle Familienmitglieder kommen an den Tisch, sobald sie gerufen werden.

Beginnen Sie die Mahlzeit mit einem kurzen Ritual, vielleicht mit einer Danksagung.
Dies hilft allen, zu entschleunigen und sich auf die Erfahrung zu konzentrieren zusammenzukommen und die Mahlzeit zu genießen.

Mit dem Essen wird gewartet, bis die ganze Familie am Tisch sitzt und ein Elternteil gesagt hat, dass alle anfangen dürfen.
So lernen Kinder, ihre Impulsivität zu zügeln, und es bereitet sie darauf vor, was außerhalb des Hauses von ihnen erwartet wird.

Keine eingeschalteten Bildschirme, kein Spielzeug, keine Bücher, keine Handys oder Kopfhörer am Tisch.
Die Essenszeiten sind zum Essen und für angenehme Gespräche da.

Allen wird das gleiche Essen serviert.
Wenn Sie etwas nicht mögen, lassen Sie es stehen und sagen Sie nichts. Wenn Sie aber das Essen mögen, dann sagen Sie es. So lernen Kinder, rücksichtsvoll zu sein.

Wischen Sie Ihre Finger und Ihren Mund mit der Serviette ab.

Bitten Sie erst um Nachschlag, wenn Sie alles auf Ihrem Teller aufgegessen haben.

Bitten Sie darum, dass Ihnen etwas gereicht wird, anstatt über jemanden hinwegzugreifen.

Sitzen Sie aufrecht, mit den Füßen auf dem Boden und die Ellbogen nicht auf dem Tisch.

Kinder bleiben am Tisch, bis sie von einem Erwachsenen entschuldigt werden.
Dies hilft den Kindern, sich auf das Essen zu konzentrieren, und es lehrt Geduld und Höflichkeit.

Eine Regel, die ich nicht empfehle, ist die, dass Kinder alles auf ihrem Teller aufessen müssen. Diese Regel führt fast immer dazu, dass sich die Kinder beschweren und betteln, nörgeln oder verhandeln. Diese Regel trägt definitiv nicht dazu bei, die Essenszeiten entspannter, leichter und glücklicher zu machen. Sie fragen sich vielleicht, wie Sie Ihre Kinder ohne diese Regel dazu bringen können, etwas Grünes zu essen! Später in diesem Kapitel erkläre ich Ihnen eine Strategie, genannt *Erster Teller*-Methode, die dieses Problem erfolgreich angeht und dazu führt, dass Kinder eine große Vielfalt an Lebensmitteln ohne Aufhebens essen.

Beispiele für Durchdenken-Übungen, die Kindern helfen, sich an Regeln und Erwartungen zu erinnern und sie ernst zu nehmen

Hier sind einige Beispiele für Durchdenken-Übungen, die Sie durchführen können, um Ihrem Kind zu helfen, sich auf das zu konzentrieren, was es bei den Mahlzeiten tun sollte. Denken Sie daran, die Durchdenken-Übungen zu einem neutralen Zeitpunkt und nur eine Minute lang durchzuführen.

- *Wie beginnt jede Mahlzeit?*
- *Was bedeuten gute Tischmanieren in unserem Haus?*
- *Wie lautet die Regel mit der Serviette?*
- *Was sollte man tun, wenn man Nachschlag möchte?*
- *Wie lange wird das Essen dauern?*
- *Worüber können wir beim Essen sprechen?*
- *Wann darf man um Nachschlag bitten?*
- *Wer entscheidet, wann man vom Tisch aufstehen darf?*
- *Warum ist es wichtig, »bitte« und »danke« zu sagen?*
- *Was kannst du tun, wenn dir das Essen auf deinem Teller nicht schmeckt?*

Hier ist ein Beispiel für eine Durchdenken-Übung, die von einem Elternteil verwendet wurde, um die Regel wieder einzuführen, dass das Kind darum bitten muss, aufstehen zu dürfen, anstatt den Tisch zu verlassen, wann immer ihm danach zumute ist. Sie dauert nur 60 Sekunden.

Durchdenken: Zu einem neutralen Zeitpunkt
Elternteil: *Ich habe drei Fragen, die du beantworten sollst.*
Kind: *Oh, muss ich das?*
Elternteil: *(Wartet ein paar Sekunden, hört dann reflektierend zu und lobt beschreibend) Vielleicht hast du gerade keine Lust, Fragen zu beantworten, aber du hast aufgehört zu jammern. Hier ist meine erste Frage. Was solltest du beim Abendessen sagen, wenn du fertig bist und aufstehen willst?*
Kind: *Ich muss fragen, ob ich aufstehen darf.*
Elternteil: *Du hast meine erste Frage sofort beantwortet. Hier ist meine zweite Frage. Wie sagst du das?*
Kind: *Darf ich aufstehen?*
Elternteil: *Das ist der größte Teil von dem, was du sagen sollst. Nur noch ein Wort.*
Kind: *Bitte.*
Elternteil: *Das ist das zusätzliche Wort! Du hast es dir gemerkt. Jetzt sag mir den ganzen Satz, den du sagen willst, einschließlich dieses wichtigen Wortes.*
Kind: *Darf ich bitte aufstehen?*
Elternteil: *Das ist genau das, was du sagen musst; das klingt so höflich. In den meisten Fällen sagen wir Ja. Und jetzt kommt meine dritte Frage. Es ist die letzte Frage, die du für jetzt beantworten musst. Wo musst du sein, wenn du fragst, ob du aufstehen darfst?*
Kind: *Hm?*
Elternteil: *(Wartet schweigend, lächelnd)*
Kind: *Ich muss ordentlich auf dem Stuhl sitzen.*
Elternteil: *Genau, du musst ordentlich auf dem Stuhl sitzen. Und ich werde dich nicht einmal fragen, was »ordentlich« bedeutet, denn du hast alle drei Fragen bereits beantwortet!*

Die Umgebung vorbereiten

Hier sind einige Vorschläge, die es Kindern leichter machen, das Richtige zu tun:

Bieten Sie Kindern einen gesunden Snack zwischen Frühstück und Mittagessen und einen weiteren zwischen Mittag- und Abendessen an.
Wenn Kinder zu hungrig werden, werden sie reizbar, leichter frustriert, schwerer zu trösten und sind weniger bereit zu kooperieren. Die meisten Kinder brauchen alle paar Stunden etwas Gesundes zu essen. Nach dieser Zeitspanne würde sich sonst subtiles Fehlverhalten einschleichen.

Um Kindern dabei zu helfen, gesünder zu essen, sollten Sie die Lebensmittel, die nicht gut für sie sind, gar nicht erst im Haus haben.
Wenn Sie sich entscheiden, Ihrer Familie einige dieser Lebensmittel zu geben, kaufen Sie nur die Menge, die Sie für eine bestimmte Mahlzeit oder Belohnung benötigen, und werfen Sie alle Reste weg. Dadurch wird die Menge dieser Lebensmittel, die Sie und Ihre Kinder essen, automatisch reduziert.

Stellen Sie sicher, dass an jedem gedeckten Platz eine Serviette liegt, damit die Kinder lernen, sich den Mund nicht am Ärmel abzuwischen.

Servieren Sie den Kindern kleine Portionen.
Auf diese Weise werden sie wahrscheinlich ohne Aufhebens aufessen, was auf ihrem Teller ist, und vielleicht sogar nach mehr fragen. Sie selbst werden weniger in Versuchung kommen, die Kinder zum Aufessen zu drängen, und Ihre Kinder werden bald anfangen, sich selbst als »gute Esser« zu betrachten, die regelmäßig ihr Essen ohne Ermahnung aufessen.

Geben Sie den Kindern Besteck, das die richtige Größe hat, damit es leicht zu benutzen ist.
Sobald Ihr Kind selbst essen kann (meist zwischen ein und zwei Jahren), sollten Sie es nicht mehr mit dem Löffel füttern, auch wenn es müde ist, sich nicht wohlfühlt oder Sie in Eile sind. Selbstständigkeit führt zu Selbst-

vertrauen. Und wenn Sie sich wie unbezahltes Personal verhalten, werden Sie auch so behandelt werden!

Stellen Sie Kindern Stühle zur Verfügung, die die richtige Größe und Höhe haben.
Kinder neigen dazu, mehr zu wippen und herumzulümmeln, wenn die Füße baumeln. Sie sitzen aufrechter und verhalten sich vernünftiger, wenn ihre Füße fest auf dem Boden stehen. Kleinere Kinder benötigen eventuell einen niedrigeren Tisch oder einen Stuhl mit einer Fußstütze.

Die *Erster Teller*-Methode: Eine Strategie, die wählerische Esser in abenteuerlustige Esser verwandelt

Wie meine Kinder von 3 auf 30 Dinge kamen

Ich habe zwei Kinder, die jetzt zwölf und zehn Jahre alt sind. Vor zwei Jahren war unser großes Problem das Essen. Es gab kaum etwas, das sie essen wollten, außer Makkaroni mit Käse oder Nudeln mit Butter. Wenn wir ihnen Soße zu ihren Nudeln gaben, musste sie separat gereicht werden, sonst rührten sie sie nicht an. Es schien, als hätten wir alles versucht, um sie dazu zu bringen, eine größere Auswahl an Lebensmitteln zu essen. Wir haben versucht, sie zum Essen zu zwingen, was dazu führte, dass sie diese Nahrungsmittel noch mehr hassten. Wir haben versucht, sie mit Nachtisch zu bestechen, aber auch das hat nicht funktioniert. Nichts funktionierte, also machten wir ihnen schließlich nur noch separate Mahlzeiten mit den wenigen Lebensmitteln, von denen wir wussten, dass sie sie essen würden.

Daher erschien es uns sinnvoll, Noëls Erster Teller-*Methode auszuprobieren. Wir begannen damit, ihnen einen ersten Teller mit mikroskopisch kleinen Mengen von Lebensmitteln zu geben, von denen sie dachten, dass sie sie nicht mögen. Die Mengen waren so klein, dass es fast schon komisch war.*

Sie mussten das aufessen, wenn sie einen zweiten Teller mit den Lebensmitteln haben wollten, die sie mochten. Und es funktionierte! Nachdem sie die Portionsgrößen der Lebensmittel auf ihrem ersten Teller schrittweise erhöht hatten, wurden Lebensmittel, die sie vorher gehasst hatten, wie zum Beispiel Fisch oder internationale Gerichte, zu ihren Lieblingsspeisen. Jetzt können wir Essen auf den Tisch stellen, das sie noch nie gegessen haben, und sie probieren es. Vielleicht mögen sie es nicht, aber sie sind bereit, es zu probieren. Von nur ein paar verschiedenen Lebensmitteln essen die Kinder jetzt mehr als 30 verschiedene Lebensmittel. Die Verwendung von Noëls Erster Teller-*Methode hat unsere Kämpfe bei den Mahlzeiten beendet.*

Vater von zwei Kindern, 12 und 10 Jahre alt

Beim Essen wählerisch zu sein, ist eines der häufigsten Probleme, mit denen Eltern bei den Mahlzeiten zu kämpfen haben. Viele Kinder sind von Haus aus wählerische Esser, die nur eine relativ kleine Auswahl an Lebensmitteln zu sich nehmen wollen. Oft werden ganze Lebensmittelgruppen abgelehnt, meist Gemüse und Obst. Diese Kinder lassen sich leicht vom Geschmack, Geruch, der Beschaffenheit oder dem Aussehen bestimmter Lebensmittel abschrecken, manchmal sogar so sehr, dass sie würgen. Wir können Kinder dazu anleiten, gesündere, abenteuerlustigere Esser zu werden, indem wir eine Strategie anwenden, die sich *Erster Teller*-Methode nennt. Und so funktioniert es:

Beginnen Sie jede Mahlzeit für alle Familienmitglieder mit einem ersten Teller, auf den Sie winzige Mengen von fünf bis acht verschiedenen Lebensmitteln legen, die Ihr Kind zwar gelegentlich isst, aber nicht mag. Die Menge jedes Lebensmittels muss so winzig sein (zum Beispiel ein Viertel einer Erbse), dass es keinen wahrnehmbaren Geschmack hat!

Erst wenn Ihr Kind alles auf seinem ersten Teller aufgegessen hat, geben Sie ihm seinen zweiten Teller, der eine kleine Menge von dem enthält, was Sie zum Essen zubereitet haben und das Ihr Kind mag.

Wenn Sie die *Erster Teller*-Methode konsequent anwenden, wird sich Ihr Kind mit der Zeit daran gewöhnen, kleine Stücke von vielen Lebensmitteln zu essen, von denen es vorher dachte, dass es sie unmöglich essen kann. Bald wird es diese Lebensmittel tolerieren, und nach einer Weile wird es sogar die meisten von ihnen mögen. Aber dieser Wandel wird nur stattfinden, wenn Sie der Versuchung widerstehen, zu drängen, zu wiederholen und zu erinnern. Lassen Sie den Hunger Ihrer Kinder und ihr natürliches Verlangen, Ihnen zu gefallen, die Motivatoren sein.

Sie machen sich vielleicht Sorgen, dass ein störrisches Kind sich weiterhin weigern könnte, die winzigen Stückchen auf seinem ersten Teller zu essen, und deshalb nie seinen zweiten Teller bekommt, sodass es verhungert. Das ist noch nie passiert! Manchmal lässt ein Kind mit einem eher unnachgiebigen Temperament anfangs die eine oder andere Mahlzeit aus, aber schon bald wird sein wachsender Hunger es dazu bringen, die winzigen Essensstücke auf dem ersten Teller zu essen, um den zweiten Teller zu bekommen. Denken Sie daran, reflektierend zuzuhören und beschreibend zu loben. Dies hilft den Kindern, sich mit der Zeit an die neuen Regeln und Routinen zu gewöhnen.

Wenn Ihr Kind sich zunächst weigert, die winzigen Essensstücke auf seinem ersten Teller zu essen, machen Sie sich vielleicht Sorgen, dass es vor der nächsten Mahlzeit zu hungrig wird. Anstatt ihm eine Zwischenmahlzeit zu geben, können Sie ihm die nächste Mahlzeit mit dem ersten Teller früher als sonst geben. Wenn Ihr Kind allmählich lernt, die Lebensmittel des ersten Tellers zu akzeptieren, können Sie die Mengen ganz langsam erhöhen. Sie können auch allmählich Lebensmittel auf den ersten Teller legen, von denen Ihr Kind glaubt, dass es sie nicht ausstehen kann. Mit der Zeit wird es viele dieser Lebensmittel mögen, und diese können dann zu Lebensmitteln des zweiten Tellers werden. Ich habe viele Kinder betreut, bei denen der erste Teller mit einem winzigen Stückchen Karotte, Sellerie, grüner Paprika, Salat und so weiter anfing. Innerhalb von ein paar Monaten aßen diese Kinder große Salate und genossen jeden Bissen.

Es wird wahrscheinlich immer einige Lebensmittel geben, von denen Sie sich wünschen, dass Ihre Kinder mehr davon essen oder sie mit mehr Enthusiasmus verzehren würden, also halten Sie die *Erster Teller*-Methode unbedingt aufrecht. Ich kenne Familien, die die *Erster Teller*-Methode seit Jahren anwenden, lange nachdem der wählerische Esser in der Familie kein wählerischer Esser mehr war. Vielleicht haben Sie zum Beispiel ein Kind, das dazu neigt, sein Gemüse bis zum Schluss liegen zu lassen. Sie könnten versucht sein, es daran zu erinnern, dass es aufessen soll. Servieren Sie stattdessen eine kleine Portion des Gemüses als ersten Teller für die ganze Familie. Der Hunger wird Ihr Kind motivieren aufzuessen.

Planen Sie Ihren Tag realistisch, damit die Familie genug Zeit hat, jede Mahlzeit zu genießen, ohne sich gehetzt zu fühlen.

Die Mahlzeiten werden entspannter sein, wenn Sie sich nicht beeilen. Nehmen Sie sich genügend Zeit, damit die Kinder beim Tischdecken und Abräumen helfen können. Ein häufiges Problem ist allerdings, dass manche Kinder sehr lange brauchen, um ihre Mahlzeit zu beenden. Ich schlage Folgendes vor:

Ein Kind, das hungrig ist, isst sein Essen in 15 Minuten, also ziehen Sie die Mahlzeiten nicht in die Länge.
Wenn Ihr Kind gewohnheitsmäßig beim Essen trödelt, stellen Sie eine Zeitschaltuhr auf (20 Minuten, um ein wenig Spielraum zu haben). Wenn der Timer klingelt, ist die Mahlzeit vorbei, ohne Drohungen, Vorträge, Schmeicheleien oder zweite Chancen. Lächeln Sie einfach und hören Sie reflektierend zu. Innerhalb von ein paar Tagen wird Ihr Kind nicht mehr trödeln. Natürlich sollten Sie vorher einige Durchdenken-Übungen durchführen, bevor diese neue Regel in Kraft tritt. So wird Ihr Kind darauf vorbereitet sein.

Kein Trödeln oder Hetzen mehr beim Frühstück

Einer unserer Söhne neigt dazu, sehr lange für sein Frühstück zu brauchen – meistens, weil er so sehr in die Unterhaltung vertieft ist, dass er vergisst weiterzuessen! Bei dem typischen Zeitdruck an den Schulmorgen waren wir immer in Sorge, dass uns die Zeit davonläuft. »Beeil dich! Du kommst noch zu spät«, drängten wir unseren Sohn. Wir sagten: »Erzähl uns die Geschichte, nachdem du noch einen Bissen gegessen hast«, oder: »Iss weiter.« Wir hatten ein umfangreiches Repertoire an Nörgeleien. Irgendwann sagte er, dass er keinen Hunger hat.

Mein Mann und ich wussten, dass es nicht gut war, ihn ständig zu hetzen und zurechtzuweisen, weil er zu langsam war, und wir erinnerten uns daran, dass Noël gesagt hatte, dass Nörgeln beim Essen einem Kind tatsächlich den Appetit rauben kann. Das war ein Weckruf für uns. Wir setzten uns zusammen und beschlossen, dass wir eine Zeit festlegen mussten, bis zu der das Frühstück fertig sein musste. Unser Sohn war alt genug, um die Uhr zu lesen, also haben wir uns zusammengesetzt und mit reflektierendem Zuhören begonnen. Wir sagten so etwas wie: »Wir haben Fehler gemacht, und es muss so ärgerlich sein, dass wir dich immer hetzen. Wir ärgern uns über uns selbst, dass wir dich kritisieren. Das kann nicht schön für dich sein.« Wir erklärten ihm die neue Regel, dass das Frühstück bis zu einer bestimmten Zeit beendet sein musste und dass es an ihm lag, auf die Uhr zu achten und dafür zu sorgen, dass er fertig wurde. Wir würden nicht mehr nörgeln oder ihm sagen, dass er sich beeilen soll. Er war glücklich mit der neuen Regel.

Das Ergebnis? Wir haben aufgehört zu nörgeln, er ist morgens meistens pünktlich fertig und sein Appetit kehrte bald zurück.

Mutter von zwei Kindern, 10 und 8 Jahre alt

Besondere Zeit

Negative Aufmerksamkeitssuche ist oft der Grund dafür, dass sich Kinder bei den Mahlzeiten aufspielen. Die besondere Zeit ist kein Zauberstab, der automatisch lästiges Fehlverhalten beseitigt. Aber Sie werden mit Freude feststellen, dass konsequentes Einhalten der besonderen Zeit Kinder dazu motiviert, dass sie positive Aufmerksamkeit bekommen wollen.

2. Beschreibendes Loben kleiner Schritte in die richtige Richtung motiviert Kinder, sich bei den Mahlzeiten gut benehmen zu wollen.

Wenn Sie all die guten Dinge, die Ihre Kinder bereits tun, beschreibend loben, ist dies der beste Weg, um ihnen zu helfen, zu kooperieren und mehr und mehr das Richtige zu tun. Solange Ihre Kinder essen oder sich so verhalten, wie Sie es wünschen, lächeln Sie oft und geben Sie alle paar Minuten ein beschreibendes Lob. Hier sind einige Beispiele für beschreibendes Lob, die Sie für die Essenszeiten mit Ihrer Familie anpassen können:

- *Ich habe dich gebeten, dein Spielzeug wegzulegen, bevor du an den Tisch kommst, und du hast getan, was ich gesagt habe.*
- *Ich kann sehen, dass du deinen Löffel richtig hältst, wie einen Bleistift. Was für ein schöner, gerader Rücken. Du sitzt nicht krumm.*
- *Obwohl ihr beide wollt, dass ich zuhöre, unterbrichst du nicht. Du wartest geduldig, bis du dran bist.*
- *Es ist schön, mit euch zusammenzusitzen und zu essen, wenn keiner mit dem Essen spielt.*
- *Danke, dass du dich nicht über das Essen beschwerst. Du isst nur, was du willst, und lässt weg, was du nicht willst, ohne darüber zu reden. Das erfordert Selbstbeherrschung.*
- *Du hast ein Stückchen Brokkoli genommen. Sehr mutig. Und du hast nicht »Igitt!« gesagt.*
- *Als ich dich fragte, ob du noch eine Portion willst, hast du daran gedacht, »Ja, bitte« zu sagen, anstatt »Äh, hm«. Das sind sehr erwachsene Tischmanieren.*
- *Als du mehr Milch wolltest, hast du sie dir einfach selbst geholt. Du hast nicht erwartet, dass ich sie dir bringe. Du wirst wirklich selbstständig.*
- *Ich kann sehen, dass du daran denkst, deine Serviette zu benutzen. Dein Gesicht sieht schön sauber aus. Ich kann kaum erkennen, dass du etwas gegessen hast.*
- *Wenn ich mich umschaue, sehe ich, dass alle mit geschlossenem Mund kauen. Das ist die höfliche Art zu essen.*

- *Drei Kinder frühstücken, und keiner tritt unter dem Tisch um sich. Es ist so angenehm, hier mit euch zu sitzen.*
- *Danke, dass du am Tisch geblieben bist, auch wenn du keinen Hunger hast. Du erinnerst dich an die Regel, am Tisch zu bleiben, bis ein Erwachsener sagt, dass du aufstehen darfst.*

Auch wenn Ihr Kind nicht ganz das tut, was es tun sollte, finden Sie etwas Gutes oder auch nur annähernd Gutes, um es beschreibend zu loben. Das hilft Ihrem Kind oftmals, sich besser benehmen zu wollen, und ist effektiver als zu nörgeln oder zu schimpfen:

- *Auch wenn du meckerst, warst du mutig und hast das neue Essen probiert.*
- *Du unterbrichst nicht.* (Auch wenn Ihr Kind vielleicht etwas anderes tut, was Sie nicht mögen, etwa das Essen mit den Fingern anfassen).
- *Danke, dass du nicht grapschst.* (Auch wenn Ihr Kind vielleicht seine Tasse auf den Tisch knallt).

3. Reflektierendes Zuhören

Wenn wir neue Regeln aufstellen oder alte Regeln wieder einführen, werden unsere Kinder nicht immer begeistert sein! Reflektierendes Zuhören, wie sich Ihre Kinder über die Essensregeln und -routinen fühlen könnten, wird den Kindern helfen, ihre Verärgerung schneller zu überwinden:

- *Ich kann sehen, dass du nicht warten willst, bis sich alle hinsetzen. Du hast so einen Hunger!*
- *Wahrscheinlich wünschst du dir, es gäbe heute Pizza statt Auflauf. Aber du hast nur einmal »Igitt« gesagt. Du bist jetzt höflich.*

(Dies ist ein Beispiel für die Kombination von reflektierendem Zuhören und beschreibendem Loben. Da reflektierendes Zuhören das Verhalten in der Regel recht schnell verbessert, werden Sie sehr bald etwas zu loben haben).

- *Es klingt, als ob du enttäuscht wärst, dass es heute Abend keinen Pudding gibt.*
- *Wäre es nicht lustig, wenn Süßigkeiten gut wären, man aber von Brokkoli Karies bekäme?*
- *Früher haben Papa und ich dich manchmal gefüttert, wenn du müde warst. Jetzt sollst du allein essen. Vielleicht denkst du, es ist uns egal, wie du dich fühlst.*

4. Niemals zweimal bitten

Denken Sie daran, die Sechs-Schritte-Methode immer dann anzuwenden, wenn Ihre Kinder aufhören sollen zu spielen, den Tisch decken, sich die Hände waschen oder sich zum Essen hinsetzen sollen.

5. Belohnungen und Konsequenzen

Die einfachste, schnellste und effektivste Belohnung ist beschreibendes Lob. Die einfachste, schnellste und effektivste Konsequenz ist eine Handlungswiederholung. Diesmal macht Ihr Kind es richtig.

- Wenn sich Ihr Kind also bei Tisch danebenbenimmt, erinnern, ermahnen, belehren oder bitten Sie nicht. Warten Sie stattdessen ein paar Augenblicke und loben Sie es beschreibend, wenn es aufhört.
- Wenn das Fehlverhalten andauert, nehmen Sie ihm vorübergehend den Teller weg, aber lassen Sie es am Tisch sitzen, bis die Mahlzeit beendet ist. Sobald sich sein Verhalten bessert, loben Sie es beschreibend und geben ihm den Teller zurück.
- Führen Sie eine Handlungswiederholung durch.
- Wenn das Fehlverhalten bei den Mahlzeiten ein anhaltendes Problem ist, denken Sie daran, viele Durchdenken-Übungen zu neutralen Zeiten über den Tag verteilt durchzuführen. Dies wird dazu beitragen, die Essensgewohnheiten zu verbessern, unabhängig davon, ob Ihr

Kind eine Regel vergessen hat oder ob das Fehlverhalten absichtlich war.

Hier ein Beispiel dafür, wie Sie eine Handlungswiederholung durchführen, wenn sich Ihr Kind über das Essen beschwert.
Wenn Ihr Kind einen Blick auf das Essen wirft und etwas Beleidigendes ausstößt, ist es verständlich, dass Sie verärgert sind. Je nach Alter und je nachdem, wie wütend es bereits über andere Dinge ist, könnte Ihr Kind sagen: »Igitt«, »Ich hasse Eintopf«, »Das esse ich nicht« oder »Das riecht eklig«. In den meisten Elternhäusern gilt dies als Fehlverhalten, weil eine wichtige Regel über Höflichkeit und Rücksichtnahme ignoriert wurde. Anstatt mit Verärgerung zu reagieren, warten Sie ein paar Augenblicke und loben Sie dann beschreibend, dass das Kind aufgehört hat, beleidigend oder unhöflich zu sein. Das erfordert Selbstbeherrschung vonseiten der Eltern!

Führen Sie dann eine Handlungswiederholung durch. Fragen Sie mit ruhiger, freundlicher Stimme: »Was sollst du tun, wenn du das Essen nicht magst?« Das Kind wird sich aufgrund der täglichen Durchdenken-Übungen durchaus bewusst sein, wie die Regel lautet. Und es wird normalerweise bereit sein, die Regel auszusprechen, weil es gerade gelobt und nicht ausgeschimpft wurde. Wenn es Ihnen die Regel sagt, finden Sie etwas in seiner Antwort, das Sie beschreibend loben können, zum Beispiel dass es sich an die Regel erinnert, dass es höflich oder in einem ganzen Satz geantwortet hat. Sagen Sie dann: »Jetzt machen wir eine Handlungswiederholung. Wir tun so, als hätte ich dir gerade den Teller vor die Nase gestellt, und du wirst das Richtige tun.« Dieses Mal wird Ihr Kind es wahrscheinlich richtig machen, nachdem es gerade die Regel genannt hat. Wenn es alles richtig macht (was in diesem Fall bedeutet, dass es nicht sagt, dass ihm das, was auf seinem Teller liegt, nicht passt), haben Sie etwas, das Sie beschreibend loben können. Handlungswiederholungen führen zu besseren Gewohnheiten.

Was die Belohnungen angeht, empfehle ich, den Nachtisch nicht zur Belohnung für das Essen einer bestimmten Menge an Nahrung zu machen. Das macht den Nachtisch nur begehrenswerter, und es lässt das Essen, das gegessen werden muss, um die Belohnung zu bekommen, noch unattraktiver erscheinen. Da Essen symbolisch für Liebe und Fürsorge steht, ist es besser, Essen niemals als Belohnung, Trost, Bestechung, Drohung oder Bestrafung zu verwenden. Ein beschreibendes Lob für gutes Verhalten bei den Mahlzeiten ist die effektivste Belohnung, die Sie geben können.

Zusammenfassung

Diese Strategien können die Essenszeiten verändern, das Essensverhalten verbessern und Ihre Kinder dazu bringen, eine größere Auswahl an gesunden Lebensmitteln zu probieren, zu tolerieren oder sogar zu mögen. Die Mahlzeiten werden aufhören, stressig zu sein, und zu einer entspannten, angenehmen Zeit für die ganze Familie.

Kapitel 11:

Geschwisterbeziehungen: Streitereien reduzieren, Kindern helfen, sich zu vertragen

Jetzt vertragen sich meine Kinder

Mir war nicht klar, wie sehr ich unserem älteren Sohn die Schuld gab, wenn es zwischen ihm und seiner Schwester zu einem Streit kam. Ich erkenne jetzt, warum ihn das noch mehr verärgerte und nur Öl ins Feuer goss. Wenn meine Kinder heute streiten, beiße ich mir auf die Zunge und wende die Strategie des reflektierenden Zuhörens an, indem ich mich in seine Gefühle hineinversetze: »Es ist so frustrierend, wenn deine Schwester mit deinen Sachen spielt, ohne dich zu fragen.« Das hilft ihm, schneller darüber hinwegzukommen. Wir setzen auch viel beschreibendes Lob ein. Wir bemerken und erwähnen, wenn unsere Kinder nett zueinander sind, ihr Spielzeug miteinander teilen oder großzügig sind: »Du hast deine Süßigkeiten mit deinem Bruder geteilt. Das war sehr nett von dir.« Die Kombination von Noëls Techniken – beschreibendes Lob, reflektierendes Zuhören und Durchdenken – hat sich bei unseren Kindern als sehr effektiv erwiesen, und ich würde sagen, dass sie jetzt in etwa 99 Prozent der Zeit miteinander auskommen. Sie haben eine wirklich nette Beziehung entwickelt, und ich denke, das wird sich bis ins Erwachsenenalter fortsetzen.

Mutter von zwei Kindern, 8 und 5 Jahre alt

Wenn ich Eltern frage, was sie sich wünschen, das zu Hause anders sein könnte, ist einer der ersten Punkte der Wunsch, dass ihre Kinder nicht so viel streiten und miteinander konkurrieren würden. Es ist nicht verwunderlich, dass Eltern dies oft erwähnen, denn es ist sehr stressig, wenn man Kinder hat, die sich gegenseitig ärgern, herabsetzen, hänseln oder sich widersprechen.

Negative Geschwisterinteraktionen fühlen sich für Eltern schrecklich an. Die Konflikte sind auch für die Kinder furchtbar, auch wenn das nicht immer so offensichtlich ist, weil es häufig wirkt, als ob die Kinder diesen Sport der Geschwisterhetze mit Freude und Vergnügen betreiben würden. Es wirkt so, als würde es ihnen Spaß machen, das Geschwisterkind zu quälen. Doch die negativen Interaktionen sind in vielen Familien zwanghaft und automatisch geworden. Hinter dem schelmischen Grinsen verbirgt sich ein echtes Bedürfnis, das nicht befriedigt wird. In diesem Kapitel werde ich Strategien vorstellen, die helfen, die Bedürfnisse jedes Kindes zu erfüllen, wodurch die Ursachen der meisten Geschwisterprobleme beseitigt werden.

Die beschriebenen Techniken werden Streitereien und andere unangenehme Interaktionen zwischen Geschwistern erheblich reduzieren. Es ist nicht realistisch zu hoffen, dass wir alle Geschwisterrivalitäten beseitigen können. Selbst wenn Eltern wirksame Disziplinierungsstrategien erlernen und Maßnahmen ergreifen, um die Bedürfnisse jedes Kindes zu erfüllen, wird ein kleiner Teil der Geschwisterstreitigkeiten immer bestehen bleiben. Das liegt daran, dass ein kleines Maß an geschwisterlicher Konkurrenz und Eifersucht natürlich, normal, unvermeidlich und gesund ist. Geschwisterinteraktionen sind ein wichtiger Bereich, in dem Kinder etwas über Beziehungen zwischen Gleichaltrigen und über ihren Einfluss auf andere lernen können.

Auch wenn wir wissen, dass es zu viel verlangt ist, von Geschwistern zu erwarten, dass sie immer nett zueinander sind, wollen wir doch, dass sie die meiste Zeit lieb miteinander umgehen. Realistischerweise können wir Geschwister anstreben, die lernen, miteinander zu spielen, sich gegenseitig sowie das Eigentum des anderen zu respektieren, zu teilen und freundlich zueinander zu sein, und zwar die meiste Zeit. Die hier vorgestellten Strategien werden das ermöglichen und dazu beitragen, dass die kleine Menge an Geschwisterrivalität, die übrig bleibt, mit der Zeit milder wird.

Der Fragebogen

Ermitteln Sie Ihre aktuellen Probleme und markieren Sie die entsprechenden Spalten. Wenn Sie diese Seite nach zwei bis vier Wochen der Anwendung der Strategien erneut aufschlagen, werden Sie signifikante Verbesserungen feststellen.

Ihre Kinder	*selten*	*manchmal*	*zu oft*
Streiten und widersprechen sich			
Necken sich und ziehen sich gegenseitig auf			
Beschweren sich übereinander			
Grapschen/greifen gegenseitig			
Benutzen das Eigentum des anderen ohne Erlaubnis			
Finden es schwierig zu teilen			
Kommandieren sich gegenseitig herum			

Zum Glück gibt es viele Strategien, die Geschwistern helfen können, weniger zu streiten und mehr Freude aneinander zu haben. Zuerst zeige ich, wie Sie die Kernstrategien anwenden können, um die Geschwisterbeziehung zu verbessern. Dann werde ich Ihnen zusätzliche Tipps geben, wenn Sie es mit viel Geschwisterrivalität zu tun haben.

Aktionsplan für entspanntere, leichtere, glücklichere Geschwisterbeziehungen

Aus Gründen der Übersichtlichkeit werde ich den Aktionsplan für dieses große Thema der Geschwisterbeziehung etwas anders angehen. Ich werde den Aktionsplan in zwei Stufen aufteilen:

a) Motivation und Prävention
Was Sie tun können, um viel Rivalität, Eifersucht und Konkurrenzdenken zu verhindern, damit es weniger Fälle gibt, in denen sich Geschwister gegenseitig ärgern.

b) Frühes Eingreifen und Krisenmanagement
Was Sie tun können, wenn die Dinge beginnen, schiefzulaufen, sodass Sie viele Krisen abwenden können, und was Sie tun können, wenn Sie es mit einem ausgewachsenen Streit zu tun haben.

1. Vorbereitung auf den Erfolg

Seien Sie eine vereinte Front.

Entscheiden Sie gemeinsam mit Ihrem Partner (wenn Sie einen haben), welche Geschwisterprobleme Sie am meisten beschäftigen. Schreiben Sie auf, was Sie gerne verbessern würden, und werden Sie sich gemeinsam darüber klar, welche Regeln oder Erwartungen Sie beide haben. Dies kann Kompromisse erfordern.

Hier sind drei häufige Geschwisterprobleme, für die Sie wahrscheinlich Regeln aufstellen wollen.

Nicht teilen

Jedes Kind braucht einen »heiligen Raum«, einen Ort, an dem es in Ruhe spielen oder Sachen ablegen kann und weiß, dass diese nicht angerührt werden. Ich empfehle eine Regel, die besagt, dass jedes Spielzeug, das sich nicht im heiligen Raum eines Kindes befindet, geteilt werden muss. Wer es aufhebt, kann damit spielen, solange er will. Diese Regel hilft, Kinder dazu zu motivieren, ihre Sachen wieder an den richtigen Platz zu legen. Und Kinder lernen wichtige Fähigkeiten zur Impulskontrolle, wenn sie vergessen, ein Spielzeug wieder in den heiligen Raum zu legen und warten müssen, ohne zu grapschen oder sich zu beschweren, während ein Geschwisterchen damit spielt. Mit dieser Regel lässt sich Streit um Spielzeug vermeiden.

Es ist wichtig, dass das ältere Kind einen Ort hat, an dem es seine Bau- oder Kunstprojekte sicher abstellen kann, ohne befürchten zu müssen, dass sie von einem marodierenden Kleinkind zerstört werden. Dies wird den Unmut des älteren Kindes über das jüngere Kind stark reduzieren.

Geschichten übereinander erzählen

Dies wird eher eine Regel für Sie als für Ihre Kinder sein. Machen Sie eine Regel für sich selbst, dass Sie sich heraushalten, wenn ein Kind zu Ihnen kommt und sich über das andere beschwert. Es funktioniert nicht, zu fragen, was passiert ist, weil Sie es nie wirklich herausfinden werden; jedes Kind wird Ihnen eine Version der Realität erzählen, die es gut und das Geschwisterkind schlecht aussehen lässt. Wenn Sie sich fragen, was wirklich passiert ist, kann ich es Ihnen verraten: Das zweite Kind wurde geboren!

Je häufiger wir Ratschläge geben und Lösungen vorschlagen, desto mehr werden unsere Kinder annehmen, dass sie einen Erwachsenen als Richter und Jury brauchen. Anstatt also zu versuchen, die Dinge für sie oder mit ihnen zu regeln, konzentrieren Sie sich auf reflektierendes Zuhören. Wenn Sie sich einfühlen, wird sich jedes Kind gehört fühlen, und beide werden die klare Botschaft erhalten, dass Sie ihnen zutrauen, einen Weg zu finden, miteinander auszukommen. Das können die Kinder! Je mehr Aufmerksamkeit wir ihren Erzählungen schenken, desto mehr werden sie sich gegenseitig verraten. Reagieren Sie aus dem gleichen Grund nicht mit Drohungen oder Bestrafungen.

Schlagen

Jetzt kommt etwas, das Sie vielleicht überrascht. Ich empfehle tatsächlich nicht, eine »Nicht schlagen«-Regel einzuführen! Dafür gibt es mehrere Gründe:

Sosehr wir uns auch wünschen, dass unsere Kinder Dinge friedlich regeln, indem sie ihre Worte statt ihre Hände benutzen, so müssen wir doch erkennen, dass Geschwister (auch solche, die sich normalerweise gut verstehen) gelegentlich körperlich aggressiv werden können. Eine Regel wie »Nicht schlagen« ist also unrealistisch, weil Kinder, da sie unreif und impulsiv sind, immer irgendwann schlagen (und schubsen, necken, grapschen) werden.

Eine »Nicht schlagen«-Regel ignoriert die Tatsache, dass Geschwister Meister in der subtilen Kunst des gegenseitigen Provozierens werden können! Das Kind, das oft von einem Geschwisterkind geschlagen wird, hat vielleicht gelernt, wie es sein Geschwisterkind in Schwierigkeiten bringen kann: es aufziehen und sich dann zurücklehnen und zusehen, wie es ausrastet. Das gibt einem Kind eine viel zu große Macht über das andere.

Ein weiteres Problem bei einer »Nicht schlagen«-Regel ist, dass Sie oft nicht herausfinden können, wer wem was getan hat und warum, sodass Sie nicht in der Lage sind, Konsequenzen zu ziehen. Ohne Konsequenzen ist eine Regel keine Regel. Sie ist nur ein Vorschlag oder nervig. Und auf keinen Fall ist eine Konsequenz ein Zauberstab. Eine Konsequenz motiviert Kinder nicht, ihre Impulse zu kontrollieren, und bringt ihnen auch nicht bei, wie das geht. Konsequenzen erzeugen eher Groll und Rachegefühle, was das Gegenteil von dem ist, was wir wollen!

Es ist wichtig, eine Form der Aggression nicht höher zu bewerten als eine andere. Verbale Aggression kann genauso verletzen wie körperliche. Manchmal können die emotionalen Narben von verbaler Aggression länger andauern, sogar Jahrzehnte, lange nachdem ein körperlicher Bluterguss verschwunden ist.

Wenn Sie also keine Regel über »Nicht schlagen« haben, was können Sie stattdessen tun? Mithilfe von Durchdenken-Übungen können wir Kindern beibringen, was sie tun sollten, wenn sie wütend auf ein Geschwisterkind sind. Kinder wissen, was sie nicht tun sollten, weil sie das oft hören, aber sie sind sich oft nicht im Klaren darüber, was sie stattdessen tun können.

Führen Sie täglich Durchdenken-Übungen durch, um Ihre Erwartungen, Regeln, Routinen, Belohnungen und Konsequenzen zu klären und festzulegen

Beispiele für Durchdenken-Übungen
1. Im ersten Beispiel geht es um den Abbau von körperlicher oder verbaler Aggression. Denken Sie daran, das Durchdenken zu einem neutralen Zeitpunkt durchzuführen, nicht direkt nachdem es eine Auseinandersetzung gegeben hat. In diesem Beispiel führen die Eltern keine neue Regel ein, sondern erweitern eine bestehende Regel.

Durchdenken: Zu einem neutralen Zeitpunkt
Elternteil: *Carter, wenn du wütend auf Nigel bist, was solltest du tun, anstatt ihn zu schlagen, zu treten oder zu beleidigen?*
Kind: *Nicht schlagen.*
Elternteil: *Das ist richtig. Du solltest nicht schlagen. Was solltest du denn stattdessen tun?*
Kind: *(Überlegt) Ihn anschreien?*
Eltern: *Ich kann sehen, dass du darüber nachdenkst. Ja, Anschreien ist besser als Schlagen oder Beschimpfen. Dann hört er vielleicht auf, dich zu ärgern. Wenn das nicht klappt, was könntest du sonst noch tun?*
Kind: *Weiß nicht.*
Elternteil: *Es ist nicht leicht, sich neue Ideen auszudenken. Also stelle einfach mal eine vernünftige Vermutung an.*
Kind: *(Eine lange Pause) Weggehen?*
Elternteil: *Das wäre vernünftig. Es könnte wirklich schwer sein, wegzugehen, wenn du so wütend auf deinen Bruder bist. Aber es würde euch auf jeden Fall*

davon abhalten, euch gegenseitig zu schlagen. Wenn du dich nicht überwinden kannst, wegzugehen, was könntest du sonst tun?
Kind: *Hmmm … auf die Sofakissen schlagen?*
Elternteil: *Das ist eine tolle Idee. Ihr müsst vielleicht wirklich fest auf die Kissen schlagen, wenn ihr wütend seid! Du hast dir drei Dinge ausgedacht, die du tun kannst, anstatt zu schlagen. Sehr erwachsen.*

Wenn das Problem mit dem Schlagen oder Beleidigen schwerwiegend ist, müssen Sie häufige Durchdenken-Übungen zu möglichen Alternativen machen. Sie müssen auch häufig reflektierendes Zuhören anwenden. Ein Kind, das körperlich oder verbal aggressiv ist, fühlt sich oft benachteiligt. Dieses Kind braucht viel beschreibendes Lob und häufige besondere Zeit.

2. Dies ist ein Beispiel für eine zweiteilige Durchdenken-Übung zur Einführung einer neuen Regel über das Teilen und Respektieren der Besitztümer des jeweils anderen. Die neue Regel besagt, dass jedes Kind einen Ort in der Wohnung hat, an dem seine Sachen für die Geschwister absolut tabu sind. Alle Gegenstände, die sich nicht an diesem heiligen Ort befinden, stehen den anderen Kindern zum Spielen zur Verfügung. Für Kinder, die ihr eigenes Zimmer haben, wird dies ihr heiliger Ort sein. Der Grund, warum dieses Durchdenken aus zwei Teilen besteht, liegt darin, dass es mehr zu dieser Regel zu vermitteln gibt, als in einer Minute möglich ist. Und eine Minute ist das Limit für jede Durchdenken-Übung.

Erstes Durchdenken: Zu einem neutralen Zeitpunkt
Elternteil: *Papa und ich haben uns eine neue Regel ausgedacht, damit es weniger Streit um Spielzeug gibt. Diese neue Regel besteht aus zwei Teilen. Den einen Teil wirst du mögen, aber den anderen Teil vielleicht nicht. Der erste Teil der Regel ist, dass jeder von euch einen Platz im Haus hat, wo ihr eure Sachen hinlegen könnt. Dort dürfen sie eure Geschwister nicht anfassen. Das ist der Teil der Regel, der dir gefallen wird.*
Kind: *Aber wo kann ich sie hinstellen, damit Sophie und Ben sie nicht anfassen können? Sie spielen immer mit meinem Lego, wenn ich in der Schule bin, und machen meine Flugzeuge und Raketen kaputt.*

Elternteil: *Ich weiß, dass dich das wütend macht. Deshalb haben wir uns diese neue Regel ausgedacht. Du verdienst es, deine Konstruktionen stehen lassen zu können und zu wissen, dass sie sicher sein werden. Also kannst du selbst entscheiden, wo dein sicherer Ort sein wird.*
Kind: *Sie werden nicht zuhören. Sie werden mir trotzdem meine Sachen wegnehmen.*
Elternteil: *Am Anfang nehmen sie dir vielleicht noch deine Sachen weg, das ist gut möglich. Und das ist so ärgerlich. Da das jetzt eine Regel sein wird, wird es nicht deine Aufgabe sein, sie zu stoppen. Wessen Aufgabe wird es sein, ihnen beizubringen, dass sie nicht mit den Sachen anderer Leute spielen sollen?*
Kind: *Deine und Papas?*
Elternteil: *Richtig. Also sag mir, was ist der erste Teil der neuen Regel?*
Kind: *Und was ist der zweite Teil?*
Elternteil: *Das wirst du noch sehen. Sag mir zuerst, was der erste Teil der neuen Regel ist.*
Kind: *Wir bekommen jeder einen eigenen Platz für unsere Sachen und niemand darf sie anfassen.*
Elternteil: *Das ist fast richtig. Aber Mama und Papa dürfen sie anfassen, wir müssen es vielleicht. Wer darf also deine Sachen nicht anfassen, wenn sie an deinem eigenen Platz sind?*
Kind: *Meine freche kleine Schwester.*
Elternteil: *(Wartet schweigend mit einem Lächeln)*
Kind: *Sophie und Ben.*
Elternteil: *Das war eine viel freundlichere Art, es zu sagen. Und unsere Zeit ist um, also werde ich dir den zweiten Teil der Regel später erzählen.*

(Denken Sie daran, dass das Durchdenken eine Minute oder weniger dauern sollte, also teilen Sie es in zwei oder mehr Teile auf, wenn nötig.)

Zweites Durchdenken: Zu einem anderen neutralen Zeitpunkt
Elternteil: *Du fragst dich wahrscheinlich, was der zweite Teil der neuen Regel ist, dass jeder von euch seinen eigenen Platz für seine Sachen hat. Sag mir zuerst noch einmal, was der erste Teil der neuen Regel ist.*

Kind: *Niemand darf die Sachen anfassen, die an meinem eigenen Platz sind.*
Elternteil: *(Wartet schweigend, lächelnd)*
Kind: *Du darfst es.*
Elternteil: *Das stimmt. Du hast es dir gemerkt. Also sag mir noch einmal den ersten Teil der neuen Regel.*
Kind: *Mit allem, was an meinem eigenen Platz ist, dürfen Sophie und Ben nicht spielen. Und das Gleiche mit ihren Sachen.*
Elternteil: *Diesen Teil hast du dir gemerkt. Jetzt kommt der Teil, der dir vielleicht nicht gefällt. Alles, was du woanders liegen lässt, können sie aufheben und damit spielen, solange sie wollen.*
Kind: *Aber das ist nicht fair!*
Elternteil: *Es wird nicht einfach sein, sie mit deinen Sachen spielen zu sehen. Wenn du also nicht willst, dass sie mit deinen Sachen spielen, was musst du dann tun?*
Kind: *Ich muss meine Sachen an meinen Platz legen. Aber was ist, wenn ich mit ihnen woanders spiele und nur kurz aufs Klo muss? Wenn ich dann zurückkomme, spielen sie den ganzen Tag mit meinen Spielsachen und legen sie nicht weg, und dann kann ich auch nicht damit spielen.*
Elternteil: *Das würde sich furchtbar anfühlen! Wenn das passieren würde, was würdest du dann tun, anstatt zu grapschen oder dich zu streiten?*
Kind: *Na ja, ich könnte nett fragen.*
Elternteil: *Das könntest du. Ich bin froh, dass du dir eine freundliche Strategie überlegt hast. Und sie könnten es dir zurückgeben. Aber das müssen sie nicht.*
Kind: *Gut, dann werde ich mit ihren Sachen spielen, wenn sie sie weglegen.*
Elternteil: *Ja, das kannst du machen. Und sie werden gar nichts daran ändern können. Also sag mir bitte die neue Regel, beide Teile.*
Kind: *Ich kann alle meine Sachen an meinem eigenen Platz aufbewahren, aber wenn ich sie vergesse und draußen liegen lasse, kann jemand anderes damit spielen.*
Elternteil: *Das ist die Regel. Du hast dir beide Teile gemerkt. Und das machen wir jetzt einen Monat lang und wir werden sehen, ob es hilft.*

Die Umgebung vorbereiten

Geben Sie Ihren Kindern, vor allem Jungen, viele Gelegenheiten zum spielerischen Raufen.
Bleiben Sie in der Nähe, damit Sie beschreibend loben können, wenn sie sich nicht gegenseitig verletzen, und hören Sie auf ihre Gefühle, wenn jemand verletzt wird. Beim Toben mit einem Elternteil und beim beaufsichtigten Spielen lernen Kinder, ihre aggressiveren Impulse zu zügeln.

Planen Sie Ihren Tag realistisch.

Es ist viel einfacher, ruhig zu bleiben, wenn wir nicht übermäßig verplant sind. Wir müssen uns Zeit lassen. Das hilft, angesichts der unvermeidlichen Geschwisterstreitigkeiten positiv und zielstrebig zu bleiben.

Planen Sie mehrmals in der Woche besondere Zeit für jedes Kind ein.

Streben Sie mindestens zehn Minuten an, und wenn Sie das jeden Tag tun können, umso besser! Die besondere Zeit reduziert Geschwisterstreitigkeiten auf eine fast magische Weise. Kinder wetteifern nicht so sehr um die Aufmerksamkeit ihrer Eltern, wenn sie die individuelle Aufmerksamkeit bekommen, die sie brauchen, nach der sie sich sehnen und die sie verdienen.

2. Beschreibendes Lob

Geschwister zanken sich vor allem, um unsere Aufmerksamkeit zu bekommen. Je mehr Aufmerksamkeit wir dem Streit schenken, desto mehr streiten sie sich. Also müssen wir diese Dynamik umkehren und sicherstellen, dass Geschwister viel beschreibendes Lob bekommen, wann immer wir sie in einem freundlichen Tonfall miteinander reden hören, sie teilen, sich nicht unterbrechen, geduldig sind, nicht grapschen, sanft sind und nicht körperlich reagieren. Loben Sie sie jedes Mal, wenn Sie sehen, dass sie miteinander spielen oder sich gegenseitig in Ruhe lassen. Hier einige Beispiele:

- *In den letzten zehn Minuten hast du nichts Böses zu deinen Brüdern gesagt, auch wenn sie lästig sein können. Du hast die Ruhe bewahrt, und das erfordert Selbstbeherrschung. Ruhe zu bewahren ist nicht einfach!*
- *Ihr teilt euch die Buntstifte, und niemand grapscht. Sehr freundlich.*
- *Ich sehe, dass ihr beide wütend seid, aber keiner schlägt zu. Ihr behaltet eure Hände bei euch. Das ist das Richtige.*
- *Ihr wolltet jeder ein anderes Spiel spielen, aber ihr habt nicht lange gestritten. Ihr habt ganz von selbst eine Lösung gefunden. Und keiner von euch kam zu mir, um nach Hilfe zu fragen.*
- *Du kamst von der Geburtstagsparty mit drei Autos in der Partytüte nach Hause und hast deine Schwester mit einem spielen lassen. Das hättest du nicht tun müssen. Du hast dich allein dazu entschieden, das zu tun und großzügig zu sein. Das war sehr rücksichtsvoll und reif.*
- *Du hast dich nicht über deinen Bruder lustig gemacht, als er das Einmaleins nicht konnte. Vielleicht hast du daran gedacht, dass er nicht so gut in Mathe ist wie du, obwohl du jünger bist. Du hast ihn nicht dazu gebracht, sich deswegen schlecht zu fühlen. Er fühlt sich schon schlecht, weil er nicht so gut im Einmaleins ist.*
- *Es ist so schön, wenn ihr euch nicht streitet. Es macht das Zusammensein mit euch viel angenehmer.*

Geschwisterrivalität mit besonderer Zeit eindämmen

Wir hatten eine einzigartige Situation, als meine Schwester und ihre Familie nach dem Tod ihres Mannes zu uns zogen. Wir verschmolzen zwei Familien mit sechs Kindern im Alter zwischen zwölf und einem Jahr! Aber Gott sei Dank gibt es Entspannter, leichter und glücklicher Kinder erziehen*. Bevor meine Schwester und ihre beiden Mädchen ankamen, machten wir die Vorbereitung auf den Erfolg, indem wir so viele Dinge besprachen, jeden wissen ließen, wie die Hausregeln sein würden, wer wo schlafen würde,* *dass sie ihre Sachen in einem heiligen Raum aufbewahren konnten, wo sie niemand sonst berühren durfte, und indem wir einen Zeitplan für die Nutzung der Badezimmer aufstellten und so weiter.*

All diese Vorbereitungen erleichterten den Übergang, aber was den Frieden wirklich bewahrte, war, dass jedes Kind individuelle Aufmerksamkeit mit besonderer Zeit bekam. Das half, so viele Spannungen abzubauen. Mein Mann war besonders gut darin, Zeit mit jedem Kind einzuplanen. Er machte tatsächlich Verabredungen in seinem Terminkalender, die er nicht so leicht brach, und er schenkte ihnen ungeteilte Aufmerksamkeit. Er ging zum Beispiel mit unserem Sohn in ein Café oder lud unsere Tochter auf eine heiße Schokolade ein. Er tat dies mit allen Kindern, nicht nur seinen eigenen. Jedes Kind brauchte das Gefühl, dass es genauso wichtig wie die anderen ist, dass es geliebt und gehört wird. Ihre Namen in seinem Terminkalender zu sehen, gab den Kindern das Gefühl, wichtig und privilegiert zu sein, und half, Geschwisterrivalität einzudämmen.

Mutter von vier Kindern, 12, 10, 7 und 1 Jahr alt

Zusätzliche Strategien, um die Harmonie zu verlängern

Geben Sie Ihrem älteren Kind besondere Privilegien.
Das kann eine etwas spätere Schlafenszeit sein oder ein bisschen mehr Taschengeld. Diese Vergünstigungen tragen viel dazu bei, den Groll auf das jüngere Geschwisterkind zu minimieren, und helfen dem Älteren, Stolz auf sich selbst zu empfinden, weil er reifer ist.

Lassen Sie jedes der Kinder jeden Tag einige Zeit allein spielen (nicht vor einem Bildschirm), auch wenn ein Geschwisterkind zu Hause ist.
Mit der Zeit wird dies Selbstständigkeit vermitteln, was die Kinder davon abhält, ihre Geschwister zu belästigen, wenn sie nicht zurechtkommen oder nicht wissen, was sie sonst mit sich anfangen sollen. Sie werden fest-

stellen, dass Geschwister, die getrennt spielen müssen, sich danach besser verstehen. Sie schätzen und genießen die Gesellschaft des jeweils anderen mehr.

Frühzeitige Intervention und Krisenmanagement – wie Sie die Lage beruhigen können, wenn sich Ihre Kinder streiten

Bleiben Sie positiv.
Machen Sie keine Vorwürfe, belehren Sie nicht, moralisieren Sie nicht, kritisieren Sie nicht und versuchen Sie nicht, den Konflikt zu lösen.

Wenn Sie um die Sicherheit eines Kindes besorgt sind, gehen Sie in seine Nähe.
Die Nähe eines Elternteils erinnert die Kinder normalerweise an die Regeln und Werte der Familie. Wenn Sie näher kommen, wird eines der Kinder oder beide einen kleinen Schritt in Richtung Aufhören machen, wenn auch nicht so schnell, wie Sie es sich wünschen würden. Sobald die Kinder mit dem Streiten aufhören, loben Sie beschreibend, dass sie nicht mehr schlagen, schubsen oder an den Haaren ziehen.

Wenn Sie nicht um die Sicherheit besorgt sind, halten Sie sich aus dem Konflikt heraus, auch wenn eines der Kinder weint oder sich beschwert.
Versuchen Sie nicht, das Problem der Kinder zu lösen. Geschwister sind in der Lage, ihre Differenzen zu klären. Wenn sich ein älteres und ein jüngeres Kind streiten, neigen Eltern dazu, auf das ältere Kind wütend zu werden, weil es vieles besser wissen sollte, und sagen vielleicht: »Was hast du mit deiner Schwester gemacht? Warum weint sie?« Die Eltern wollen das jüngere Kind vor dem älteren schützen.

Das ist unnötig, denn Ihre Kinder sind viel ausgeglichener, als Sie vielleicht denken! Normalerweise ist das ältere Kind das stärkere und es wird seine körperliche Überlegenheit oder die Drohung damit einsetzen, um das jüngere Kind zu reizen und zu ärgern. Oder es ist geschickt im verbalen Herabsetzen. Das jüngere Kind lernt bald, listig zu werden; es wird ein Experte im subtilen Aufziehen. Das jüngere Kind ärgert und provoziert das ältere. Das ältere Kind rächt sich, und das jüngere Kind schreit oder petzt. Das ältere Kind wird eher getadelt und gescholten; das jüngere wird gerettet und getröstet.

Aber das ältere Kind ist fast immer eifersüchtiger als das jüngere, weil es die ungeteilte Aufmerksamkeit und das Kuscheln der Eltern hatte, bis das zweite Kind kam. Schuldzuweisungen führen nur dazu, dass das ältere Kind das jüngere noch mehr ärgert und die Opferrolle des jüngeren Kindes weiter verstärkt wird. Es entsteht ein Teufelskreis, bei dem niemand gewinnt. Mit der Zeit kann das jüngere Kind die unangenehmen Taktiken des älteren Kindes übernehmen.

Anstatt einzugreifen, finden Sie etwas, das Sie beschreibend loben können.

Das wird Ihre Kinder motivieren, mit ihren Konflikten positiver umzugehen. Zum Beispiel, wenn die Geschwister sich zanken:

- *Ich kann sehen, dass ihr beide wütend seid, aber keiner schlägt zu. Streiten ist besser als Schlagen.*

3. Viel reflektierendes Zuhören einsetzen

- *Sie hat dir das Spiel vermasselt. Das ist so frustrierend.*
- *Du wolltest das Spielzeug unbedingt haben.*
- *Ich kann sehen, dass du wütend bist.*
- *Es muss deine Gefühle wirklich verletzen, wenn er dich ärgert.*
- *Vielleicht wünschst du dir, du könntest so detaillierte Zeichnungen machen wie dein Bruder.*

Richten Sie einen »Streitort« ein.

Wenn Kinder in Ihrer Gegenwart zanken, kann das sehr störend sein. Lassen Sie sie wissen, dass es in Ordnung ist, wenn sie streiten – aber sie dürfen es nicht in Ihrer Nähe tun. Bestimmen Sie einen Raum als Streitort. Wenn die Kinder nun in Ihrer Nähe zanken, bestehen Sie darauf, dass beide dorthin gehen. Dort können sie sich streiten, unterhalten oder spielen; das bleibt ihnen überlassen. Und Sie sind derjenige, der entscheidet, wann sie von ihrem Streitort zurückkommen dürfen. Da die meiste Zankerei Ihretwegen stattfindet, hören die beiden in der Regel recht bald auf, wenn sie nicht Ihre Aufmerksamkeit bekommen!

Der Streitraum

Mein Sohn und meine Tochter haben sich früher oft gestritten. Das hat mich so aufgeregt, dass ich wütend auf sie wurde und drohte, sie mit Fernsehverbot oder dem Entzug von Privilegien zu bestrafen. Natürlich hat das nicht funktioniert. Es hat sie nur wütend gemacht, und sie wollten sich rächen.

Also beschlossen wir, Noëls Strategie auszuprobieren und die Kinder in einen Streitraum zu schicken. Wir erzählten ihnen vorher davon und erklärten ihnen, dass sie in diesen Raum gehen müssten, wenn sie anfingen zu streiten, und dass sie dort ihren Streit allein klären könnten. Das funktionierte brillant. Nach ein paar Minuten im Streitraum hörten sie auf zu streiten und begannen zu spielen.

Mutter von zwei Kindern, 7 und 4 Jahre alt

4. Denken Sie daran, die sechs Schritte der Niemals zweimal bitten-*Methode anzuwenden.*

Wenn Geschwister zusammen spielen und es an der Zeit ist, dass sie zur nächsten Aktivität oder Aufgabe übergehen, konzentrieren Sie die sechs Schritte auf das Kind, das am wenigsten kooperativ ist.

5. Was ist mit Belohnungen und Konsequenzen?

Viele Eltern fragen, welche Konsequenzen es haben sollte, wenn sich Geschwister streiten oder absichtlich gegenseitig ärgern.

Die meisten Konsequenzen lenken die Aufmerksamkeit auf die negativen Verhaltensweisen und vermitteln den Kindern den Eindruck, dass sie etwas falsch gemacht haben. Streiten, Beschimpfungen, Grapschen, Hänseleien und so weiter – betrachten wir diese Verhaltensweisen nicht als schlecht, sondern als angemessene Reaktionen. Unsere Aufgabe ist es, reifere Reaktionen zu vermitteln und zu trainieren, anstatt zu bestrafen, weil Letzteres das Problem häufig noch verschlimmert. Die meisten Konsequenzen motivieren Kinder nicht dazu, es beim nächsten Mal richtig zu machen. Und die meisten Konsequenzen lehren keine Selbstbeherrschung.

Wie in Kapitel 8 »Belohnungen und Konsequenzen« erwähnt, ist die beste Konsequenz für die meisten Fehlverhaltensweisen eine Handlungswiederholung. Beide Kinder stellen das Szenario noch einmal nach, und dieses Mal tun sie es auf die richtige Weise. So lernen Kinder einen konstruktiven Umgang mit ihren Problemen und beenden den Vorfall auf eine positive Art und Weise.

Belohnungen sind oft effektive Motivatoren. Eine gut gewählte Belohnung macht es Kindern leichter, nett miteinander umzugehen. Mit der Zeit wird dies zur Gewohnheit, und die Belohnung kann auf ein anderes Verhalten übertragen werden, das Sie verbessern möchten.

Zusammenfassung

Je mehr Sie all diese Strategien und Techniken anwenden, desto eher werden Ihre Kinder Freude aneinander haben, sich gegenseitig schätzen und friedlich miteinander spielen. Sie werden lernen, wie sie die unvermeidlichen Konflikte lösen können, die in allen Beziehungen auftreten. Die Beziehung zwischen den Geschwistern wird sich verbessern, und das Familienleben wird entspannter, leichter und glücklicher werden.

Kapitel 12:

Bildschirmzeit: Die Elektronik im Haus wieder kontrollieren

Umschalten auf Belohnung

Ich bin Vater eines Jungen und eines Mädchens, acht und elf Jahre alt. Wir haben die Zeit, die sie vor dem Fernseher und Computer verbringen durften, immer begrenzt, aber selbst dann wurde es wirklich unangenehm. Es war schwer, sie dazu zu bringen, den Fernseher auszuschalten, und selbst nachdem sie es getan hatten, waren sie launisch und unkooperativ bei allem anderen. Es schien, als wären sie süchtig – sie wollten unbedingt ihren Spaß und benahmen sich danach irgendwie »verkatert«. Ich drohte damit, ihnen das Fernsehprivileg zu entziehen, aber ehrlich gesagt war es schwer, das durchzusetzen, und es machte sie nur wütend und weniger kooperativ.

Nachdem wir eines von Noëls Seminaren besucht hatten, erkannte ich, dass der Schlüssel darin lag, die Sache umzudrehen und die Bildschirmzeit zu einer Belohnung zu machen, die sie sich verdienen konnten – und nicht zu einem Privileg, das ich ihnen wegnahm. Meine Partnerin und ich stellten sicher, dass wir eine vereinte Front bildeten, dann setzten wir uns mit den Kindern zusammen und erklärten ihnen, dass es eine neue Regel gibt (wir denken, dass »neue Regeln« brillant sind!). Wir erläuterten, dass sie sich am Samstag und Sonntag 30 Minuten Fernsehen nach dem Abendessen verdienen können, wenn sie alle ihre Aufgaben erledigt hat-

ten. Wir erwarten von unseren Kindern, dass sie den Tisch für die Mahlzeiten decken und ihre Klavierübungen machen. Samstags müssen sie ihre Zimmer aufräumen, und sonntags müssen alle Hausaufgaben vor dem Abendessen erledigt sein.

Es ist erstaunlich, wie sich die Dynamik verändert hat, seit sie sehen, dass es an ihnen liegt, ob sie Bildschirmzeit bekommen. Normalerweise erinnern sie sich gegenseitig daran, ihre Aufgaben zu erledigen – und ich bin nicht mehr der Bösewicht.

Vater von zwei Kindern, 11 und 8 Jahre alt

Viele Eltern sind von der Art und Weise, wie sich Bildschirme in jeden Winkel des Lebens von Kindern eingeschlichen haben, ziemlich überfordert. Die Kontrolle über die Bildschirme wiederzuerlangen, mag sich unmöglich anfühlen oder die Mühe nicht wert sein. Es ist möglich, und es ist die Mühe wert.

Kinder dazu zu bringen, sich ihre Bildschirmzeit zu verdienen, wie es der Vater in dieser Geschichte getan hat, ist nur eine Möglichkeit, wie Eltern die Anzahl der Stunden, die ihre Kinder vor einem Bildschirm verbringen, wieder in den Griff bekommen können. Sie können auch die Qualität und Angemessenheit der Inhalte, denen Ihre Kinder ausgesetzt sind, wieder in die Hand nehmen.

Wenn Sie sich Sorgen machen, dass Ihr Kind zu viel Zeit vor einem Bildschirm verbringt, und in der Vergangenheit erfolglos versucht haben, dies einzudämmen, geben Sie nicht auf. Sie müssen sich nicht damit abfinden, dass das Leben nun einmal so ist. Die Strategien in diesem Buch werden Ihnen helfen, das Ruder wieder in die Hand zu nehmen.

Falls Sie etwas brauchen, um Ihre Entschlossenheit zu stärken, sind hier einige der vielen Vorteile, von denen Eltern berichtet haben, nachdem ihre Kinder deutlich weniger Zeit vor dem Bildschirm verbracht haben:

- Kinder lernen, sich selbst zu beschäftigen, und sind dazu eher bereit. Sie spielen mehr und reden mehr, was sowohl ihre sozialen Fähigkeiten

als auch ihren Wortschatz und Satzbau sowie ihr Denkvermögen verbessert.
- Sie sind eher bereit, zu lesen, auch solche Kinder, die vorher noch nie mit einem Buch gesehen wurden.
- Sie sind in der Lage, sich länger zu konzentrieren, und sie entwickeln die Geduld, Aktivitäten zu genießen, die sie intellektuell herausfordern.
- Körperlich werden sie in der Regel aktiver, was den Muskeltonus, die Körperhaltung, sogar die Verdauung, die Schlafgewohnheiten und die Konzentration verbessert. Körperliche Bewegung verbrennt auch Adrenalin und wirkt daher beruhigend.
- Es ist angenehmer, mit ihnen zusammen zu sein. Sie sind weniger mürrisch, reizbar und neigen weniger dazu, »Nein« zu sagen, außerdem sind sie eher bereit, Hausaufgaben zu machen und im Haushalt zu helfen.

Kurz gesagt: Wenn die Bildschirmzeit reduziert wird, wird das Leben entspannter, leichter und glücklicher, und das gilt auch für Ihre Kinder. Wir können diese erfreulichen Ergebnisse erreichen, wenn wir entschlossen, stark und mutig bleiben.

Der Fragebogen

Füllen Sie diesen Fragebogen aus, bevor Sie mit der Umsetzung der Bildschirmzeit-Strategien beginnen, und dann noch einmal zwei Wochen später, um festzuhalten, welche Fortschritte Sie gemacht haben.

Ihr Kind	*selten*	*manchmal*	*zu oft*
Verbringt zu viel Zeit vor einem Bildschirm			
Schaut ungeeignete Programme oder spielt ungeeignete elektronische Spiele			
Weigert sich, das Gerät auszuschalten			
Schaltet den Bildschirm ohne Erlaubnis ein			
Würde lieber vor einem Bildschirm sitzen, als sich selbst zu beschäftigen			

Wie viel Bildschirmzeit ist zu viel?

Natürlich liegt es an den Erwachsenen in Ihrem Haus zu entscheiden, wie viel Zeit Ihre Kinder vor einem Bildschirm verbringen dürfen. Aber wenn Sie sich nicht sicher sind, können Ihnen die folgenden Ratschläge, die auf den neuesten Erkenntnissen der Gehirnforschung beruhen, helfen:

- Von der Geburt bis zum dritten Lebensjahr: Bildschirme werden nicht empfohlen.
- Drei bis acht Jahre alt: Bis zu einer halben Stunde vor einem Bildschirm.
- Ab acht Jahren bis zum Erwachsenenalter: eine Stunde Bildschirmzeit täglich (außer bei besonderen Anlässen, zum Beispiel Kinobesuch oder Fußballspiel im Fernsehen). Und das bedeutet: alle Bildschirme zusammen, nicht eine Stunde DVDs, eine weitere Stunde am Computer sowie eine weitere Stunde ein Spiel auf dem Handy oder einem anderen elektronischen Gerät spielen. Zudem kann die tägliche Stunde Bildschirmzeit nicht über mehrere Tage für einen ganztägigen Marathon am Wochenende aufgespart werden. In der täglichen Stunde der Freizeit-Bildschirmzeit ist die berechtigte Nutzung des Computers für Hausaufgaben und Schulprojekte nicht enthalten.

Aktionsplan für eine entspanntere, leichtere und glücklichere Bildschirmzeit

1. Vorbereitung auf den Erfolg

Seien Sie eine vereinte Front.

Müssen Sie (und Ihr Partner, falls Sie einen haben) neue Regeln aufstellen? Oder bestehende Regeln anpassen?

Es ist wichtig, dass die Regeln für die Bildschirmzeit klar, einfach und leicht zu merken sind. Hängen Sie die Regeln an mehreren Stellen im Haus aus, und wundern Sie sich nicht, wenn die Regeln anfangs auf mysteriöse Weise verschwinden! Hier sind einige Vorschläge für Regeln zur Bildschirmzeit:

Erlauben Sie die Bildschirmnutzung in der Freizeit nur an bestimmten Tagen.
In vielen Familien funktioniert es sehr gut, Montag bis Donnerstag als bildschirmfreie Tage festzulegen, damit sich die Kinder abends auf ihre

Hausaufgaben und auf die Familienzeit konzentrieren können. Eine andere Lösung könnte »ein Tag an, ein Tag aus« sein.

Bildschirmzeit muss man sich verdienen.
Verlangen Sie, dass alle kleinen täglichen Aufgaben, die Ihr Kind vielleicht zu vermeiden versucht, überstürzt ausübt oder vergisst, zu Ihrer Zufriedenheit erledigt werden, bevor der Bildschirm eingeschaltet werden darf. Dazu könnten Hausaufgaben, lesen, mit dem Hund spazieren gehen, die Haustiere füttern, bei der Hausarbeit helfen und so weiter gehören. Auf diese Weise machen Sie die Bildschirmzeit zu einer Belohnung für kleine tägliche Erfolge.

Lassen Sie die Kinder erst fragen, bevor sie einen Bildschirm einschalten.
Stellen Sie für sich selbst eine Regel auf, dass Sie positiv antworten werden. Sie können sagen: »Ja, sobald du mir deine fertigen Hausaufgaben zeigst«, oder: »Ja, sobald deine Liste abgehakt ist«, oder Ähnliches.

Begrenzen Sie die Bildschirmzeit während der Spielverabredungen bei Ihnen zu Hause.
Das »altmodische« Spielen ist nicht nur besser für den Körper und das Gehirn von Kindern und Jugendlichen, sondern es verbessert auch ihre sozialen Fähigkeiten auf eine Art und Weise, wie es die gemeinsame Zeit vor einem Bildschirm nicht kann.

Manchmal bemerken Eltern, dass ein Kind immer wieder bittet, zu einem Freund zu gehen, anstatt zu Hause zu spielen, weil es dort mehr Zugang zu Elektronik hat. Die Lösung besteht darin, Spielverabredungen bei Ihnen zu Hause mit Spielverabredungen bei dem Freund abzuwechseln.

Keine Bildschirme an Schulvormittagen.
Diese Regel hilft Kindern, wacher und konzentrierter zu bleiben, während sie sich auf die Schule vorbereiten und auch wenn sie in der Schule sind.

Vermeiden Sie Bildschirme bei kurzen Autofahrten.
Es ist wichtig, dass Kinder in der Lage sind, sich selbst zu beschäftigen, anstatt sich auf die Stimulation durch Bildschirme zu verlassen.

Keine Bildschirme während der Mahlzeiten.
Konzentrieren Sie sich während der Mahlzeiten auf das Genießen des Essens und die Gesellschaft.

Die Bildschirme heute ohne Aufhebens ausschalten, um sich die Bildschirmzeit von morgen zu verdienen.
Wenn es ein Problem ist, Ihr Kind dazu zu bringen, die Bildschirme auszuschalten, können Sie eine Regel aufstellen, die besagt, dass es den Bildschirm ausschalten muss, sobald es heute dazu aufgefordert wird, um sich die morgige Zeit zu verdienen. Die meisten Kinder sind so von Bildschirmen angezogen, dass sie bereit sind, fast alles zu tun, um sich ihre Bildschirmzeit zu verdienen, wenn sie sehen, dass es keine andere Möglichkeit gibt, Zugang zu Bildschirmen zu bekommen. Es wird wahrscheinlich nur ein oder zwei Tage dauern, bis Ihr Kind erkennt, dass die einzige Möglichkeit, sich die Bildschirmzeit für morgen zu verdienen, darin besteht, heute ohne Aufhebens zu kooperieren.

Verlangen Sie von den Kindern, sich viel zu bewegen.
Wenn Sie von Ihren Kindern verlangen, sich viel zu bewegen, wird das ihren Appetit auf die Bildschirmzeit natürlich zügeln. Kinder brauchen täglich mindestens 30 Minuten kräftige Bewegung. »Kräftig« bedeutet, dass ihnen heiß wird und sie ins Schwitzen kommen. Es spielt keine Rolle, welche Art von Bewegung Kinder machen: Ballspiele, Laufen, Kampfsportarten, Tanzen und Schwimmen sind alles gute Formen der Bewegung.

Wenn Ihr Kind keinen Sport mag, liegt das höchstwahrscheinlich daran, dass es glaubt, dass es nicht gut darin sei. Wenn Kinder es vermeiden, Sport zu treiben, nur weil sie das Gefühl haben, nicht gut darin zu sein, bekommen sie keine Chance, sich zu verbessern, und die Kluft zwischen ihnen und anderen Kindern, die regelmäßig Sport treiben, wird immer größer. Sie werden sich im Sportunterricht immer weniger ausreichend fühlen. Sie verlieren nicht nur in Bezug auf ihre Gesundheit, sondern auch auf ihr Selbstwertgefühl.

Der beste Weg, um widerwillige Kinder zur Bewegung zu bewegen, ist, indem die Eltern mit ihnen aktive Spiele spielen. Gehen Sie außerdem, wann immer möglich, zu Fuß, anstatt mit dem Auto zu fahren. Das bringt Ihren Kindern nicht nur automatisch mehr Bewegung, es hilft ihnen auch, sich mit ihrer Umgebung vertraut zu machen, und es lehrt sie, wie man sich in der Öffentlichkeit verhält.

Es wird empfohlen, dass Kinder zwei Stunden pro Tag im Freien oder vor einem Fenster mit starkem Lichteinfall verbringen. Natürliches Licht ermöglicht es einigen unserer Körpersysteme, optimal zu funktionieren. Je mehr Zeit Sie mit Ihrem Kind im Freien verbringen können, desto besser.

Ballspiele und andere Mannschaftsspiele bieten Kindern außerdem eine hervorragende Gelegenheit, soziale Fähigkeiten zu entwickeln. Kinder lernen zu kooperieren, sich abzuwechseln, ihr Bestes zu geben, zu gewinnen, ohne schadenfroh zu sein, und zu verlieren, ohne zu schmollen. Wenn es Ihren Kindern schwerfällt, mit anderen zu spielen, können Sie ihnen diese wichtigen sozialen Fähigkeiten beibringen.

Seien Sie sich darüber im Klaren, was passieren wird, wenn das Zeitlimit für die Bildschirme fast abgelaufen ist.

- Geben Sie dem Kind etwa fünf Minuten vorher einen Countdown. Dies gibt ihm die Möglichkeit, den Level, in dem es sich befindet, zu speichern und so weiter. Bleiben Sie während dieser fünf Minuten mit im Raum, damit es Sie ernst nimmt und damit Sie beschreibend loben und reflektierend zuhören können. Behalten Sie die fünf Minuten mit einem Timer im Auge. Das ist freundlicher, als wenn Sie ständig auf die Uhr schauen, was den Eindruck erweckt, dass Sie ungeduldig sind. Wenn der Timer klingelt, sagen Sie einmal: »Jetzt ist es Zeit, abzuschalten«, oder etwas Ähnliches. Fordern Sie das Kind auf, Ihnen sowohl mit Worten (nicht nur mit einem Grunzen) als auch mit Taten zu antworten.
- Berücksichtigen Sie die natürliche Reaktionsgeschwindigkeit Ihres Kindes und geben Sie ihm ein paar Sekunden Zeit für die Reaktion.

Wenn es abschaltet, loben Sie beschreibend, um zu zeigen, dass Sie sehr zufrieden sind. Schaltet es nicht ab, greifen Sie sofort ein und schalten Sie selbst ab, ohne weitere Ermahnungen oder Hinweise.

Führen Sie Durchdenken-Übungen zur Einführung neuer Regeln durch und sorgen Sie dafür, dass die Regeln bestehen bleiben.

Wenn Sie die Regeln für die Bildschirmzeit ändern, ist es wahrscheinlich, dass Ihr Kind verärgert ist und Sie testet, um zu sehen, ob die Regeln bestehen bleiben. Daher ist es wichtig, sich mit täglichem Durchdenken auf den Erfolg vorzubereiten.

Beispiele für Durchdenken-Übungen
Hier ist ein Beispiel für ein Durchdenken, bei dem die neue Regel eingeführt wird, dass an Schultagen morgens keine Bildschirmnutzung erlaubt sein wird. Das Kind in diesem Beispiel ist so resistent gegen diese neue Regel, dass es zwei separate Durchdenken-Übungen braucht, bevor es bereit ist, die Fragen der Eltern zu beantworten.

Erstes Durchdenken: Zu einem neutralen Zeitpunkt
Elternteil: *Die neue Regel lautet, dass ab nächster Woche an Schultagen morgens keine Bildschirme mehr eingeschaltet sind.*
Kind: *(Grimassen schneidend) Was?*
Elternteil: *(Reflektierend zuhörend) Ich weiß, das ist nicht das, was wir gewöhnt sind. Es ist nicht immer leicht, sich an neue Regeln zu gewöhnen, besonders an diese. Ich weiß, du liebst es, deinen Freunden morgens eine SMS zu schicken, um herauszufinden, was sie anziehen werden.*
Kind: *Aber es hilft mir beim Aufwachen! Das ist nicht fair. Was ist falsch am SMS-Schreiben?*
Elternteil: *(Reflektierend zuhörend) Du klingst wütend!*
Kind: *Pah! Das ist eine blöde Regel.*
Elternteil: *(Lächelnd, wartet eine Pause ab) Obwohl du wütend bist, schreist du nicht mehr. Ich helfe dir, dir andere Wege zum Aufwachen zu überlegen, aber die sind vielleicht nicht so lustig wie SMS oder Facebook.*

Kind: *Ich hasse dieses Haus! Ihr denkt euch immer neue Regeln aus! Niemand sonst hat diese blöde Regel.*
Elternteil: *Du magst diese neue Regel wirklich nicht. Sobald du so weit bist, sag mir bitte, wie die neue Regel lautet.*
Kind: *Ich bin noch nicht bereit! Ich werde nie bereit sein, weil es die dümmste Idee ist, die ich je gehört habe.*
Elternteil: *Ich kann hören, wie wütend du bist. Ich werde dich später bitten, es mir zu sagen.*

Zweites Durchdenken: Zu einem anderen neutralen Zeitpunkt
Elternteil: *Bist du schon bereit, mir die neue Regel zu erklären?*
Kind: *Hm? Wovon redest du?*
Elternteil: *(Wartet schweigend mit einem Lächeln)*
Kind: *Ach, das. Nein, ich bin noch nicht so weit.*
Elternteil: *(Wartet schweigend mit einem Lächeln)*
Kind: *Morgens kein Handy. Aber im Auto kann ich es doch benutzen.*
Elternteil: *Nicht an den Tagen, an denen Papa oder ich dich zur Schule fahren. Denn die neue Regel lautet: keine Bildschirme vor der Schule. Aber wenn Jennys Mutter dich fährt, hat sie vielleicht andere Regeln.*
Kind: *Du wirst Jennys Mum wahrscheinlich sagen, dass sie die gleiche Regel aufstellen soll.*
Elternteil: *Du bist immer noch wütend, aber du hast mir die Regel gesagt. Ab wann gilt die neue Regel?*
Kind: *Montag?*
Elternteil: *Du hast zugehört und es dir gemerkt.*
Kind: *Und das bedeutet, dass Joe (der Bruder) mit seiner DS auch nicht im Auto spielen darf.*
Elternteil: *Du hast recht. Ich bin froh, dass du darüber nachdenkst, wie diese Regel aussehen wird.*

Wie immer müssen Sie die Überlegungen zu einem neutralen Zeitpunkt anstellen, nicht direkt vor der Bildschirmzeit, denn dann sind die Gedanken Ihres Kindes bereits von den Gedanken an den Bildschirm überlagert, und es wird Ihnen nicht seine volle Aufmerksamkeit schenken. Die Durchdenken-Übungen dürfen auch nicht direkt nach einem Streit oder einer Auseinandersetzung stattfinden, weil Ihr Kind dann nicht in der Stimmung ist zuzuhören.

Die Umgebung vorbereiten

Im Folgenden finden Sie einige Schritte, die Sie unternehmen können, um es Ihrem Kind leichter zu machen, weniger Zeit vor einem Bildschirm zu verbringen:

- Holen Sie alle elektronischen Geräte aus den Kinderzimmern und stellen Sie sie in die öffentlichen, häufig genutzten Bereiche des Hauses. Dazu gehört auch, dass die Kinder ihre Handys nachts außerhalb ihres Zimmers ablegen.
- Wenn Ihre Kinder wirklich auf Bildschirme fixiert sind, sollten Sie zunächst alle elektronischen Handheld-Geräte, alle Fernbedienungen und alle Ladegeräte (und möglicherweise sogar die Antennen oder Kabel) in Ihrem Besitz behalten, bis die Kinder sehen, dass Sie es ernst meinen und sich daran halten, es sei denn, sie haben sich eine Belohnung für ihre Bildschirmzeit verdient.

Planen Sie Ihren Tag realistisch.

Planen Sie mit Ihren Kindern, was diese im Fernsehen sehen werden und wann sie Zeit am Computer verbringen werden, vorausgesetzt, sie haben es sich verdient. Das Wichtigste dabei ist, dass Sie ihnen Zeit geben, um sorgfältig auszuwählen, und dass die Kinder ihre Wahl nicht mehr ändern dürfen. Lassen Sie sie eine Tabelle anfertigen, damit nichts dem vergesslichen Gedächtnis überlassen bleibt.

Besondere Zeit

Je häufiger und vorhersehbarer Ihre besondere Zeit mit jedem Kind ist, desto weniger fixiert es sich auf Bildschirme. Es scheint unglaublich, aber probieren Sie es aus und sehen Sie selbst.

2. Was können Sie beschreibend loben?

Sobald Ihre Kinder anfangen, sich an die neuen Regeln für die Bildschirmzeit zu halten, werden Sie vieles finden, was Sie beschreibend loben können. Hier sind einige Sätze für beschreibendes Lob, die Sie verwenden können:

- *Danke, dass du den Fernseher gleich beim ersten Mal, als ich dich darum gebeten habe, ausgeschaltet hast. Das ist Kooperation.*
- *Ich mag es, wie verantwortungsbewusst du bist. Du hast schon die Hunde gefüttert und Hausaufgaben gemacht. Jetzt hast du es dir verdient, eine Stunde lang dein Computerspiel zu spielen.*
- *Du hast dir die Regel gemerkt, dass du nur eine halbe Stunde am Computer spielen darfst. Als der Timer gesummt hat, hast du ihn sofort ausgeschaltet. Das erfordert eine Menge Selbstbeherrschung, denn ich weiß, dass du dir wünschst, wir hätten diese neue Regel nicht.*

3. Reflektierendes Zuhören

Wenn Ihre Kinder über die neuen Bildschirmzeitregeln verärgert sind, hilft reflektierendes Zuhören ihnen, ihre Verärgerung schneller zu überwinden und die Regeln leichter zu akzeptieren.

- *Wahrscheinlich wünschst du dir, dass es die neue Regel mit nur einer Stunde Bildschirmzeit pro Tag nicht gäbe.*
- *Es ist ärgerlich, wenn man ein Spiel mittendrin abbrechen muss.*
- *Früher durftest du länger fernsehen, deshalb fühlt es sich vielleicht so an, als hättest du heute kaum Bildschirmzeit gehabt.*
- *Es ist ärgerlich, wenn deine Freunde mehr Computer- und Fernsehzeit bekommen als du.*
- *Wahrscheinlich wünschst du dir, es gäbe keine Begrenzung der Bildschirmzeit.*

Für maximale Effektivität können wir beschreibendes Loben und reflektierendes Zuhören auch kombinieren.

- *Ich bin froh, dass du mit freundlicher Stimme geantwortet hast, als ich dich etwas gefragt habe, auch wenn es ärgerlich sein kann, wenn man unterbrochen wird, während man am Computer spielt.*
- *Heute hast du deine Lieblingssendung verpasst, weil wir so spät nach Hause gekommen sind. Ich dachte, du würdest dich darüber beschweren, aber das hast du nicht! Auch wenn du enttäuscht warst, hast du verstanden, dass niemand schuld war. Du warst sehr flexibel.*

4. Niemals zweimal bitten!

Machen Sie nicht den Fehler, die sechs Schritte durchzuführen, während Ihr Kind vor einem Bildschirm sitzt. Es ist wahrscheinlich viel zu sehr in das vertieft, was es vor sich hat, um Ihnen Aufmerksamkeit zu schenken. Schalten Sie zuerst den Bildschirm aus. Wie Sie das machen, erkläre ich in Kapitel 6 »Niemals zweimal bitte,«.

5. Belohnungen und Konsequenzen

Schauen Sie sich noch einmal die Regeln an, die ich unter »vereinte Front« vorgeschlagen habe (siehe Seite 124). Sie können Belohnungen und Konsequenzen einsetzen, um Ihre Kinder zu motivieren, Ihre Regeln für die Bildschirmzeit einzuhalten.

Zusammenfassung

Der strenge Umgang mit der Bildschirmzeit, den ich befürworte, mag hoffnungslos altmodisch erscheinen. Bei all den verschiedenen Bildschirmen, die um die Aufmerksamkeit Ihrer Kinder wetteifern, glauben Sie vielleicht kaum, dass Sie Ihr Zuhause als eine weitgehend bildschirmfreie Umgebung zurückgewinnen können. Viele *Entspannter, leichter und glücklicher Kinder erziehen*-Familien haben es geschafft, und Sie können es auch!

Kapitel 13:

Hausaufgaben: So werden sie stressfrei

Hausaufgaben überschaubarer machen

Von der Schule wurde mir gesagt, dass die Hausaufgaben meines achtjährigen Sohnes 30 Minuten pro Tag in Anspruch nehmen sollten, aber er brauchte regelmäßig eine Stunde oder mehr dafür. Er quengelte, beschwerte sich, dass es langweilig oder zu schwer sei, und ließ sich immer wieder ablenken. Wir wiesen ihn zurecht, nörgelten und schimpften.

Die Hausaufgaben waren ein tägliches Theater, das alle aufregte. Es fühlte sich nicht mehr wie seine, sondern wie unsere Hausaufgaben an!

Uns wurde klar, dass nicht nur all das Wiederholen, Erinnern, Zurechtweisen und Korrigieren alle unglücklich machte, sondern dass die Schule überhaupt kein Bild davon hatte, was unser Sohn innerhalb von 30 Minuten schaffte.

Meine Frau und ich beschlossen, eine neue Regel aufzustellen: Sobald er mit den Hausaufgaben anfing, stellten wir einen Timer für 30 Minuten, und wenn der Timer klingelte, waren die Hausaufgaben für den Tag erledigt. Wir bereiteten uns auch auf den Erfolg vor, indem wir seinem Lehrer sagten, was wir tun würden. Wir haben diese neue Regel mehrmals mit Durchdenken-Übungen durchgearbeitet, und sie hat funktioniert.

Anfangs gab es etwas Widerstand, aber anstatt zu verhandeln, wie wir es in der Vergangenheit immer getan hatten, hörten wir reflektierend zu und gingen darauf ein, wie er sich fühlte: »Vielleicht machst du dir Sorgen, dass dein Lehrer sauer sein wird, wenn du deine Hausaufgaben nicht alle erledigst.« Beschreibendes Lob für seine Bemühungen half auch, sein Selbstvertrauen aufzubauen.

Wir haben in drei Wochen eine völlige Kehrtwende erlebt. Es ist erstaunlich, wie viel er jetzt in einer halben Stunde schaffen kann!

Vater von Zwillingen, 8 Jahre

Vielleicht haben Sie ein Kind wie den Jungen in dieser Geschichte, das einen großen Wirbel um die Hausaufgaben macht, möglicherweise aufgrund eines Mangels an Selbstvertrauen. Oder Ihr Kind ist sehr gewissenhaft und will unbedingt gut abschneiden, sodass es sich zu lange mit den Hausaufgaben aufhält. Vielleicht will es mithalten oder Klassenbester sein. Vielleicht denkt Ihr Kind, dass der Zweck der Hausaufgaben darin besteht, sie so schnell wie möglich hinter sich zu bringen; also hetzt es durch sie hindurch, liest die Anweisungen kaum und gibt nicht sein Bestes. Welches Hausaufgabenproblem Sie auch immer haben, die Strategien von *Entspannter, leichter und glücklicher Kinder erziehen* werden Ihnen helfen, die Hausaufgabengewohnheiten Ihres Kindes zu verbessern.

Sinnvolle Hausaufgabengewohnheiten sind sehr wichtig. Die Schule ist der »Job« eines Kindes. Wenn wir unseren Kindern erlauben, halbherzig durch ihre Arbeit zu trödeln oder sie mit wenig Liebe zum Detail durchzuhecheln, werden sie keine große Befriedigung daraus ziehen, sie werden nicht stolz auf sich selbst sein und sie werden nicht alles lernen, was sie aus jeder Aufgabe oder Aktivität lernen können. Wenn wir dagegen Kindern beibringen, aufmerksam zu sein und ihr Bestes zu geben, fühlen sie sich erfolgreicher und wachsen in ihrem Selbstvertrauen, ihrer Motivation und ihrer Selbstständigkeit. Sie werden zudem kooperativer und weniger widerspenstig. Wir müssen also sowohl um unseretwillen als auch um der Kinder willen unseren Kindern und Jugendlichen helfen, »das Lernen zu lernen«.

Der Fragebogen

Füllen Sie diesen Fragebogen aus, um die Hausaufgabenprobleme in Ihrer Familie zu identifizieren. Schauen Sie sich den Fragebogen in zwei bis vier Wochen erneut an, um zu sehen, welche Fortschritte Sie alle gemacht haben.

Ihr Kind	*selten*	*manchmal*	*zu oft*
Hetzt durch die Hausaufgaben hindurch			
Verbringt zu viel Zeit mit den Hausaufgaben			
Schiebt die Hausaufgaben bis zur letzten Minute auf			
Braucht lange, bis es sich an die Hausaufgaben setzt			
Lässt sich während der Hausaufgaben leicht ablenken			
Beschwert sich und jammert darüber, dass es Hausaufgaben machen muss			
Lässt die Hausaufgaben in der Schule liegen			

Aktionsplan für entspanntere, leichtere, glücklichere Hausaufgaben

1. Vorbereitung auf den Erfolg

Haben Sie eine vereinte Front gebildet?

Haben Sie sich mit Ihrem Partner darauf geeinigt, was die Probleme sind (das Ausfüllen des Fragebogens wird Ihnen dabei helfen) und wie die Regeln und Routinen aussehen sollen?

Hier sind einige Hausaufgabenroutinen und Regeln, die sich in vielen Familien bewährt haben. Es handelt sich dabei um Regeln sowohl für Sie als auch für Ihr Kind. Sie sind derjenige, der Ihr Kind anleiten und erziehen muss, sich an die Routine zu halten!

Richten Sie jeden Tag (außer sonntags) eine feste Hausaufgabenzeit ein. Machen Sie es sich zur Gewohnheit, dass Ihr Kind sich jeden Tag (außer sonntags) hinsetzt und seine Hausaufgaben macht, auch wenn die Schule für den nächsten Tag keine Hausaufgaben aufgegeben hat.

Ein freier Tag in der Woche gibt Ihrem Kind das Vergnügen, einen Tag in der Woche zu haben, an dem es nicht an die Arbeit denken muss. Dies ist besonders wichtig für einen Schüler, der sich nicht besonders erfolgreich fühlt.

Es mag seltsam erscheinen, dass ich vorschlage, Hausaufgaben zu machen, wenn keine aufgegeben wurden, aber es gibt einen guten Grund dafür. Zwei oder mehr Tage hintereinander ohne Hausaufgaben können den Wiedereinstieg in die Routine erschweren. Eine Pause von zwei Tagen ist eine lange Zeit im Leben eines Kindes oder Teenagers. Über das Wochenende kann es mental beginnen, aus den produktiven Gewohnheiten herauszurutschen, in die Sie während der Woche so viel Mühe gesteckt haben. Diese hausaufgabenfreien Tage sind eine perfekte Zeit zum Üben von Rechenaufgaben, Rechtschreibung, Handschrift, Vorlesen mit Betonung, Wiederholen, Vorarbeiten und so weiter.

In den Ferien kann Ihr Kind die Hausaufgaben, das Wiederholen oder Auswendiglernen kürzer halten, und natürlich müssen Sie in dieser Zeit flexibler sein. Aber Sie tun Ihrem Kind auf Dauer keinen Gefallen, wenn Sie ihm erlauben, die gesamten Ferien freizunehmen. Legen Sie an schulfreien Tagen die Hausaufgabenzeit auf einen frühen Zeitpunkt am Tag, um sicherzustellen, dass sie auch gemacht werden. Besprechen Sie am Vorabend den Hausaufgabenplan für den nächsten Tag, damit Ihr Kind darauf vorbereitet ist. Das hilft immer, Widerstände zu reduzieren. Wenn Sie warten und darüber sprechen, kurz bevor Sie erwarten, dass das Kind die Hausaufgaben macht, wird es sich überrumpelt fühlen, und Sie werden wahrscheinlich Beschwerden und Widerstand ernten.

Geben Sie Ihrem Kind nur so viel Zeit für die Hausaufgaben, wie die Schule empfiehlt.

Erkundigen Sie sich bei der Schule Ihres Kindes nach den Richtlinien, wie lange die Hausaufgaben in jedem Jahr dauern sollten. Nehmen Sie diesen Zeitrahmen dann für den Zeitraum, in dem Ihr Kind seine Hausaufgaben erledigen sollte, und lassen Sie Ihr Kind nicht länger als die empfohlene Zeit mit den Aufgaben verbringen. Diese Regel ist aus einer Reihe von Gründen wichtig:

- Ein Kind, das früher am Abend Zeit verliert, indem es sich zum Beispiel beschwert oder streitet, kann ein paar Stunden später in Panik geraten und darum bitten, länger aufbleiben zu dürfen, um die Hausaufgaben zu erledigen. Dieses Kind hat am Ende vielleicht keine Freizeit ohne Schuldgefühle und bekommt nicht genug Schlaf. Es wird mit dem Gefühl zurückgelassen, dass es immer nur Schularbeiten und Hausaufgaben macht, obwohl wir wissen, dass es einen großen Teil des Abends auf seine Hausaufgaben gestarrt hat, anstatt sie tatsächlich zu erledigen.
- Manche Kinder, besonders die sensibleren oder unflexibleren, werden zu Perfektionisten und würden, wenn sie dürften, den größten Teil ihres Nachmittages mit Hausaufgaben verbringen. Das ist nicht gut für sie, denn alle Kinder brauchen jeden Tag ihre freie Zeit.

- Ein Kind arbeitet vielleicht fleißig, findet die Arbeit aber so schwierig, dass es länger braucht, als die Schule es erwartet. Dieses Kind benötigt ebenfalls eine unbeschwerte Freizeit. Und die Schule muss wissen, dass das Kind nicht in der Lage ist, die Hausaufgaben in der empfohlenen Zeit zu erledigen. Sonst werden seine Lehrer weiterhin Hausaufgaben aufgeben, die für dieses Kind nicht geeignet sind.

Wenn Ihr Kind sehr darauf bedacht ist, seine Hausaufgaben zu erledigen, es aber nicht in der vorgegebenen Zeit schafft, können Sie ihm erlauben, am nächsten Morgen früher aufzustehen, um sie zu erledigen. Erklären Sie dem Lehrer, wie lange das Kind insgesamt für die Hausaufgaben gebraucht hat.

Die Hausaufgaben erledigen, wenn das Kind fit ist

Beginnen Sie die tägliche Hausaufgabenzeit früh genug, sodass die Arbeit erledigt wird, wenn Ihr Kind noch frisch und nicht müde ist; andernfalls werden sowohl das Verhalten als auch die akademischen Standards nachlassen.

Nach der Schule brauchen die meisten Kinder eine Pause und etwas zu essen, bevor sie sich auf die Hausaufgaben stürzen. Ein gesunder Snack und eine aktive Pause entspannen und erfrischen sie: eine kurze Fahrradtour, Fangen spielen, Trampolin springen und so weiter. Vor dem Bildschirm zu sitzen hingegen erfrischt und motiviert nicht, sondern nimmt den Enthusiasmus für jede andere Tätigkeit.

Erst Hausaufgaben, dann spielen

Eine der besten Möglichkeiten, Kindern zu helfen, die Hausaufgaben ernst zu nehmen, ist es, eine Regel aufzustellen, dass Hausaufgaben und Wiederholungen zur Zufriedenheit der Eltern erledigt werden müssen, um in den Genuss von begehrten Freizeitaktivitäten zu kommen wie:

- Fernsehen, Computer, Videospiele et cetera,
- mit Freunden telefonieren oder SMS schreiben,
- rausgehen,
- Musik spielen et cetera.

Diese Regel hilft den Kindern, sich die schönen Dinge des Lebens zu verdienen, anstatt sofortige Belohnungen zu erwarten.

Pausen einplanen

Hausaufgaben und Wiederholung können frustrierend und emotional anstrengend sein, besonders für Kinder und Jugendliche, die noch nicht sehr erfolgreich beim Lernen sind. Um eine Überlastung zu vermeiden, stellen Sie die Regel auf, dass Ihr Kind alle 15 bis 30 Minuten eine aktive Pause (nicht vor dem Bildschirm) macht, je nach seiner aktuellen Fähigkeit, sich auf die akademische Arbeit zu konzentrieren. Legen Sie die Pausenzeiten im Voraus fest. Dies wird mit der Zeit die Neigung des Kindes eindämmen, sich zu beschweren oder geniale Ausreden zu erfinden, um aufzustehen und etwas anderes zu tun.

Das Schlimmste zuerst

Sorgen Sie dafür, dass Ihr Kind die schwierigsten Fächer oder Aufgaben angeht, wenn sein Gehirn am frischesten ist. Das fördert das optimale Lernen. Es wird auch die nagende Angst beseitigen, die jedem die gute Laune raubt, wenn er etwas aufschiebt, von dem er erwartet, dass es unangenehm wird.

Beispiele für Durchdenken-Übungen

Dies ist ein Beispiel für eine Überlegung zur Einführung einer neuen Regel. Diese Regel begrenzt die Zeit, die das Kind jeden Abend mit seinen Hausaufgaben verbringt.

Durchdenken: Zu einem neutralen Zeitpunkt

Elternteil: *Papa und ich haben eine neue Regel aufgestellt, damit die Hausaufgabenzeit ruhiger wird. Die neue Regel lautet: Ab Montag hast du eine Stunde Zeit, um deine Hausaufgaben zu machen. Diese Stunde wird von vier Uhr bis fünf Uhr sein, außer an den Tagen, an denen du Fußballtraining hast. An diesen Tagen machst du die Hausaufgaben nach dem Abendessen. Wenn du mit deinen Hausaufgaben fertig bist, bevor die Stunde vorbei ist, machen*

wir ein paarmal das Einmaleins und üben Rechtschreibung. Wenn die Stunde um ist, du aber noch nicht fertig bist, sind die Hausaufgaben für den Abend trotzdem erledigt. Dann kannst du deine Spielzeit haben.
Kind: *Aber das ist nicht fair! Was, wenn ich nicht fertig werde? Der Lehrer wird mich umbringen!*
Eltern: *Es hört sich so an, als ob du deine Hausaufgaben wirklich machen willst. Und ich will auch, dass du sie erledigst. Du kannst Folgendes tun. Wenn du nicht alles in einer Stunde schaffst, kannst du am nächsten Morgen früher aufstehen und sie erledigen. Und wenn du möchtest, dass ich dir morgens Gesellschaft leiste, komm und weck mich, und ich setze mich gerne zu dir. Ich werde meine eigene Arbeit machen, während du deine Hausaufgaben machst.*
Kind: *Aber was ist, wenn ich nicht aufwache?*
Elternteil: *Ich bin froh, dass du vorausdenkst.*
Kind: *Aber manchmal stelle ich meinen Wecker falsch und er klingelt nicht.*
Elternteil: *Ich kann dir beibringen, wie du deinen Wecker richtig stellst. Jeden Abend, nachdem du deinen Wecker gestellt hast, bringst du ihn zu mir, und ich werde überprüfen, ob du ihn richtig gestellt hast. Bald brauchst du mich nicht mehr dafür, weil du dann weißt, wie man es richtig macht. Jetzt sag mir, wie lautet die neue Regel?*
Kind: *Ich habe nur eine Stunde Zeit, um alle Hausaufgaben zu machen. Aber an manchen Tagen habe ich Tonnen von Hausaufgaben! Warum müssen wir diese Regel aufstellen?*
Elternteil: *Du hast dir die neue Regel gemerkt, auch wenn du sie nicht magst. Und du hast eine wichtige Frage gestellt. Was glaubst du, warum Papa und ich diese Regel aufstellen?*
Kind: *Weil ich zu lange brauche?*
Elternteil: *Ja. Im Moment brauchst du länger, als die Schule für die Hausaufgaben vorsieht. Also werden wir das beobachten und nur eine Stunde dafür aufwenden, weil das die Zeit ist, die du laut Schule dafür brauchen sollst. Und wir wollen, dass du jeden Nachmittag etwas Freizeit hast.*

Sie können auch Denkanstöße verwenden, um den Kindern zu helfen, ihre Hausaufgaben besser zu organisieren. Stellen Sie Leitfragen wie:

- *Wo willst du dein Diagramm hinlegen, damit es nicht zerknittert wird?*
- *Wo sollst du den Textmarker hinlegen, damit du beim nächsten Mal, wenn du ihn brauchst, weißt, wo er ist?*
- *Was musst du tun, um sicherzustellen, dass du alle Hausaufgaben mit nach Hause bringst?*

Um Ihr Kind dabei zu unterstützen, sich daran zu erinnern, was es tun soll, stellen Sie sicher, dass es Ihre Fragen mit Worten beantwortet und nicht nur den Textmarker zurück in die Federmappe legt oder auf sein Hausaufgabenheft zeigt.

Kindern beibringen, ihr Bestes zu geben

Um Kindern zu helfen, den maximalen Nutzen aus ihren Hausaufgaben zu ziehen, unterteilen Sie jede Hausaufgabe in drei verschiedene Phasen:

Stufe 1

Sie und Ihr Kind beginnen mit einem Durchdenken. In dieser wichtigen ersten Phase helfen wir dem Kind, darüber nachzudenken, wie es die Aufgabe gut erledigen kann, damit es alles lernt, was es von der Aufgabe lernen kann. Bitten Sie Ihr Kind auch bei einfachen Aufgaben, Ihnen genau zu sagen, was es wie, wo und warum tun muss. Stellen Sie Leitfragen, um es dazu zu bringen, sorgfältig über alle Aspekte der Aufgabe nachzudenken, die ihm vielleicht nicht bewusst sind oder die es gerne übersieht:

- *Wie viele Seiten muss der Aufsatz haben?*
- *Was machst du, wenn du denkst, dass du ein Wort nicht schreiben kannst?*
- *Musst du ganze Sätze schreiben?*
- *Wohin schreibst du die Übertragszahl?*

Ihre Aufgabe ist es, die Fragen zu stellen; die Aufgabe Ihres Kindes ist es, selbstständig zu denken und die Fragen zu beantworten. Der einzige Zeitpunkt, an dem Sie vom Fragen dazu übergehen, ihm zu sagen, was es tun und wie es das tun soll, ist, wenn eine Antwort falsch, unvollständig oder verworren ist. Sobald der Punkt zu Ihrer Zufriedenheit geklärt ist, stellen

Sie ihm die gleiche Frage so oft wie nötig, bis es Ihnen sagen kann, was es tun muss und wie es das tun wird.

Vorhin habe ich gesagt, dass ein Durchdenken maximal eine Minute dauern sollte. Bei Hausaufgaben ist das anders, weil es bei jeder Arbeit wahrscheinlich mehrere Punkte gibt, über die Ihr Kind nachdenken und an die es sich erinnern soll. Daher wird ein Durchdenken hier länger dauern, sollte aber nicht mehr als fünf Minuten betragen. Wenn Sie feststellen, dass es länger dauert, kann es sein, dass die Aufgabe zu schwierig für Ihr Kind ist. Wenn Sie dies vermuten, sprechen Sie mit der Lehrkraft. Gemeinsam können Sie das Problem vielleicht eingrenzen und beheben.

Stufe 2

Ihr Kind macht seine Hausaufgaben ohne jegliche Hilfe. Von wenigen Ausnahmen abgesehen, sind Hausaufgaben nicht als Gemeinschaftsarbeit gedacht! Hausaufgaben sollten ein ständiges Trainieren der Selbstständigkeit sein, deshalb arbeitet das Kind in der zweiten Stufe selbstständig, ohne Hilfe. Wenn Sie der Meinung sind, dass das Kind bei irgendeinem Aspekt der Hausaufgaben Hilfe braucht, stellen Sie ihm in der ersten Phase Fragen dazu.

Stufe 3

Die letzte Stufe ist die Verbesserungsstufe. Hier leiten wir das Kind an, seine Detailgenauigkeit, seine Gründlichkeit, seine Bearbeitungs- und seine Korrekturlesefähigkeiten zu verbessern.

- Zuerst finden Sie und Ihr Kind jeweils drei gute Dinge, die Sie an der Arbeit beschreibend loben. Sie dürfen dies nicht überstürzen. Kinder lernen sehr viel aus der Diskussion darüber, was sie richtig gemacht haben.
- Lassen Sie Ihr Kind nicht vage sagen: »Es ist in Ordnung«, oder sogar: »Meine Antworten sind richtig«, was etwas anschaulicher wäre. Bestehen Sie stattdessen darauf, dass Ihr Kind konkret wird. Es könnte sagen: »Ich habe vier Fakten über die Fotosynthese aufgeschrieben«, oder: »Ich habe nachgeschaut, wie man *Mittelmeer* schreibt, also weiß ich, dass es richtig ist.«

- Dann suchen Sie und Ihr Kind jeweils zwei Dinge an dieser Arbeit, die es verbessern muss, und erwähnen diese. Je gründlicher Sie das Durchdenken durchgeführt haben, desto weniger wird es geben, was korrigiert oder verbessert werden muss. Trotzdem werden Ihnen an den meisten Tagen wahrscheinlich mehr als zwei Dinge auffallen, die verbessert werden könnten. Erwähnen Sie aber nur zwei, sonst riskieren Sie, Ihr Kind zu entmutigen. Besprechen Sie gemeinsam die Dinge, die es verbessern muss, und lassen Sie das Kind dann diese zwei Korrekturen vornehmen.

Die dritte Stufe ist sehr wichtig, lassen Sie dem Kind also viel Zeit dafür. Wundern Sie sich nicht, wenn Ihr Kind sich genauso dagegen sträubt, seine guten Leistungen zu bemerken und darüber zu sprechen, wie es sich sträubt, seine Fehler wahrzunehmen und darüber zu reden. Vielleicht hat es sich angewöhnt, anzunehmen, dass es mit den Hausaufgaben fertig ist, sobald es aufhört zu schreiben. Ihr Beharren auf Stufe 3 kann ein Schock sein.

Die Umgebung vorbereiten

Was können Sie tun, um es Ihrem Kind leichter zu machen, das Richtige zu tun?

Das Gehirn Ihres Kindes braucht hochwertigen Treibstoff, um qualitativ hochwertige Arbeit zu leisten.
Stellen Sie sicher, dass Sie Ihrem Kind nach der Schule gesunde Snacks geben. Dies ist ein einfacher Weg, um Unruhe zu reduzieren und die Gehirnfunktion Ihres Kindes zu verbessern, ebenso wie seine Bereitschaft und seine Aufmerksamkeit für Details.

Beseitigen Sie Ablenkungen.
Es wird Ihrem Kind leichter fallen, zur Ruhe zu kommen und sich auf die Hausaufgaben zu konzentrieren, wenn es während der festen Hausaufgabenzeit keine Ablenkungen im Haus gibt:

- Achten Sie darauf, dass keine Bildschirme in Hörweite des Kindes eingeschaltet sind.
- Entfernen Sie gemeinsam mit Ihrem Kind alle Spielsachen, Handys und unnötigen Geräte vom Tisch.
- Bringen Sie Haustiere, die Ihr Kind ablenken könnten, in einen anderen Raum.
- Wenn Sie ein Kleinkind haben, das nicht gefahrlos in einem anderen Raum gelassen werden kann, beschäftigen Sie es mit einer sehr fesselnden Tätigkeit (die Sie nur zu dieser Zeit hervorholen), damit es die Hausaufgaben nicht unterbricht.

Beaufsichtigen Sie die Verwendung von Computern für Hausaufgaben und Projekte.
Unbeaufsichtigt können Kinder, die eigentlich arbeiten sollten, leicht in Versuchung geraten, heimlich Computerspiele zu spielen, online zu chatten, E-Mails an Freunde zu schreiben oder im Internet zu surfen und den Bildschirm schnell wieder auf ihre Arbeit umzustellen, sobald Sie den Raum betreten. Sie können dies verhindern, indem Sie alle Bildschirme in Bereichen des Hauses aufbewahren, die Sie leicht beaufsichtigen können. Stellen Sie sicher, dass der Bildschirm Ihnen zugewandt ist, wenn Sie vorbeigehen. Nutzen Sie außerdem alle heute verfügbaren mechanischen und elektronischen Methoden, um alle Freizeitfunktionen des Computers während der festen Hausaufgabenzeit auszuschalten. Greifen Sie sofort ein, wenn Sie auch nur den Verdacht eines Missbrauchs haben.

Planen Sie Ihren Tag realistisch.

Planen Sie so, dass die Hausaufgaben möglichst jeden Tag zur gleichen Zeit erledigt werden. Auf diese Weise ist dieser Zeitrahmen vorhersehbar und für alle leichter zu merken und zu akzeptieren. Natürlich ist dies aufgrund von außerschulischen Aktivitäten, Arbeitsplänen der Eltern, Aufgaben im Haushalt, Notfällen und so weiter nicht immer möglich. Aber die Hausaufgaben zu einer klaren Priorität zu machen, indem man ihnen an sechs von sieben Tagen etwas Zeit widmet, ist ein wichtiger Schlüssel zum schulischen Erfolg. Machen Sie einen Plan und hängen Sie ihn an einer gut sichtbaren Stelle auf, damit Sie alle regelmäßig darauf schauen können. Dies wird Verwirrung und Widerstand stark reduzieren.

Besondere Zeit

Ein Großteil der negativen Aufmerksamkeitssuche während der Hausaufgabenzeit kann erheblich reduziert oder gar eliminiert werden, indem Sie sicherstellen, dass es häufige, vorhersehbare und gekennzeichnete besondere Zeiten gibt.

2. Mit beschreibendem Lob motivieren: Welche kleinen Schritte in die richtige Richtung können Sie bemerken und erwähnen?

Hier einige beschreibende Lobe, die den Kindern helfen, ihre Hausaufgaben besser in Angriff zu nehmen und ihr Bestes zu geben:

- *Du hast heute daran gedacht, deine Hausaufgaben in deinen Terminkalender zu schreiben. Sehr vernünftig. Jetzt weißt du genau, was du heute zu tun hast.*
- *Du hast mit den schwierigsten Hausaufgaben angefangen. Es ist sinnvoll, die schwierigsten Dinge zu machen, wenn man nicht so müde ist.*
- *Auch wenn du frustriert bist, beschwerst du dich kaum und streitest nicht. Du sitzt da und versuchst, die Antwort herauszufinden. Sehr tapfer.*
- *Mir ist aufgefallen, als du laut vorgelesen hast, dass du immer, wenn du einen Fehler gemacht hast, diesen korrigiert hast. Und ich musste es dir nicht einmal sagen. Es erfordert Reife, seine eigenen Fehler zu bemerken und sie zu korrigieren.*
- *Du sitzt zur richtigen Zeit am richtigen Ort. Du erinnerst dich an die neue Regel.*
- *Du hast sechs Sätze in deiner Geschichte, und du hast daran gedacht, fünf von ihnen mit einem Großbuchstaben zu beginnen. Das ist Liebe zum Detail.*

- *Ich schätze es sehr, dass du heute nicht durch deine Hausaufgaben gehetzt bist. Du arbeitest sorgfältig und langsam, und deine Schrift sieht ordentlicher aus.*
- *Als ich dich heute nach deinen Hausaufgaben gefragt habe, hast du nicht geflucht oder geschrien, obwohl du nicht gerne darüber redest. Du hast mir in Worten gesagt, wie du über Hausaufgaben denkst, und es ist schön, dass ich kein Fluchen gehört habe.*
- *Zweimal in dieser Woche hast du alle Hausaufgaben und alle Bücher mit nach Hause gebracht. Das ist eine Verbesserung gegenüber letzter Woche.*

3. Reflektierendes Zuhören: Wie können Sie Ihren Kindern helfen, mit den Emotionen umzugehen, die sie wegen ihrer Hausaufgaben empfinden?

Dies sind einige Beispiele für reflektierendes Zuhören, die Sie verwenden können:

- *Ich kann sehen, dass du wirklich keine Lust hast, deine Hausaufgaben zu machen.*
- *Vielleicht schämst du dich, dass du bei der Prüfung nicht so gut abgeschnitten hast. Und vielleicht bist du besorgt, dass du Mama und mich enttäuscht hast.*
- *Manchmal können Aufsätze schwer sein, besonders der Anfang. Es scheint, als ob du verwirrt bist, was du zuerst schreiben sollst.*
- *Es kann sich beängstigend anfühlen, etwas Neues auszuprobieren, besonders wenn man denkt, man könnte es falsch machen.*

4. Niemals zweimal bitten

Wenn Sie ein Kind haben, das sich gewohnheitsmäßig dagegen sträubt, sich zur Hausaufgabenzeit hinzusetzen, glauben Sie vielleicht nicht, dass die sechs Schritte der *Niemals zweimal bitten*-Methode es dazu bringen werden. Möglicherweise müssen Sie die sechs Schritte zunächst durchführen, um es an den Tisch zu bringen, dann, um es dazu zu bringen, sein Heft zu öffnen, den Stift in die Hand zu nehmen und so weiter. Geben Sie nicht auf! Es wird leichter! Denken Sie daran, dass keine noch so gute Verhaltensstrategie den Ärger mit den Hausaufgaben beseitigen kann, wenn sich die Arbeit für Ihr Kind zu schwierig anfühlt. Wenn dies der Fall zu sein scheint, ist es wichtig, dass Sie mit dem Lehrer Ihres Kindes sprechen.

5. Belohnungen und Konsequenzen

Eine Belohnung kann Kinder zusätzlich motivieren, ihr Bestes zu geben, anstatt die Hausaufgaben im Eiltempo zu erledigen. Verlangen Sie von Ihrem Kind, dass es seine »persönliche Bestleistung« erbringt, bevor es eine Belohnung erhält.

Zusammenfassung

Hausaufgaben müssen kein Kampf sein. Wenn Sie die beschriebenen Strategien in die Praxis umsetzen, kann sich die Einstellung Ihres Kindes zu Hausaufgaben ändern. Es wird sie vielleicht nie lieben, aber es kann lernen, sein Bestes zu geben und Freude daran zu finden.

Kapitel 14:

Aufräumen und Ordnung halten: Verantwortung fördern, Widerstände abbauen

Wie wir Sam dazu gebracht haben, sein Zimmer aufzuräumen

Unser Sohn Sam war wohl wie viele andere zehnjährige Jungen. Er hasste es, sein Zimmer aufzuräumen. Er versprach, es zu tun, und dann »vergaß« er es, oder machte ein bisschen und ließ sich ablenken. Wir erinnerten ihn immer wieder; schließlich hörte er gar nicht mehr zu.

Als wir darüber sprachen, beschlossen meine Frau und ich, dass Sam sein Zimmer jeden Morgen aufräumen sollte, um sich seine Bildschirmzeit zu verdienen. Wir wählten ein Wochenende, um mit dem neuen Plan zu beginnen, weil wir dachten, dass er die neue Regel anfangs vielleicht nicht ernst nehmen würde, sodass er am ersten Tag eine ganze Weile brauchen könnte. Am Freitagabend machten wir ein einminütiges Durchdenken darüber, was am nächsten Tag passieren sollte. Sam musste in eigenen Worten erklären, wo er seine schmutzige Kleidung, seine saubere Kleidung, sein Lego, seine Bücher, seine Hausaufgaben, seine Pokémon-Karten, seine Sportausrüstung und seine benutzten Taschentücher hinlegen würde.

Da wir wussten, wie sehr Sam auf seine Bildschirmzeit erpicht war, entfernten wir vorsichtshalber alle Fernbedienungen und elektronischen Handheld-Geräte, bis er sich seine Bildschirmzeit verdient hatte. Am Sams-

tagmorgen ging ich zu Sam, der im Wohnzimmer einen Comic las, und stellte mich vor ihn, bis er aufschaute. Ich lobte ihn beschreibend dafür, dass er aufschaute, und sagte mit einer, wie ich hoffte, starken, aber ruhigen und freundlichen Stimme: »Jetzt ist es Zeit, dein Zimmer aufzuräumen.« Sam stöhnte und machte sich sofort wieder an die Lektüre seines Comics. Aber schon bald schaute er wieder auf, vielleicht um zu prüfen, ob ich wütend aussah. Ich lobte ihn beschreibend dafür, dass er aufhörte zu lesen und aufschaute, dann fragte ich ihn, was er als Nächstes tun sollte. Er antwortete: »Aber es ist zu schwer!« Ich stand weiter da und hörte reflektierend zu, dass er wahrscheinlich keine Lust hätte, sein Zimmer aufzuräumen. Und innerhalb von ein paar Minuten stand Sam auf und stürmte in Richtung seines Zimmers davon, immer noch jammernd, dass die Arbeit zu schwer sei. Er schrie: »Papa, du musst mir helfen!«, woraufhin ich sagte: »Nein, denn du hast nicht höflich gefragt. Wenn du ein paar Dinge weggeräumt hast und dein Zimmer besser aussieht, kannst du mich höflich fragen, und dann helfe ich dir.« Ich folgte Sam in sein Zimmer und lobte ihn, als er ein paar Socken aus dem Flur holte und sie in den Wäschekorb legte. Dann bat er mit einer freundlichen, höflichen Stimme um Hilfe, also half ich ihm. Aber ich stellte sicher, dass ich viel weniger tat als Sam, damit er wusste, dass es seine Aufgabe war.

Am Ende genossen wir beide die Zeit des Aufräumens, und das Beste war, dass er danach nicht nach seiner Bildschirmzeit fragte, sondern zur Belohnung mit mir im Garten Fußball spielen wollte.

Vater eines 10-Jährigen

Aufzuräumen und seine Sachen in zu Ordnung halten, ist für viele Kinder nicht selbstverständlich – und diese Geschichte über Sams Widerwillen, sein Zimmer aufzuräumen, ist wahrscheinlich vielen Eltern bekannt, besonders den Eltern von Jungen! Für viele Kinder ist Aufräumen »langweilig« und »dumm«, und es ist einfacher, das Nörgeln zu ignorieren und zu warten, bis Mama es macht – was sie normalerweise auch tut. Dieser Teufelskreis kann so frustrierend sein, wenn wir das Gefühl haben, dass wir nörgeln müssen, um Kinder dazu zu bringen, ihre Sachen aufzuräumen. Da wir wissen, dass wir es selbst schneller erledigen können und dadurch einen Aufstand vermeiden, ist es einfach, nachzugeben und es für sie zu erledigen.

Aber natürlich müssen Kinder erzogen und angeleitet werden, auf ihre Sachen aufzupassen und selbst aufzuräumen. Das bedeutet, dass wir es nicht für sie tun dürfen, sosehr wir auch versucht sein mögen, es zu machen. Die gute Nachricht ist, dass unsere Kinder umso selbstständiger, zufriedener, motivierter und kooperativer werden, je mehr wir ihnen beibringen, sich um ihre Sachen zu kümmern. Und je konsequenter wir unseren Kindern vermitteln, hilfsbereit zu sein, desto respektvoller, wertschätzender und verantwortungsvoller werden sie. Diese Reife und Selbstständigkeit beginnt zu Hause und wird sich bald auf die Schule und andere soziale Situationen übertragen.

Wie bringen wir also unseren Kindern bei, ordentlich zu sein und auf ihre Spielsachen, Geräte, Bücher und Kleidung aufzupassen? Die Schlüssel dazu sind die Vorbereitung auf den Erfolg, die *Niemals zweimal bitten*-Methode, beschreibendes Loben und reflektierendes Zuhören. Wenn Sie etwas Zeit, Überlegung und Aktion in diese Strategien investieren, können Sie Ihren Kindern in nur wenigen Wochen beibringen, wie sie ihre Sachen ordentlicher und besser organisiert aufbewahren können. Anschließend können Sie sie so erziehen, dass Sauberkeit und Ordnung allmählich zur Gewohnheit werden. Schon bald werden Ihre Kinder stolz auf ihr sauberes, aufgeräumtes Zimmer sein!

Der Fragebogen

Füllen Sie den Fragebogen aus, bevor Sie mit der Anwendung der Strategien beginnen, über die ich in diesem Kapitel spreche, und füllen Sie ihn zwei bis vier Wochen später erneut aus. Sie sollten einen deutlichen Unterschied bei Ihren Antworten feststellen.

Ihr Kind	*selten*	*manchmal*	*zu oft*
Lässt seine Habseligkeiten im Haus oder der Wohnung verstreut liegen			
Streitet oder beschwert sich darüber, dass es aufräumen muss			
Räumt Dinge nicht weg, nachdem es sie benutzt hat			
Ist desorganisiert oder vergesslich, sodass es nicht findet, was es sucht			
Hat ein unordentliches Zimmer, weil es seine Sachen nicht regelmäßig wegräumt			
Fängt an aufzuräumen, lässt sich aber leicht ablenken			

Aktionsplan für entspannteres, leichteres, glücklicheres Aufräumen und Pflegen von Gegenständen

1. Vorbereitungen auf den Erfolg

Werden Sie eine vereinte Front.

Nehmen Sie sich die Zeit, sich mit Ihrem Partner zusammenzusetzen und zu entscheiden, in welchen Bereichen Ihr Kind für das Aufräumen verantwortlich sein soll, wann es geschehen soll und welchen Standard Sie beide anstreben.

Die folgenden Regeln haben schon vielen Familien geholfen, die Unordnung in den Griff zu bekommen:

Nehmen Sie sich vor dem Abendessen fünf Minuten Zeit zum Aufräumen.
Tägliches Aufräumen verhindert, dass sich im Zimmer Ihres Kindes Unordnung ansammelt. Schon bald wird es Sauberkeit und Ordnung als normal empfinden. Und da nicht jedes Mal so viel aufgeräumt werden muss, ist die Aufgabe weniger entmutigend. Wenn Ihr Kind gut darin ist, Unordnung zu machen, kann es hilfreich sein, mehr als eine Aufräumaktion pro Tag durchzuführen.

Jedes Spielzeug, Spiel, Kunstprojekt und so weiter, das herausgenommen wurde, muss weggeräumt werden, bevor die nächste Aktivität beginnt.
Ähnlich verhält es sich bei chaotischen Projekten wie zum Beispiel dem Backen oder der Herstellung von Collagen: Die Ausrüstung für jede Phase muss weggeräumt werden, bevor die nächste Phase beginnen kann. Da solche Aktivitäten fesselnd sind, können Kinder in ihrer Begeisterung diese Regel leicht vergessen. Deshalb können Sie das erste Durchdenken damit beginnen, dass Sie sagen: »Die neue Regel ist, dass du von jetzt an, wenn du etwas sofort und ohne Aufhebens an den richtigen Platz zurücklegst, beim nächsten Mal damit spielen darfst.« Die Kehrseite dieser neuen Regel ist natürlich, dass das Kind das nächste Mal nicht damit spielen darf, wenn es einen Aufstand macht oder Ihre Anweisung ignoriert. Aber diese Konsequenz muss selten ausgesprochen werden; Kinder verstehen sie in der Regel sofort. Diese Regel ist anders als die Drohung, Spielzeug, das nicht weggeräumt wurde, zu vernichten oder wegzuwerfen; das fühlt sich negativ an, ob Sie es nun durchziehen oder nicht.

Alle Spielsachen oder Kleidungsstücke, die im Haus herumliegen, werden von den Eltern entfernt und müssen zurückverdient werden.

Führen Sie Durchdenken-Übungen durch, um neue Regeln für das Aufräumen aufzustellen und den Kindern zu helfen, sich daran zu erinnern, was sie tun müssen.

Es wird nicht lange dauern, bis diese Regeln zu Routinen werden, an die sich Ihre Kinder ohne große Aufforderung erinnern.

Beispiele für Durchdenken-Übungen

Hier ist ein Beispiel für ein Durchdenken, das eine neue Regel im Detail erklärt. Die Regel lautet: Einmal am Tag nehmen die Eltern die Sachen der Kinder weg, die sich nicht in ihren Zimmern befinden. Die Kinder müssen sich dann ihre Sachen zurückholen.

Durchdenken: Zu einem neutralen Zeitpunkt

Elternteil: *Mama und ich haben uns einen Plan ausgedacht, damit wir aufhören können, an dir herumzunörgeln, weil du deine Sachen überall im Haus liegen lässt. Hier ist der neue Plan. Vielleicht gefällt er dir nicht, aber wir werden ihn einen Monat lang durchführen und sehen, was passiert. Ab diesem Samstag werden Mama oder ich jeden Tag vor dem Abendessen durch das Haus gehen, und wenn wir etwas von dir sehen, das nicht in deinem Zimmer ist, werden wir es für dich aufheben, ohne zu nörgeln.*
Kind: *Hm?*
Elternteil: *Ja, wir heben es für dich auf, und wir bewahren es für dich auf, bis du es dir wieder verdient hast.*
Kind: *Das ist nicht fair! Das sind meine Sachen.*
Elternteil: *Ja, es sind deine Sachen, und wir werden sehr gut darauf aufpassen.*
Kind: *Wie bekomme ich sie zurück?*
Elternteil: *Das ist so eine vernünftige Frage. Du denkst ja schon über Strategien nach. Es gibt viele Möglichkeiten, sie dir wieder zu verdienen. Was denkst du, welche das sein könnten?*
Kind: *Das Meerschweinchen füttern?*
Elternteil: *Ja. Du denkst nach.*
Kind: *Meine Hausaufgaben fertig machen?*
Elternteil: *Ja. Und es wird auch noch viele andere Dinge geben.*

Kind: *Aber das ist Bestechung. Es sind doch sowieso meine Sachen.*
Elternteil: *Du würdest dir vielleicht wünschen, wir hätten diese neue Regel nicht … Ich habe das Gefühl, dass du dich meistens daran erinnern wirst, die Sachen in deinem Zimmer zu lassen. Was glaubst du, warum Mama und ich diese neue Regel aufstellen?*
Kind: *(Stöhnt) Um mich zu ärgern.*
Elternteil: *Du hast einen guten Sinn für Humor. Jetzt antworte mir vernünftig.*
Kind: *Weil ihr es nicht mögt, wenn das Haus unordentlich ist.*
Elternteil: *Genau richtig. Niemand hat Spaß an großen Aufräumaktionen. Auf diese Weise können wir beim Aufräumen am Ball bleiben. Wie lautet also die neue Regel?*
Kind: *Vor dem Abendessen nehmt ihr alle meine Sachen, die noch nicht weggeräumt sind. Ich kann sie mir wieder verdienen.*
Elternteil: *Du hast dich daran erinnert.*

Durchdenken-Übungen sind ein wirklich gutes Hilfsmittel, um Ihrem Kind zu helfen, sich daran zu erinnern, was es tun muss, um seine Sachen ordentlich zu halten und zu verhindern, dass sich Unordnung ansammelt. Stellen Sie Leitfragen wie zum Beiepiel:

- *Bevor du in den Garten gehst, wo kommen die Papierflugzeuge hin?*
- *Was machst du, wenn deine Schublade zu voll ist und du sie nicht richtig schließen kannst?*
- *Was sollte auf deinem Schreibtisch liegen?*
- *Was musst du tun, bevor ich »Ja« zur Bildschirmzeit sage?*
- *Bis zu welcher Uhrzeit müssen deine Spielsachen täglich in deinem Zimmer sein?*
- *Wer entscheidet, ob dein Zimmer aufgeräumt genug ist?*

Wenn Sie Ihr Kind auffordern, die Durchdenken-Fragen in ganzen Sätzen zu beantworten, hilft das, die Regel ins Langzeitgedächtnis zu übertragen. Achten Sie darauf, dass Ihr Kind in einem höflichen, freundlichen Tonfall antwortet, weil ihm das hilft, Sie zu respektieren und die neue Regel ernst zu nehmen. Loben Sie beschreibend etwas bei jeder Antwort, auch wenn sie nur teilweise richtig ist. Dies motiviert Ihr Kind.

Die Umgebung vorbereiten

Hier sind einige Ideen, wie Sie Ihrem Kind die Bereitschaft zum Aufräumen erleichtern können.

Viele Kinder finden es schwierig, ihre Sachen aufzuräumen und ihr Zimmer zu säubern – und vermeiden es deshalb, weil sie zu viele Sachen haben und nicht jeder Gegenstand einen festen und zugänglichen Platz hat. Indem wir diese Probleme angehen und weitere Dinge tun, um die Umgebung vorzubereiten, können wir unseren Kindern das Aufräumen und Pflegen ihrer Sachen angenehmer machen.

Sortieren Sie mit Ihrem Kind seine Sachen und sortieren Sie alle unnötigen Duplikate aus, ebenso wie alle herausgewachsenen oder kaputten Geräte, Bücher, Spiele und Spielzeuge.
So weiß Ihr Kind viel eher, was es hat, und es fällt ihm leichter, diese Dinge zu schätzen und zu pflegen. Nehmen Sie Ihr Kind mit, wenn Sie die nicht mehr benötigten Gegenstände in einem Wohltätigkeitsladen abgeben, und es wird wichtige Lektionen über Mitgefühl, Teilen und Recycling lernen.

Entfernen Sie alle Spielsachen und Geräte aus dem Zimmer Ihres Kindes, die nicht einfach weggeräumt werden können.
Nach der ersten Entrümpelung hat Ihr Kind vielleicht immer noch mehr Sportausrüstung, elektronische Geräte, Kleidung, Spielzeug, Spiele, Kuscheltiere, CDs und DVDs, als es Platz hat. Packen Sie den Überschuss in Kisten und stellen Sie diese außer Sichtweite. Wenn Sie eine dieser Kisten nach ein paar Wochen oder Monaten wieder hervorholen, ist der Inhalt wieder »neu«, frisch und aufregend. So kann das natürliche Verlangen Ihres Kindes nach Anregung und Neuem befriedigt werden, ohne dass Sie das Gefühl haben, ständig neue Dinge kaufen zu müssen.

Wenn Sie weniger Dinge zur Verfügung haben, ist das Aufräumen einfacher und schneller. Ein weiterer Vorteil: Wenn weniger Gegenstände herumliegen, die das Kind ablenken, wird es sich wahrscheinlich länger auf das jeweilige Spielzeug oder Spiel konzentrieren. Das verbessert die Aufmerksamkeitsspanne, die Vorstellungskraft und die Frustrationstoleranz, aber auch die Problemlösungskompetenz und das Durchhaltevermögen.

Richten Sie einen festgelegten, leicht zugänglichen Platz für alle Sachen Ihres Kindes ein.
Eine eindeutige Beschriftung von Regalen und Behältern (mit zusätzlichen Bildern für Kinder, die noch nicht lesen können) erleichtert dem Kind das Aufräumen sehr.

Bei einem Kind, das von Natur aus unorganisiert und ablenkbar ist, hilft es, ein Foto von jedem Teil seines Zimmers zu machen, nachdem es zu Ihrer Zufriedenheit aufgeräumt worden ist.
Auf diese Weise weiß das Kind, welchen Standard es anstreben muss, und es weiß, wann die Arbeit erledigt ist.

Bewahren Sie sehr verlockende oder potenziell chaotische Spiele ganz oben auf.
Das bedeutet, dass Ihre Kinder nur Zugang zu ihnen haben, nachdem Sie überprüft haben, dass die Spielsachen, mit denen sie zuletzt gespielt haben, weggeräumt wurden.

Wie ich es meinen Kindern leichter gemacht habe, ordentlichere Zimmer zu haben

Als ich davon hörte, wie man die Umgebung so herrichten kann, dass es den Kindern leichter fällt, das Richtige zu tun, kamen mir sofort die unordentlichen Zimmer meiner Kinder in den Sinn. Wir mussten dafür sorgen, dass sie einen Platz haben, um alles abzustellen. Also habe ich ein paar neue Behälter besorgt, damit die Spielsachen leichter aufgeräumt werden können, und wir haben ein paar niedrigere Haken für Jacken und ein kleines Regal für Schuhe angebracht.

> *Ich habe meine Kinder in das Projekt einbezogen. Sie halfen bei der Entscheidung, welches Spielzeug wo hingehört, welche Jacken an die Haken kommen, je nach Jahreszeit und so weiter Ich habe auch Duchdenken-Übungen mit ihnen dazu gemacht, was sie nach dem Spielen mit ihren Spielsachen machen sollten, damit klar war, dass sie die neue Routine verstanden hatten.*
>
> *Der Schlüssel zu unserem Erfolg war, dass ich mich an Noëls Ratschläge zum Unterrichten und Trainieren erinnerte. Ich war darauf vorbereitet, dass es nicht ausreicht, wenn sie nur wissen, wie man etwas macht. Sie mussten es sich angewöhnen, also sorgte ich dafür, dass ich im Raum war, wenn sie das nächste Mal mit dem Lego spielten. Ich lobte sie beschreibend dafür, dass sie den Raum nicht verlassen hatten, solange noch Spielzeug auf dem Boden lag. Sobald ich das sagte, fingen sie an, das Lego in den richtigen Behälter zu legen! Dann lobte ich sie dafür, dass sie sich die neue Routine gemerkt hatten. Mit ein paar weiteren Denkanstößen und beschreibendem Lob gewöhnten sie sich recht bald daran. Es ist jetzt viel schöner, wenn sie ihr Zimmer betreten und die meisten Dinge weggeräumt sind. Ihre Zimmer sind noch nicht hundertprozentig aufgeräumt, aber es ist eine enorme Verbesserung.*
>
> Mutter von zwei Kindern, 9 und 5 Jahre alt

Planen Sie Ihren Tag realistisch.

Wenn wir von einer Aktivität zur nächsten hetzen, kann sich schnell Unordnung ansammeln. Die Lösung besteht darin, zwischen den einzelnen Aufgaben ein wenig zusätzliche Zeit einzuplanen. Nutzen Sie diese Zeit, um von den Kindern zu verlangen, ein paar Dinge aufzuräumen.

Besondere Zeit

Der Gedanke aufzuräumen ist nicht besonders reizvoll, wenn man danach sofort ins Bett gehen muss. Gestalten Sie die Schlafenszeit so, dass die besondere Zeit mit einem Elternteil direkt nach dem Aufräumen stattfindet.

Kinder sind weniger abgeneigt, Dinge wegzuräumen, wenn ein Elternteil die Aufgabe mit ihnen teilt oder ihnen sogar nur Gesellschaft leistet. Sie können das Aufräumen und Organisieren zu einer angenehmen Tätigkeit für sich und Ihr Kind machen. Betrachten Sie es als besondere Zeit – entspannen Sie sich, lächeln Sie, loben Sie beschreibend, plaudern und lachen Sie. Dies kann die Einstellung Ihres Kindes zum Aufräumen verändern.

Sie werden überrascht sein, dass ich vorschlage, Ihrem Kind anzubieten, einen Teil des Aufräumens mit ihm zu teilen.

Ja, es ist seine Aufgabe, und wir wollen, dass es lernt, die Verantwortung dafür zu übernehmen, die Dinge wieder an ihren Platz zu stellen. Aber die Bereitschaft der Eltern, mit anzupacken, mildert oft den anfänglichen Widerstand des Kindes, der vielleicht von dem Gefühl herrührt, dass die Aufgabe zu kompliziert ist oder zu lange dauern wird. Manchmal empfinden Kinder das Aufräumen auch als Strafe – vor allem, wenn wir es ihnen oft in einem genervten Ton sagen.

Beachten Sie, dass ich nicht vorgeschlagen habe, dass Sie Ihrem Kind beim Einräumen helfen. Das liegt daran, dass Ihr Kind durchaus in der Lage ist, es selbst zu tun – es braucht keine »Hilfe«. Stattdessen schlage ich vor, das Wort »teilen« zu verwenden. Normalerweise hören Kinder das Wort »teilen«, wenn sie gerade etwas nicht teilen, weil sie keine Lust zum Teilen haben. Daher ist das ganze Konzept des Teilens oft mit unangenehmen Assoziationen für ein Kind behaftet. Das beginnt sich zu ändern, wenn wir Dinge sagen wie: »Ich möchte diese Aufgabe mit dir teilen.«

Und für den Fall, dass Ihr Kind denkt, das bedeute, dass es wieder anfangen kann zu spielen, während Sie aufräumen, ist es eine narrensichere Lösung, wenn Sie demonstrieren, dass Sie für jedes Teil, das Ihr Kind wegräumt, ebenfalls einen Lego-Stein, ein Kuscheltier oder einen Buntstift wieder an seinen Platz legen werden.

2. Was können Sie beschreibend loben?

Beschreibendes Loben ist eine wichtige Motivationsstrategie. Es hilft Ihrem Kind, sich anzugewöhnen, Dinge konsequent wegzuräumen, sei es, dass es Spielzeug und Geräte in die richtigen Kisten zurücklegt, schmutzige Kleidung in den Wäschekorb, saubere Kleidung in die Schubladen, Hausaufgaben in den Rucksack oder Tassen in die Spüle stellt.

Ihre Aufgabe wird es sein, mehrmals am Tag zu bemerken und zu erwähnen, wenn Ihr Kind etwas an den richtigen Platz oder auch nur in die Nähe des richtigen Platzes zurücklegt.

- *Du hast deine Jacke nicht auf dem Boden liegen lassen.* (Auch wenn er sie auf einen Stuhl geworfen hat, anstatt sie an den Haken zu hängen.)
- *Du hast darauf geachtet, nicht auf das Buch zu treten. Du bist darübergegangen.* (Auch wenn Sie sich wünschen, es hätte es vom Boden aufgehoben und auf den Tisch gelegt.)
- *Danke, dass du den Löffel aufgehoben hast.*
- *Alle Schuhe sind jetzt im Schuhkorb!*

Wenn Eltern diese winzigen Schritte in die richtige Richtung beschreibend loben, beginnen Kinder, sich selbst in einem neuen Licht zu sehen. Sie fangen an, sich selbst als jemanden zu betrachten, der Dinge wegräumt und organisiert ist. Je mehr sie sich selbst so sehen, desto eher werden sie bereit sein, die Dinge bei der ersten Aufforderung wegzuräumen. Dies wird schließlich dazu führen, dass sie sich daran erinnern, die Dinge an den richtigen Platz zurückzustellen, ohne dass sie dazu aufgefordert werden müssen. Das wird wohl nicht jedes Mal passieren, aber immer öfter.

Hier sind weitere beschreibende Lobesworte, die Sie sagen können, um Ihre Kinder zu motivieren, gut auf ihre Sachen aufzupassen und die Dinge wegzuräumen, wenn sie sie nicht mehr brauchen:

- *Du räumst all die Spielsachen weg, ohne dich zu beschweren, auch wenn das Baby einige davon weggeworfen hat. Du gehst mit gutem Beispiel voran.*
- *Du hast daran gedacht, deine schmutzige Wäsche in den Korb zu legen. Du hast nichts auf dem Boden liegen lassen. Das hilft, unser Haus/unsere Wohnung sauber zu halten.*
- *Ich sehe, du hast ein paar Spielsachen zurück ins Regal gestellt. Das Zimmer sieht schon besser aus, und wir haben erst zwei Minuten aufgeräumt.*

- *Du hast das Handtuch sofort vom Boden aufgehoben, als ich dich darum gebeten habe. Und du hast es ordentlich aufgehängt, nicht verknotet, so kann es schneller trocknen.*

3. Seien Sie bereit, reflektierend zuzuhören – sehr oft!

- *Vielleicht hast du gerade keine Lust, aufzuräumen. Du würdest lieber weiterspielen.*
- *Es ist so nervig, unterbrochen zu werden. Du willst einfach nur dein Spiel zu Ende bringen.*
- *Wäre es nicht toll, wenn du einen Roboter hättest, der dein Spielzeug wegräumt?*
- *Es fühlt sich furchtbar an, dein Lego-Dorf abzubauen. Es hat so viel Zeit gekostet, alles aufzubauen.*

4. Verwenden Sie die Niemals zweimal bitten-*Strategie, um die Wahrscheinlichkeit zu verringern, dass Ihr Kind sich gegen den Wechsel vom Spielen zum Aufräumen wehrt.*

Wenn Sie diese Gewohnheit unterrichten und trainieren, sollten Sie dafür zunächst zusätzliche Zeit in Ihrem Zeitplan vorsehen, damit Sie auf die Kooperation warten können, ohne in Stress zu geraten.

Wenn Sie die *Entspannter, leichter und glücklicher Kinder erziehen*-Strategien, die Sie bisher gelernt haben, in die Praxis umsetzen, anstatt sich zu wiederholen oder genervt zu klingen, wird die Wartezeit, die Sie einplanen müssen, immer kürzer werden.

Geben Sie Ihrem Kind einen Fünf-Minuten-Countdown.
Anstatt zu erwarten, dass Ihr Kind sich sofort von einem fesselnden Spiel oder einer Aktivität losreißen kann, sagen Sie: »In fünf Minuten ist es Zeit, mit dem Spielen aufzuhören und die Sachen wegzuräumen.« Der Trick

ist, dass Sie während dieser fünf Minuten bei Ihrem Kind bleiben, anstatt den Raum zu verlassen, was Ihre Worte sofort unwirksam machen würde. Stellen Sie einen Timer ein und sprechen Sie während dieser fünf Minuten über die nächste Aktivität, um Ihrem Kind zu helfen, sich vorzustellen, was es bald tun wird. Sie könnten sagen: »Ich frage mich, ob du heute Abend deine Pferde in der Badewanne haben möchtest?«, »Welche deiner Puppen nimmst du heute Abend mit zu Oma?« oder »Ich freue mich schon auf das nächste Kapitel von Harry Potter, wenn wir es uns auf dem Bett gemütlich gemacht haben«.

Weil Sie in diesen letzten fünf Minuten der Spielzeit bei Ihrem Kind bleiben und sich mit ihm beschäftigen, wird es sich nicht gehetzt oder herumkommandiert fühlen. Wenn der Timer läutet, ist es in der Regel bereit, seine Spielsachen wegzuräumen, vor allem, wenn Sie ihm anbieten, die Aufgabe des Aufräumens mit ihm zu teilen. Viele Eltern berichten, dass diese Version eines Countdowns so gut funktioniert, dass ihr Kind oft schon anfängt, seine Sachen wegzuräumen, bevor der Timer klingelt. Das ist doch mal ein Ergebnis!

5. Belohnungen und Konsequenzen

Wenn Ihr Kind zu Ihnen kommt und um etwas bittet und Sie »Ja« sagen wollen, sagen Sie stattdessen: »Ja, nachdem du deine Schuhe in den Korb gestellt hast« (die Möbel zurück ins Puppenhaus oder die Bücher zurück ins Regal und so weiter). Kinder bitten uns oft um etwas, und mit dieser Strategie wird Ihr Haus bald makellos sein!

Zusammenfassung

Die in diesem Kapitel beschriebenen Strategien können den Widerstand Ihrer Kinder gegen das Aufräumen und die Pflege ihrer Sachen verändern. Schon bald werden Sie sehen, wie der Widerstand dahinschmilzt.

Kapitel 15:

Aufgaben im Haushalt: Bereitschaft verbessern, Teamarbeit lehren

Jetzt ist es nur noch eine Routine

Unsere Jungs, die acht und zehn Jahre alt sind, hatten die Aufgabe, nach den Mahlzeiten ihr Geschirr abzuräumen, aber meine Frau und ich wussten, dass sie in der Lage waren, mehr zu tun. Wir wollten nicht, dass sie mit dem Gefühl aufwachsen, dass wir ihr »unbezahltes Personal« sind, das kocht und hinter ihnen aufräumt. Zu unseren Werten gehört es, dass unsere Kinder selbstständig aufwachsen, also wussten wir, dass es an der Zeit war, ihnen ein paar zusätzliche Aufgaben zu übertragen. Dennoch machten wir uns Sorgen über die Beschwerden, wenn wir sie bitten würden, mehr zu übernehmen!

Meine Frau und ich begannen mit der Entscheidung, was sie tun sollten, und wir beschlossen, ihnen im Vorfeld beizubringen, wie man das Geschirr sorgfältig spült. Dann trafen wir uns mit unseren Jungs und erklärten ihnen die neuen Regeln – zu einem neutralen Zeitpunkt, nicht beim Abendessen. Wir machten ein Durchdenken über die neuen Regeln, in dem sie uns sagten, für welche Hausarbeiten sie verantwortlich sein würden. Das Lustige war, dass all der Widerstand, den wir erwartet hatten, gar nicht eintrat! Es ist schon ein paar Monate her, dass wir angefangen haben, sie den Tisch decken und das Geschirr spülen zu lassen, und inzwischen ist es einfach eine Routine. Jetzt müssen wir uns nach anderen Aufgaben für sie umsehen!

Vater von zwei Kindern, 10 und 8 Jahre alt

Kinder dazu zu bringen, sich regelmäßig an der Hausarbeit zu beteiligen, ist ein Thema, bei dem viele Eltern Hilfe brauchen. In einigen Familien helfen die Kinder ein wenig beim Abräumen des Tisches nach den Mahlzeiten, wie die Jungen in der Familie oben, doch die Eltern haben das Gefühl, dass sie noch mehr tun könnten und sollten. In anderen Familien haben sich die Kinder so daran gewöhnt, dass ihre Eltern alle Aufgaben im Haushalt übernehmen, dass sie es ablehnen, mehr als das Nötigste mitzuhelfen. Das ist für diese Eltern sehr anstrengend.

Wir können uns wahrscheinlich alle daran erinnern, wie gerne ein Kleinkind anfangs schmutzige Wäsche in den Wäschekorb legt, das Besteck zum Tisch bringt, Bücher zurück ins Regal stellt, die Einkäufe wegräumt. Aber weil seine »Hilfe« uns ausbremst und wir die Dinge ohne das Kind leichter erledigen können, sagen wir dem Kleinen, es soll spielen gehen. So ist es nicht verwunderlich, dass unsere Kinder ein paar Jahre später nur noch spielen wollen und stöhnen und sich aufregen, wenn wir sie bitten, uns zur Hand zu gehen!

Dabei ist es gar nicht so schwierig, die Einstellung der Kinder so zu verändern, dass sie sich bereitwillig an Aufgaben im Haushalt beteiligen, nicht nur am Decken und Abräumen des Tisches. Kinder können die Befriedigung genießen, die sich einstellt, wenn sie eine Aufgabe gut erledigen: putzen, staubsaugen, eine Ladung Wäsche in die Waschmaschine stecken, Laub harken, Müll rausbringen oder andere der zahlreichen anfallenden Aufgaben.

Indem Sie die *Entspannter, leichter und glücklicher Kinder erziehen*-Strategien anwenden, unterrichten und trainieren Sie Ihre Kinder dazu, aufmerksamer und rücksichtsvoller sowie selbstständiger und reifer zu sein. Und Sie werden die Zuversicht genießen, die sich aus dem Wissen ergibt, dass Ihre Kinder nützliche Lebenskompetenzen erlernen.

Der Fragebogen

Füllen Sie den Fragebogen aus, um sich auf die gewünschten Veränderungen zu konzentrieren. Schauen Sie ihn sich dann in zwei bis vier Wochen erneut an. Sie sollten einen deutlichen Unterschied in Ihren Antworten sehen.

Ihr Kind	*selten*	*manchmal*	*zu oft*
Beschwert sich, wenn es aufgefordert wird, etwas beizutragen			
Vergisst, was es zu tun hat, oder ist leicht abzulenken			
Beeilt sich mit seinen Aufgaben; nimmt sich nicht die Zeit, sein Bestes zu tun			
Hilft, wenn es gebeten wird, aber meldet sich selten freiwillig oder bemerkt, was getan werden muss			

Aktionsplan für eine entspanntere, leichtere, glücklichere Hausarbeit

1. Vorbereitung auf den Erfolg

Schaffen Sie eine vereinte Front.

Haben Sie sich mit Ihrem Partner (sofern Sie einen haben) zusammengesetzt und darauf geeinigt, welche Aufgaben Ihre Kinder übernehmen sollen? Wenn Sie sich nicht sicher sind, was Sie Ihrem Kind in welchem Alter zumuten können, ist mein Rat, dass es fast nie zu früh ist, mit dem Unterrichten und Trainieren zu beginnen. Wenn Sie sich Dokumentarfilme von Kindern in weniger wohlhabenden Teilen der Welt ansehen, werden Sie sehen, wie selbst sehr junge Kinder Holz sammeln, bei der Zubereitung von Mahlzeiten helfen, Wäsche waschen, das Haus fegen, Unkraut jäten oder sich um jüngere Geschwister kümmern – und das alles mit einem breiten Lächeln!

Beginnen Sie zu experimentieren. Bitten Sie Ihr Kind, einen kleinen Teil des Ausräumens der Spülmaschine zu übernehmen, die Wäsche zu sortieren, sein Bett zu machen oder das Handtuch wieder richtig auf den Ständer zu hängen. Wenn es sich weigert, auch nur einen kleinen, einfachen Teil der Aufgabe zu erledigen, dann liegt das Problem nicht darin, dass es das nicht kann, sondern denkt, dass es das nicht muss. Es ist an der Zeit, darauf zu bestehen, dass es das tut, wozu es in der Lage ist. Und es ist an der Zeit, ein paar neue Regeln aufzustellen.

Sie fragen sich vielleicht, welche neuen Regeln Sie aufstellen können, die Ihren Kindern helfen, bereitwillig mitzuarbeiten, sich an ihre Verantwortung zu erinnern und ihr Bestes zu geben. Und zwar mitzuhelfen, ohne durch die Aufgaben zu hetzen, zu trödeln oder sich zu beschweren. Hier sind einige Regeln, um entspannter, leichter und glücklicher zu werden.

Legen Sie eine Zeit fest, die jeden Tag gleich ist (in den meisten Familien funktioniert das am besten direkt nach dem Abendessen), in der alle Familienmitglieder 10 bis 15 Minuten lang gemeinsam Aufgaben im Haushalt erledigen.

Eine Person könnte die Töpfe und Pfannen schrubben, eine andere fegen oder staubsaugen, einer Spritzer von der Herdplatte wischen, Tassen oder Müll aus anderen Räumen einsammeln, eine Ladung Wäsche in die Maschine stecken oder eine Einkaufsliste erstellen. Teamarbeit und Unterstützung können lästige, gefürchtete Aufgaben in angenehme Tätigkeiten verwandeln. Dieser Plan ist besser, als die Freizeit des Kindes mit der Aufforderung zu unterbrechen, seine Aufgaben zu erledigen. Außerdem wird die tägliche Hausarbeit schnell zur Gewohnheit, während die wöchentliche oder zweimal wöchentliche Hausarbeit jedes Mal ein Schock zu sein scheint.

Damit sich Ihr Kind nicht herumkommandiert fühlt, können Sie ihm zwei Wahlmöglichkeiten anbieten.
Das kann eine Wahl zwischen zwei Aufgaben oder zwischen zwei Zeiten sein, um diese zu erledigen, zum Beispiel vor dem Abendessen oder vor der Bildschirmzeit. Ihr Tonfall und Ihre Worte müssen, während Sie freundlich bleiben, deutlich machen, dass ein Beitrag zum Haushalt nicht optional ist. Vermeiden Sie es, Dinge zu sagen wie: »Wie wäre es, den Mülleimer zu leeren?« Formulieren Sie eindeutige Aufforderungen wie »Bitte bring den Mülleimer runter«.

Fordern Sie für besonders ungeliebte Aufgaben zunächst nur fünf oder zehn Minuten.
Das wird sich weniger entmutigend anfühlen.

Eine weitere gute Regel ist, dass die Kinder abwechselnd bestimmte Aufgaben erledigen.
Auf diese Weise bleibt niemand lange bei einer Aufgabe hängen, die er nicht mag.

Führen Sie Durchdenken-Übungen durch, um neue Regeln aufzustellen und bestehende Regeln zu klären.

Wenn Ihre Kinder die Gewohnheit haben, bedient zu werden, müssen Sie vielleicht eine ganze Reihe von Durchdenken-Übungen zu dem Themenbereich durchführen, was es bedeutet, zur Familie beizutragen, und warum Sie von Ihren Kindern erwarten, dass sie sich beteiligen. Möglicherweise müssen Sie zunächst fünf- oder sogar zehnmal Durchdenken pro Tag einplanen. Das mag sich viel anhören, aber da jedes Durchdenken maximal eine Minute dauert, wären das selbst bei zehn Übungen pro Tag nur zehn Minuten zusätzlich.

Sie werden die Übungen in dieser Häufigkeit nicht lange machen müssen. Eltern berichten immer wieder, dass der anfängliche Widerstand, im Haushalt zu helfen, mit Durchdenken-Übungen in weniger als einer Woche dahinschmelzen kann, solange Sie sie mit beschreibendem Lob, reflektierendem Zuhören und besonderer Zeit kombinieren.

Beispiele für Durchdenken-Übungen

Hier ist ein Beispiel für ein Durchdenken, bei dem die Eltern eine bestehende, aber vernachlässigte Regel verstärken, dass die Kinder abwechselnd den Tisch vor dem Essen decken und nach dem Essen abräumen.

Durchdenken: Zu einem neutralen Zeitpunkt

Elternteil: *Ich habe ein paar Fragen an dich. Und ich kann sehen, dass du mich mit einem freundlichen Gesicht anschaust. Du lächelst. Vor einiger Zeit haben wir eine Regel aufgestellt, dass du und dein Bruder jeweils den Tisch decken oder abräumen. Aber wir haben es alle vergessen, also ist es an der Zeit, sich wieder daran zu erinnern. Ich werde mich daran erinnern, den Tisch nicht zu decken und nicht abzuräumen, denn das ist nicht meine Aufgabe. Wessen Aufgabe ist es denn, den Tisch zu decken und abzuräumen?*

Kind: *Es ist unsere. Aber ich vergesse es manchmal.*

Elternteil: *Ich auch. Deshalb machen wir jetzt diese Durchdenken-Übung, damit wir uns alle daran erinnern. Also sag mir, an welchen Tagen deckst du den Tisch und an welchen Tagen räumst du ihn ab?*

Kind: *Wir sollen uns abwechseln, aber manchmal ist Harry nicht zu Hause, und dann muss ich alles machen!*

Elternteil: *Natürlich willst du nicht die doppelte Arbeit machen. Deshalb haben Papa und ich eine Lösung dafür gefunden. An den geraden Tagen im Monat wirst du decken, und Harry wird abräumen. Was wird an den geraden Tagen im Monat passieren?*

Kind: *Ähmmmm … Ich decke den Tisch?*
Elternteil: *Richtig. Du hast es dir gemerkt.*
Kind: *Aber was ist, wenn es ein gerader Tag ist und Harry ist nicht da? Muss ich dann für ihn abräumen?*
Elternteil: *Ich kann sehen, dass du dir diesen neuen Plan gut überlegst. Du wirst seine Arbeit nicht machen müssen, auch wenn er nicht da ist.*
Kind: *Wer wird es denn machen?*
Elternteil: *Rate mal. Wer, denkst du, wird es tun?*
Kind: *Du oder Papa?*
Elternteil: *Richtig, wir machen es. Aber wenn du dir ein bisschen Taschengeld dazuverdienen willst, dann kannst du es auch machen.*
Kind: *Das ist nicht fair. Du musst Harrys Arbeit machen, nur weil er beim Schwimmen ist.*
Elternteil: *(Wartet, lächelnd) Und was passiert an den ungeraden Tagen im Monat?*
Kind: *Dann räume ich ab. Und wenn ich nicht da bin, machen du und Papa es.*
Elternteil: *Natürlich, es sei denn, Harry will sich ein bisschen Taschengeld dazuverdienen.*

Die Umgebung vorbereiten

Visuelle Erinnerungen in Form von Diagrammen und Checklisten funktionieren gut, um zu erinnern und zu motivieren.

Was geschah, als ich mich auf den Erfolg vorbereitete

Bei meiner sechsjährigen Tochter, die ziemlich temperamentvoll ist, dauerte es ein bisschen, bis sie ihren Widerstand gegen das Tischdecken überwunden hatte. Also habe ich sehr früh damit angefangen. Sobald sie von der Schule nach Hause kam, was einige Stunden vor dem Abendessen der Fall war, habe ich sie gebeten, den Tisch zu decken. So hatte ich genug Zeit, mich mit ihrem Weglaufen zu beschäftigen, was sie am Anfang im-

mer tat. Jedes Mal kam sie irgendwann und bat mich um etwas, und dann sagte ich: »Das mache ich gerne für dich, nachdem du den Tisch gedeckt hast.«

Ich erinnere mich daran, dass ich einmal vergessen hatte, genug Zeit einzuplanen, und es bis kurz vor dem Abendessen aufgeschoben hatte. Sie hatte den Tisch nicht gedeckt, also legte ihr Bruder die Messer, Gabeln und Teller bereit, ohne ihren Platz einzudecken, und wir setzten uns hin und begannen mit dem Essen. Sie kam herein und fragte: »Wo ist mein Essen?« Ich wusste, dass ich das durchziehen musste, also sagte ich: »Ich gebe dir gerne dein Essen, wenn du tust, worum ich dich gebeten habe, und den Tisch deckst.« Sie holte noch mehr Messer und Gabeln heraus – so hatten wir jetzt alle zwei von jedem! Aber es hat gewirkt, und jetzt ist das Tischdecken für sie zu einer festen Gewohnheit geworden.

Mutter von zwei Kindern, 9 und 6 Jahre alt

Planen Sie Ihren Tag realistisch.

Das Unterrichten und Trainieren neuer Gewohnheiten erfordert Zeit. Zu Beginn müssen Sie sich die Zeit nehmen, Ihren Kindern neue Fähigkeiten beizubringen. Sie müssen sich auch die Zeit nehmen, gute Verhaltensweisen zu trainieren, indem Sie darauf bestehen und abwarten, wie es diese Mutter mit ihrer Tochter getan hat. Lassen Sie sich viel Zeit, vor allem, wenn Ihr Kind sich anfangs gegen die neuen Regeln sträubt. Das hilft Ihnen dabei, sich ruhiger zu fühlen.

Dies sind einige Möglichkeiten, wie Sie Zeit zum Unterrichten und Trainieren in Ihren arbeitsreichen Tag einbauen können:

- Überlegen Sie während des gesamten Tages, welche Teile der Aufgabe, mit der Sie gerade beschäftigt sind, Sie Ihrem Kind beibringen könnten. Kinder können sogar damit beginnen, Teile von Erwachsenenaufgaben zu lernen, wie zum Beispiel heimwerken oder anzurufen, um einen Arzttermin zu vereinbaren.

- Nutzen Sie die Zeiten, in denen Ihr Kind mit Ihnen spielen möchte. Entwickeln Sie eine Routine, bei der es Ihnen erst bei einem Teil Ihrer Arbeit hilft und Sie dann mit ihm spielen.

Besondere Zeit

Beziehen Sie ein Kind in jede Aufgabe ein, die Sie im Haus erledigen, zum Beispiel Wäsche falten, Müll sortieren, Bettwäsche wechseln oder Bad schrubben. Stellen Sie den Timer zunächst auf fünf oder auch nur auf zwei Minuten, wenn Ihr Kind extrem widerspenstig ist. Denken Sie daran, beschreibend zu loben! Wenn Sie dies jeden Tag tun, wird Ihr Kind schon bald über die fünf Minuten hinaus weitermachen wollen. Das liegt daran, dass es sich gut anfühlt, hilfreich zu sein. Es fühlt sich auch gut an, geschätzt zu werden. Tatsächlich kann das gemeinsame Erledigen von Hausarbeiten zu einer reizvollen besonderen Zeit werden.

2. Beschreibendes Lob

Bemerken und loben Sie jede winzige Kleinigkeit, die Ihr Kind tut und die als hilfreich für den Rest der Familie ausgelegt werden könnte. Dies wird Ihr Kind motivieren, sich noch mehr Möglichkeiten auszudenken, um hilfreich zu sein.

- *Danke, dass du deinem Bruder geholfen hast, den Tisch zu decken. Ihr habt euch die Arbeit geteilt. Und als er die Gabeln auf die falsche Seite gelegt hat, hast du ihn sanft korrigiert, ohne dass es ihm peinlich war. Das war nett.*
- *Deine Laken sind so straff gezogen, und es gibt keine Knubbel in deiner Bettdecke. Ich kann sehen, dass du dir Zeit genommen hast, dein Bett zu machen.*
- *Du hast daran gedacht, das ganze Besteck auf den obersten Teller zu legen, bevor du sie gestapelt hast. Das sorgt dafür, dass die Teller nicht umkippen und zerbrechen.*

- *Mir ist aufgefallen, dass in der Spüle keine Essensreste mehr waren, nachdem du den Abwasch gemacht hast. Du hast alles in den Abfluss gespült, und die Spüle ist sauber.*
- *Ich habe gesehen, dass du, nachdem du unseren Hund Spot gefüttert hast, den Löffel nicht in der Spüle gelassen hast. Du hast ihn sehr sorgfältig abgewaschen. Du hast dich selbst um die ganze Arbeit gekümmert, von Anfang bis Ende. Das war sehr verantwortungsbewusst.*
- *Ich möchte dir eine gute Nachricht verraten. Mir ist aufgefallen, wie hilfsbereit du heute warst, als du die Einkäufe reingebracht und etwas davon weggeräumt hast. Und du hast das Baby zum Lachen gebracht, als es geweint hat. Deine Belohnung ist, dass du eine halbe Stunde länger draußen bleiben darfst. Das hast du dir verdient, weil du so erwachsen bist.*
- *Du hast alle deine Aufgaben erledigt. Jetzt hast du dir die Übernachtung bei deiner Freundin verdient. Habt eine schöne Zeit.*
- *Du hilfst deiner Schwester beim Müllsortieren. Ihr teilt euch beide die Arbeit.*

3. Reflektierendes Zuhören

Diese Beispiele des reflektierenden Zuhörens können Ärger reduzieren und Widerstand entschärfen. Reflektierendes Zuhören zeigt, dass Sie verstehen, wie sich Ihr Kind fühlt, und dass Sie sich um seine Gefühle kümmern:

- *Du wolltest helfen, und es war so frustrierend, dass du nicht die richtigen Aufsätze für den Staubsauger finden konntest.*
- *Das war etwas, das ich früher immer gemacht habe, also ärgerst du dich vielleicht darüber, dass du es jetzt tun musst. Du wünschst dir wahrscheinlich, du müsstest nicht jeden Tag den Tisch decken.*
- *Vielleicht kommt es dir albern vor, dass du dein Bett auch dann machen musst, wenn wir keinen Besuch haben.*
- *Es kann sich manchmal furchtbar anfühlen, wenn man mit dem, was man gerade macht, aufhören muss, um seine Aufgaben zu erledigen, besonders wenn man lieber spielen würde.*

- *Wäre es nicht lustig, wenn wir an einer Zauberlampe reiben könnten und ein Flaschengeist herauskäme und uns drei Wünsche erfüllen würde? Wir könnten alle Fenster in ein paar Sekunden geputzt bekommen!*
- *Ich wette, du wünschst dir, dass ich das immer noch für dich tun würde.*

4. Niemals zweimal bitten!

Die sechs Schritte ersparen Ihnen eine Menge Nörgelei!

5. Belohnungen und Konsequenzen

Die richtigen Belohnungen können fast jede Aufgabe erträglicher machen und Ihrem Kind oder Teenager helfen, über seinen Widerstand hinwegzukommen. Sie werden dabei das gleiche Verhalten gar nicht lange belohnen müssen, denn mit beschreibendem Lob, reflektierendem Zuhören und Durchdenken verinnerlichen Kinder bald die Gewohnheit, mehr im Haushalt zu helfen.

Zusammenfassung

Wenn Sie bei der Hausarbeit auf eine Mauer des Widerstands stoßen oder Ihr Kind zwar theoretisch willig ist, es aber immer wieder »vergisst«, ist es vielleicht schwer zu glauben, dass Methoden einen großen Unterschied machen könnten. Fordern Sie sich selbst heraus, die *Entspannter, leichter und glücklicher Kinder erziehen*-Strategien in die Praxis umzusetzen! Sie werden feststellen, dass selbst unreife, sture oder egozentrische Kinder sich besser fühlen und besser verhalten, wenn sie einen sinnvollen Beitrag zum Haushalt leisten müssen.

Kapitel 16:

Selbstständig spielen: Selbstständigkeit und Problemlösung trainieren

Wie wir aufhörten, Entertainer zu sein

Unseren vier Kindern im Alter von 8 bis 16 Jahren beizubringen, allein und nicht vor einem Bildschirm zu spielen, und es zu einer Regel zu machen, dass sie dies jeden Tag tun, war für uns eine echte Lebensrettung. Bis wir dies taten, verbrachten wir einen Großteil unserer Zeit damit, uns Dinge auszudenken, die die Kinder tun konnten, damit ihnen besonders an den Wochenenden und in den Ferien nicht langweilig wurde. Wir waren die Entertainer unserer Kinder geworden. Wenn wir ihnen nichts zu tun gaben, fingen sie an zu streiten. Also ließen wir zu, dass sie öfter vor dem Fernseher und Computer saßen, als gut für sie war, denn so wurden sie wenigstens unterhalten, und wir konnten das erledigen, was wir zu tun hatten. Natürlich hatten wir ein schlechtes Gewissen!

Ich muss zugeben, dass die Kinder von den neuen Regeln überhaupt nicht begeistert waren. Die erste Woche war ziemlich hart. Wir hatten Tränen, Ausbrüche und Beschwerden wie »Mir ist langweilig« und »Das ist so unfair«. Aber wir machten weiter, mit Durchdenken, beschreibendem Lob und reflektierendem Zuhören.

> *Am zehnten Tag hatte das Jammern komplett aufgehört und die Kinder gaben zu, dass sie die neuen Regeln tatsächlich genossen. Sie waren stolz darauf, dass sie Dinge taten, an die sie vorher nie gedacht hatten. War die eigenständige Spielzeit vorbei, kamen sie viel besser miteinander aus. Es gab weniger Streit, und wir konnten unsere Aufgaben erledigen, ohne ein schlechtes Gewissen zu haben.*
>
> Vater von vier Kindern, 16, 13, 10 und 8 Jahre alt

Kommt Ihnen das bekannt vor? Diese Familie ist typisch für viele Familien, mit denen ich gearbeitet habe. Die Eltern haben, ohne sich darüber im Klaren zu sein, die Rolle des »Unterhaltungsleiters« übernommen. Sie geben immer mehr Zeit und Geld für Aktivitäten aus, weil sie Angst haben, dass sich ihre Kinder langweilen könnten. Je häufiger Eltern diese Aufgabe übernehmen, desto weniger sind die Kinder in der Lage, ihre eigene Unterhaltung zu gestalten. Werden keine Aktivitäten angeboten, ist die einzige Unterhaltung, die vielen Kindern einfällt, stundenlang vor einem Bildschirm zu sitzen. Eltern wissen, dass dies nicht gut für ihre Kinder ist, aber sie wissen vielleicht nicht, was sie dagegen tun können.

Es gibt eine Reihe von Gründen, warum ich empfehle, dass Eltern ihre Rolle als Unterhaltungsleiter aufgeben. Wenn Kinder die Angewohnheit haben, jeden Tag eine ganze Weile allein zu spielen, werden sie wesentlich selbstständiger und kooperativer. Sie sind weniger anspruchsvoll, weniger anhänglich und weniger reizbar. Sie streiten sich weniger mit ihren Geschwistern und haben mehr Spaß daran, mit ihren Geschwistern zu spielen und abzuhängen. Sie werden zufriedener, kreativer und geschickter beim Lösen von Problemen. Eine der wichtigsten Schul- und Lebensfähigkeiten, die ein Kind lernen muss, ist, sich über längere Zeiträume hinweg selbst zu beschäftigen, ohne dass es Input von Erwachsenen braucht, um sich zu konzentrieren. Die meisten Kinder werden dies in der Schule nicht sehr gut können, wenn sie diese Fähigkeit nicht regelmäßig zu Hause üben. Auch das Familienleben wird weniger stressig, wenn die Eltern nicht mehr so viel Zeit mit dem Chauffieren, dem Organisieren von Spieleverabredungen, Nachhilfeunterricht oder den Wochenendaktivitäten verbringen müssen.

Viele Kinder sind sehr gut in der Lage, allein zu spielen, aber sie tun es nur, wenn sie es wollen oder wenn keine Geschwister oder Spielkameraden zur Verfügung stehen. Es ist wichtig, diese Kinder daran zu gewöhnen, sich nicht nur dann allein zu beschäftigen, wenn sie Lust dazu haben, sondern auch dann, wenn Eltern oder Babysitter zu beschäftigt oder gestresst sind, um positiv mit ihnen zu interagieren.

Sie fragen sich vielleicht, ob Ihre Kinder jemals freiwillig viel Zeit damit verbringen würden, sich selbst zu beschäftigen und nicht vor einem Bildschirm zu sitzen. Ich verspreche Ihnen, wenn Sie anfangen, die *Entspannter, leichter und glücklicher Kinder erziehen*-Techniken zu praktizieren, werden Sie erstaunt sein, wie einfallsreich Ihre Kinder sind.

Der Fragebogen

Füllen Sie diesen Fragebogen aus, um herauszufinden, welche Punkte Sie verbessern wollen. Füllen Sie den Fragebogen nach zwei bis vier Wochen erneut aus. Sie werden mit Ihren Fortschritten zufrieden sein.

Ihr Kind	*selten*	*manchmal*	*zu oft*
Beschwert sich, dass es sich langweilt und es nichts zu tun gibt			
Erwartet von den Eltern, dass sie Aktivitäten organisieren			
Verbringt mehr Zeit vor dem Bildschirm, als Ihnen lieb ist			

Ihr Kind	*selten*	*manchmal*	*zu oft*
Streitet sich mit Geschwistern, wenn es nicht beschäftigt wird			
Ist zur Unterhaltung auf Bildschirme angewiesen			
Wird wütend, wenn es sich selbst beschäftigen muss			
Möchte, dass Sie mit ihm spielen			

Aktionsplan für entspanntere, leichtere, glücklichere unabhängige Spielzeiten

1. Vorbereitung auf den Erfolg

Seien Sie eine vereinte Front.

Einigen Sie sich mit Ihrem Partner (sofern Sie einen haben) auf eine neue Regel, damit Ihre Kinder die Gewohnheit entwickeln, allein zu spielen. Diese Regel wird bald zu einer vertrauten und angenehmen Routine werden. Diese Regel könnte lauten: Jeden Tag, zu einer bestimmten Zeit, muss jedes Kind leise allein in einem Raum spielen.

Denken Sie daran, dass die Zeit, die vor einem Bildschirm verbracht wird, nicht als alleiniges Spielen zählt!

Führen Sie Durchdenken-Übungen durch, um Ihre neuen Regeln zum selbstständigen Spielen einzuführen.

Am Anfang müssen Sie vielleicht jeden Tag mehrere Durchgänge machen, bis der Widerstand geschmolzen ist. Aber es wird nicht lange dauern, denn selbstständiges Spielen ist ganz natürlich. Alle Babys werden mit dem Wissen geboren, wie sie sich selbst beschäftigen können! Wenn wir unsere Rolle als Unterhaltungsleiter aufgeben, zeigen die Kinder bald, dass sie in der Lage sind, ihre eigene Gesellschaft zu genießen.

Beispiele für Durchdenken-Übungen

Hier ist ein Beispiel für ein Durchdenken, das Sie bezüglich der neuen Regel durchführen könnten.

Durchdenken: Zu einem neutralen Zeitpunkt

Elternteil: *Mutti und ich haben eine neue Regel beschlossen. Jeden Tag nach dem Abendessen müssen du und deine Schwester jeweils allein in einem separaten Raum spielen, nicht zusammen.*

Kind: *Warum?*

Elternteil: *Ich bin froh, dass du darüber nachdenkst, warum wir Regeln aufstellen. Rate mal. Was denkst du, warum wir diese neue Regel aufstellen?*

Kind: *Damit wir nicht streiten?*

Elternteil: *Ja, das ist eine vernünftige Antwort. Es wird euch helfen, weniger zu streiten. Und allein zu spielen ist eine gute Angewohnheit, die man trainieren sollte.*

Kind: *Das wird nicht funktionieren! Wir werden uns immer streiten, weil du immer auf ihrer Seite bist. Du denkst, es ist alles meine Schuld. Du siehst nicht, wie gemein sie zu mir ist, wenn du nicht hinsiehst. Du denkst, sie ist perfekt.*

Elternteil: *(Reflektierend zuhörend) Es klingt so, als ob du denkst, dass ich nicht verstehe, was passiert.*

Kind: *Tust du ja auch nicht.*

Elternteil: *Wir haben in der Vergangenheit Fehler gemacht. Mutti und ich haben dir oft die Schuld gegeben, weil du älter bist. Das muss sich furchtbar angefühlt haben!*

Kind: *(Schweigt, schaut traurig)*
Elternteil: *Jetzt üben wir, nicht wütend zu werden und nicht mit dir zu schimpfen, wenn es Streit gibt. Und wie lautet die neue Regel darüber, allein zu spielen?*
Kind: *Jeden Tag. Ganz allein. Aber wo?*
Elternteil: *(Beschreibend lobend) Du hast dir die neue Regel gemerkt: jeden Tag, ganz allein. An einem Tag wirst du deine Zeit allein in eurem Zimmer verbringen, und deine Schwester wird im Wohnzimmer sein. Am nächsten Tag tauscht ihr die Zimmer.*
Kind: *Was, wenn sie kommt und mich stört?*
Elternteil: *Sie muss dort bleiben, wo man es ihr sagt, genau wie du.*
Kind: *Ja! Du wirst sie auch dazu bringen, die Regel zu befolgen.*
Elternteil: *Das werde ich bestimmt. Sie ist ja kein Baby mehr.*

Die Umgebung vorbereiten

Dies sind einige Schritte, die es Ihren Kindern leichter machen, allein zu spielen:

Wie viel Zeit sollte Ihr Kind allein spielen?
Wenn Sie mit Widerstand rechnen, beginnen Sie mit einer kurzen Zeit des Alleinspielens am Tag, vielleicht nur fünf oder zehn Minuten. Verwenden Sie eine Zeitschaltuhr, die Ihr Kind sehen, aber nicht erreichen kann. Auf diese Weise kommen Sie nicht in Versuchung zu antworten, wenn es kläglich ruft: »Ist die Spielzeit bald vorbei?«

Wenn Ihr Kind sieht, dass es diese Erfahrung aushalten und sogar genießen kann, können Sie die Zeit alle paar Tage um ein paar Minuten verlängern. Schließlich werden sich Ihre Kinder ganz wohl dabei fühlen, sich eine halbe oder sogar eine Stunde lang zu beschäftigen, und zwar nicht nur, wenn sie Lust dazu haben, sondern auch, wenn Sie sagen, dass sie es müssen.

Bestimmen Sie einen Ort, an dem Ihr Kind allein spielen kann.
Dies könnte sein Zimmer sein. Wenn Sie mehr als ein Kind haben und diese sich ein Zimmer teilen, können sie sich zwischen ihrem Zimmer und dem Wohnzimmer abwechseln.

Helfen Sie Ihren Kindern, eine Liste mit Aktivitäten zu erstellen, die sie gerne selbstständig machen würden.
Kinder tun unsere Vorschläge oft als »so langweilig« ab. Selbst wenn sie unsere Vorschläge befolgen, lernen sie nicht, selbst zu denken. Erstellen Sie stattdessen zu einem neutralen Zeitpunkt, nicht direkt vor der Spielzeit, gemeinsam mit Ihren Kindern eine Liste mit allen Aktivitäten, die ihnen Spaß machen und die sie allein machen könnten. Fordern Sie sie auf, Aktivitäten hinzuzufügen, die sie noch nicht ausprobiert haben, die sie aber reizvoll finden. Wenn Sie diese Liste über mehrere Tage hinweg immer wieder zusammen erweitern, werden Ihre Kinder feststellen, dass sie viel länger und vielfältiger ist, als sie es sich anfangs vorgestellt haben.

Hier sind einige Aktivitäten, von denen Eltern, manchmal zu ihrer Überraschung, festgestellt haben, dass ihre Kinder sie gerne alleine machen:

- Lesen
- Zeichnen
- Modellbau
- Im Garten herumtollen
- Tagebuch schreiben
- Ein Instrument spielen
- Sammlungen ergänzen und ordnen
- Umstellen der Möbel im Kinderzimmer
- Ein Rezept aus einer Zeitschrift ausprobieren
- Karten spielen
- Schach gegen sich selbst spielen
- Mit Puppen und Action-Figuren spielen
- Kreuzworträtsel oder Puzzles machen
- Eine Familienzeitung schreiben
- Kunstprojekte durchführen
- Karate, Gymnastik oder Fußball trainieren

Gehen Sie mit gutem Beispiel voran – genießen Sie Ihre eigenen Freizeitaktivitäten.
Wenn unsere Kinder sehen, dass wir unseren eigenen Interessen nachgehen, sei es bei der Gartenarbeit, beim Backen, beim Briefmarkensammeln oder beim Lesen, wird das eigenständige Spielen normal erscheinen.

Planen Sie Ihren Tag realistisch.

Planen Sie unabhängige Spielzeit in Ihren Tagesablauf ein, um sicherzustellen, dass sie stattfindet.

Besondere Zeit

Kinder sind eher bereit, selbstständig zu spielen, wenn sie wissen, dass sie regelmäßige, vorhersehbare besondere Zeit mit einem Elternteil haben.

Wie Sie Ihrem Kleinkind das selbstständige Spielen beibringen

Manche Kinder haben sich nie angewöhnt, selbstständig zu spielen. Sie wissen vielleicht nicht, wie man das macht. Möglicherweise müssen Sie ihnen diese Fähigkeit erst beibringen. Beginnen Sie folgendermaßen:

1. Legen Sie jeden oder jeden zweiten Tag ein Spiel heraus, das eine Person allein spielen kann, zum Beispiel ein Puzzle, Papier und Buntstifte, Bücher, Spielzeugautos, Bausteine, Lego und so weiter. Beginnen Sie selbst, mit den Spielzeugen oder Geräten zu spielen, ohne das Kind dazu einzuladen. Sprechen Sie laut mit sich selbst und mit Interesse und Begeisterung in der Stimme über das, was Sie gerade tun, zum Beispiel:

    - *Ich habe einen großen, gelben Bus gemalt.*
    - *Dieses Auto braucht etwas Benzin. Ich stelle mir vor, dass dieser Schuh die Tankstelle ist.*

- *Ich frage mich, wo dieses Teil hingehört.*

2. Warten Sie geduldig darauf, dass Ihr Kind herüberkommt, wenn es neugierig wird oder Ihre Aufmerksamkeit möchte.

3. Sprechen Sie mit großer Begeisterung über alles, was Ihr Kind im Zusammenhang mit der Aktivität oder dem Gerät tut, egal wie minimal:

   - *Du hast das Wal-Bilderbuch ausgewählt.*
   - *Was du da baust, sieht aus wie eine Burg. Diese Typen könnten die Ritter sein.*
   - *Vielleicht braucht dein Auto auch Benzin.*

Das Ziel hier besteht *nicht* darin, mit Ihrem Kind zu spielen, was Sie während der besonderen Zeit tun können. Unser Ziel hier ist es:

- zu zeigen, wie man allein spielt.
- durch unsere Begeisterung zu zeigen, dass es Spaß macht, allein zu spielen.

Wenn Ihr Kind Sie bittet, etwas für es zu malen oder zu basteln, tun Sie das nicht, denn das würde den Fokus wieder auf Sie als den Unterhalter lenken. Es könnte auch seine Überzeugung bestärken, dass es diese Dinge nicht gut genug machen kann.

Wenn Sie bereit sind, an den meisten Tagen 10 oder 15 Minuten lang so zu sitzen und zu spielen, können Sie Ihrem Kind innerhalb weniger Wochen beibringen, sich selbst zu beschäftigen – eine unschätzbare Fähigkeit für das Kind und eine Erleichterung für Sie als Elternteil. Nach einigen Tagen oder Wochen können Sie anfangen, jeden Tag eine kurze Zeit zum Alleinspielen zu fordern, und alle paar Tage ein paar Minuten hinzufügen.

Manche Kinder sind anfangs ängstlich, wenn der Elternteil außer Sichtweite ist. Wenn nötig, können Sie damit beginnen, dass das Kind im selben Raum spielt, in dem Sie sich aufhalten. Achten Sie allerdings darauf, dass Sie selbst beschäftigt sind und nicht mit Ihrem Kind sprechen. Dann können Sie dazu übergehen, im Nebenraum zu sein, aber immer noch von der Tür aus sichtbar. Schließlich können Sie sich in einem Teil des Hauses oder der Wohnung aufhalten, während Ihr Kind einige Zimmer weiter oder auf einer anderen Etage fröhlich spielt.

Wenn Sie ein Kind haben, das sich gerade den Mittagsschlaf abgewöhnt, ist dies eine perfekte Gelegenheit für eine unabhängige Spielzeit.

Hier ist ein Beispiel dafür, wie eine Familie diesen Übergang durchgeführt hat:

Vom Mittagsschlaf zur Ruhezeit

Als unser Sohn vier Jahre alt war, fing er an, seinen Mittagsschlaf aufzugeben. Wir waren noch gar nicht richtig bereit, denn wir brauchten die Pause selbst noch! Außerdem wussten wir, dass er die Ruhezeit immer noch brauchte und in dieser Zeit vielleicht schlafen würde. Also behielten wir die Routine bei, brachten ihn um zwei Uhr in sein Zimmer, lasen ihm ein paar Geschichten vor und kuschelten ein paar Minuten, bevor wir gingen. Wir nannten es einfach seine »Ruhezeit«. Wir sagten ihm, dass wir ihn abholen würden, wenn die Ruhezeit vorbei war. Manchmal machte er ein Nickerchen, aber oft auch nicht, sondern sang und summte nur und spielte mit irgendetwas in seinem Zimmer. Es war ziemlich überraschend, wie lange er allein spielen konnte. Er bekam, was er brauchte, und wir auch!

Mutter von zwei Kindern, 7 und 5 Jahre alt

2. Beschreibendes Lob

Wenn Sie die Bemühungen Ihres Kindes immer wieder beschreibend loben, wird es nach anfänglichem Murren oder Weinen immer selbstständiger und selbstbewusster werden und bald Freude und Erfüllung im alleinigen Spiel finden.

- *In den letzten 15 Minuten hast du so geduldig allein gespielt und mich nicht unterbrochen. Ich fühle mich so friedlich, weil ich mich wirklich auf das konzentrieren kann, was ich tue.*
- *Als ich gesagt habe, dass es Zeit für eine Ruhezeit in deinem Zimmer ist, hast du dich nicht beschwert. Du bist sofort in dein Zimmer gegangen. Das ist echte Kooperation.*
- *Du hast etwas gefunden, das du allein machen konntest, als du gesehen hast, dass ich beschäftigt war. Danke, dass du geduldig gewartet hast.*
- *Ich sehe, dass es dir Spaß macht, aus den Pfeifenreinigern viele kleine Figuren zu basteln. Zeigst du sie mir nachher, wenn ich fertig bin?*
- *Ich weiß, dass du enttäuscht warst, dass du heute keine Spielverabredung haben konntest. Aber jetzt hast du viel Spaß beim Malen. Das zeigt deine Flexibilität.*
- *Du siehst dir seit zehn Minuten Bücher an. Das ist eine lange Zeit. Du bist sehr selbstständig.*
- *Du hast so leise in deinem Zimmer gespielt.*

3. Reflektierendes Zuhören

Am Anfang wird sich Ihr Kind über den neuen Plan vielleicht ziemlich aufregen. Wie immer wird reflektierendes Zuhören ihm helfen, seine Aufregung zu überwinden, und den Widerstand zum Schmelzen bringen.

- *Du willst wirklich, dass ich mit dir spiele. Ich kann sehen, dass du verärgert bist, dass du allein spielen musst.*
- *Ich habe dich schreien hören, als der Schwanz deiner neuen Giraffe immer wieder abfiel! Das ist so ärgerlich, wenn das passiert. Aber du bist nicht zu mir gekommen. Du hast es ganz allein in Ordnung gebracht.*

(Dies ist ein weiteres Beispiel für die Kombination von reflektierendem Zuhören und beschreibendem Loben.)

- *Du siehst so wütend aus! Wahrscheinlich würdest du gerne mit deinem Bruder spielen, aber es ist immer noch Zeit, allein zu spielen.*
- *Es klingt so, als würde dir die neue Regel, allein zu spielen, immer noch nicht gefallen. Du bist wütend, dass alle elektronischen Geräte tabu sind. Das ist wahrscheinlich das, was du lieber tun würdest.*

4. Niemals zweimal bitten

Selbst bei einem Kind, das sich dagegen sträubt, allein zu spielen, wird die *Niemals zweimal bitten*-Methode dafür sorgen, dass es das tut.

5. Belohnungen und Konsequenzen

Auch hier können Belohnungen Ihrem Kind helfen, das Alleine-Spielen zu tolerieren und schließlich zu genießen.

Zusammenfassung

Je mehr Ihre Kinder die Angewohnheit haben, sich jeden Tag einen guten Teil der Zeit selbst zu beschäftigen, desto selbstständiger, zufriedener, kreativer und geschickter im Lösen von Problemen werden sie. Dies ist eine wertvolle Lebenskompetenz, die jedes Kind besitzen sollte, und mit diesen Strategien haben Sie die Werkzeuge, um Ihrem Kind zu helfen, sie zu erreichen.

Kapitel 17:

Schlafenszeit und Einschlafen: Den Tag friedlich ausklingen lassen

Wie eine frühere Schlafenszeit das Verhalten unseres Sohnes veränderte

Als unser Sohn vier Jahre alt war, baten wir Noël, seine Schule zu besuchen und ihn zu beobachten, weil die Lehrer vermuteten, dass er eine Aufmerksamkeitsstörung haben könnte. Die Schule sagte, er könne nicht still sitzen, sei die meiste Zeit abgelenkt, könne sich im Unterricht nicht konzentrieren und sei wütend und aggressiv. Auch zu Hause war es nicht einfach.

Bevor sie ihn beobachtete, fragte Noël uns, um wie viel Uhr unser Sohn ins Bett ging, und wir sagten ihr, dass er um halb zehn ins Bett musste. Sie empfahl uns, ihn um halb acht ins Bett zu bringen, und sagte, dass dies einen echten Unterschied machen könnte. Wir begannen mit diesem neuen Plan noch am selben Tag, und innerhalb von 48 Stunden bemerkten wir dramatische Verbesserungen in seinem Verhalten und seiner Stimmung. Es war unglaublich.

Als sie ihn ein paar Tage später in der Schule beobachtete, waren viele der früheren Probleme nicht mehr zu sehen. Er saß still, passte auf und kooperierte mit den Lehrern. Wir konnten kaum glauben, dass etwas so

Einfaches wie die Verlegung der Schlafenszeit auf einen früheren Zeitpunkt eine solche Veränderung bewirken konnte.

Mutter von zwei Kindern, 8 und 5 Jahre alt

Die Geschichte dieser Eltern zeigt, was für einen Unterschied ausreichender Schlaf für das Verhalten eines Kindes machen kann. Sie zeigt auch, wie schnell wir anfangen können, positive Ergebnisse zu erzielen, wenn wir Änderungen an den Schlafenszeiten unserer Kinder vornehmen. Ein ausgeschlafenes Kind ist ein glücklicheres Kind und ein Kind, das sich besser benimmt. Wenn Kinder und Jugendliche regelmäßig genug Schlaf bekommen, lächeln sie mehr, streiten und beschweren sich weniger, akzeptieren Grenzen leichter, konzentrieren sich besser in der Schule und bei den Hausaufgaben, und streiten sich sogar weniger mit ihren Geschwistern. Kinder können vielleicht mit zu wenig Schlaf auskommen, aber sie gedeihen mit mehr Schlaf.

Wir wissen, welche Vorteile eine gute Nachtruhe für unsere Kinder hat, aber sicherzustellen, dass unsere Kinder den Schlaf bekommen, den sie brauchen, kann sich schwierig anfühlen. Viele Eltern stellen fest, dass die Schlafenszeit nicht die erholsame, ruhige Zeit ist, die wir uns wünschen, sondern dass sie sich in einen Kampf verwandelt, mit Jammern und Weinen, Hinauszögern, Aus-dem-Bett-Aufstehen oder endlosem Rufen, nachdem das Licht ausgeschaltet wurde, nur um noch ein Getränk oder eine Umarmung zu bekommen. In manchen Fällen schlafen die Kinder erst mehr als eine Stunde nach der Zubettgehzeit ein. Das ist anstrengend, sowohl für die Kinder, die nicht genug Schlaf bekommen, als auch für die Eltern, die am Ende eines anstrengenden Tages den ganzen Abend damit beschäftigt sind, ihre Kinder zum Schlafen zu bringen.

Die *Entspannter, leichter und glücklicher Kinder erziehen*-Strategien können Ihnen helfen, diese Probleme zu überwinden und den Kampf um die Schlafenszeit in eine glückliche Schlafenszeit zu verwandeln. Je mehr dieser Strategien Sie in die Praxis umsetzen, desto eher werden Ihre Kinder und Jugendlichen die gesunde Gewohnheit erlangen, zur richtigen Zeit und mit einem Minimum an Aufregung ins Bett zu gehen, schnell einzuschlafen und bis zum Morgen durchzuschlafen.

Der Fragebogen

Füllen Sie diesen Fragebogen aus, bevor Sie mit den Schlafenszeit-Strategien beginnen. Dies wird Ihnen helfen, sich auf die Änderungen zu konzentrieren, die Sie vornehmen möchten. Schauen Sie nach zwei Wochen den Fragebogen erneut durch, um die Fortschritte zu sehen, die Sie gemacht haben.

Ihr Kind	*selten*	*manchmal*	*zu oft*
Beschwert sich über das Zubettgehen, weint, quengelt oder streitet			
Trödelt während der Schlafenszeit-Routine			
Liegt regelmäßig später im Bett, als Sie es wünschen			
Hat Schwierigkeiten beim Einschlafen			
Möchte, dass Sie im Zimmer bleiben, bis es eingeschlafen ist			

Ihr Kind	*selten*	*manchmal*	*zu oft*
Weint oder ruft nach Ihnen, wenn das Licht aus ist			
Beschwert sich, dass es Angst vor der Dunkelheit, Monstern, Einbrechern und so weiter hat			
Steht nach dem Ausschalten des Lichts aus dem Bett auf			
Hat morgens Schwierigkeiten aufzustehen			
Ist morgens reizbar oder unkooperativ			

Wie viel Schlaf ist angemessen?

Mehr, als Sie denken. Und mehr, als Ihre Kinder vielleicht wollen! Im Folgenden finden Sie die Richtlinien von *Entspannter, leichter und glücklicher Kinder erziehen* (Sie können auch eine Internetrecherche zu diesem Thema durchführen. Sie werden Experten finden, die weniger Stunden Schlaf pro Nacht empfehlen, sowie andere Experten, die mehr Stunden empfehlen).

- Drei bis fünf Jahre: 11½ bis 13 Stunden pro Nacht, plus ein Nickerchen oder eine Ruhezeit am Tag
- Fünf bis sieben Jahre: 11½ bis 13 Stunden pro Nacht
- Sieben bis zehn Jahre: 10½ bis 12 Stunden pro Nacht
- Elf bis dreizehn Jahre: 9½ bis 11 Stunden pro Nacht

Aktionsplan für entspanntere, leichtere, glücklichere Schlafenszeiten

1. Vorbereitung auf den Erfolg

Seien Sie eine vereinte Front.

Sie müssen sich auf die Regeln und Routinen einigen, die gelten sollen. Im Folgenden finden Sie einige Richtlinien und Regeln, die helfen, die Schlafenszeit entspannter, einfacher und glücklicher zu gestalten:

Entscheiden Sie mit Ihrem Partner, was die richtige Schlafenszeit für Ihre Kinder sein sollte, und machen Sie dies zur Regel.
Denken Sie daran, dass Sie das Sagen haben und es an Ihnen liegt – nicht an den Kindern –, wann diese ins Bett gehen sollen. Wenn Sie sich nicht gegenseitig unterstützen, werden Ihre Kinder lernen, Sie gegeneinander auszuspielen, und es wird schwieriger, eine effektive Schlafenszeit-Routine zu erreichen.

Ziehen Sie die Schlafenszeit jede Woche um zehn Minuten vor, bis Sie Ihr Ziel erreicht haben. Seien Sie darauf vorbereitet, dass sich ein älteres Kind bitterlich darüber beschweren wird, dass Sie die strengsten Eltern der Welt sind und alle seine Freunde so lange aufbleiben dürfen, wie sie wollen. Bleiben Sie standhaft; gehen Sie keine Kompromisse ein, nur um einen Streit zu vermeiden. Machen Sie stattdessen viel reflektierendes Zuhören.

In den ersten Wochen, in denen Ihre Kinder früher ins Bett gehen, können zwei ärgerliche Dinge passieren, die beide aber nur vorübergehend sind. Ihre Kinder brauchen vielleicht länger als sonst, um einzuschlafen, oder sie wachen morgens früher auf als sonst. Bleiben Sie hartnäckig, denn das kindliche Gehirn braucht manchmal ein paar Wochen, um sich an ein neues Muster zu gewöhnen.

Ältere Kinder und Jugendliche dürfen im Bett lesen oder malen, wenn sie noch nicht müde sind, aber sie müssen zu der von Ihnen festgelegten Zeit im Bett sein.

An schulfreien Abenden können Sie etwas mehr Flexibilität einbauen.
Ich empfehle, dass Sie älteren Kindern und Teenagern erlauben, maximal eine Stunde länger als ihre übliche Schlafenszeit aufzubleiben, und jüngeren Kindern maximal eine halbe Stunde später. Wenn die Schlafenszeiten unregelmäßig sind, reagiert das Gehirn wie bei einem Jetlag. Sie wollen nicht riskieren, den gesunden Rhythmus zu stören, den Sie während der Woche etabliert haben und der so wichtig für den schulischen Erfolg und die allgemeine Fröhlichkeit ist.

Verteilen Sie die Schlafenszeiten so, dass die jüngeren Kinder früher ins Bett gehen, damit sie die nötige Ruhe bekommen.
Es ist leicht, sich anzugewöhnen, alle Kinder zur gleichen Zeit ins Bett zu bringen, aber die Jüngeren werden darunter leiden und wegen des Schlafmangels reizbarer sein.

Erlauben Sie keine Snacks nach dem Abendessen, nicht einmal Milch.
Es ist viel einfacher, einzuschlafen und durchzuschlafen, wenn die letzte Mahlzeit des Tages weitgehend verdaut ist.

Wenn Ihr Kind an einer speziellen Decke oder einem Kuscheltier hängt, sorgen Sie dafür, dass diese immer auf dem Bett liegen und es sie nicht herumtragen darf.
Das macht sein Bett einladender. Diese Regel wird Ihrem Kind auch helfen, zu lernen, sich tagsüber selbst zu beruhigen, wenn sein Kuschelobjekt nicht zugänglich ist. Es wird emotional selbstständiger werden.

Führen Sie viele Durchdenken-Übungen durch, um sicherzustellen, dass Ihr Kind sowohl die neuen Regeln als auch die bestehenden Regeln versteht und sich daran erinnert.

Beispiele für Durchdenken-Übungen
Dies ist ein Beispiel für ein Durchdenken, mit dem die Zeit, zu der das Licht ausgemacht wird, in einer Familie neu festgelegt wird, in der die Schlafenszeit zu spät geworden war.

Durchdenken: Zu einem neutralen Zeitpunkt

Elternteil: *Mutti und ich erkennen, dass wir einen großen Fehler gemacht haben. Wir haben uns über dich geärgert, wenn du morgens nicht aus dem Bett aufstehen wolltest. Aber wir haben erkannt, dass es unsere Schuld ist. Wir haben dich länger aufbleiben lassen, als du solltest. Also bist du morgens natürlich müde.*

Kind: *Ich gehe nicht früher ins Bett. Ich bin nicht müde!*

Elternteil: *Also werden wir uns an die richtige Schlafenszeit halten. Das magst du vielleicht nicht.*

Kind: *(Stöhnt und macht ein Gesicht und murmelt etwas Unverständliches)*

Elternteil: *Du brauchst elf Stunden Schlaf und solltest um sieben aus dem Bett sein, damit du genug Zeit hast, dich für die Schule fertig zu machen, ohne zu hetzen. Das heißt also, am Abend vorher um acht Uhr das Licht ausmachen.*

Kind: *Acht! Ich bin doch kein Baby. Ich mache trotzdem um acht meine Hausaufgaben.*

Elternteil: *Das ist ein weiterer Fehler, den Mutti und ich gemacht haben: dich deine Hausaufgaben machen zu lassen, wenn dein Geist nicht frisch ist.*

Kind: *Aber ich kann sie doch nicht früher machen, wegen des Fußballtrainings.*

Elternteil: *Das ist ein Problem, das wir lösen müssen. Aber für den Moment halten wir uns daran, was deine Schlafenszeit sein soll. Also sag mir, um wie viel Uhr wird ab jetzt das Licht ausgemacht?*

Kind: *Um acht Uhr, aber das ist doch blöd.*

Elternteil: *Du hast mir die richtige Zeit gesagt. Das war mutig von dir, mir das zu sagen, weil ich weiß, dass du nicht um acht Uhr ins Bett willst. Jetzt sag es mir noch einmal ohne die Beleidigung.*

Kind: *(Stöhnt) Acht Uhr.*

Elternteil: *Das ist richtig, und ich kann hören, dass du dir Sorgen machst, wann du deine Hausaufgaben machst, also werden Mami und ich dir helfen, das zu klären, damit du um acht Uhr ins Bett gehen kannst.*

Die Umgebung vorbereiten

Halten Sie die Beleuchtung während der Schlafenszeit sehr dunkel; dies hilft dem Gehirn der Kinder abzuschalten.

Lassen Sie alle Bildschirme und laute Musik während der Schlafenszeit ausgeschaltet; dies hilft Kindern, sich allmählich zu entspannen.

Vermeiden Sie in der Stunde vor dem Zubettgehen jegliche Bildschirmaktivitäten sowie laute oder aufregende Spiele. Ersetzen Sie diese durch entspannendere Aktivitäten, die Ihrem Kind helfen, zur Ruhe zu kommen.

Planen Sie Ihren Tag realistisch.

Beginnen Sie mit der Zubettgeh-Routine früher, als Sie es für nötig halten, damit Sie nicht in Versuchung kommen, die Kinder zu hetzen. Mit Kindern dauert alles länger, als wir denken, und je mehr wir unsere Kinder hetzen, desto länger scheinen sie zu brauchen. Nehmen Sie sich Zeit und genießen Sie es, mit Ihren Kindern zusammen zu sein. Finden Sie alle paar Minuten etwas, das Sie beschreibend loben können. Dies wird Ihnen allen helfen, sich auf das Positive zu konzentrieren.

Wenn Sie konsequent sind und jeden Abend der gleichen Routine folgen, verringert sich der Widerstand, und es fällt den Kindern leichter, die Schlafenszeiten zu akzeptieren.

Besondere Zeit

Wenn Kinder regelmäßig eine besondere Zeit bekommen, werden sie eher bereit sein, zur Schlafenszeit zu kooperieren.

2. Denken Sie daran, alles, was gut läuft, in jeder Phase der Schlafenszeit-Routine beschreibend zu loben.

Hier sind einige beschreibende Lobsätze, die dazu beitragen, dass die Schlafenszeit reibungsloser verläuft und gesunde Schlafgewohnheiten gefördert werden:

- *Du putzt deine Zähne, obwohl du gesagt hast, dass du noch aufbleiben und die Sendung sehen willst. Du hast aufgehört, zu diskutieren, und getan, was ich gesagt habe.*
- *Du hast nach dem Abendbrot nicht mehr nach Essen gefragt. Du fängst an, dich an die neue Regel zu erinnern.*
- *Gestern Abend hast du um acht Uhr aufgehört zu lesen und das Licht ausgemacht, und ich musste dich nicht daran erinnern.*
- *Du hast deinen Pyjama fünf Minuten zu früh angezogen!*
- *Du hast daran gedacht, auf die Toilette zu gehen, bevor du ins Bett gegangen bist. Schön, dass du daran denkst.*
- *Du gewöhnst dich an unsere neuen Schlafenszeitregeln. Du hast dich letzte Nacht kaum beschwert.*
- *Du hast heute Abend nicht um eine dritte Geschichte gebeten. Du erinnerst dich an unsere neue Regel, dass es nur zwei Geschichten zur Schlafenszeit gibt. Du erinnerst dich an eine Menge Dinge.*
- *Letzte Nacht bist du die ganze Nacht in deinem eigenen Bett geblieben.*

3. Reflektierendes Zuhören

Reflektierendes Zuhören, wie sich Ihr Kind bezüglich der Schlafenszeit fühlt, hilft ihm, seine Aufregung schneller zu überwinden, und erleichtert ihm so das Einschlafen. Ihr Kind kann sich zum Beispiel darüber aufregen, dass es früher ins Bett muss oder eine Lieblingssendung im Fernsehen verpasst.

Wenn Ihr Kind über Ängste oder Sorgen sprechen möchte, ist es am besten, sich diese nur tagsüber anzuhören, nicht zur Schlafenszeit oder in der Nacht. Wir wollen die Schlafenszeit so ruhig wie möglich gestalten.

Hier sind einige Beispiele für reflektierendes Zuhören:

- *Ich glaube, du zeigst mir, wie traurig du im Moment bist. Du dachtest, Papa würde rechtzeitig zu Hause sein, um dir einen Gutenachtkuss zu geben, aber er kommt zu spät nach Hause.*
- *Wäre es nicht lustig, wenn wir bis Mitternacht Geschichten lesen könnten?*

- *Es fühlt sich wahrscheinlich frustrierend an, dass ich dir sage, du sollst deine Schuluniform aufhängen, wo du doch so müde bist. Wahrscheinlich denkst du gerade daran, dass du dich jetzt am liebsten im Bett einrollen und Geschichten lesen würdest.*
- *Vielleicht wünschst du dir, du wärst älter und könntest so lange aufbleiben wie dein großer Bruder.*

4. Niemals zweimal bitten!

Sie werden feststellen, dass diese Strategie zur Schlafenszeit von unschätzbarem Wert ist. Um Widerstände zu verringern, sollten Sie zunächst bereit sein, die sechs Schritte für jede Phase der Schlafenszeit-Routine separat durchzuführen: zuerst für das Baden, dann für das Anziehen des Schlafanzugs, dann für das Zähneputzen, dann für das Ins-Bett-Gehen und so weiter.

5. Belohnungen und Konsequenzen

Belohnungen helfen Kindern, sich bessere Schlafgewohnheiten anzueignen. Sie können eine Tabelle verwenden, um die Zusammenarbeit in jeder Phase zu dokumentieren. Unterschätzen Sie niemals die motivierende Kraft eines Häkchens oder Sternchens. Und die beste Konsequenz ist eine Handlungswiederholung. Denken Sie daran, nach jedem Fehlverhalten eine Handlungswiederholung durchzuführen.

Strategien zum Umgang mit speziellen Schlafenszeitproblemen

Es mag sich schwer genug anfühlen, Ihre Kinder zu einer vernünftigen Zeit ins Bett zu bekommen, aber für viele Eltern enden die Probleme damit noch nicht. Das nächste Problem besteht oft darin, die Kinder dazu zu bringen, im Bett zu bleiben und einzuschlafen.

Als Erstes empfehle ich, dass Sie einem unruhigen Kind nicht sagen, dass es versuchen soll einzuschlafen. Der Versuch einzuschlafen wird es wahrscheinlich verkrampfen lassen, was seine Gedanken nur weiter kreisen lässt. Sagen Sie ihm stattdessen, dass es nicht schlafen muss; es soll sich einfach ausruhen, indem es mit geschlossenen Augen still unter der Decke liegt. Dabei kann es an alles denken, was es möchte. (Schlagen Sie nicht vor, worüber es nachdenken könnte; sein Gehirn wird sich schon etwas einfallen lassen.) Ausruhen ist entspannend, und das Kind wird wahrscheinlich recht schnell einschlafen.

Im Folgenden finden Sie weitere Strategien, die bei Schlafproblemen helfen. Bevor ich diese anspreche, möchte ich klarstellen, dass es für mich in Ordnung ist, wenn Sie sich dafür entscheiden, mit Ihrem Kind im »Familienbett« zu schlafen. Familien haben sehr unterschiedliche Lebensstile, einschließlich unterschiedlicher Werte darüber, wo ihre Kinder schlafen sollten.

Viele Eltern kommen zu mir, weil sie sich angewöhnt haben, bei ihrem Kind zu bleiben, bis es einschläft, und nun wissen wollen, wie sie ihm beibringen können, selbstständig einzuschlafen. Oder sie haben ihr Kind eine Zeit lang in ihrem Bett schlafen lassen, sind jetzt aber bereit, etwas zu ändern, und wollen ihr Bett für sich selbst zurückfordern.

Wie Sie Ihrem Kind helfen, allein einzuschlafen

Wenn Sie nach dem Schlafengehen so lange im Kinderzimmer bleiben, bis Ihr Kind eingeschlafen ist, führt das dazu, dass es von Ihrer Anwesenheit abhängig wird. Ein Kind, das willensstark oder ängstlich ist oder ein unbeständiges Temperament hat, muss möglicherweise in kleinen Schritten von dieser Abhängigkeit entwöhnt werden. Wenn dies notwendig ist, beginnen Sie damit, dass Sie sich auf einen Stuhl in der Nähe des Bettes setzen (aber nicht auf das Bett), bis das Kind fast eingeschlafen ist. Bewegen Sie den Stuhl jeden Tag ein wenig weiter vom Bett weg und näher an die Tür. Wenn Sie dann vor dem Zimmer sitzen und das Kind Sie nicht mehr sehen oder hören kann, wird es gelernt haben, ohne Sie einzuschlafen. Vergessen Sie nicht, jeden Schritt in die richtige Richtung beschreibend zu loben, denn die Gewohnheit zu erlernen, alleine einzuschlafen, kann für ein Kind, das sensibler, intensiver oder ängstlicher ist, anfangs eine beängstigende Angelegenheit sein.

Was Sie tun können, wenn Ihr Kind nach dem Schlafengehen nach Ihnen ruft

Wenn Ihr Kind oft weint oder nach Ihnen ruft, nachdem Sie das Licht ausgemacht haben, besteht die Lösung darin, dass Sie im Laufe des Tages häufige Durchdenken-Übungen dazu durchführen. Sie könnten eine Regel aufstellen, dass Sie regelmäßig nach dem Kind sehen werden, aber von der Tür aus. Nachdem Sie ihm gute Nacht gesagt und das Zimmer verlassen haben, warten Sie etwa fünf Minuten, dann gehen Sie für einen kurzen Moment zurück zur Tür und geben ein kurzes beschreibendes Lob, mehr nicht. Unterhalten Sie sich nicht mit ihm, holen Sie ihm nichts zu trinken, setzen Sie sich nicht zu ihm aufs Bett, legen Sie sich nicht zu ihm, umarmen Sie es nicht und beantworten Sie keine Fragen! Verlassen Sie dann wieder den Raum. Warten Sie etwa zehn Minuten und machen Sie das Gleiche noch einmal. Fahren Sie mit dieser Technik fort und verlängern Sie allmählich die Zeit zwischen Ihren Besuchen im Türrahmen. Wenn Sie bereit sind, die Zeit hierfür zu investieren, wird sich die Erfahrung Ihres Kindes mit der Schlafenszeit innerhalb von ein oder zwei Wochen verändern. Es wird sich nicht mehr verlassen oder ausgeschlossen fühlen, und es wird immer besser darin werden, selbstständig in den Schlaf zu gleiten. Es wird den Schlaf bekommen, den es braucht, und Sie werden bald Ihre Abende zurückbekommen.

Was Sie tun sollten, wenn Ihr Kind nach dem Lichtausmachen wieder aufsteht

Wenn Ihr Kind regelmäßig nach dem Lichtausmachen aus dem Bett aufsteht, müssen Sie mit ihm zu neutralen Zeiten während des Tages – nicht zur Schlafenszeit – über die Regeln zur Schlafenszeit Durchdenken-Übungen durchführen. Sie könnten zum Beispiel sagen: »Es gibt eine neue Regel für die Schlafenszeit und den Ort, an dem du schläfst. Ab Freitag, wenn Papa und ich dir nach deiner Geschichte gute Nacht sagen, musst du die ganze Nacht in deinem eigenen Bett bleiben. Wo sollst du also schlafen, nachdem Papa und ich dir gute Nacht gesagt haben?« Ihr Kind wird wahrscheinlich antworten: »In meinem Bett.« Und Sie könnten sagen: »Stimmt, du kennst ja die neue Regel. Vielleicht wünschst du dir, du könntest in unser Zimmer kommen, wenn du in der Nacht aufwachst, weil du das gewohnt bist. Vielleicht bist du sogar traurig, dass du es nicht mehr tun kannst. Aber was wirst du tun, wenn du aufwachst?« Und Ihr Kind sagt vielleicht: »Ich bleibe in meinem Bett.«

Da Sie diese Durchdenken-Übungen zu einem neutralen Zeitpunkt anstellen und nicht zur Schlafenszeit, ist es unwahrscheinlicher, dass sich Ihr Kind über die neue Regel aufregt. Wenn es sich dennoch aufregt, weint, quengelt oder sich beschwert, entschärfen Sie seine aufgebrachten Gefühle am besten durch reflektierendes Zuhören. Stellen Sie sich vor, wie es sich fühlen könnte. »Du schläfst gerne in unserem Bett und wünschst dir wahrscheinlich, dass du das auch weiterhin tun kannst.« Lassen Sie es seine Gefühle haben – es ist natürlich, dass Kinder verärgert sind, wenn wir eine Regel oder Routine ändern.

Was Sie tun können, wenn Ihr Kind nachts immer noch aus dem Bett aufsteht

Durchhalten ist entscheidend. Wenn Sie diese Regel einmal aufgestellt haben, ist sie für Sie und Ihren Partner ebenso eine Regel wie für Ihr Kind. Wenn Sie tun, was Sie gesagt haben, wird Ihr Kind Sie mehr respektieren und weniger Widerstand leisten.

Es ist wahrscheinlich, dass es diese neue Regel austesten wird. Machen Sie zunächst viele Durchdenken-Übungen, damit Ihr Kind weiß, was passieren wird, wenn es das Bett verlässt. Meine Empfehlung ist, es nicht hochzuheben. Nehmen Sie es einfach an die Hand, und gehen Sie mit ihm zurück in sein Zimmer, ohne zu sprechen oder Blickkontakt aufzunehmen. Wenn Sie es hochheben und mit ihm reden, wirkt das wie eine Belohnung und verstärkt das Verhalten, das Sie nicht wollen. In den ersten paar Nächten müssen Sie das Kind möglicherweise mehrmals zurück ins Bett bringen, je nachdem, wie sehr sich diese Gewohnheit verfestigt hat. Wenn Ihr Ziel eine ununterbrochene Nachtruhe ist, investieren Sie die Zeit und ziehen Sie es durch, und Sie werden bald die Früchte ernten!

Wie wir unsere Abende zurückbekamen

Unsere dreijährige Cathy ist sehr willensstark und widersetzte sich allem, was wir verlangten – oder zumindest fühlte es sich so an. Kein Wunder, dass sie sich auch gegen das Zubettgehen wehrte und uns anflehte, uns mit ihr hinzulegen. Wir legten sie um neun Uhr ins Bett, bis wir zu einem Entspannter, leichter und glücklicher Kinder erziehen-*Seminar gingen und Noël uns erklärte, wie die Menge an Schlaf, die Kinder bekommen, ihr Verhalten beeinflusst. Innerhalb einer Woche haben wir ihre Schlafenszeit auf sieben Uhr vorverlegt und waren überrascht, wie viel einfacher der Umgang mit ihr wurde.*

Aber wir hatten immer noch das Problem mit dem Sich-mit-ihr-Hinlegen zu bewältigen. Meine Frau und ich verbrachten abends kaum noch Zeit miteinander, weil immer einer von uns bei ihr im Bett lag. Wir stellten eine neue Regel für Cathys Schlafenszeit auf und stellten klar, dass wir uns nicht mehr neben sie legen würden. Wir lasen ihr zwei Geschichten vor, gaben ihr eine dicke Umarmung und zwei Küsse, dann sagten wir gute Nacht und machten die Tür zu. In unseren Durchdenken-Übungen zur neuen Routine besprachen wir auch, was wir tun würden, wenn sie nach dem Schlafengehen aufstehen würde – dass wir nicht mit ihr reden oder mit ihr kuscheln würden –, wir würden sie einfach in ihr Bett zurückbringen. In der ersten Nacht stand Cathy ein Dutzend Mal aus dem Bett auf, aber wir schenkten ihr keinerlei Aufmerksamkeit und brachten sie direkt zurück ins Bett.

In der zweiten Nacht hat sie es noch nicht einmal versucht! In den nächsten zwei Tagen gab es noch ein paar Versuche, aber dann hörte es auf. Cathy benimmt sich jetzt viel besser, und meine Frau und ich haben abends tatsächlich wieder ein gemeinsames Leben.

Vater einer 3-jährigen Tochter

Zusammenfassung

Genau wie die Eltern in dieser Geschichte können auch Sie problemlose Schlafenszeiten und Nachtzeiten haben. Solange Sie konsequent mit Ihren Regeln und Routinen sind, wird es schneller gehen, als Sie vielleicht glauben. Wenn die Schlafprobleme überwunden sind, erleben Eltern ein großes Gefühl der Erleichterung und ein neues Vertrauen in ihre Fähigkeit, die Eltern zu sein, die sie sein wollen. Und das Leben wird entspannter, leichter und glücklicher.

Fazit

Abschließend möchte ich Ihnen noch mit auf den Weg geben: Sie müssen nicht daran glauben, dass diese Strategien funktionieren. Alles, was Sie tun müssen, ist, sie zu praktizieren. Und Sie werden die Ergebnisse selbst erleben.

Diese Strategien verlangen von Eltern nicht, dass sie superorganisiert, supergeduldig oder in irgendeiner Weise außergewöhnlich sind. Sie müssen nur bereit sein, neue Methoden auszuprobieren, weil die alten Methoden Ihnen nicht das gebracht haben, was Sie wollten.

Sie haben nichts zu verlieren, außer dem Stress, sich immer wieder mit dem gleichen Fehlverhalten auseinandersetzen zu müssen – und der Verzweiflung und den Schuldgefühlen, die vom Wiederholen, Nörgeln, Drohen und Schreien kommen.

Was Sie zu gewinnen haben, ist ein entspannteres, leichteres, glücklicheres Familienleben. Ist die Möglichkeit dieses Ergebnisses es nicht wert, einen Monat lang neue Strategien zu üben? Woche für Woche werden Sie feststellen, dass alles einfacher wird, und die Ergebnisse sind eine wunderbare Belohnung für Ihre Bemühungen.

Es kann sein, dass Sie anfangs große Erfolge erleben und dann wieder in die alten Gewohnheiten des Wiederholens und Erinnerns abrutschen und vergessen, beschreibend zu loben oder Durchdenken-Übungen durchzuführen. Probleme, die sich verflüchtigt hatten, können wieder auftauchen. Das ist ganz natürlich. Wenn wir Neues lernen, machen wir oft zwei Schritte vorwärts und einen zurück. Wenn wir die neuen Strategien aufgeben und in die alten, ineffektiven Methoden zurückfallen, um Kooperation zu erreichen, werden unsere Kinder wieder zu ihren alten Methoden zurückkehren, sich zu widersetzen oder Anweisungen zu ignorieren.

Die gute Nachricht ist, dass jeder Tag mit unseren Kindern ein neuer Tag ist. Wir bekommen die Chance, jeden Tag neu zu beginnen! Sobald Sie die Vorbereitung auf den Erfolg mit Durchdenken-Übungen wieder aufnehmen und all das gute (oder das minimal gute) Verhalten beschreibend loben, werden Sie immer besseres Verhalten sehen. Wenn Sie sich daran erinnern, reflektierend zuzuhören, wenn Ihre Kinder frustriert oder wütend oder enttäuscht sind, werden sie viel schneller über ihren Ärger hinwegkommen und weniger ausrasten. Wenn Sie, anstatt zur Essenszeit die Treppe hinaufzurufen, dorthin gehen, wo Ihre Kinder sind, und die Schritte von *Niemals zweimal bitten* anwenden, werden Sie mehr und mehr Kooperation beim ersten Mal und ohne Aufhebens erleben.

Alle Strategien lassen sich in drei Worten zusammenfassen: positiv, standhaft und konsequent. »Positiv« bedeutet in diesem Zusammenhang »freundlich«, »standhaft« bedeutet, dass Sie Ihren Werten treu bleiben, und »konsequent« bedeutet, dass Sie sich weiterhin darin üben, positiv und standhaft zu sein.

Um Sie daran zu erinnern, was dieses Buch Ihnen bieten kann, finden Sie hier die Erfahrungen einiger Eltern, die die Strategien für eine entspanntere, leichtere und glücklichere Elternschaft zu einer Lebensweise machten:

Ich war immer so angespannt. Ich wusste nie, in welcher Stimmung mein Sohn sein würde. Er konnte charmant oder mürrisch und trotzig sein. Es ist keine Übertreibung, wenn ich sage, dass das beschreibende Lob und die Durchdenken-Übungen unser Leben verändert haben. Er ist jetzt viel ruhiger und zufriedener. Und ich bin es auch.

Es war ein hartes Jahr für uns: schwere Krankheit in der Familie, Entlassung, Umschulung. Am Anfang haben meine Frau und ich gemerkt, dass wir das an den Kindern auslassen, sie anschnauzen und gereizt sind. Durch die Methoden von Entspannter, leichter und glücklicher Kinder erziehen *haben wir gelernt, weniger gestresst und positiver zu sein. Wir haben uns selbst das Versprechen gegeben, jedes Familienmitglied einen Monat lang zehnmal am Tag beschreibend zu loben. Die*

Ergebnisse waren sogar besser, als wir uns erhofft hatten. Die Kinder sind glücklicher und kooperativer. Sie schneiden sogar in der Schule besser ab. Beschreibendes Lob ist für uns jetzt eine Lebensweise.

Anfangs war ich skeptisch gegenüber dem beschreibenden Lob und all den anderen Strategien, weil ich dachte, dass ich das niemals durchhalten könnte. Aber die Kinder haben so schnell darauf reagiert, dass ich sehr motiviert war, es weiter anzuwenden. Mein Sohn ist weniger ängstlich und selbstständiger; meine Tochter ist nicht mehr so herrisch, sodass die anderen Mädchen jetzt mit ihr spielen wollen. Und die Kinder tun, was man ihnen sagt, und zwar auf Anhieb! Herrlich! Ich muss mich manchmal immer noch kneifen.

Würden Sie gerne eine ähnliche Verwandlung erleben? Der einzige Unterschied zwischen diesen Familien und Ihrer ist, dass diese Eltern angefangen haben, ein paar neue Fertigkeiten zu üben, und nicht aufgegeben haben, als die Dinge schwierig wurden (wie es zwangsläufig von Zeit zu Zeit der Fall ist). Mit der gleichen Entschlossenheit können auch Sie und Ihre Kinder ein entspannteres, leichteres und glücklicheres Familienleben erleben.

Ressourcen

Noël Janis-Norton ist die Leiterin des *Calmer, Easier, Happier Parenting Centre*, einer Non-Profit-Beratung, die weltweit mit Familien und mit Fachleuten, die mit Familien arbeiten, zusammenarbeitet.

Das Team von zertifizierten Elternberatern umfasst Elterncoaches, Familiencoaches und Gruppenmoderatoren.

Das Zentrum bietet die folgenden Dienstleistungen an:

- Einführungsgespräche für Eltern (im Zentrum, in Schulen und am Arbeitsplatz)
- Erziehungskurse
- Seminare und Webinare
- Private Beratungen (im Zentrum, per Telefon oder zu Hause)
- Schulbesuche zur Beobachtung eines Kindes und zur Anleitung von Lehrern
- Mediation zwischen Eltern
- Lehrerfortbildung

Darüber hinaus bietet das Zentrum eine breite Palette von Produkten an:

Bücher, Audio-CDs und DVDs zu vielen verschiedenen Aspekten von Erziehung und Unterricht.

CDs zu den fünf Kernstrategien von *Calmer, Easier, Happier Parenting*:

- Descriptive Praise
- Preparing for Success
- Reflective Listening

- Never Ask Twice
- Rewards and Consequences

Themen-CD-Sets:

- *Siblings with Less Rivalry* (3 CDs)
- *Calmer, Easier, Happier Mealtimes* (2 CDs)
- *Calmer, Easier, Happier Music Practice* (2 CDs)
- *Bringing Out the Best in Children and Teens with Special Needs* (5 CDs)

DVDs:

- *Bringing Out the Best in Boys*
- *Transforming Homework Hassles*

Bücher für Eltern:

- *Could Do Better* von Noël Janis-Norton
- *How to Calm a Challenging Child* von Miriam Chachamu
- *How to Be a Better Parent* von Cassandra Jardine
- *Positive Not Pushy* von Cassandra Jardine
- *Where Has My Little Girl Gone?* von Tanith Carey

Bücher für Lehrer:

- *In Step with Your Class* von Noël Janis-Norton
- *Learning to Listen, Listening to Learn* von Noël Janis-Norton

Weitere Informationen über die Ressourcen von *Calmer, Easier, Happier Parenting* finden Sie auf den folgenden Websites:
www.calmerparenting.co.uk (Großbritannien)
www.calmerparenting.com (Nordamerika)

Danksagung

Meine tiefste Dankbarkeit geht an:

Laura Runnels Fleming, meine liebe Freundin und vertrauenswürdige Ratgeberin, die mir half, meine Ideen zu strukturieren und zu ordnen, um dieses Buch so verständlich wie möglich zu machen.

Jill Janis, meine Schwester, Freundin und Kollegin, für ihre Weisheit und ihr klares Denken, ihre wertvollen Ratschläge, ihre Gründlichkeit und unermüdliche Liebe zum Detail, ihre Liebe zur Sprache, ihre Künstlerseele, ihr Mitgefühl und ihren Sinn für Humor, wenn ich ihn am meisten brauche! Jills tiefes Verständnis von Familienbeziehungen hat mir in den letzten 40 Jahren geholfen, die Prinzipien dieses Programms zu verfeinern. Ohne sie würde es dieses Buch nicht geben.

Clare Hulton, meine Agentin, dafür, dass sie an mich und an dieses Buch geglaubt hat.

Nicky Ross, meine geduldige und hartnäckige Lektorin bei Hodder & Stoughton; ihrer Weitsicht ist es zu verdanken, dass dieses Buch nun verwirklicht worden ist.

Gillian Edwards, der ich zutiefst zu Dank verpflichtet bin für die außergewöhnliche Großzügigkeit, das Verständnis und die Freundlichkeit, mit der sie mich in den letzten 20 Jahren überschüttet hat, und vor allem dafür, dass sie auf der emotionalen Reise des letzten Jahres meine Hand gehalten und mir geholfen hat, dieses Buch zum Erfolg zu führen. Gillian war nicht nur meine Assistentin, sondern auch rund um die Uhr meine Schreibkraft, meine Problemlöserin, meine »Genau das richtige Wort«-Finderin, meine Köchin, mein Kindermädchen und meine Stimme der Vernunft – die mehr als nur ihre Pflicht getan hat.

Naia Edwards für ihr Engagement, mir beim Schreiben dieses Buches zu helfen, und für ihre ruhige positive Ausstrahlung während der gesamten Zeit.

Isabel Irish, Michael Rose und Diana Callaway für die endlosen Stunden des Tippens und erneuten Abtippens.

Meinen früheren und jetzigen Kollegen im Calmer, Easier, Happier Parenting Centre (in Großbritannien und den USA) für ihre Einsicht, Sensibilität und Entschlossenheit und dafür, dass sie meine Vision davon, was Familienleben sein kann, teilen:

Heleni Achilleos, Rosalie Ajzensztejn, Nancy Albanese, Suzanne Burdon, Miriam Chachamu, Amanda Deverich, Suzanne Ferera, Sherry Fink, Lou Fleming, Michael Foulkes, Isabel Irish, Bebe Jacobs, Annie Saunders, Luke Scott, Robin Shaw, Grazyna Somerville, Dorian Yeo, Sylvia Young und die vielen anderen, die ebenfalls zu dieser Arbeit beigetragen haben und zu zahlreich sind, um sie hier alle zu erwähnen.

Meinen Kindern, Jessica, Jordan und Chloe, für ihre beständige Unterstützung und Ermutigung.

Den vielen Eltern, die ihre Geschichten und Erfahrungen für dieses Buch geteilt haben, darunter Dan Goldthwait, Judith Whitaker, Kirsten Simonsgaard, Dr. Andrea Davis, Ph. D., Lynn Serwin, Megan Foker, Marnie Aulabaugh, Sue Feldmeth, Laura und Lou Fleming, Saeed Jaffer, Beth und Dan Bootzin, Romney O'Malley, Jamie Rosenblatt, Robyn Wisinski, Felicia Young, Kelly Laghaei, Peter Perez, Kim Okubo und Linda Sue Runnels.

Und schließlich gilt mein besonderer Dank den Zehntausenden von Eltern und Fachleuten, mit denen ich das Privileg hatte, im Rahmen des Programms *Calmer, Easier, Happier Parenting and Teaching* zu arbeiten. Sie haben diesen neuen Ansatz ausprobiert und mir die Rückmeldung gegeben: »Es funktioniert!« Ihr Mut und ihre Ehrlichkeit berühren und inspirieren mich immer wieder. Ich bin dankbar für ihre leidenschaftliche Unterstützung dieses Programms.

Die Autorin

Noël Janis-Norton absolvierte ein Lehramtsstudium an der New York University und ist seit über 40 Jahren als Lern- und Verhaltensspezialistin tätig. Sie war Klassenlehrerin, Sonderpädagogin und Erziehungsberaterin, Tutorin für Lernstrategien, Schulleiterin und Elternpädagogin.

Noël ist die Gründerin und Leiterin des *Calmer, Easier, Happier Parenting Centre* in London, das mit Familien arbeitet und Kurse für Eltern von Kleinkindern bis hin zu Teenagern anbietet.

Noël tritt regelmäßig als Referentin bei Fachkonferenzen auf und war bereits in zahlreichen Fernseh- und Radiosendungen zu sehen. Sie hält nicht nur Vorträge in Großbritannien und den USA, sondern bildet auch Lehrer*innen und Erziehungsexpert*innen in ihren einzigartigen und hocheffektiven Methoden aus. Sie ist Sprecherin der National Family Week und Erziehungsexpertin für *Macaroni Kid* (eine beliebte Website für Eltern in den USA).

Mit ihren Seminaren, Kursen und Vorträgen für Eltern sowie durch ihre Bücher, CDs und DVDs hat sie dazu beigetragen, das Leben von Zehntausenden von Familien zu verändern.

Noël hat zwei erwachsene Kinder, eine Pflegetochter und sechs Enkelkinder.

Stichwortverzeichnis